全国野球場巡り

877ヵ所訪問観戦記

斉藤振一郎
Shinichiro SAITO

現代書館

まえがき

　これは、私の野球場巡りの旅の記録である。これら全国877カ所の野球場に実際に行き、野球を観戦し写真を撮影した。27年間かかっている。

　旅のほとんどは一人旅。近隣の名勝にも行かず、名物もほとんど食べず、ひたすら野球場への往復。いわゆる「弾丸ツアー」の連続であった。

　野球に関係ある仕事をしているとか、仕事で全国を旅して、ついでに野球場に行ったとかではなく、すべて球場巡りだけが目的の自腹旅行である。

　「野球場巡りの旅」を始めたのは1990年、25歳の時だった。

　当時私はテレビ・ラジオのライターをしており図書館に頻繁に通っていた。地方新聞もよく見ていた（東京では当時、国会図書館のほか日比谷図書館、中野サンプラザ、広尾の中央図書館に行けば全国の地方紙を読むことができた）。

　仕事のための図書館通いだったはずが、そこは根っからの野球好き、仕事は二の次となり、まずは各地方紙のスポーツ面を熱心に見るようになるまでそう時間はかからなかった。そして全国各地で実に多種多様な野球大会が開かれていることを知った。プロ、高校以外にも、大学、社会人、少年、壮年、高専学校、さらに軟式、準硬式……。

　そこで頭に浮かんでしまった。もしかしたら、日本の野球場全部に行くこともできるんじゃないか？……と。

　日本すべての野球場といっても数えきれないほどじゃあるまいと、若いというのは恐ろしい。全国野球場巡りの旅を始めてしまったのである。最初に訪れたのは茨城県土浦市の市営球場だった。

　鉄道マニアが全ての路線を乗りつぶしたり、駅に全て行ったりしているのは知っていた。私の旅はその野球版だった（私のほかに同じような旅をしている人がいることを知ったのはインターネット時代になってからだった）。

　踏破の対象は、高校野球以上の試合で使われている球場とした。大学、社会人、二軍戦も含むプロ野球。のちに独立プロリーグも加わった。やがて中学野球や軟式野球でしか使われない球場にも足を運ぶようになった。高校・大学や社会人チームの練習グラウンドは対象としていないが公式戦で使われる場合は行った所もある。

　旅の段取りは、まず地方紙で大会日程を手に入れる（高校野球の組み合わせをスポーツ面に載せている新聞もあれば地域面に掲載している新聞もある。そういうことは経験で覚えたり、球場で知り合った野球狂の先輩に教えてもらったりした。インターネットが無い時代の話である）。次に地図で球場の

場所を確認。一度の旅でできるだけ多くの球場を周れるように計画を立てる。この計画立てが実際の旅行より楽しかったりする。旅先がどこになるかは大会の日程次第。なので、自分が次にどこに行くのか自分でもわからない。野球の神様に導かれるような感じが面白かった。

球場踏破を終えると、次の場所に向かう鈍行列車で、その日のスコアブックを眺めながら缶ビール。これが最高に美味い。旅と野球と酒。三大好物が合体した、球場巡りの旅の魅力に捉えられたまま、あっという間に27年が過ぎた。

球場踏破の条件は、写真を撮影することと、試合のフルスコアをつけることの二点とした。もともとスコアをつけるのが大好きだったこともあるが、例えば「あのレストランに行った」という時に、席に座っただけでは「行った」とはいえないだろう。料理を食べてみなければ。そういう意味で試合観戦を踏破の条件とした（全国の駅巡りをしている人が、いったん改札外に出ることを踏破の条件としていることに似ているかもしれない）。

しかし後年考えると、これには大きな効果があった。もしも観戦無しの踏破だったら、こんなに球場に行けたかどうか。「あの球場での試合開催情報を二度と摑めなかったらどうする？仮に摑めても、その日が雨だったら？」との不安から怠けずに旅を続けることができた。もしも観戦が条件でなければ「今週は疲れてるからやめとこう」となることがあったかもしれない。

あとは、私が女にモテないのも幸いした。彼女がいたり、早婚だったら、これほど旅はできなかっただろう。何しろシーズン中は毎週のように旅に出るのだ。片恋続き、失恋続きでよかったと今は言える。もちろん当時はフラれるのが辛くてたまらなかった。

慣れてくると、A球場で第一試合を観て直ちに移動。B球場の第三試合を観て一日2球場踏破、いわゆる「ハシゴ踏破」をするようになった。さらにその後ナイターを観て一日3球場踏破したことも一度だけだがある。

運転できない私だが、タクシーや新幹線はできるだけ使わない。これは尊敬する車寅次郎氏を見習ってのことだ。古い球場は駅に近いケースもあるが、新しい球場は地価が安いと思われる不便な場所に造られていることも多い。見渡す限りの田んぼの中をえんえん歩く。美しく、また懐かしくも思える素朴な風景を眺めることが案外、心の洗濯になった。野宿もよくやった。駅、球場、営業時間後のスーパーの軒先。蚊取り線香は必需品。東北での野宿は寒かった。

野宿できない時はカプセルホテル。それも無いときは泣く泣くホテルに泊まった。夜遅くの電車で着いてチェッ

クイン、翌朝はまた移動なので始発電車に乗る。ホテル滞在は5時間ほどということもよくあった。なんともったいないと悔しかった。やがてネットカフェが登場した。ホテルより断然安いうえに滞在時間が短いほど安くなる。なんと私の旅に適したものが現われてくれたものよと有難かった。そのネカフェも最近ではあちこちでよく潰れている。時代はまた変わろうとしている。

春と秋は「青春18きっぷ」が強い味方。東京を始発で発てば夜中には福岡県に着ける。車中ではビールを導眠剤代わりに飲んで眠ったり、本を読んだり。夜行バスにもよく乗った。大きな図体で狭いシートは辛かった。それでも初めての球場が見えてくると思わず早足になってしまう。球場巡りはその繰り返しだった。

雨も大敵。試合観戦が踏破の条件なので、試合が中止になったら現地まで来たのが全くの無駄足となってしまう。九州まで行って雨だと実に辛かった。そういう時は仕方なく開館から閉館まで図書館。交通費をかけて、これほど高くつく読書もあるまい。現地まで行きながら雨で無駄足になったまま、まだ踏破できていない球場は、鳥取の用瀬、福井の鯖江、大阪の河南、福岡の猪位金などなど……。

野球旅の余禄として各地の古本屋を周れたのはよかった。長年探し続けていた本を見つけた時の興奮! ネット古書店の登場でこれも味わうことはなくなった。

球場巡りの宿命として、だんだん質の高い野球が観れなくなるということがある。最初はプロ野球や、高校野球の決勝戦などで使われる大きな球場を巡っているが、それらを行き尽くしてしまうと、トーナメントの序盤でしか使われない小さな球場に行くことになる。するとどうしても、実力的には見劣りする野球を観るしかない。でも、たとえレベルが低くても、野球というのはよくできているスポーツで、面白く観れた。プロや甲子園のような上手な野球だけが野球じゃない、というのが野球旅を通じての今の想いである。

離島の球場にも行った。佐渡島、隠岐の島、八丈島、生月島……。現在は無くなってしまった球場も多い。

ネット時代になり、各地の球場がどんな姿をしているか事前に手軽にわかってしまうようになった。これは便利ではあるが「未知の球場との出合い」という、球場巡りの旅の大きな愉しみが失われてしまったので残念でもある。

野球場巡りを27年続けて、時間もかかったがカネもかかった。でも不思議なことにまったく後悔していない。メジャーリーグから中学野球まで、いろんな野球と野球場を見れてよかった。死ぬまで野球旅を続けたいと願っている。

踏破877野球場分布図

北海道 37	青森県 20	岩手県 37	秋田県 40	宮城県 33	山形県 21	
福島県 25	茨城県 38	栃木県 16	群馬県 15	埼玉県 33	千葉県 33	
東京都 24	神奈川県 26	山梨県 5	長野県 28	新潟県 27	富山県 15	
石川県 16	福井県 12	岐阜県 25	静岡県 24	愛知県 26	三重県 11	
滋賀県 9	京都府 9	大阪府 19	兵庫県 32	奈良県 4	和歌山県 12	
鳥取県 12	島根県 9	岡山県 22	広島県 18	山口県 11	徳島県 6	
香川県 11	愛媛県 12	高知県 8	福岡県 17	佐賀県 11	長崎県 8	
熊本県 6	大分県 14	宮崎県 19	鹿児島県 8	沖縄県 13		

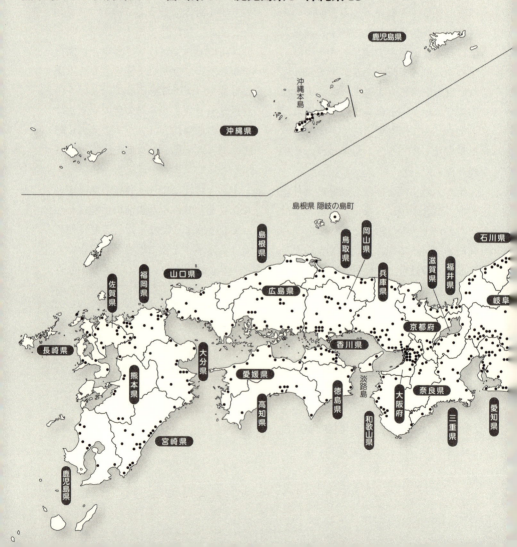

目次

まえがき ... I

踏破877野球場分布図 ... 4

北海道・北東北

北海道　37球場

- 20　あいべつ球場
- 20　旭川スタルヒン球場
- 21　芦別市民球場
- 22　網走市営野球場
- 23　網走スポーツ・トレーニングフィールド野球場
- 23　岩見沢市営球場
- 24　恵庭公園野球場
- 25　えんがる球場
- 25　小樽桜ケ丘球場
- 26　帯広の森野球場
- 27　北見市営球場
- 27　釧路市民球場
- 28　栗山町民球場
- 28　黒松内町営野球場
- 29　札幌市麻生球場
- 30　札幌市円山球場
- 31　札幌ドーム
- 32　白老桜ケ丘公園町営球場
- 32　新十津川ピンネスタジアム
- 33　新日鉄室蘭球場
- 34　砂川市営球場
- 35　滝川市営球場
- 35　千歳市民球場
- 36　津別町営共和野球場
- 36　苫小牧市緑ケ丘球場
- 37　仁木町ふれあい遊トピア公園野球場
- 37　ニセコ町運動公園野球場
- 38　野幌総合運動公園野球場
- 39　函館オーシャンスタジアム
- 39　美幌町柏ケ丘公園野球場
- 40　深川市民球場
- 40　三笠市営球場
- 41　夕張市平和運動公園野球場
- 42　湧別町営野球場
- 42　余市運動公園町営野球場
- 43　蘭越町総合運動公園野球場
- 44　稚内大沼球場

青森県　20球場

- 44　青森県営野球場
- 46　青森市営球場
- 46　鰺ヶ沢スタジアム
- 47　岩木山総合公園野球場
- 48　大鰐スタジアム
- 49　黒石運動公園野球場
- 49　五所川原市営球場
- 49　七戸町立野球場
- 50　川内球場
- 51　東北町北総合運動公園球場
- 52　十和田市営野球場
- 52　中泊町運動公園野球場
- 53　浪岡球場
- 54　野辺地町運動公園野球場
- 54　八戸市長根野球場
- 55　八戸東運動公園野球場
- 56　弘前市民運動公園野球場
- 56　三沢市民の森野球場
- 57　六戸メイプルスタジアム
- 57　蓬田村営球場

岩手県　37球場

- 58　胆沢野球場
- 59　一関運動公園野球場
- 59　一戸球場
- 60　岩手県営野球場

61 岩手町野球場	76 東山球場	91 こまちスタジアム
61 江刺中央運動公園野球場	77 前沢いきいきスポーツランド野球場	92 サン・スポーツランド岩城野球場
62 大迫町民野球場	77 水沢公園野球場	92 サン・スポーツランド協和野球場
62 大船渡市営球場	78 山田町民総合運動公園球場	93 十文字野球場
63 金ケ崎町森山総合公園球場	78 楽天イーグルス岩泉球場	93 スタジアム大雄
63 軽米町営野球場	79 陸前高田市営松原第一球場	94 大仙市営仙北球場
64 北上市民岩崎球場	80 陸前高田市営松原第二球場	95 鷹巣中央公園球場
64 北上市民江釣子球場		95 田代町民野球場
65 錦秋湖グラウンド		96 鳥海球場
66 久慈市営野球場	**秋田県** 40球場	97 長沼球場
66 葛巻町総合運動公園球場		97 能代球場
67 九戸ナインズ球場	81 合川球場	98 能代市赤沼球場
68 サン・スポーツランド水沢野球場	81 秋田県立球場	98 能代市民球場
69 雫石球場	82 秋田市営八橋球場	99 八郎潟弁天球場
69 紫波町営球場	83 大館市樹海ドーム	100 平鹿町営野球場
70 住田町営野球場	84 大館市達子森球場	100 藤里町営清水岱公園野球場
71 千厩町営野球場A	84 大館市長根山運動公園球場	101 二ツ井球場
71 大東町町民野球場	85 大曲球場	102 本荘市水林球場
72 滝沢村総合公園球場	86 大曲市営球場	103 峰浜野球場
72 種市オーシャンビュースタジアム	86 男鹿市営球場	103 矢島町営球場
73 遠野市営野球場	87 雄勝野球場	104 雄和花の森球場
73 二戸市運動広場	87 角館落合球場	105 湯沢市営球場
73 野田村総合運動公園野球場	88 鹿角市城山野球場	106 横手市大森野球場
74 八幡平市総合運動公園野球場	89 神岡野球場	106 六郷野球場
75 花泉町営野球場	90 グリーンスタジアムよこて	107 若美中央公園球場
75 花巻球場	90 琴丘中央公園スカルパ野球場	

南 東 北

宮城県 33球場	110 石巻市民球場	112 歌津平成の森球場
	111 石巻野球場	113 角田市野球場
110 石越町民球場	111 岩沼海浜緑地野球場	113 鹿島台中央球場

114 鹿島台町営球場	**山形県** 21球場	**福島県** 25球場
115 河南中央公園野球場		
115 栗駒球場	129 大蔵村運動公園野球場	143 あいづ球場
116 気仙沼市営野球場	130 小国町民総合スポーツ公園野球場	143 あづま球場
116 蔵王球場		144 泉崎村さつき公園野球場
117 三本木球場	130 尾花沢総合球場	145 いわきグリーンスタジアム
117 JT球場	131 上山市民球場	145 いわき市平野球場
118 柴田球場	131 櫛引総合運動公園野球場	146 いわき市南部スタジアム
118 仙台市民球場	132 酒田市営光ケ丘野球場	146 いわせグリーン球場
119 仙台宮城球場	133 寒河江公園野球場	147 押切川公園野球場
120 多賀城大代球場	134 サン・スポーツランド遊佐野球場	147 小名浜球場
121 多賀城市野球場		148 表郷天狗山球場
121 築館球場	134 新庄市民球場	148 郡山開成山野球場
122 東北電力愛島球場	135 高畠町野球場	150 郡山日和田球場
122 東北福祉大球場	135 鶴岡市野球場	150 信夫ケ丘球場
123 東和総合運動公園球場	136 鶴岡ドリームスタジアム	151 白河市民球場
124 中田球場	137 天童市スポーツセンター野球場	151 しらさわグリーンパーク野球場
124 名取市民球場		
125 南郷町営球場	137 南陽市向山公園野球場	152 新地町民球場
125 評定河原球場	138 山形県総合運動公園野球場	153 須賀川市牡丹台野球場
126 松島運動公園野球場	139 山形県野球場	153 田島町びわのかげ野球場
127 松山野球場	140 山形県第二野球場	154 鶴沼球場
127 宮城広瀬球場	140 山形市営球場	154 富岡町営野球場
128 宮崎陶芸の里スポーツ公園野球場	141 山辺町民球場	155 ならは球場
	142 八幡八森運動広場野球場	155 原町運動公園野球場
128 利府町中央公園野球場	142 米沢市営球場	156 福島ホープス西会津球場
129 涌谷スタジアム		156 ほばら大泉球場
		157 みちのく鹿島球場

北 関 東

茨城県 38球場	園野球場	163 大宮町運動公園野球場
	161 岩井市営球場	163 小美玉市小川運動公園野球場
160 石下運動公園野球場	162 牛久市運動公園野球場	
160 稲敷市新利根総合運動公	162 大洗町総合運動公園野球場	164 笠間市民球場

165 勝田市民球場	179 鉾田市旭スポーツセンター野球場	192 那須烏山市緑地運動公園野球場
165 金砂郷町営球場	180 鉾田総合公園野球場	192 日光市所野運動公園野球場
166 神栖海浜運動公園野球場	180 水海道市民球場	193 益子町北公園野球場
166 北茨城市民球場	181 水戸県営球場	194 矢板運動公園野球場
167 茎崎町営球場	182 水戸市民球場	
168 古河勤労者体育センター球場	182 美浦村光と風の丘球場	**群馬県** 15球場
168 古河市三和野球場	183 守谷市常総運動公園野球場	194 東村営野球場
168 桜川村総合運動公園野球場	183 結城市鹿窪運動公園野球場	195 安中市西毛総合運動公園野球場
169 下妻市砂沼広域公園野球場	184 龍ヶ崎たつのこスタジアム	195 伊勢崎市野球場
169 常陽銀行平須球場		196 大泉町いずみ総合公園町民野球場
170 高萩市営野球場	**栃木県** 16球場	196 太田市営球場
171 つくば市さくら運動公園野球場	185 足利市硬式野球場	197 桐生球場
171 つくば市谷田部野球場	185 今市市営野球場	197 渋川市総合公園野球場
172 つくばみらい市総合運動公園野球場	186 宇都宮市清原球場	198 昭和村総合運動公園野球場
173 土浦市川口運動公園野球場	186 宇都宮市宮原野球場	199 高崎市貝沢野球場
174 那珂湊運動公園野球場	187 大平町さくら球場	199 高崎市城南野球場
175 日鉱神峰球場	187 小山運動公園野球場	200 富岡市民球場
176 常陸太田市山吹運動公園野球場	188 鹿沼運動公園野球場	200 藤岡市民球場
177 日立市民運動公園野球場	189 烏山大桶運動公園野球場	201 前橋敷島球場
178 日立製作所会瀬球場	189 黒磯市営球場	201 前橋総合運動公園市民球場
179 藤代スポーツセンター野球場	190 佐野市運動公園野球場	202 みなかみ町寺間球場
	191 栃木県総合運動公園野球場	
	191 栃木市総合運動公園硬式野球場	

南関東

埼玉県 33球場

204 上尾市民球場	206 大宮県営球場	210 北本総合公園野球場
204 朝霞市営球場	207 大宮市営球場	210 行田市門井球場
205 岩槻やまぶきスタジアム	207 小鹿野総合運動公園野球場	211 行田市総合運動公園野球場
205 浦和市営球場	208 春日部市牛島野球場	211 熊谷運動公園野球場
	209 川口市営球場	212 鴻巣フラワースタジアム
	209 川越初雁球場	213 越谷市民球場

214 幸手ひばりヶ丘球場	233 千葉公園野球場	253 東京ドーム
214 庄和総合公園野球場	233 千葉工大茜浜球場	254 東大球場
215 西武ライオンズ球場	234 千葉市青葉の森公園野球場	255 八王子市上柚木公園野球場
216 西武第二球場	234 千葉マリンスタジアム	255 八王子市民球場
216 所沢航空記念公園野球場	235 銚子市野球場	256 八丈町南原スポーツ公園野球場
217 戸田市営球場	236 流山市総合運動公園野球場	257 府中市民球場
217 新座市総合運動公園野球場	237 習志野市秋津野球場	257 福生野球場
218 羽生中央公園野球場	237 成田市営球場	258 町田市小野路球場
219 飯能市民球場	238 成田市ナスパスタジアム	259 明治神宮野球場
219 東松山野球場	239 野田総合公園野球場	261 明治神宮第二球場
220 深谷市北部運動公園野球場	239 ファイターズスタジアム	262 明治大学内海・島岡ボールパーク
220 本庄総合公園市民球場	240 富津臨海野球場	
221 皆野スポーツ公園野球場	241 船橋市民野球場	
222 ヤクルト戸田総合グラウンド	241 松戸運動公園球場	**神奈川県** 26球場 +番外1球場
222 吉川市旭公園球場	242 茂原市長生の森公園野球場	
223 ロッテ浦和球場	242 八千代市営球場	
223 蕨市営富士見球場	243 横芝ふれあい坂田池公園野球場	263 愛川町田代球場
		263 厚木市営玉川野球場
千葉県 33球場	243 四街道総合公園野球場	264 綾瀬スポーツ公園第1野球場
		265 伊勢原球場
224 旭市野球場	**東京都** 24球場	265 海老名運動公園球場
224 市川市国府台球場		266 小田原球場
225 市原市臨海野球場	244 昭島市営球場	266 追浜球場
225 印西市松山下公園野球場	244 あきる野市民球場	267 川崎球場
226 海上野球場	245 稲城中央公園野球場	269 相模原球場
226 大多喜B&G球場	245 江戸川区球場	270 相模原市横山公園野球場
227 柏市柏の葉公園野球場	246 NTT砂町球場	270 茅ヶ崎公園野球場
228 鴨川市営球場	247 青梅スタジアム	271 等々力球場
228 佐倉市岩名球場	248 大泉中央公園球場	271 中井中央公園野球場
229 新日鉄君津球場	248 大田スタジアム	272 日本大健志台野球場
230 袖ケ浦市今井野球場	249 旧巨人軍多摩川グラウンド	272 日本ハム球団多摩川グランド
230 袖ケ浦市営球場	250 駒沢野球場	
231 館山運動公園球場	250 立川市営球場	
232 千倉総合運動公園野球場	251 多摩市一本杉球場	273 秦野球場
232 千葉県野球場	252 東京ガス大森グランド	274 平塚球場

274 藤沢市八部野球場
275 保土ヶ谷球場
276 本蓼川第2野球場
277 俣野公園野球場
278 南足柄市運動公園野球場
279 大和引地台野球場
279 横須賀スタジアム

280 横浜スタジアム
281 横浜ベイスターズ総合練習場
282 読売ジャイアンツ球場

283 櫛形総合公園野球場
283 甲府市緑が丘球場
284 小瀬球場
285 都留市総合運動公園楽山球場
285 富士北麓公園野球場

山梨県 5球場

北 信 越

長野県 28球場

288 飯田市営今宮野球場
289 飯田野球場
290 飯山市営野球場
290 伊那県営野球場
291 伊那市営球場
292 上田県営球場
292 上田市営球場
293 大町市運動公園野球場
294 駒ケ根市営運動場
294 駒ケ根市南割公園アルプス球場
295 小諸市南城公園野球場
296 坂北村野球場
296 佐久市営グラウンド
296 塩尻市営野球場
297 下諏訪スタジアム
298 須坂市野球場
299 諏訪湖スタジアム
299 茅野市営球場
300 中野市営豊田野球場
300 中野市営野球場
301 長野運動公園野球場
302 長野オリンピックスタジアム

302 長野市営城山球場
303 松川村コミュニティ運動公園野球場
304 松本市四賀運動広場
304 松本市野球場
305 南箕輪村営大芝野球場
306 御代田町営雪窓公園球場

新潟県 27球場

306 阿賀野市水原野球場
307 糸魚川市美山球場
308 魚沼市広神野球場
308 柏崎市佐藤池野球場
309 加茂市営七谷野球場
310 刈羽村源土運動広場野球場
310 神林村球場
311 五泉市営球場
311 佐渡市つつじケ丘公園佐和田球場
312 三条市民球場
314 サン・スポーツランド畑野野球場
315 新発田市五十公野公園野球場

315 上越市高田公園野球場
316 田上町営野球場
317 十日町市営笹山球場
317 鳥屋野球場
318 豊浦町球場
319 長岡市悠久山野球場
319 新潟市小針野球場
320 新潟市城山野球場
321 新潟市みどりと森の運動公園野球場
322 新津金屋運動広場野球場
322 ハードオフ・エコスタジアム新潟
323 見附運動公園野球場
324 南魚沼市ベーマガSTADIUM
325 妙高高原スポーツ公園野球場
325 村上市荒川野球場

富山県 15球場

326 魚津市桃山野球場
327 大沢野野球場
327 小矢部野球場

328 上市町丸山総合公園野球場	336 加賀市片山津野球場	**福井県** 12球場
328 黒部市宮野運動公園野球場	336 加賀市中央公園野球場	
329 小杉歌の森運動公園野球場	337 金沢市民野球場	347 おおい町総合運動公園野球場
330 城端城南スタジアム	338 金沢市安原スポーツ広場野球場	
330 新港野球場		347 小浜勤労者体育センター野球場
330 高岡市営城光寺野球場	338 小松市末広野球場	
331 立山町総合公園野球場	339 志雄運動公園野球場	348 武生中央公園野球場
332 砺波市野球場	340 志賀町民野球場	349 丹南総合公園野球場
332 富山市民アルペンスタジアム	340 珠洲市営野球場	349 敦賀市営野球場
	341 津幡運動公園野球場	350 敦賀総合運動公園野球場
333 富山野球場	342 中能登町野球場	351 福井県営球場
333 滑川市本丸球場	343 七尾城山野球場	351 福井市営野球場
334 ボールパーク高岡	344 根上町民野球場	352 福井フェニックススタジアム
	345 能美市寺井野球場	352 三国運動公園野球場
石川県 16球場	345 能美市立物見野球場	353 美浜町民野球場
	346 野々市町民野球場	354 若狭町上中球場
335 石川県立野球場		

東 海

岐阜県 25球場	362 サン・スポーツランドふるかわ	371 輪之内アポロンスタジアム
356 安八町総合運動公園野球場	363 関市民球場	**静岡県** 24球場
356 糸貫川スタジアム	363 高山市中山公園野球場	
357 恵那市まきがね公園野球場	364 多治見市営球場	371 愛鷹広域公園野球場
357 大垣市浅中公園総合グラウンド野球場	365 垂井町朝倉運動公園球場	372 磐田城山球場
	365 土岐市総合運動公園野球場	373 掛川球場
358 大垣市北公園野球場	366 中津川公園野球場	374 菊川運動公園野球場
358 大野町レインボースタジアム	367 中津川市苗木公園野球場	374 静岡草薙球場
359 各務原市民球場	367 長良川球場	375 静岡市西ヶ谷総合運動場野球場
359 金山町リバーサイド野球場	368 はしま清流スタジアム	
360 岐阜ファミリーパーク野球場	369 御嵩町南山野球場	376 志太スタジアム
361 郡上市合併記念公園市民球場	369 美濃加茂市営前平公園野球場	376 島田球場
		378 清水庵原球場
362 KYBスタジアム	370 養老町中央公園野球場	378 新富士球場

- 379 裾野市運動公園野球場
- 379 天竜市民球場
- 380 東海大学松前球場
- 380 韮山運動公園野球場
- 381 沼津市営野球場
- 381 浜岡総合運動場野球場
- 382 浜北球場
- 382 浜松球場
- 383 袋井市営愛野公園野球場
- 384 藤枝市民グラウンド野球場
- 384 富士球場
- 385 富士宮市明星山球場
- 385 富士宮市物見山スポーツ広場
- 386 焼津市営野球場

愛知県　26球場

- 387 阿久比球場
- 388 熱田神宮公園野球場
- 388 一宮市営球場
- 389 岡崎市民球場
- 390 春日井市民球場
- 390 蒲郡球場
- 391 刈谷球場
- 392 小牧市民球場
- 392 新城県営球場
- 393 瀬戸市民公園野球場
- 393 武豊町運動公園Aグラウンド
- 394 田原市渥美運動公園野球場
- 395 田原市滝頭公園野球場
- 395 知多運動公園野球場
- 396 津島市営球場
- 396 豊田市運動公園野球場
- 397 豊田市毘森球場
- 397 トヨタスポーツセンター軟式野球場
- 398 豊橋球場
- 398 豊橋市民球場
- 399 ナゴヤ球場
- 400 ナゴヤドーム
- 401 日進総合運動公園野球場
- 401 半田球場
- 402 碧南市臨海公園グランド
- 403 瑞穂公園野球場

三重県　11球場

- 404 安濃球場
- 404 伊勢市営倉田山公園野球場
- 405 上野運動公園野球場
- 406 尾鷲市営野球場
- 407 くまのスタジアム
- 408 津球場
- 408 豊里球場
- 409 名張市営球場
- 410 北勢中央公園野球場
- 410 松阪球場
- 411 四日市市霞ヶ浦第一野球場

近畿

滋賀県　9球場

- 414 今津スタジアム
- 414 皇子山球場
- 415 草津グリーンスタジアム
- 415 甲賀市民スタジアム
- 416 湖東スタジアム
- 417 長浜市浅井文化スポーツ公園野球場
- 418 彦根球場
- 418 彦根市荒神山公園野球場
- 419 守山市民球場

京都府　9球場

- 420 あやべ球場
- 420 宇治市太陽ケ丘球場
- 421 黄檗公園野球場
- 422 西京極野球場
- 422 福知山市民運動場野球場
- 423 伏見桃山城運動公園野球場
- 424 舞鶴球場
- 424 峰山球場
- 425 宮津市民球場

大阪府　19球場

- 426 大阪球場
- 427 大阪ドーム
- 428 久宝寺緑地野球場
- 428 四条畷市緑の文化園生駒ダンボールランド野球場
- 429 住之江公園野球場
- 429 高槻市萩谷総合公園野球場
- 430 龍間ぐりーんふぃーるど野球場
- 431 豊中ローズ球場

432 富田林市立総合スポーツ公園野球場
432 南港中央野球場
433 日本生命球場
434 寝屋川公園第一野球場
434 花園中央公園野球場
435 万博記念公園野球場
435 パナソニックベースボールスタジアム
436 藤井寺球場
436 舞洲ベースボールスタジアム
438 守口市市民球場
439 八尾市立山本球場

兵庫県　32球場

440 明石公園第一野球場
441 赤穂城南緑地野球場
441 あじさいスタジアム北神戸
442 尼崎市小田南公園野球場
443 尼崎市記念公園野球場
443 淡路佐野運動公園第1野球場
444 伊丹スポーツセンター野球場
445 植村直己記念スポーツ公園野球場
445 小野市榊公園野球場
446 加古川市野口球場
447 加古川市日岡山公園野球場
447 加西球場
448 春日スタジアム
448 グリーンスタジアム神戸
449 グリーンスタジアム神戸サブ球場
449 黒田庄ふれあいスタジアム
450 佐用町南光スポーツランド野球場
451 三田城山球場
451 宍粟市メイプル・スタジアム
452 洲本市営野球場
453 高砂市野球場
454 滝野グリーンヒル球場
454 津門中央公園野球場
455 豊岡市こうのとりスタジアム
456 鳴尾浜臨海公園野球場
457 阪急西宮球場
458 阪神甲子園球場
459 阪神鳴尾浜球場
460 姫路球場
460 姫路市香寺総合公園スポーツセンター野球場
461 姫路市豊富球場
462 三木市三木山総合運動公園球場

奈良県　4球場

462 橿原運動公園硬式野球場
463 橿原球場
463 奈良市鴻ノ池球場
464 大和郡山市営球場

和歌山県　12球場

465 有田市民球場
465 上富田スポーツセンター野球場
466 貴志川スポーツ公園野球場
467 紀三井寺野球場
467 御坊総合運動公園野球場
468 新宮市くろしおスタジアム
469 田辺市立市民球場
469 田辺スポーツパーク野球場
470 なぎの里球場
470 南山スポーツ公園野球場
471 みなべ町千里ケ丘球場
472 龍神グリーングラウンド

中国

鳥取県　12球場

476 岩美町野球場
476 倉吉市営球場
477 琴浦町赤碕野球場
478 西伯カントリーパーク野球場
479 境港市営竜ケ山球場
480 関金野球場
480 鳥取市営美保球場
481 布勢総合運動公園野球場
482 伯耆町総合スポーツ公園野球場
482 湯梨浜町東郷運動公園野球場
483 米子市営湊山球場

485 米子市民球場

島根県　9球場

485 出雲ドーム
486 いわみスタジアム
487 大田市民球場
488 隠岐の島町運動公園野球場
488 江津市民球場
489 浜田市野球場
490 浜山球場
490 益田市民球場
491 松江市営野球場

岡山県　22球場

492 井原運動公園野球場
493 岡山県野球場
493 邑久スポーツ公園野球場
494 落合総合公園野球場
494 笠岡どんぐり球場
495 勝山球場
496 久世宮芝公園野球場
496 倉敷市営球場
497 倉敷市玉島の森野球場
498 倉敷市中山公園野球場

498 倉敷市福田公園野球場
499 倉敷マスカットスタジアム
500 倉敷マスカット補助野球場
500 勝北球場
501 瀬戸町総合運動公園野球場
502 総社市スポーツセンター野球場
502 玉野市民総合運動公園野球場
503 津山市営球場
504 なりわ運動公園野球場
505 真庭やまびこスタジアム
505 美咲町エイコンスタジアム
506 美作市営野球場

広島県　18球場

507 尾道市しまなみ球場
508 呉市営二河球場
509 呉市虹村公園野球場
509 上下運動公園野球場
510 千代田総合野球場
511 東城中央公園野球場
511 豊平どんぐりスタジアム
512 東広島運動公園野球場
513 東広島市御建公園野球場

513 広島県総合グランド野球場
514 広島市民球場
515 福山市民球場
515 マツダスタジアム
516 三原市民球場
517 みよし運動公園野球場
518 三次市営球場
519 三次市カーター記念球場
520 みろくの里球場

山口県　11球場

520 宇部市野球場
521 小野田市野球場
522 西京スタジアム
522 下関球場
523 徳山市野球場
524 萩市民球場
524 萩スタジアム
525 広島東洋カープ由宇練習場
526 防府スポーツセンター野球場
527 美祢市民球場
528 柳井市民球場

四国

徳島県　6球場

530 アグリあなんスタジアム
530 阿波球場
531 海陽町蛇王球場
531 蔵本公園野球場
532 鳴門総合運動公園野球場
533 吉野川運動公園野球場

香川県　11球場

534 綾川町ふれあい運動公園野球場
535 香川県営野球場
535 香川県営第2野球場
536 観音寺市総合運動公園野球場
537 坂出番の洲球場

- 537 さぬき市長尾総合公園野球場
- 538 さぬき市みろく球場
- 539 四国コカ・コーラボトリングスタジアム丸亀
- 540 志度町総合運動公園野球場
- 540 津田総合公園野球場
- 541 牟礼中央公園野球場

愛媛県　12球場

- 542 愛南町南レク城辺公園野球場
- 542 今治市営球場
- 543 伊予市民球場
- 544 宇和球場
- 544 宇和島市営丸山球場
- 545 西条市ひうち球場
- 546 東予運動公園野球場
- 547 新居浜市営野球場
- 547 浜公園川之江野球場
- 548 坊っちゃんスタジアム
- 549 マドンナスタジアム
- 550 八幡浜・大洲地区運動公園野球場

高知県　8球場

- 551 安芸市営球場
- 551 いの町野球場
- 552 高知市東部野球場
- 553 高知市野球場
- 554 四万十スタジアム
- 555 土佐山田スタジアム
- 556 春野球場
- 557 室戸マリン球場

九州・沖縄

福岡県　17球場

- 560 大牟田市延命球場
- 560 小郡市野球場
- 561 春日公園野球場
- 561 雁の巣球場
- 562 北九州市大谷球場
- 563 北九州市民球場
- 564 久留米市野球場
- 564 田川市民球場
- 565 筑豊緑地野球場
- 566 中間市営球場
- 566 桧原運動公園野球場
- 567 福岡市汐井公園野球場
- 567 福岡ドーム
- 568 平和台野球場
- 569 的場池球場
- 569 桃園球場
- 570 八女市立山球場

佐賀県　11球場

- 571 有田赤坂球場
- 572 伊万里市国見台野球場
- 572 嬉野市みゆき球場
- 573 鹿島市民球場
- 574 唐津市野球場
- 574 玄海町野球場
- 575 佐賀球場
- 576 佐賀市立野球場
- 576 佐賀みどりの森球場
- 577 鳥栖市民球場
- 577 三田川町中央公園野球場

長崎県　8球場

- 578 諫早球場
- 578 佐世保市吉井野球場
- 579 佐世保野球場
- 579 島原市営球場
- 580 長崎県営野球場
- 581 長崎市かきどまり野球場
- 582 平戸市営生月野球場
- 583 平戸市総合運動公園ライフカントリー赤坂野球場

熊本県　6球場

- 583 上村総合運動公園野球場
- 584 熊本市水前寺野球場
- 585 錦町球場
- 585 藤崎台県営野球場
- 586 八代運動公園野球場
- 587 八代市民球場

大分県　14球場

- 587 宇佐市平成の森公園野球場
- 588 臼杵市民球場
- 589 緒方やまびこスタジアム

589　春日浦野球場
590　国東野球場
591　佐伯球場
592　新大分球場
592　だいぎんスタジアム
593　竹田市民球場
594　津久見市民球場
594　中津球場
595　日田市平野球場
596　別府球場
597　別府市民球場

宮崎県　19球場

598　綾町錦原運動公園野球場
599　お倉ケ浜総合公園野球場
600　川南運動公園野球場
600　清武町野球場
601　串間市営球場
602　小林総合運動公園野球場
603　西都原運動公園野球場
604　佐土原町営久峰野球場
605　サンマリンスタジアム宮崎
605　高鍋町営野球場
606　高鍋町小丸河畔野球場
607　都農町藤見公園野球場
607　南郷スタジアム
609　日南市天福球場
610　日南総合運動公園東光寺野球場
610　延岡西階野球場
611　都城市営野球場
612　宮崎市アイビースタジアム
613　宮崎市ひむかスタジアム

鹿児島県　8球場

614　伊集院総合運動公園野球場
615　鹿屋運動公園市営野球場
615　鴨池市民球場
616　鴨池野球場
617　薩摩川内市御陵下公園野球場
618　薩摩川内市総合運動公園野球場
618　志布志市有明野球場
619　湯之元球場

沖縄県　13球場

619　石川野球場
620　糸満市西崎球場
621　浦添市民球場
621　奥武山球場
622　沖縄市野球場
623　金武町ベースボールスタジアム
624　宜野座村営野球場
625　宜野湾市立野球場
625　具志川市野球場
626　北谷公園野球場
626　名護球場
627　南城市営新開球場
628　読谷平和の森球場

行きたい球場、行きたかった球場　630

あとがき　634

人名索引　636

年・地区別　踏破球場数　638

コラム》》》》》》》》》》》》》》》》》》》》》》》》》》》》》》》》》》》》》》》

野球旅は続く　108
2000年8月23日の「野球観戦日記」　158
伝説のスカウトと話した　412
初めての北海道遠征時の日記　474
川崎オヤジのネタ大全集　558

凡　例

● 都道府県の掲載順序は郵便番号順に拠ったが、編集上の都合により東北地区のみ北東北、南東北の順とした。各都道府県内の掲載順は五十音順。各球場について球場名・所在地名・訪問日・グラウンドの規格・内外野の芝生の有無・夜間照明設備の有無・観戦した大会名・試合結果・エピソードを付し、文末に踏破順番号・試合実施可能な野球の種別をＡＢＣの符号によって記した。

● 各球場の名称、所在自治体名、設備に関する記述は筆者訪問時点におけるものである。その後変更・改修されていることもあり得る。

● 本文中に使われている筆者の造語
「**土盛り式**」……土手で造られている観客席のこと。
「**お濠式**」……ネット裏本部席の屋根に観客が載らないよう、ネット裏席との間に通路を設けてある構造のこと。
「**茨城型**」……横長の長方形の上に台形が載っている形のスコアボードのこと。茨城県で多く見かけたのでこう呼ぶことにした。
「**プラ長イス**」……座面がプラスチック製の長イス。
「**プラザブ**」……プラスチックで造られた座布団のような形の背もたれ無しのイス。

● 各球場の末尾に付した「ＡＢＣ」は、その球場で試合実施可能な野球の種別を示している。2015年、2016年に確認したが、試合開催状況から判断した場合もある。

　　　Ａ……高校生以上の硬式野球
　　　Ｂ……中学生以下の硬式野球
　　　Ｃ……軟式野球

北 海 道

あいべつ球場

北海道愛別町
2016年9月11日
中堅120m、両翼92m
内野土、外野天然芝　照明無し
北海道学生野球・1部リーグ
旭川大6－1北海道教育大旭川校

あいべつ球場

　JR愛別駅から徒歩35分。
　ネット裏席後方部分はコンクリ段々席になっているが、ネット裏席前方や内野席は芝生席。その傾斜がなだらかなので非常に開放感を感じる。外野席は観戦スペースにはなっているが傾斜無し。
　外野フェンスが高さ180センチほどと低い。
　スコアボードは得点板（10回まで。パネル式）、時計、BSO灯、HEFC灯のみと簡素。得点板には試合時以外は「きのこの里　あいべつ球場」とのPR文言が表示されている。BSO灯はBが黄色灯、Sが緑灯、Oが赤灯。
　1991年にオープン。北海道学生野球で多用される。
　毎年3月、町主催の「雪中ソフトボール大会」がこの球場で開催される。赤く塗ったボールとベースを使い、三塁→二塁→一塁と通常とは逆方向に進塁していくユニークな大会。
（踏破№875　ABC）

旭川スタルヒン球場

北海道旭川市
1996年9月12日
中堅120m、両翼95m
内野土、外野天然芝　照明無し
秋季高校野球・北海道大会　旭川支部予選
羽幌11－0北都商（6回コールドゲーム）

　1984年4月1日開場。日本で初めて、球場名に人名を冠したスタジアムである。収容人数25000人。
　スタルヒンが振りかぶっている姿のイラストを捺せるスタンプが球場に置いてあったのでスコアブックに押印した。
　旭川の町をブラブラしたら、古本屋さんが多く、私にとっては最高の街。本を買いすぎて小包にして自宅へ発送した。

旭川スタルヒン球場

旭川スタルヒン球場

置いてあったスタンプ

　私は三浦綾子さんのファンなので記念館も見学。

　2013年6月より、ナイター照明がついた。

　2014年1月の報道によると、冬季は外野スタンドの傾斜を利用した「ちびっ子スキー場」になり、古タイヤのチューブに乗って雪遊びを楽しむ親子連れで賑わうという。

（踏破№228　ＡＢＣ）

芦別市民球場

北海道芦別市
2012年7月29日
中堅122ｍ、両翼99.1ｍ
内野土、外野天然芝　照明無し
国体軟式野球・北海道予選
石狩市役所２－１濱谷建設クラブ

　ＪＲ芦別駅から徒歩40分。

　2003年に完成。

　球場建物がライトブラウン色で塗装されており美しい。

　球場正面に貼られた使用予定表によると、地元の軟式野球や芦別高校の練習のほか、「旭川大学リーグ」で使用、とある。硬式か軟式かは不明だが、このように全国に知られていないリーグ戦が各地にあるようだ。

　ネット裏から内野席途中までは長イス７段。あとの内外野席は芝生席。

　スコアボードは、選手名は掲示できないが６文字だけ文字を表示できる装置があり、この日は大会名を出していた。

　収容人数4222人。

　2004年の高校野球・夏の予選で使われた。2012年秋には北海道学生野球１部リーグで使われた。

芦別市民球場

芦別市民球場

芦別市民球場

2010年、2011年とイースタンリーグの開催日程が組まれていたが、雨天中止、雨天ノーゲームでいずれも試合が成立しなかった不運な球場。「なまこ山総合運動公園」内にある。
　　　　　　　　（踏破№.754　ＡＢＣ）

網走市営野球場

北海道網走市
2016年7月17日
中堅110m、両翼90m
内野土、外野天然芝　照明有り
全日本軟式野球大会・１部　北北海道予選
REAL CLUB ３－２ 網走市役所（延長12回）

網走市営野球場

　ＪＲ桂台駅から徒歩15分。
　1954年にできた球場。管理棟は1980年に建てられた。
　ネット裏席はプラ長イス７段。内野席は木製長イス７段。外野席は芝生席。
　スコアボードは、得点板（12回まで。パネル式）、ＳＢＯ灯、ＨＥＦＣ灯、審判名（４人）。
　白樺の木立に囲まれた北国ムードの球場。本部棟に網走野球連盟の事務所が置かれている。
　観戦した試合で、片方のチームに不利な判定が相次ぎ「う～ん。何かおかしいな」と思いながら見ていた。しかしそうした判定を受けても、ベンチからは「クールに行こうぜ！」「フェアに行こうぜ！」と声が飛んでいる。「このチーム、理不尽な判定をされているのを承知で勝とうとしてる……」このパターン、何かに似ている……そうだ、私の大好きな映画『昭和残侠伝』ではないか！
　『昭和残侠伝』で高倉健さん演じる主人公は、敵対組織にいじめられる仲間に我慢に我慢を説く。不利な判定の数々に「耐えろ、我慢しろ」と呼びかけるこのチームが「リアル昭和残侠伝」に見えてくる。
　映画では健さんが最後の最後ついに怒りを爆発させる。この試合でも延長戦の末、不利な判定をされていたチームが勝った。試合後、選手をつかまえて「感動しました！」と思わず伝えてしまった。
　エコヒイキの判定があったかどうかは無論定かでないが、それに怒ることなく承知の上で冷静に乗り越えようとする。こうしたチームの「精神性」は簡単に築き上げられるもの

ではないだろう。素晴らしいチームを見た。思い出に残る球場になった。

1983年8月3日、イースタンリーグ公式戦・巨人－大洋が行なわれた。この試合には岡崎郁、川相昌弘、村田真一ら後に巨人の主力として活躍する選手が出場している。

（踏破No.864　C）

網走スポーツ・トレーニングフィールド野球場

北海道網走市
2016年7月17日
中堅120m、両翼97m
内野土、外野天然芝　照明無し
全日本軟式野球大会・1部　北北海道予選
ニッテン美幌10－2幌延球友（8回コールドゲーム）

網走スポーツ・トレーニングフィールド野球場

　JR呼人駅から徒歩15分。
　1998年5月22日にオープンした。
　ネット裏席はプラ長イス7段。内野席はプラ長イス6段。外野席は芝生席。
　スコアボードは、得点板（12回まで。パネル式）、時計、SBO灯、HEFC灯。
　ネット裏席最前列のネットがオレンジ色なので目がチカチカする。
　外野のファウルゾーンとバックネット前に天然芝が敷いてある。

　広大なスポーツ公園内にあり、私が訪れた時、多数の大学ラグビー部が合宿中だった。
　硬式大学野球リーグ戦でよく使われる。
　2007年6月23日、網走市制施行60年記念としてイースタンリーグ公式戦・日本ハム－楽天が開催された。この試合には日本ハム・糸井嘉男、陽岱鋼の有名選手も出場している。

（踏破No.863　ABC）

岩見沢市営球場

北海道岩見沢市
2002年6月30日
中堅122m、両翼98m
内野土、外野天然芝　照明有り
全国高校野球・南北海道大会　南空知支部予選

駒大岩見沢6-2栗山

1999年6月に開設された。

2012年7月28日に再訪してみた。JR岩見沢駅からバスで7分。

中堅122m、両翼98m。内野土、外野天然芝。照明有り。ネット裏から内野の観客席は長イス、外野席は芝生席。玄関に「定員7569名」という表示あり。

球場建物が、薄緑色できれいに塗装されている。

ネット裏席、ダッグアウト上の内野席、内野席、外野席が、いったん球場外に出ないと行き来できない、珍しい構造。

硬式高校野球でよく使われる。

（踏破№499　ＡＢＣ）

岩見沢市営球場

恵庭公園野球場

北海道恵庭市
2012年7月29日
規格表示無し
内野土、外野天然芝　照明無し
北海道中学校軟式野球大会
富川中学2-1札幌中学（7回制）

芦別市民球場踏破の後、特急列車やタクシーまで使ってハシゴに成功した。

JR恵庭駅からタクシーで5分ほど。

完成は1961年。

ネット裏席は12段の長イス席。内野席途中まで最大7段の長イス席（ここまでの観覧席数は1928席）。あとの内外野席は芝生席。

外野後方は恵庭公園の森になっている。

スコアボードは得点板、ＳＢＯ灯、ＨＥＦＣ灯のみ。簡素な球場である。中学や社会人の軟式野球の大会で使われている。

恵庭公園野球場

恵庭公園野球場

恵庭公園野球場

恵庭公園野球場

Ａ…硬式（高校以上）　Ｂ…硬式（中学以下）　Ｃ…軟式　の試合が可能

バックネットに「がんばろう！ 日本」のスローガンがグラウンド側に向けて掲示してあった。

初耳の球場で、試合開催の情報を運よく摑み踏破することができた。

市の体育協会のサイトによると、規格は中堅120m、両翼91m。

（踏破№755　ＡＢＣ）

えんがる球場

北海道遠軽町
2016年9月10日
中堅122m、両翼98m
内野土、外野天然芝　照明有り
東日本軟式野球大会・1部　北北海道予選
紋別市役所4－3ボヘミアンクラブ

えんがる球場

1995年完成。収容人数5000人。

ＪＲ遠軽駅から徒歩20分。

観客席はネット裏からダッグアウト上までは最大11段のプラスチックイス。あとの内外野は芝生席。

外野席後方に植えられた木立が美しい。

スコアボードは時計、得点板（10回まで）、ＢＳＯ灯、ＨＥＦＣ灯。打順ランプもあり、そこに守備位置も表示できる。

玄関ロビーに展示物多数だったが立ち入り禁止だったので見学できず。

試合後、球場前にバーベキュー台が並べられ、おじさんが火を起こしていた。訊いてみると、大会スタッフの慰労会だという。こんなイキな慰労会をやるのは北海道野球連盟だけであろう。

2014年7月5日、この球場でイースタンリーグ公式戦・日本ハム－西武が行なわれた。日本ハムの先発投手はあの有名な斎藤佑樹だった。

1996年7月14日、球場完成記念試合が行なわれている。新王子製紙苫小牧が14－5でＮＴＴ北海道を下した。

（踏破№874　ＡＢＣ）

小樽桜ケ丘球場

北海道小樽市
1997年7月6日
中堅規格表示無し、両翼90m
内野土、外野天然芝　照明無し
全国高校野球・南北海道大会　小樽支部予選

倶知安9－8仁木商

JR小樽駅からバスで10分ほど。1948年9月開設。収容人数4420人。元々の地形を利用した、掘り下げ型。

近年も高校野球でよく使われている。

規格は中堅109.30m、左翼91.79m、右翼90.76m。

（踏破№314　ＡＢＣ）

小樽桜ケ丘球場

小樽桜ケ丘球場

帯広の森野球場

北海道帯広市
1998年5月16日
中堅122m、両翼97.6m
内野土、外野天然芝　照明無し
春季高校野球・北海道大会　十勝支部予選
帯広南商4－3帯広三条（延長10回）

JR帯広駅からバスで30分。

高校野球でよく使われるほかＮＰＢの試合も開催される。

開場は1990年。収容人数は23000人。

この球場では松井秀喜選手がプレーしたことがある。1993年8月8日、イースタンリーグ公式戦・巨人－横浜。成績は3打数1安打だった。

（踏破№404　ＡＢＣ）

帯広の森野球場

帯広の森野球場

Ａ…硬式（高校以上）　Ｂ…硬式（中学以下）　Ｃ…軟式　の試合が可能

北見市営球場

北海道北見市
1996年9月16日
中堅122m、両翼98m
内野土、外野天然芝　照明無し
秋季高校野球・北海道大会　北見支部予選
遠軽5－1北見柏陽

　JR石北本線・北見駅からバス。東陵公園内にある。

　1963年に完成。1991年から翌年にかけて改修され、写真に写っている姿になった。

北見市営球場

　高校野球の北見地区予選はここで開催される。

　収容人数12000人。

（踏破№233　ＡＢＣ）

釧路市民球場

北海道釧路市
1996年9月11日
中堅122m、両翼97.6m
内野土、外野天然芝　照明無し
秋季高校野球・北海道大会　釧路支部予選
釧路北4－1釧路商

　ＪＲ釧路駅からバスで行った。終点で降り、球場まで近道をしようと思って湿原を突っ切ることにしたら靴がドロドロになってしまい後悔した。

　スコアボードのＳＢＯ灯の、ストライクとアウトが赤色、ボールが緑色という珍しい球場（通常はストライク灯が黄、ボール灯が緑、アウト灯が赤）。

　試合後、ノサップ岬を見物した。

釧路市民球場

釧路市民球場

濃霧の夕景が幻想的で印象に残っている。岬の食堂でカニ丼を食べたが、卵でとじてあるもので「あれ？」という感じ。他の店で花咲ガニを食べ直した。

1983年開場。収容人数17988人。

松井秀喜選手がこの球場でプレーしたことがある。1993年8月7日。イースタンリーグ公式戦・横浜－巨人で、成績は4打数1安打だった。

（踏破№226　ＡＢＣ）

栗山町民球場

北海道栗山町
2001年7月6日
中堅122m、両翼98m
内野土、外野天然芝　照明有り
社会人野球クラブ選手権・二次予選
北海道大会
ウィン北広島12－3札幌ブルーマックス（7回コールドゲーム）

　ＪＲ室蘭本線・栗山駅から徒歩20分。
　1998年完成。
　スコアボードのカウント表示灯がＳＢＯでなくＢＳＯの順番だった。

栗山町民球場

これは2001年当時としては先進的なことであった。
　収容人数3300人。なぜか社会人硬式野球での使用頻度が高い。

（踏破№491　ＡＢＣ）

黒松内町営野球場

北海道黒松内町
2012年6月9日
中堅120m、両翼91m
内野土、外野天然芝　照明有り（小規模）
東日本軟式野球大会・1部
東京バンバータ4－0諏訪クラブ

　ＪＲ黒松内駅から徒歩25分。カッコーやウグイスが啼いている森の中の道を歩いていく。
　1980年代後半から90年代の半ばまでは時折、イースタンリーグの試合で使われていた。最近では高校、大学、社会人野球で試合開催が無く、軟式野球で踏破するしかなさそう。球場正面に、過去に開催したイースタンリーグや軟式野球大会の期日を記した記念プレートが掲示されてい

る。

　内野席前の金網が、まるで神宮球場のように背が高いのが特徴。

　2013年、久々にイースタンリーグの試合が開催された（8月24日、日本ハム5－1DeNA）。

　愛称は「ブナスタジアム」。黒松内町はブナが自生する北限の地で、ブナは町の木に指定されている。

　ネット裏観客席は200席。芝生席は約3000人。

（踏破№745　ＡＢＣ）

黒松内町営野球場

黒松内町営野球場

札幌市麻生球場

北海道札幌市
2001年7月4日
中堅111m、両翼92m
内野土、外野天然芝　照明無し
全国高校野球・南北海道大会　札幌支部予選
札幌月寒5－2札幌第一

　札幌市地下鉄南北線・麻生駅から徒歩10分。住宅街の中にある。

　札幌市中央区の中島公園にあった中島球場に代わる施設として1980年8月、下水処理場の上に造られた。収容人数は12000人。

　2016年の時点で市のサイトには、車イスのまま入れる外野スタンド、支柱のないバックネットが特徴とし

札幌市麻生球場

札幌市麻生球場

て挙げられている。

高校野球でよく使われる。

2013年9月10日、高校野球公式戦の試合前のシートノック中、約5000匹のミツバチの大群がグラウンドに押し寄せ、試合が中止になってしまう珍事があった。

（踏破No.490　ＡＢＣ）

札幌市円山球場

北海道札幌市
1997年7月6日
中堅117m、両翼98m
内野土、外野天然芝　照明無し
全国高校野球・南北海道大会　札幌支部予選
北海10－0恵庭北（5回コールドゲーム）

　札幌市営地下鉄・円山公園駅から徒歩15分ほど。

　かつては北海道のナンバーワン球場だったが、札幌ドームにその座を譲った。しかし近年でも高校、大学、社会人とアマ野球でよく使われている。

　今では巨人・吉村禎章選手が試合中に大ケガした球場としてのほうが有名かもしれない（1988年7月6日、対中日戦）。

　札幌市の公式ページによると開場は1935年7月。1972年から3カ年をかけての大改修工事により、この写真に写っている姿になった。収容人数は25000人。

　珍しいところでは、東京・神宮球場での開催が通例となっている全日本大学野球選手権大会が開催されたことがある（1974年の第23回大会）。この大会は毎年梅雨により日程が狂ってしまうので、梅雨のない北海道での開催はいいアイデアなのでは。私はドーム球場が好きではないので。

　水島新司さんのマンガ『あぶさん・雨中のファインプレー』（単行本第71集所収）は、この球場で最後に開催されたプロ野球の試合を描いた作品（内容はもちろんフィクション）。

（踏破No.313　ＡＢＣ）

札幌市円山球場

札幌市円山球場

札幌市円山球場

札幌ドーム

北海道札幌市
2005年1月15日
規格表示無し
内外野人工芝　照明有り
プロ野球・マスターズリーグ
札幌アンビシャス5－4大阪ロマンズ

　札幌市地下鉄・福住駅から徒歩10分。

　2001年開業。ホームページによると規格は中堅122m、両翼100m。野球開催時の収容人数は42270人。

　日本ハムの試合で踏破するしかないかと思っていたが、ネット裏席のチケットが取れなそうなので二の足を踏んでいた。しかし、マスターズリーグ（2001年から2009年にかけて開催されていた、プロ野球OBチームによるリーグ戦）で踏破できることに気づき、勇んで行った。

　ところが、予期せぬ出来事が……。3回表、内野フライが上がり、捕手か一塁手が打球に触りながら捕球できず、その球を投手が直接捕球してアウト。捕球し損ねたのが捕手だか一塁手だかハッキリ見ることができなかった。これは正確に見るのが非常に難しいプレーだが。

　それで気分が落ち着かず、翌2006年の1月にもマスターズリーグで札幌ドームへ行き、ダメ押し踏破をした。

（踏破№515　ＡＢＣ）

銀色のお餅のような外観

札幌ドーム

札幌ドーム

ネット裏の得点板

札幌ドーム

札幌ドーム

白老桜ケ丘公園町営球場

白老桜ケ丘公園町営球場

白老桜ケ丘公園町営球場

北海道白老町
2002年6月29日
中堅121m、両翼91m
内野土、外野天然芝　照明無し
全日本大学準硬式野球選手権・地元推薦枠決定戦
北海学園大8－0旭川医科大

　JR室蘭本線・白老駅から徒歩30分。
　この日は別の球場に行く予定だったが、朝、新千歳空港に着いて北海道新聞を買ったら、この球場で試合がありそうなので急きょ行ってみた。このような形でマイナーな球場の情報をゲットできるのは珍しく、ラッキーだった。
　1984年完成。

　2011年2月、日本ハム球団が二軍戦開催が可能かどうかこの球場の視察を行なった。苫小牧民報の記事によると、ダッグアウトの広さや放送設備は評価されたものの、周辺住宅街への防球対策や収容人数の少なさが課題となり現状では開催は難しいと判断されたとか。記事中には、中堅121m、両翼90.5m、収容人数約2100人と記されている。
　1974年、地元の大昭和製紙北海道が都市対抗で全国優勝していて、それを記念した中学軟式野球の大会が、道内の強豪校を招き毎年この球場で開かれている。

（踏破No.498　ABC）

新十津川ピンネスタジアム

北海道新十津川町
2012年7月28日
中堅122m、両翼99m
内野土、外野天然芝　照明有り
国体軟式野球・北海道予選

濱谷建設クラブ7－1別海町役場
　JR滝川駅からバス18分。
　ピンネとは、新十津川町と浦臼町にまたぐ秀峰「ピンネシリ」（アイヌ語で「男山」という意味）に由来

32　A…硬式（高校以上）　B…硬式（中学以下）　C…軟式　の試合が可能

する言葉。

1993年8月3日に、落成記念試合としてイースタンリーグの巨人－横浜が開催された。この試合には松井秀喜選手も出場、5打数3安打3打点。二塁打2本という大活躍だった。

球場の玄関に、広瀬哲朗（元日本ハム）、宮本和知（元巨人）が野球教室で来た時の写真が飾られている。

ネット裏席は6段、内野席は9段のプラ長イス。外野席は芝生席。

イースタンリーグや高校野球で、たまに使用される。

本当は、この時の北海道遠征では日本ハムの二軍戦で幕別、夕張の2球場を踏破しようと狙っていたのだが、なんとネット裏席入場券が前売りで完売しており断念。北海道での日本ハム人気に脱帽。あまり人気があるのも球場巡り人としては困ってしまう。

資料によると規格は中堅122m、両翼98m。収容人数4700人。

（踏破№753　ＡＢＣ）

新十津川ピンネスタジアム

新十津川ピンネスタジアム

新日鉄室蘭球場

北海道室蘭市
1997年7月5日
中堅120m、両翼94.5m
内野土、外野天然芝　照明無し
全国高校野球・南北海道大会　室蘭支部予選
苫小牧工高専7－6えりも（延長11回）

　ＪＲ室蘭駅からタクシーで。

1970年完成。収容人数2500人（ただし、この球場でのイースタンリーグ開催を伝える新聞記事に「3000人近い観衆で超満員となった」と書かれていたことがある）。

内野の土の部分が異様に広いのが珍しい。

この球場でのプロ野球の開催は昭和50年代後半に行なわれた大洋－巨人の二軍戦を最後に途絶えていたが、日本ハム球団の北海道移転後、2011年に二軍戦が開催されている。

室蘭にはもうひとつ「中島公園球場」があるが、機会に恵まれず未踏破。

2012年10月から新日鉄住金球場という名称になっており、数年おきにイースタンリーグ公式戦で使われている。硬式高校野球では、室蘭地区の試合は苫小牧緑ヶ丘球場が使われることが多く、この球場での開催はなかなか無い。

2014年8月、東京大学硬式野球部が20年ぶりにキャンプ地として使用した。

（踏破№312　ＡＢＣ）

新日鉄室蘭球場

新日鉄室蘭球場

砂川市営球場

北海道砂川市
1996年9月10日
中堅115m、両翼94m
内野土、外野天然芝　照明有り
全日本軟式野球大会・2部
佐川急便九州2－0佐賀信用金庫

　この時が初の北海道遠征だった。当時は道内各地を結ぶ夜行列車が健在で、宿には泊まらず車中泊ばかりで北海道じゅうを駆け巡った。今では夜行列車も少なくなり、ああいうスタイルの旅はもうできない。とても残念。

　球場の表札文字が地面レベルに書

砂川市営球場

砂川市営球場

かれているのが珍しい。

　高校野球では空知地区に位置するが、岩見沢市営球場での開催が多いが、数年おきに秋季大会の地区予選で使われたり、2006年には夏の大会の北空知地区予選の会場となっている。

　収容人数5480人。

（踏破№225　ＡＢＣ）

滝川市営球場

北海道滝川市
1996年9月12日
中堅122m、両翼98m
内野土、外野天然芝　照明無し
全日本軟式野球大会・2部
佐川急便九州6－1ミキハウス
　ＪＲ滝川駅からバス。
　1972年6月オープン。収容人数7000人。
　2012年7月28日に再訪してみた。
　中堅122m、両翼98m。内野土、外野天然芝。照明小規模ながら有り。
　ネット裏席は6段のプラ長イス。内野席途中まで5段のプラ長イス。あとの内外野席は芝生席。

滝川市営球場

　スコアボードは、選手名は掲示できないのに審判員の名前は出せるという点が珍しい。
　内外野席の後ろに、背の高い木がズラリと植えてあるのは防風のためかも？
　高校野球のほか、近年はイースタンリーグも開催されている。

（踏破№227　ＡＢＣ）

千歳市民球場

北海道千歳市
2001年7月4日
中堅120m、両翼95m
内野土、外野天然芝　照明無し
全国高校野球・南北海道大会　札幌支部予選
札幌光星6－3札幌旭丘
　ＪＲ千歳駅から徒歩40分。

千歳市民球場

1987年5月完成。

2009年8月9日には、イースタンリーグの公式戦が行なわれた。

2011年までは毎年、夏の高校野球で使われていたが、なぜか2012年以降使用されなくなった。

収容人数は7000人。

（踏破No.489　ＡＢＣ）

津別町営共和野球場

北海道津別町
2016年7月16日
中堅115m、両翼91m
内野土、外野天然芝　照明有り
全日本軟式野球大会・2部　北北海道予選
湧別役場倶楽部12－8豊富クラブ

津別町営共和野球場

　ＪＲ美幌駅からバス32分、「共和生きがいセンター」下車、徒歩15分。

　ネット裏席中央はプラ長イス7段。その両サイドは芝生の段々席で最大6段。あとの内外野席は芝生席。

　スコアボードは、得点板（11回まで。パネル式）、ＢＳＯ灯、ＨＥＦＣ灯、打順ランプの所に守備位置を表示できる。ＢＳＯ灯はＢが黄灯、Ｓが緑灯だった。普通は逆。ＨＥＦＣ灯に青灯を使っているのも珍しい。

（踏破No.861　ＡＢＣ）

苫小牧市緑ケ丘球場

北海道苫小牧市
1996年9月17日
中堅120m、両翼91m

内野土、外野天然芝　照明無し
秋季高校野球・北海道大会　室蘭支部予選

苫小牧市緑ケ丘球場

苫小牧市緑ケ丘球場

Ａ…硬式（高校以上）　Ｂ…硬式（中学以下）　Ｃ…軟式　の試合が可能

苫小牧中央16－4白老東（5回コールドゲーム）

ＪＲ苫小牧駅からバス。

1987年開場。収容人数5066人。

緑ヶ丘公園内にはもう一つ、清水球場があり、いつか踏破したい。

（踏破№234　ＡＢＣ）

仁木町ふれあい遊トピア公園野球場

北海道仁木町
2012年6月10日
規格表示無し
内野土、外野天然芝　照明有り
東日本軟式野球大会・2部
今川メッツ（千葉）4－1空自千歳剛クラブ（北海道）

午前中に踏破したニセコの球場から、この球場まで路線バスで乗り換え無しで移動できラッキーだった。まるで私が球場ハシゴするためにあるような路線だった。

鉄道なら、ＪＲ函館本線・然別駅から徒歩25分。

1974年10月完成。

観客席はネット裏含め芝生席で、イス席は無し。

外野にスコアボード無し。三塁側ベンチ左に得点板は有り。まあ草野球場といっていいだろう。

球場の隣に「きのこ王国」というレストランがあり、安くて美味しいものを食べることができた。

観光協会のサイトによると規格は中堅110m、両翼90m。

（踏破№748　ＡＢＣ）

仁木町ふれあい遊トピア公園野球場

仁木町ふれあい遊トピア公園野球場

ニセコ町運動公園野球場

北海道ニセコ町
2012年6月10日
中堅120m、両翼95m
内野土、外野天然芝　照明無し
東日本軟式野球大会・1部
ＡＵＴＯ中川（石川）6－0豊富体協（山梨）

ＪＲニセコ駅から徒歩30分。

ネット裏後方に「蝦夷富士」と称される羊蹄山が見える。

ネット裏席はプラ長イス6段。

外野フェンスが高さ1m50cmほどと低い。

観戦した試合では、3球連続ワイルドピッチという珍記録が飛び出した。これは非常に珍しい記録。

ニセコ町運動公園野球場

開場は1990年8月。
内野固定観覧席は200席。
（踏破№747　ＡＢＣ）

ニセコ町運動公園野球場

ニセコ町運動公園野球場

野幌総合運動公園野球場

北海道江別市
1996年9月15日
中堅122m、両翼98m
内野土、外野天然芝　照明無し
秋季高校野球・北海道大会　札幌支部予選
札幌国際情報11－1篠路（5回コールドゲーム）

ＪＲ函館本線・野幌駅からバスで10分ほど。

1991年完成。収容人数は9000人。

高校、大学、社会人、イースタンリーグと幅広く使われる。

2013年に本部席が改修され、スコアボードも磁気反転式となった。
（踏破№232　ＡＢＣ）

野幌総合運動公園野球場

野幌総合運動公園野球場

函館オーシャンスタジアム

北海道函館市
2001年7月3日
中堅規格表示無し、両翼99.1m
内野土、外野天然芝　照明無し
全国高校野球・南北海道大会　函館支部予選
知内9−2桧山北（7回コールドゲーム）

　函館市電・千代台電停から徒歩5分。千代台公園内にある。

　収容人数約20000人。NPB一軍戦、二軍戦、社会人、大学、高校と幅広く使われている。

　球場のそばに、地元社会人クラブチームの名選手だった久慈次郎さんのプレー中の姿を象った銅像あり。

　2016年の時点で規格は中堅122m、両翼99.1m。

　この地に球場が出来たのは1951年。その後、全面改築され1994年5月にリニューアルオープンした。

（踏破№488　ＡＢＣ）

函館オーシャンスタジアム

函館オーシャンスタジアム

久慈次郎選手の像

美幌町柏ケ丘公園野球場

北海道美幌町
2016年7月16日
中堅122m、両翼98m
内野土、外野天然芝　照明有り
全日本軟式野球大会・2部　北北海道予選
ＪＡおとふけ6−0ＪＡ標津

美幌町柏ケ丘公園野球場

　ＪＲ美幌駅からバス8分、「美幌南3丁目」下車、徒歩15分。1999年にできた球場。

　ネット裏中央部分は本部席でほぼ占められており、その両サイドにプラ長イス5段。ダッグアウトの後ろにも長イスが置いてある。あとの内外野席は芝生席。

　スコアボードは、時計、得点板（10回まで）、ＢＳＯ灯、ＨＥＦＣ灯。

　住宅街を見渡せる高台にある。隣

は墓地。

硬式高校野球では、春・夏・秋の大会では使われないが毎年8月に開催される「オホーツクベースボールチャレンジカップ」というローカル大会では使用される。

（踏破№862　ＡＢＣ）

深川市民球場

北海道深川市
1998年5月17日
中堅122m、両翼98m
内野土、外野天然芝　照明無し
北海道学生野球
北海道東海大10－2函館大

深川市民球場

　ＪＲ函館本線・深川駅から徒歩30分。

　駅から球場まで歩こうと思ったが道に迷ってしまった。仕方なくタクシーを呼ぼうと、まだ携帯電話を持っていなかったので町の人に「このへんに公衆電話はありませんか？」と聞くと「うちの電話を使っていいよ」と家に上げてくれた。北海道の方は親切ですなあ〜。

　高校野球では空知地区に属しているが、岩見沢や滝川の球場が使われることが多い。以前は大学、社会人野球での使用もあったが、最近はそれも少ないようだ。

　市の観光サイトによると、過去にイースタンリーグが2度開催されている。

　竣工は1990年9月26日。収容人数は7200人。

（踏破№405　ＡＢＣ）

三笠市営球場

北海道三笠市
1996年9月15日
中堅116m、両翼97m
内野土、外野天然芝　照明無し
秋季高校野球・北海道大会
南空知支部予選
夕張5－1三笠

　ＪＲ岩見沢駅からバス。

　1955年6月完成。収容人数は20000人。

　最近は高校野球で使用されなくなった。

　この日の入場料は300円。他の都府県に比べ安い。

松井秀喜選手がこの球場でプレーしたことがある。1993年8月4日、イースタンリーグ公式戦・巨人－横浜。松井選手は5打数0安打だった。
　　　　　　　（踏破№231　ＡＢＣ）

三笠市営球場

三笠市営球場

夕張市平和運動公園野球場

北海道夕張市
2016年7月18日
中堅122m、両翼98m
内外野天然芝　照明無し
リトルシニア北海道・理事長杯全道大会
旭川北稜4－2岩見沢（7回制）

　JR鹿ノ谷駅から徒歩35分。
　2004年7月オープン。収容人数は5300人。
　サングリンスタジアムという愛称もついている。
　ファウルグラウンドにはネット裏含め全て天然芝が敷いてある。球場内のフェンス、バックスクリーン、スコアボード、ネット裏観客席のイスと緑色が多用され統一感がある。サングリンスタジアムの名にふさわしい。
　玄関ロビーには球場を丘の上からとらえた油彩画が飾られている。
　2007年8月5日、イースタンリーグ公式戦・日本ハム－巨人が行なわれた。この試合には巨人・坂本勇人、亀井義行が出場している。2012年7月29日にもイースタンリーグ公式戦

夕張市平和運動公園野球場

夕張市営球場（鹿の谷球場）

「幸福の黄色いハンカチ」ロケ地

・日本ハム－楽天が開催された。

　私の一番好きな映画『幸福の黄色いハンカチ』のロケ地となった炭鉱住宅跡がこの球場の近くにある。撮影当時のまま保存・公開されており、試合後見学した。長年の念願がかなってハッピーな一日だった。

　ついでに夕張市営球場（鹿の谷球場）も見に行ってみた。プラ長イスの大きなスタンド、チケット売り場ふうの小屋も有り。1950年代にはプロ野球一軍公式戦が開催されていた球場である。

（踏破No.865　ＡＢＣ）

湧別町営野球場

北海道湧別町
2016年9月10日
中堅115m、両翼91m
内野土、外野天然芝　照明有り
東日本軟式野球大会・1部　北北海道予選
稚内信用金庫1－0ＡＩベースボールクラブ

　遠軽バスターミナルからバス34分、「湧別」下車、徒歩15分。歩く途中に「湧別駅跡」の石碑有り。

　1986年完成。

　ネット裏席はプラ長イス7段。内野席は芝生席。外野席無し。

　スコアボードは得点板（12回まで。

湧別町営野球場

パネル式）、ＢＳＯ灯（Ｂ灯は黄色灯、Ｓ灯は緑灯）、ＨＥＦＣ灯。打順ランプ有り。ここに守備位置も表示できる。

　駒大苫小牧硬式野球部が毎夏この球場で合宿を行なっている。

（踏破No.873　ＡＢＣ）

余市運動公園町営野球場

北海道余市町
1996年9月13日
中堅規格表示無し、両翼90m
内野土、外野天然芝　照明無し
秋季高校野球・北海道大会　小樽支部予選
余市7－6仁木商（延長10回）

　ＪＲ余市駅から徒歩15分。

　1969年完成。土盛り式観客席の古い球場。観客席数は100席。

　球場の近くに、ニッカウヰスキーの工場があったので見学。見学の最

後にはウヰスキーの試飲もさせてもらえた。工場の展示からは、創業者の竹鶴政孝という人は随分強烈な個性の方だったんだなという印象。

2014年秋のNHKの朝の連続テレビ小説『マッサン』の主人公は、この政孝氏をモデルにしていた。
（踏破№229　ABC）

余市運動公園町営野球場

余市運動公園町営野球場

蘭越町総合運動公園野球場

北海道蘭越町
2012年6月9日
中堅116m、両翼92m
内野土、外野天然芝　照明有り（小規模）
東日本軟式野球大会・1部
長岡市役所7－3蘭越・Y・CLUB

　JR蘭越駅から徒歩25分。
　内野フェンスに「美と遊和と躍進のまち　らんこし」と町のスローガンが書かれているのが珍しい。
　黒松内球場と造りが似た感じで、ひょっとしたら同じ設計者かも。
　定礎に記された日付は1994年11月。一塁側スタンド下にある表示によると、1996年には夏の高校野球・小樽地区予選でも使われている。この球場で出たホームラン一覧表も掲示あり。
　試合中、絶えずレフト後方からカエルの合唱が聞こえていた。近くに池でもあるのかな。
　収容人数は内野部分だけで800人。ほかに外野芝生席がある。

蘭越町総合運動公園野球場

蘭越町総合運動公園野球場

硬式の社会人野球チームのオープン戦でも使われている。

2015年、小樽桜ケ丘球場が改修のため、夏と秋の高校野球・南北海道大会小樽地区予選はこの球場で行なわれた。

（踏破No.746　ＡＢＣ）

稚内大沼球場

北海道稚内市
1996年9月14日
中堅120m、両翼95m
内野土、外野天然芝　照明無し
秋季高校野球・北海道大会　名寄支部予選
稚内大谷10－1士別（6回コールドゲーム）

球場のパンフレットに「最北の球場」との記載あり。

1994年完成。収容人数7000人。

観戦した試合で、笑えるシーンがあった。6回表、稚内大谷の攻撃、打者浅利。二つ見逃しでツーストライクとなった時、ダッグアウトから浅利へメガネが届けられ、浅利は次の球をセンター前ヒット。映画『メジャーリーグ』に同じような場面があったので思わず笑ってしまった。

2009年8月8日、この球場で行なわれたイースタンリーグ公式戦・日本ハム－巨人では中田翔選手が本塁打を放っている。

（踏破No.230　ＡＢＣ）

稚内大沼球場

稚内大沼球場

青　森　県

青森県営野球場

青森県青森市
1996年9月22日
中堅121m、両翼93m
内野土、外野天然芝　照明有り
秋季高校野球・青森大会
東奥義塾7－5青森北

Ａ…硬式（高校以上）　Ｂ…硬式（中学以下）　Ｃ…軟式　の試合が可能

ＪＲ青森駅からバスで15分ほど。

　私が訪れた２年後の1998年７月18日、実に122－０というギネス級のスコアとなった試合が行なわれた球場。全国高校野球・青森大会の東奥義塾－深浦戦（７回コールドゲーム）。東奥義塾はこの試合だけで76盗塁を記録したとのこと。スコアをつけるのは大変だっただろうが、この試合ぜひ観たかったもの。

　この試合がキッカケとなり、高校野球の公式戦は５回終了10点差以上、７回終了７点差以上でコールドゲームとなる形に全国で統一された。

　青森高野連は、公式スコアシートを試合後球場正面に貼り出してくれる。報道陣のためなのだろうが、不明点を確認できるので私のようなスコア観戦派にとっても非常にありがたい。

　高野連の人が、前日のスコアシートを剥がして捨てようとしていたので「それ捨てるならくれませんか」と頼んだらくれた。公式スコアシートのコピーはなかなか手に入るものではないので貴重。

　2012年９月15日、再訪してみた。

　中堅121m、両翼93m。内野土、外野天然芝。照明有り。

　ネット裏席はプラ長イス16段。内野席もプラ長イスで最大13段。外野席は芝生席。

青森県営野球場

　常設の放送ブースは無し。

　球場玄関に、2011年に青森チームがＫボールの東日本大会で優勝した時の写真が展示されていた。

　1967年10月完成。収容人数は23000人。

　2005年２月、珍しい事態が明らかになった。なんと、レフトライト、両方のファウルポールが、ファウルラインからそれぞれ外側へ約20センチ、ズレて立っていることが明らかになったのだ。前年に視察に訪れたパ・リーグ関係者に指摘されたという。

　いつの間にか、ラインのほうがズレて引かれるようになっていたということなのだろうが、その間、本来はフェアと判定されるべき打球がファウルと判定されていたことになる。大きな大会でも使われる球場としては珍しいケースといえる。

（踏破№239　ＡＢＣ）

青森市営球場

青森県青森市
1996年9月22日
中堅121m、両翼91m
内外野土　照明無し
秋季高校野球・青森大会
光星学院2－1弘前実

　内外野のフェンスがコンクリート部分だけで、その上に金網部分が無い珍しい球場である。

　太宰治の母校・旧制青森中学の跡地に、1950年4月に造られた。

　球場前には完全試合第一号の碑が建っている。1950年6月28日、巨人の藤本英雄投手が日本プロ野球史上初のパーフェクトゲームを達成したのがこの球場である。

　2000年に改修工事が終了。2016年の時点で収容人数は10010人。

　青い森鉄道・東青森駅から徒歩30分。

　2003年10月14日、この球場で行なわれた秋季高校野球・東北大会の決勝戦で、当時東北高校のダルビッシュ有投手（のち日本ハム～MLBレンジャーズ）が被安打1の1失点完投勝利を収めている。

（踏破№240　ＡＢＣ）

完全試合第一号記念碑

青森市営球場

鰺ヶ沢スタジアム

青森県鰺ヶ沢町
1997年8月9日
中堅115m、両翼100m
内外野土　照明無し
青森県少年軟式野球・中学の部
五一中クラブ6－1藤田クラブ（7回制）

　JR五能線・鰺ヶ沢駅からタクシー。

　正式には「大高山総合公園多目的運動広場」という名称だが、球場建物には「鰺ヶ沢スタジアム」という表示が出ている。

　1996年完成。ネット裏観客席の席数は306席。

　一塁側のみ内野席があり芝生席になっているが、客席に芝が張ってあ

46　Ａ…硬式（高校以上）　Ｂ…硬式（中学以下）　Ｃ…軟式　の試合が可能

鰺ヶ沢スタジアム

鰺ヶ沢スタジアム

るのに外野グラウンドに芝生無しというのは多目的のせいかもしれない。

　試合後、球場を出てタクシーを呼ぼうとしていたら、選手のお母さんと思われる二人の女性に声をかけられ、なんと五所川原駅まで車に乗せてくれた。車中、「どうして乗せてくれたんですか？」と聞いたら「あなたタクシーで来たでしょう。それを見てたから」という答え。青森の人は親切だなあと感激した。

（踏破№331　C）

岩木山総合公園野球場

青森県弘前市
2009年10月4日
中堅122m、両翼100m
内野土、外野天然芝　照明無し
リトルシニア東北連盟秋季大会（中学硬式野球）
宮城黒松3－0石巻（7回制）

　弘前駅からバスで45分。「岩木山総合公園」下車。運賃850円。「津軽富士」とよばれる岩木山（標高1625m）をバスで登っていき、雲がすぐ近くのように見える高さまで来るとやっと球場がある。標高300メートルの地点とのこと。

　1992年竣工。収容人数は15000人。

　山の斜面を削り取って造られたような感じ。鉄パイプ細工で造ったアーチ型の球場名表示がユニーク。

岩木山総合公園野球場

鉄パイプ細工の球場名表示

宮城黒松チームの監督が判定を巡り一塁塁審に抗議、主審が退場を宣告。アマチュア野球で退場処分を見たのは初めてでとても驚いた。

球場近くの道路に露店が出ていて、名産のトウモロコシを茹でたものを1本200円で売っていたので食べた。甘くて美味しかった。そういえば、球場がある総合公園のキャラクターもトウモロコシが擬人化されたもの。

（踏破№617　ＡＢＣ）

大鰐スタジアム

青森県大鰐町
1997年5月11日
中堅122m、両翼100m
内野土、外野天然芝　照明無し
北東北大学野球・2部リーグ
秋田大7－0八戸大（8回コールドゲーム）

　ＪＲ奥羽本線・大鰐温泉駅からバスで行った。あじゃら公園内にある。

　バスの運転手さんが親切な方で、球場近くで特別に下車させてくれた。

　スコアボードが個性的な造りで、選手名表示、得点板が横一列に並んでいる。町のホームページによると、これは西武球場をモデルに造られたとか。スコアボードに球場名が大書してあるのも珍しいパターン。

　1983年竣工。元々の地形を利用して造られたらしく、山の斜面をうまく使ってネット裏観客席が造られている（これも西武球場と同じ）。収容人数は25000人。

　球場に着いた時、スコアボードの得点板（パネル式）に「０９０　×　×××　××××　４６４９」と表示されていた。少し考えて、野球部員のイタズラとわかり思わず笑ってしまった。

　観戦した試合では、現在は強豪となった八戸大が2部リーグで、それも国立大学にコールド負けしていて時の流れを感じる。

　また、利用したバス路線も廃線になったようで寂しい限り。

（踏破№283　ＡＢＣ）

大鰐スタジアム

大鰐スタジアム

黒石運動公園野球場

青森県黒石市
2005年5月20日
中堅120m、両翼92m
内野土、外野天然芝　照明有り
春季高校野球・青森大会
青森北7－0八戸商

黒石運動公園野球場

　弘南鉄道弘南線・黒石駅からタクシー。帰りはバス。
　1974年5月17日に落成した球場で、1997年にナイター設備が造られた。収容人数は10000人。
　高校野球でよく使われる。

　球場前の広場が、次の試合に出場する選手のウオーミングアップ場として使われている。都会の球場ではまず見かけない、ローカル球場らしい風景である。

（踏破No.517　ＡＢＣ）

五所川原市営球場

青森県五所川原市
2005年5月21日
中堅120m、両翼93m
内野土、外野天然芝　照明無し
春季高校野球・青森大会
青森山田3－2五所川原農林

五所川原市営球場

　1980年竣工。収容人数は8800人。
　2012年5月12日に再訪してみた。
　ＪＲ五能線・五所川原駅から徒歩20分。
　中堅120m、両翼93m。内野土、外野天然芝。照明無し。
　スコアボードは茨城型（長方形に台形が載った形）で選手名、得点、ＢＳＯ、ＨＥＦＣを表示。
　赤い三角屋根の本部席建物が特徴で、内外野のスタンドは土盛り式。
　近年も高校野球で使われている。

（踏破No.518　ＡＢＣ）

七戸町立野球場

青森県七戸町
2012年9月15日

中堅120m、両翼92m
内野土、外野天然芝　照明有り

青森県　49

秋季高校野球・青森大会
五所川原商13－0八戸商（5回コールドゲーム）

　JR東北新幹線・七戸十和田駅から徒歩50分。ずっと平地なのでのんびりと田舎歩きを楽しめる。

　完成は1989年。観客席数は200。

　この球場はずっと目立った試合開催が無く、この年の秋の高校野球・十和田地区予選でも使用されなかったのに、県大会になっていきなり使用されるという珍しいパターン。新築の球場で「ご祝儀開催」なのかと思ったが新しくはなかった。

　ネット裏席はプラ長イス7段、内野席は途中までプラ長イス4段、あとの内外野席は芝生席。

　ネット裏席で観戦したがバックネットに柱が多く、観戦しやすいとはいえなかったのが残念。

（踏破No.766　ＡＢＣ）

七戸町立野球場

七戸町立野球場

川内球場

青森県むつ市
2007年8月18日
中堅122m、両翼98m
内野土、外野天然芝　照明無し
高校野球・青森　むつ地区秋季大会
大湊16－0大畑（5回コールドゲーム）

　JR大湊線・大湊駅からバス。

　大湊から川内に向かうバスから見た雄大な景色が忘れ難い。海沿いを走っていくのだが、広大な海の上にどこまでも続く美しい雲。

　ちっぽけな悩みごとなんか吹っ飛ばせよと励ましてくれるような眺めだった。

　川内の民宿に泊まり、球場まで徒歩で30分ほど。

　途中の山道に「熊出没注意」の看板があった。野球旅でこんな看板を見たのは初めてでびっくり（実際に2012年7月、球場からわずか200mの地点でクマが目撃されている）。

　1995年完成。観客席数は2400席。

　観戦したのは秋季大会の前に行なわれる前哨戦的な大会だが、ちゃん

川内球場

川内球場

とメンバー表を配布していた。全国周っているが、こうしたメンバー表作成に熱心なのは東北とか九州という印象。

帰りも同じバスに乗ったが、今度はＪＲ大湊駅の近くで町なかに野生の鹿が出没しているのを目撃。地元の人にとっても珍しいことのようで乗客たちも騒いでいた。

近年も高校野球でよく使われている。

むつ市には、むつ運動公園野球場もある。しかし2011年、球場から放射性物質が検出され、使用が中止されていた時期があったりで、まだ踏破できていない。早く行きたいと願っている。

（踏破№560　ＡＢＣ）

東北町北総合運動公園野球場

青森県東北町
2010年５月22日
中堅120m、両翼95m
内野土、外野天然芝　照明無し
北東北大学野球・１部リーグ
八戸大６－０青森大

　青い森鉄道線・乙供駅からバスで12分。

1993年にできた球場。観客席数は500席。

北東北大学リーグでメイン球場として使われているので立派な球場かと想像していたが、スタンドは土盛り式、スコアボードは選手名表示欄

東北町北総合運動公園野球場

東北町北総合運動公園野球場

も無い、素朴な球場だった。
　翌年プロ入りし活躍した八戸大・塩見貴洋投手（現・楽天）の完封を観れたのが収穫だった。

（踏破№643　ＡＢＣ）

十和田市営野球場

青森県十和田市
2007年8月19日
中堅120m、両翼93m
内外野土　照明無し
高校野球・青森　十和田地区秋季大会
三沢商11－1七戸（6回コールドゲーム）

　市街地の中にある。こういう球場は最近では珍しい。
　外野後方に大きな相撲場があるのはさすが相撲の盛んな東北。中学生の全国大会が開かれていて試合開始を待つ間、見物した。
　1952年竣工。とても古い球場で、いつ取り壊されてもおかしくない感じ。踏破が間に合ってよかったと感じるのはこんな球場に来た時である。
　観客席数は13104席。
　帰りは十和田観光電鉄線・十和田市駅まで30分ほど歩いた。この鉄道は2012年に廃線となってしまった。
　高校野球でも春・秋の十和田地区予選ではよく使われる。
　プロ野球一軍戦の開催はないが、1991年6月29日にはイースタンリーグ公式戦・巨人－西武が行なわれ、呂明賜、元木大介ら有名選手が出場。呂は本塁打も打っている。

（踏破№562　ＡＢＣ）

十和田市営野球場

十和田市営野球場

中泊町運動公園野球場

青森県中泊町
2012年5月12日
規格表示無し
内野土、外野天然芝　照明無し

北東北大学野球・2部リーグ
八戸工大13－2秋田大（8回コールドゲーム）

　津軽鉄道・終点の津軽中里駅から

中泊町運動公園野球場

中泊町運動公園野球場

徒歩20分。

1989年竣工。

コンクリ製の本部席、ネット裏席（4段、長イス式）はあるが、あとの内外野席は土盛り式の芝生席。観客席数は360席。

スコアボードも得点板とＳＢＯ灯、ＨＥＦＣ灯のみ。

バックスクリーンが異様にデカい。

三塁側内野席に桜並木がある。見頃に訪れたら最高であろう。

大学野球でよく使われる。

（踏破No.737　ＡＢＣ）

浪岡球場

青森県青森市
2009年10月3日
中堅119m、両翼93m
内野土、外野天然芝　照明有り
リトルシニア東北連盟秋季大会（中学硬式野球）
仙台中央11－4滝沢いわて（7回制　6回コールドゲーム）

ＪＲ奥羽本線・浪岡駅より徒歩30分。

1982年竣工。

ネット裏は8段の長イス席。内野席も小規模ながらあるが、大部分の内外野席は芝生席。外野席後方を囲むように並木が植えられている。

ネット裏席の前に曇りプラ板のフ

浪岡球場

ェンスがあり、前から三列目くらいまではそのフェンスが邪魔になって観戦できない妙な造り。外野後方に美しい山並みが見え景色がよい。

高校、大学、社会人野球で、ごくまれに使われていた。

（踏破No.616　Ｃ）

野辺地町運動公園野球場

青森県野辺地町
1998年8月22日
中堅120m、両翼90m
内野土、外野天然芝　照明無し
北東北大学野球・3部リーグ
岩手医大10－3秋田県立農短大（8回コールドゲーム）

野辺地町運動公園野球場

　青い森鉄道・野辺地駅から徒歩30分。

　田舎の小さな病院のような造りの球場建物のデザインが凝っていて、球場名称表示の字体も味がある。

　秋田県立農短大の二塁手は左投げで、左利きの内野手を見たのはこれが初めてで最後。背番号14だったので普段は投手なのかも。

　この日は当時横浜高校三年の松坂大輔が甲子園の決勝を戦った日だった。球場踏破が終わって球場近くの売店に駆け込み、店のおじさんに「松坂、どうなりました？」と訊いたら「優勝。ノーヒットノーランだよ」と教えられ、その怪物ぶりに仰天すると同時に、そんな重要な試合がある日に片田舎に球場巡りに来てしまった自分は、もう普通の野球では満足できない異常者になってしまったと痛感した。

　原則的には軟式野球用の球場だが近年も北東北大学リーグの2部で使われている。

　1987年完成。青森県の資料では収容人数150人となっているが、これはネット裏観客席だけの人数と思われる。内野席、外野席もあるので、実際の収容人数はもっと多いと思う。

（踏破№434　C）

八戸市長根野球場

青森県八戸市
1996年8月25日
中堅120m、左・右中間115m、両翼91m
内野土、外野天然芝　照明有り
社会人野球日本選手権・一次予選　青森大会
自衛隊青森13－2全弘前倶楽部（7回コールドゲーム）

　八戸ではこの長根球場と東球場の2球場が高校野球で使われる。長根球場のほうが使用頻度が高い。

　左・右中間にも規格表示があるのが珍しい。

　2012年9月15日に再訪してみた。

ＪＲ本八戸駅から徒歩15分。

　内野席はポール際までコンクリ造り。

　スコアボードは茨城型（横長長方形の上に台形が載っている形）。得点板は13回まで。カウント表示灯は順番がＢＳＯではなくＳＢＯのままだった。

　市のサイトによると1972年7月完成。1990年3月に改修工事が終了した。収容人数11000人。

　ただし「1952年竣工」とする、市

八戸市長根野球場

の別の資料もあり、1972年は改築された年のようだ。

（踏破No.216　ＡＢＣ）

八戸東運動公園野球場

青森県八戸市
2007年8月17日
中堅120m、両翼93m
内野土、外野天然芝　照明有り
高校野球・青森　八戸地区秋季大会
八戸工大－9－1八戸西（7回コールドゲーム）

　天気予報大ハズレ。8月だし、と思ってタカをくくり、薄着をしていったが八戸で夜行バスから降りた瞬間極寒。予想気温より10度も低かっ

たのだ。しかし衣料品店が開いている時間でもないので仕方なく球場へ。

　試合後、急いでラーメン屋に飛び込み味噌バターラーメンを食べて暖をとった。東北の旅の難しさを思い知らされた。

　土盛り式の球場。収容人数9050人。竣工は1976年。

　近年も高校、大学野球でよく使われている。

（踏破No.559　ＡＢＣ）

八戸東運動公園野球場

八戸東運動公園野球場

弘前市運動公園野球場

青森県弘前市
2005年5月20日
中堅120m、両翼93m
内野土、外野天然芝　照明有り
春季高校野球・青森大会
八戸工大－2－1弘前（延長11回）

弘前市運動公園野球場

　1979年にできた球場で、高校、大学、社会人野球でよく使われる。
　2009年8月1日にはイースタンリーグが開催されたことがあり、また1999年には日米大学野球で使われるなど大きな試合も行なわれる。
　2015年の新聞記事に「収容人数は約12000人だが、実質的には約6000人」という記述があった。
　2012年9月16日に再訪してみた。
　弘南鉄道・運動公園駅から徒歩3分。
　中堅120m、両翼93m。内野土、外野天然芝。照明有り。
　ネット裏席から内野席途中までは個別イス12段。このイスは真新しくて、付け替えられたばかりの感じ。そのあとの内野席は途中までプラ長イス9段。あとの内外野席は芝生席。
　スコアボードのカウント表示灯は順番がＢＳＯではなくＳＢＯのままだった。
　私が再訪したすぐ後の2012年9月29日に披露式が行なわれ、「はるか夢球場」という愛称がつけられた。女子ソフトボール日本代表元監督の斎藤春香氏にちなんだ名称で、一般公募の結果命名されたもの。

（踏破№516　ＡＢＣ）

三沢市民の森野球場

青森県三沢市
2014年9月6日

中堅120m、両翼93m
内野土、外野天然芝　照明無し

三沢市民の森野球場

三沢市民の森野球場

Ａ…硬式（高校以上）　Ｂ…硬式（中学以下）　Ｃ…軟式　の試合が可能

北東北大学野球・3部リーグ
北里大7－6岩手県立大

　三沢空港からタクシーで15分。

　三沢にはもう一つ、空港の近くに「楽天イーグルスボールパークみさわ」という球場があり、最初間違えてそっちへ行ってしまった。

　この球場は三沢基地の隣にあり、戦闘機が近くを飛ぶのが見られる。

　1974年に建設された球場。

　観客席は、内外野すべて土盛り式。ネット裏はプラ長イス12段。内外野席は芝生席だが、傾斜がきつく長時間の観戦はキツそう。

　スコアボードは得点板（12回まで）のみと簡素。

（踏破No.807　ＡＢＣ）

六戸メイプルスタジアム

青森県六戸町
2007年8月19日
中堅122m、両翼97.5m
内野土、外野天然芝　照明有り
高校野球・青森　十和田地区秋季大会
三沢6－1三本木

六戸メイプルスタジアム

　青い森鉄道・向山駅から徒歩70分。

　けして交通の便が良いとは思えないが、高校野球の夏の大会で毎年使用される。

　球場建物がフレッシュオレンジ色で塗装されていてきれい。

　1999年6月にイースタンリーグ公式戦・西武－巨人が開催された。

　2008年7月26日にもイースタンリーグ公式戦・楽天－日本ハムが行なわれている。

　収容人数は5000人。1998年竣工。

　兵庫県波賀町にも「メイプル・スタジアム」がある。

（踏破No.561　ＡＢＣ）

蓬田村営球場

青森県蓬田村
1996年6月2日
中堅122m、両翼97m
内野土、外野天然芝　照明無し
都市対抗野球・一次予選　青森大会

全弘前倶楽部6－5青森ベースボールクラブ

　ＪＲ津軽線・郷沢駅から徒歩15分。

　1993年に完成した球場で、「玉松台スポーツガーデン」内にある。

蓬田村営球場

蓬田村営球場

　土盛り式の球場で、観客席はすべて芝生席。
　自衛隊青森チームの試合を観たのだが、兵員輸送用の幌付きトラックからユニフォーム姿の選手たちが続々降りてきたのにはビックリ。
　準硬式大学野球や、春・夏・秋の大会以外の高校野球の試合で使われている。

（踏破№183　ＡＢＣ）

岩　手　県

胆沢野球場

岩手県奥州市
2010年10月3日
中堅120m、両翼91m
内外野土　照明有り
リトルシニア東北連盟・秋季大会（中学硬式野球）
須賀川シニア4－2水沢シニア（7回制）
　ＪＲ水沢駅からバス20分。
　1980年完成。

　この日は、同じ大会で使用される一関市の東台球場に行くことも検討したが（マイナー度から行けば東台球場を優先すべきではあるのだが）、ネットで調べたら東台球場はあまりにも草野球場的なので、社会人野球でも使われるこの球場に行くことにした。
　バックネットが菱形の金網で、4

胆沢野球場

胆沢野球場

基の鉄塔によって支えられているあたり、懐かしい感じ。

　試合後は、またバスでＪＲ水沢駅に戻り、15時11分水沢発。

　ずっと各駅停車で25時ごろ池袋に着き、家まで１時間歩いて帰った。

　リトルシニアでよく使われる球場。たまに社会人硬式野球でも使用される。

（踏破№678　ＡＢＣ）

一関運動公園野球場

岩手県一関市
1997年６月８日
中堅122ｍ、両翼97.5ｍ
内野土、外野天然芝　照明有り
岩手県高校総体・軟式野球
専大北上４－１釜石南

　ＪＲ一ノ関駅から徒歩25分。山の上にあるのでとても疲れる。

　1992年６月開場。

　高校、社会人野球で使われる球場で、スタンドは大きめ。

　収容人数は6200人。

　スコアボードの得点欄がロール式（０・１・２…と順番に出てくる方式。大昔の神宮球場スコアボードがこの方式だった）。守備位置表示欄も同じ方式。選手名表示欄は無し。

（踏破№298　ＡＢＣ）

一関運動公園野球場

一関運動公園野球場

一戸球場

岩手県一戸町
2010年８月１日
中堅122ｍ、両翼100ｍ
内野土、外野天然芝　照明有り
社会人野球・東日本クラブカップ　岩手予選
盛友クラブ６－５花巻硬友倶楽部

　いわて銀河鉄道・一戸駅から徒歩30分。丘の上にあるので疲れる。

　1994年４月にオープン。収容人数は4100人。

　珍しいことに、球場建物の外壁がガラス張り。球場正面には投手と打者の人形が、対決する感じで取り付

けられている。スコアボードも大型だし、なにかリッチな感じのする球場。

球場の名称表示には「オリムピック記念」と併記あり。

2000年ごろは、春、秋の高校野球・二戸地区予選で使われていた。

近年、硬式大学野球で使われている。

2005年9月3日には、この球場でイースタンリーグ公式戦・巨人－ヤクルトが開催。有名な選手では元木大介が出場している。

（踏破№661　ＡＢＣ）

一戸球場

一戸球場

岩手県営野球場

岩手県盛岡市
1996年6月1日
中堅122m、両翼91.5m
内野土、外野天然芝　照明有り
都市対抗野球・一次予選　岩手大会
宮城建設5－2秩父小野田

JR盛岡駅からバス。

1970年4月30日完成。

岩手の夏の高校野球・決勝戦が開催される。

宮城建設は岩手県にあったチーム。宮城県ではない。ややこしいですね。対戦相手の秩父小野田も今では存在しないチーム。

収容人数は25000人。ちなみに、2012年7月23日、この球場で行なわれたNPBのオールスターゲーム第3戦の入場者数は14806人。

（踏破№182　ＡＢＣ）

岩手県営野球場

岩手県営野球場

岩手町野球場

岩手県岩手町
1996年8月23日
中堅120m、両翼91m
内野土、外野天然芝　照明無し
社会人野球日本選手権・一次予選　岩手大会
水沢駒形野球倶楽部28－0一戸桜陵クラブ（7回コールドゲーム）

　JR沼宮内駅（現在はいわて沼宮内駅と改称）から徒歩25分。
　山の上にある。
　1988年10月完成。収容人数3300人。

岩手町野球場

昔は球場近くまで行く路線バスがあったが廃線になってしまったという。
　近年も大学野球で使われている。
（踏破№212　ABC）

江刺中央運動公園野球場

岩手県奥州市
2010年5月15日
中堅120m、両翼90m
内野土、外野天然芝　照明有り
社会人野球クラブ選手権・一次予選岩手大会
高田クラブ5－2久慈クラブ

　JR東北本線・水沢駅からバス18分、「八日町団地入口」下車。そこから徒歩35分。丘の上にあるので疲れる。
　周りの土地よりもフィールドが低い位置にある「掘り下げ型」。これはもともとの地形を利用して造られたためと思われ、この影響で内野スタンドの大きさも一、三塁側で異なっている。
　なぜか異様に背の高い照明塔も特徴。
　社会人野球・クラブチームの大会

江刺中央運動公園野球場

江刺中央運動公園野球場

で使われる。 　　　　　　　　　　（踏破№640　ＡＢＣ）
　完成は1990年。収容人数は1000人。

大迫町民野球場

岩手県大迫町（現在は花巻市）
1998年7月11日
中堅120m、両翼92m
内野土、外野天然芝　照明有り
岩手県クラブ選手権大会
一関三星倶楽部8－1赤崎野球クラブ

大迫町民野球場

　ＪＲ東北本線・石鳥谷駅からタクシーで20分。
　1992年に開設された球場。
　小規模なスコアボードが外野芝生席最上段に設置されている。もう少しグラウンドレベルに近い高さに設置されている場合が多いがこれは珍しい。
　バックスクリーンは建造物では無く、外野席の一部を濃い色にして代用している。
　2011年12月11日以降の名称は「楽天イーグルス大迫野球場」。
　近年はリトルシニアや、北東北大学野球の3部リーグで使われている。
　ネット裏観客席は1000席。他に内外野の芝生席がある。

（踏破№415　ＡＢＣ）

大船渡市営球場

岩手県大船渡市
1998年9月13日
中堅110m、両翼90m
内野土、外野天然芝　照明無し

秋季高校野球・岩手大会　気仙地区リーグ
大船渡27－0広田水産（5回コールドゲーム）

大船渡市営球場

大船渡市営球場

62　Ａ…硬式（高校以上）　Ｂ…硬式（中学以下）　Ｃ…軟式　の試合が可能

ＪＲ大船渡線・細浦駅から徒歩20分。

本部席や内野スタンドの一部はコンクリ製だったが、あとは土盛り式の観客席。

完成は1964年。古い球場だった。

収容人数は8000人。

2016年5月現在、2011年の東日本大震災の被災者の方々の仮設住宅用地になっていて、使用できない状況である。

（踏破No.443）

金ケ崎町森山総合公園球場
岩手県金ケ崎町
2008年7月11日
中堅122m、両翼92m
内野土、外野天然芝　照明有り
全国高校野球・岩手大会
大船渡東8－1平舘（8回コールドゲーム）

金ケ崎町森山総合公園球場

ＪＲ東北本線・金ケ崎駅から徒歩40分。

1994年にできた球場。

試合後、金ケ崎駅の待合室で居眠りしていたら、女子高生が自販機でジュースを買い、品物が出てくる音にビックリ。履いていたサンダルをポーンと蹴り飛ばしてしまい女子高生軍団に笑われてしまった。まあいいや、旅の恥は掻き捨てだから。

収容人数4080人。近年も高校野球でよく使われるほか、社会人野球でもたまに使用される。

2004年9月4日、この球場で開催されたイースタンリーグ公式戦・巨人－ヤクルトに、のちにメジャーリーグでも活躍する青木宣親が出場、5打数2安打1打点の活躍を見せている。

（踏破No.571　ＡＢＣ）

軽米町営野球場
岩手県軽米町
1998年7月5日
中堅122m、両翼97m
内野土、外野天然芝　照明有り
北東北大学野球・1部新人戦
盛岡大7－6青森大

軽米町営野球場

岩手県　63

JR二戸駅からバス1時間、軽米駅下車（岩手ではバスの停留所を「駅」と呼ぶケースがある）。

愛称「軽米町ハートフル球場」。1997年に完成。

2013年春の高校野球県大会で使われた。でもその時のブロック予選では使われていない。二戸地区で県大会が行なわれるときにサブとして使われるようだ。

2016年の岩手国体で軟式野球の会場になる予定。

収容人数4274人。

（踏破№414　ＡＢＣ）

北上市民岩崎野球場

岩手県北上市
1997年5月10日
中堅120m、両翼91m
内野土、外野天然芝　照明有り
春季高校野球・岩手大会　水北地区予選
黒沢尻北9－2水沢一（7回コールドゲーム）

JR北上線・藤根駅から徒歩45分。岩崎城運動公園の中にある。

1987年にできた。収容人数1000人。

同じ北上市でも江釣子球場のほうは高校、社会人野球で使用が多いが、この岩崎球場は最近めっきり試合開催の情報が入らなくなった。2004年春の高校野球大会で使われたくらいだろうか。

東北は高橋姓が多い印象があるが、

北上市民岩崎野球場

私が訪れた日は、何と4氏審判全てが高橋姓という珍事。試合後、審判控室に行き、記念にフルネームを訊いた。主審・高橋政明、一塁塁審・高橋是吉、二塁塁審・高橋好和、三塁塁審・高橋紹郎。試合前の場内アナウンスで、三人めまで高橋だった時は「頼む！　四人めも高橋で！」と思わず祈ってしまった。

（踏破№282　Ｃ）

北上市民江釣子球場

岩手県北上市
1998年9月27日
中堅122m、両翼92m
内野土、外野天然芝　照明有り

社会人野球・岩手　内陸部クラブ大会
水沢駒形野球倶楽部13－7オール江刺

完成は1990年。収容人数は1000人。2010年10月2日に再訪してみた。

ＪＲ北上線・江釣子駅から徒歩15分。田んぼの中に建っている。
　ネット裏席は9段、内野席は6段、外野は芝生席とスタンドは小規模。
　規格は中堅122ｍ、両翼92ｍ。
　内野の土は黒土なのでプレーは見やすい。
　高校野球でも、春と秋の北奥地区予選ではよく使われる。
　2014年、社会人野球・クラブ選手

北上市民江釣子球場

権の東北二次予選の会場になった。

（踏破№450　ＡＢＣ）

錦秋湖グラウンド

岩手県西和賀町
2010年10月2日
中堅120ｍ、両翼91ｍ
内野土、外野天然芝　照明有り
社会人野球・岩手　内陸部クラブ大会
水沢駒形野球倶楽部12－5黒陵クラブ
（8回コールドゲーム）

　ＪＲ北上線・ほっとゆだ駅から徒歩35分。湖のほとりにある。
　グラウンドという名称だが、観客席など球場としての設備は整っている。
　午前7時40分頃に到着した時にはすごい朝もやで周囲の景色も何も見えず、試合挙行を心配するほどだったが、やがてもやが晴れると左翼席すぐ後ろに巨大な山が出現したのにはびっくり。
　スコアボードのカウント表示がストライクとアウトが赤色灯、ボールが緑色灯（普通はストライクは黄色灯）。
　この日はラッキーだった。というのも、東京からの夜行バスが予定より15分早くＪＲ北上駅に着いてくれたので1本早い電車に乗ることがで

錦秋湖グラウンド

錦秋湖の景色

き、第一試合の開始に間に合ったのだ（本来は第二試合を観戦する予定だった）。

ところが、出場辞退が2チームあり、第二、第三試合は中止。

翌日は試合が組まれていなかったので、もしも第一試合に間に合っていなかったら踏破失敗となるところだった。アマチュア野球は雨以外にも急な試合中止が発生することがあり要注意。

夜行バスが早く着いてくれて助かった。野球の神様ありがとうございます。

試合後はまた駅まで歩き。行きは朝もやのためこれも気づかなかったが、駅までの途上で見えた錦秋湖の眺めがとても素晴らしかった。私は風景写真はまず撮らないが、この時は思わずシャッターを切ってしまった。秋の錦秋湖、これは絶景。

完成は2002年。収容人数は15000人。社会人野球で使用頻度が高い。

（踏破№677　ＡＢＣ）

久慈市営野球場

岩手県久慈市
1998年9月6日
中堅122m、両翼94m
内野土、外野天然芝　照明有り
社会人東北地区連盟会長旗　岩手予選
クラブチームの部
久慈クラブ12－2オール不来方（7回コールドゲーム）

久慈市営野球場

　JR陸中夏井駅から徒歩30分。
　1997年6月8日に完成。
　観客席の収容人数は192人。外野席は無し。
　この球場は2016年の岩手国体の軟式野球競技会場に予定されていたが、2014年7月に辞退。施設面や災害時の態勢に問題があるからとか。

　この球場は実は、下水道処理施設の敷地内に、国から目的外使用の許可をとって造られた仮設の球場。

　近年も社会人野球で使用されている。

（踏破№440　ＡＢＣ）

葛巻町総合運動公園野球場

岩手県葛巻町
2015年5月5日

中堅122m、両翼95m
内野土、外野天然芝　照明有り

Ａ…硬式（高校以上）　Ｂ…硬式（中学以下）　Ｃ…軟式　の試合が可能

葛巻町総合運動公園野球場

葛巻町総合運動公園野球場

リトルシニア東北連盟・春季大会
仙台宮城野10－7盛岡南（7回制　5回途中時間切れコールドゲーム）

　盛岡駅からバスで110分。山をどんどん登って行き「グリーンテージ入口」下車（運賃は1990円）。徒歩15分で球場。山脈のほぼてっぺんにある。周囲は白樺に囲まれている。

　ネット裏からダッグアウト上までの観客席は9段のプラ長イス。内野スタンドの定員は1490人という表示があった。

　あとの内外野席は芝生席。球場全体の収容人数は5000人。

　球場の玄関に、1993年に名球会が来た時のサインボールやサインの入った木板が飾ってある。

　スコアボードは得点板（10回まで。電光式）、ＢＳＯ灯、ＨＥＦＣ灯のみと簡素。

　1996年、社会人野球・日本選手権の岩手県予選の会場として使われ、球場建物の廊下に、その時の大会ポスターが飾られている。

（踏破№815　ＡＢＣ）

九戸ナインズ球場

岩手県九戸村
2010年7月31日
中堅120m、両翼92m

内野土　外野天然芝　照明有り
社会人野球・東日本クラブカップ　岩手予選

九戸ナインズ球場

九戸ナインズ球場

遠野クラブ11－3九戸クラブ（7回コールドゲーム）

いわて銀河鉄道・二戸駅からバスで40分。険しい山をバスはどんどん登って行く。山をひとつ越え「伊保内営業所」で下車。そこから徒歩15分で球場。

村の名前と、野球チームの人数「9」をかけたと思しき球場名が面白い。

周囲の土地よりもグラウンドが低い、いわゆる「掘り下げ型」。

球場建物は、本部席への入り口が球場正面ではなく一塁側ダッグアウトの左にある、左右非対称の凝ったデザイン。

ネット裏観客席は長イス式で6段だけ。あとの内外野席は芝生席。

社会人野球のクラブチームの大会で、まれに使われる。

開場は1978年。2003年3月に改修工事が終了して現在の姿になり、「ナインズ球場」という愛称もその時についた。収容人数は540人。

（踏破No.660　ＡＢＣ）

サン・スポーツランド水沢野球場

岩手県水沢市（現在は奥州市）
1998年9月12日
中堅120m、両翼91m
内外野土　照明無し
秋季高校野球・岩手大会　水北地区予選
西和賀10－0岩谷堂農林（6回コールドゲーム）

ＪＲ東北本線・陸中折居駅から徒歩15分。

1990年完成。

収容人数は1670人。

近年は高校野球での使用は無いようだ。

2014年春、リトルシニア東北大会で使われた。

2016年現在、社会人野球クラブチームの強豪、水沢駒形野球倶楽部の練習球場として使われている。

（踏破No.441　ＡＢＣ）

サン・スポーツランド水沢野球場

サン・スポーツランド水沢野球場

Ａ…硬式（高校以上）　Ｂ…硬式（中学以下）　Ｃ…軟式　の試合が可能

雫石球場

岩手県雫石町
1996年8月18日
中堅120m、両翼91.5m
内野土、外野天然芝　照明有り
北東北大学野球・2部リーグ
八戸大9－1北里大（7回コールドゲーム）

　私が行った当時は、JR田沢湖線が秋田新幹線の工事のためバスの代行輸送になっていた。夏だから野宿してもいいやと思い、夜遅くに雫石に入った。

　ようやく宿を探せたが、旅館のおじさんに「無茶なことしたらいけないよ」と叱られてしまった。

　JR雫石駅から徒歩20分。

　1983年5月に完成。収容人数は3800人。

　高校、大学野球でよく使われる。

（踏破№210　ＡＢＣ）

雫石球場

雫石球場

紫波町営球場

岩手県紫波町
1996年7月14日
中堅120m、両翼92m
内野土、外野天然芝　照明無し
全国高校野球・岩手大会

一関工7－4釜石工

　JR東北本線・日詰駅からタクシー。歩くと30分ほどかかる。

　完成は1975年。土盛り式の古い球場。

紫波町営球場

紫波町営球場

スコアボードには、守備位置が数字でなく漢字で表示。珍しい。収容人数6200人。

近年は夏の高校野球で使われなくなった。

（踏破No.187　ＡＢＣ）

住田町営野球場

岩手県住田町
2012年9月1日
中堅120m、両翼92m
内野土、外野天然芝　照明有り
秋季高校野球・岩手大会　沿岸南地区予選
釜石商工４－２大槌

　岩手県交通バス「世田米駅前」より徒歩10分。世田米小学校の傍らにある。

　1985年に建設された後、2010年7月に大幅リニューアルされオープンした新しくてキレイな球場。硬式高校野球では2010年秋以降、春・秋季大会の沿岸南地区予選で毎回使用されている。

　ネット裏席は木製長イス3段。内野席は仮設スタンドふうで、木製とプラ製の長イスが3段。外野席無し。収容人数は1400人。

　スコアボードは得点板（電光式）、ＢＳＯ灯、ＨＥＦＣ灯のみと簡素。ちなみにＢＳＯ灯は、国際方式に準じ2010年の改修でＳ－Ｂ－Ｏの順番から改められたもので、これは東北エリアでは初だとか。

　外野フェンスに広告が入っているのが、この規模の地方球場としては珍しい。

　球場正面に、2010年に日本ソフトボールリーグが開催された時の写真が展示されている。この時の試合には日本女子ソフトボールの大エース・上野由岐子（当時の所属チーム名はルネサス高崎）が登板している。

　住田町にはネットカフェが無く、やむなく旅館に泊まり、翌朝球場へ。川釣り客相手の宿だった。

（踏破No.762　ＡＢＣ）

住田町営野球場

住田町営野球場

千厩町営野球場A

岩手県千厩町（現在は一関市）
1997年6月8日
中堅110m、両翼90m
内外野土　照明有り
高松宮杯全日本軟式野球大会1部・岩手予選
東北ポール5－1二戸信用金庫（7回制）

JR千厩駅から徒歩40分。山の上にあるので疲れる。
1976年3月完成。
硬式野球はリトルシニアやボーイズリーグなど中学生の試合では使用されている。

（踏破№297　ＡＢＣ）

千厩町営野球場A

千厩町営野球場A

大東町町民野球場

岩手県大東町（現在は一関市）
1998年8月23日
中堅120m、両翼93m
内外野土　照明有り
社会人野球日本選手権・一次予選　岩手大会
宮城建設11－4水沢駒形野球倶楽部

JR大船渡線・摺沢駅から徒歩30分。
1987年10月完成。
観客席はベンチ席260席、内野芝生席440席、外野芝生席2300席。
近年は、目立った試合開催は地元の中学野球くらい。

（踏破№435　ＡＢＣ）

大東町町民野球場

大東町町民野球場

滝沢村総合公園野球場

岩手県滝沢村（現在は滝沢市）
1998年9月26日
中堅120m、両翼93m
内野土、外野天然芝　照明有り
秋季高校野球・岩手大会
専大北上11－4前沢（7回コールドゲーム）

　JR田沢湖線・大釜駅からタクシーで行った。
　1995年にできた球場。同年9月10日、イースタンリーグ公式戦・巨人－ヤクルトが開催され、のちにメジャーリーグでも活躍した岡島秀樹投手（当時巨人）が1失点完投勝利を飾っている。
　2002年までは夏の高校野球で使われていた。
　収容人数5000人。

（踏破№449　ＡＢＣ）

滝沢村総合公園野球場

滝沢村総合公園野球場

種市オーシャンビュースタジアム

岩手県種市町（現在は洋野町）
1996年8月25日
中堅122m、両翼98m
内野土、外野天然芝　照明有り
北東北大学野球・1部リーグ
青森大8－0岩手大

　JR種市駅からタクシーで行った。
　1995年4月完成。収容人数4000人。
　オーシャンビューを名乗るだけあって、ネット裏席の後ろに広がる太平洋の眺めは最高だった。
　帰りはJR八戸線に乗ったが、海沿いを走る車窓からの眺めがこれまた最高。「おお〜っ」と思わずうなってしまう。天気が良かったせいもあるが、真緑の草地のむこうに真っ青な海と空。私の好きな「車窓からの眺め」は、広島から下りの山陽本線に乗ると見える「夕暮れの瀬戸内

種市オーシャンビュースタジアム

海に浮かぶ島々」と決まっていたが、この「八戸線の緑と青のコントラスト」も忘れ難い。これが私の「鉄道眺望ベスト2」(あと一つは、予讃線から眺める海)。

(踏破№215　ＡＢＣ)

遠野市営野球場

岩手県遠野市
1998年7月12日
中堅120m、両翼92m
内野土、外野天然芝　照明有り
岩手県クラブ選手権大会
一関三星倶楽部16－4盛岡市立クラブ
(8回コールドゲーム)

遠野市営野球場

　ＪＲ釜石線・青笹駅から徒歩35分。
　2013年春の高校野球・花巻地区予選は、花巻球場が改修工事中のためここで行なわれた。
　大学野球でも時々使われる。
　1989年完成。収容人数は6500人。

(踏破№416　ＡＢＣ)

二戸市運動広場

岩手県二戸市
1998年5月10日
中堅121m、両翼97m
内野土、外野天然芝　照明有り
春季高校野球・岩手大会　二戸地区予選
葛巻8－5福岡工

二戸市運動広場

　(私が行った当時はＪＲだったが、現在はＩＧＲいわて銀河鉄道の) 斗米駅からタクシーで10分。
　通称・二戸大平球場。
　近年も春と秋の高校野球・二戸地区予選でよく使われ、県大会の会場になることもある。
　完成は1984年。収容人数は4184人。

(踏破№402　ＡＢＣ)

野田村総合運動公園野球場

岩手県野田村
2010年5月23日

中堅122m、両翼100m
内野土、外野天然芝　照明有り

野田村総合運動公園野球場

野田村総合運動公園野球場

春季高校野球・岩手大会
花巻東4-2大船渡

　三陸鉄道・陸中野田駅から村営バスで行った。
　バスの運転手さんは「自転車も一緒に乗せていいか」とお爺さんに訊かれ、乗せてあげていた。いや〜東北の人は心が温かい。運転手さんはそこらを歩いている高校生を下の名前で呼んで話しかけたりしていた。都会では見かけない光景に心がなごんだ。
　球場の愛称は「ライジングサンスタジアム」。なるほど、レフト後方に太平洋が見え、朝日が昇るさまはさぞや壮観だろう。

　収容人数は4398人。
　ネット裏席は個別イスが10段。
　あとからスコアブックを見て気づいたが、花巻東高校の四番・ライトは当時一年生の大谷翔平選手（現・日本ハム）だった。
　背番号は20。強豪校で、一年生の春の大会でもう打線の主軸を務めていたとは。びっくり。
　帰りはまた三陸鉄道に乗り、宮古・大槌周りで帰京。
　三陸鉄道は景色のいい鉄橋の上で一時停車してくれたりして、サービス満点だった。

（踏破№644　ＡＢＣ）

八幡平市総合運動公園野球場

岩手県八幡平市
2008年7月12日
中堅122m、両翼92m
内野土、外野天然芝　照明有り
全国高校野球・岩手大会
大東8-1盛岡南（7回コールドゲーム）

　ＪＲ花輪線・大更駅から徒歩35分

……しかし、何の案内板も出ておらず、球場入り口もひねくれた位置にあるので道に迷ってしまった。
　2001年完成。収容人数は4239人。
　外野の芝生がきれいだったのが印象に残っている。
　2011年にスコアボードが改修され、

A…硬式（高校以上）　B…硬式（中学以下）　C…軟式　の試合が可能

八幡平市総合運動公園野球場

八幡平市総合運動公園野球場

ＬＥＤ表示になり、スピードガンも設置された。

　近年も高校、大学、社会人野球で使われている。2013年9月1日には

イースタンリーグ公式戦・楽天－日本ハムも開催された。

（踏破No.572　ＡＢＣ）

花泉町野球場

岩手県花泉町（現在は一関市）
1997年6月28日
中堅120m、両翼93m
内野土、外野天然芝　照明有り
社会人野球・一関大会
高田クラブ13－5オール青森クラブ
　　ＪＲ東北本線・花泉駅からタクシ

ーで10分。

　1985年4月完成。収容人数は約270人。

　2016年も社会人野球・一関大会で使われた。

（踏破No.308　ＡＢＣ）

花泉町野球場

花泉町野球場

花巻球場

岩手県花巻市
1996年7月14日
中堅120m、両翼92m

内野土、外野天然芝　照明有り
全国高校野球・岩手大会
雫石3－2大野

花巻球場

花巻球場

　ＪＲ花巻駅からタクシーで行った。
　今はどうなのか知らないが、この当時、岩手県の夏の高校野球はスコアボードの選手名欄に背番号を表示していた（たいていの高校野球はポジション表示だけで選手名は表示されない）。選手名簿は販売されているので、背番号さえ表示してくれればアナウンスと合わせて選手名を把握できる。スコアブックをつけるファンにとってはありがたいサービスだった。
　現在の球場は1988年にオープンしたもの。収容人数は12000人。
　2013年に大規模改修が終了し、内野の土の入れ替え、外野の芝の張り替えが行なわれた。スコアボードもＬＥＤ使用の画像対応のものになりスピードガンも設置された。

（踏破№186　ＡＢＣ）

東山球場

岩手県東山町（現在は一関市）
1997年6月28日
中堅120m、両翼93m
内野土、外野天然芝　照明無し
社会人野球・一関大会
オール新発田クラブ17－7全白河野球クラブ（8回コールドゲーム）

東山球場

　ＪＲ大船渡線・猊鼻渓駅からタクシーで5分。丘の上にある。大きな球場名表示が出ているので駅からでも場所はすぐわかる。
　1988年11月完成。収容人数2018人。
　この日は、強い雨が終始降り続く中での試合。やるほうもやるほうだが観るほうも観るほうですな。
　近年も硬式高校、社会人野球で使われている。

（踏破№309　ＡＢＣ）

Ａ…硬式（高校以上）　Ｂ…硬式（中学以下）　Ｃ…軟式　の試合が可能

前沢いきいきスポーツランド野球場

岩手県奥州市
2010年5月15日
中堅120m、両翼93m
内外野土　照明有り
社会人野球クラブ選手権・一次予選
岩手大会
水沢駒形野球倶楽部11－1黒陵クラブ
（7回コールドゲーム）

　JR東北本線・前沢駅から徒歩45分。田んぼの中にニョキニョキと照明塔が建っているので迷わずに歩ける。

　ネット裏に8段、内野に4段の長イス席があるだけとスタンドは小規模。外野は芝生席。

　スコアボードも選手名表示欄が無い簡素なタイプ。

　高校野球や、社会人野球のクラブチームの試合で使われる。

　1990年に完成。収容人数は1815人。
（踏破№639　ABC）

前沢いきいきスポーツランド野球場

前沢いきいきスポーツランド野球場

水沢公園野球場

岩手県水沢市（現在は奥州市）
1998年9月12日
中堅115m、両翼90m
内外野土　照明無し

秋季高校野球・岩手大会　水北地区予選
専大北上10－0黒沢尻北（6回コールドゲーム）

　JR東北本線・水沢駅から徒歩10分。

水沢公園野球場

水沢公園野球場

完成は1972年。

近年は高校野球の春・夏・秋の大会では使われていない。

2016年の時点で、この地区では毎年4月に胆江親善大会という硬式高校野球の大会があり、その会場となっている。

収容人数は2270人。

(踏破№442　ＡＢＣ)

山田町民総合運動公園野球場

岩手県山田町
1998年5月9日
中堅120m、両翼92m
内野土、外野天然芝　照明有り
春季高校野球・岩手大会　沿岸地区予選
山田12－1釜石商（5回コールドゲーム）

JR山田線・陸中山田駅からタクシーで10分ほど。

大会パンフレットが入場券を兼ねていて、半券としてパンフ表紙の角を破り切るようになっていた。入場券とパンフレットを別々に印刷する経費を節約できるわけで、これはなかなかのアイデア賞。

2009年に、スコアボードが改修された。

山田町民総合運動公園野球場

近年も春、秋の高校野球・沿岸北地区予選でよく使われている。

また、2016年に行なわれた岩手国体では高校軟式野球競技の会場になった。

完成は1988年。収容人数は1700人。

(踏破№401　ＡＢＣ)

楽天イーグルス岩泉球場

岩手県岩泉町
2015年5月6日
中堅120m、両翼92m
内野土、外野天然芝　照明有り
春季高校野球・岩手大会　沿岸北地区予選
宮古商8－3岩泉

三陸鉄道北リアス線の小本駅からバス11分（運賃420円）、「道の駅いわいずみ」下車。徒歩3分。

ネット裏からダッグアウト上まではプラ長イス6段。内野席は芝生席だが、コンクリで段々が造ってあり4段。

楽天イーグルス岩泉球場

楽天イーグルス岩泉球場

　スコアボードは全面スクリーン式。試合中は、得点板（9回まで）、得点・安打・失策の合計、ＢＳＯ灯、打順ランプ、デジタル時計を表示。試合前のラインナップ発表時に、スクリーン全面にチームごとに打順が表示される。審判名も発表時に全面を使い表示されていた。

　球場隣に「道の駅」があり、牛焼肉串や岩魚焼き串など多彩なグルメを楽しめるのが嬉しい。

　帰りは盛岡までバス。本数が少ないのでバス待ち2時間。さらに乗車時間も2時間。公共交通機関派は苦労させられる球場だが、こういう不便な旅こそかえって思い出に残る。

（踏破№816　ＡＢＣ）

陸前高田市営松原第一球場

岩手県陸前高田市
1997年7月13日
規格表示無し
内野土、外野天然芝　照明有り
社会人野球クラブ選手権・東北予選
水沢駒形野球倶楽部16－6福高クラブ
（7回コールドゲーム）

　現存しない球場。解体作業は2012年1月から行なわれた。

　ＪＲ陸前高田駅から徒歩20分。

　1968年完成。収容人数10000人。

　球場に規格表示は無かったが、岩手県の資料によると中堅110m、両翼90m。

陸前高田市営松原第一球場

陸前高田市営松原第一球場

2010年から改修工事を行なっていたが、その完成記念のコケラ落とし試合の直前、2011年3月11日の東日本大震災に見舞われ、生まれ変わったばかりの球場は壊滅。津波により、バックネットに車が突き刺さるほどの惨状だったという。
 2011年8月27日、イースタンリーグ公式戦・楽天−埼玉西武の試合が予定されていたが、上記の理由により宮城県利府町の球場に変更になった。

（踏破№316）

陸前高田市営松原第二球場

岩手県陸前高田市
1997年7月13日
規格表示無し
内野土、外野天然芝　照明無し
社会人野球クラブ選手権・東北予選
釜石野球団7−5花巻硬友クラブ

 現存しない球場。
 第一球場から徒歩10分と近いが、こちらはもっと海沿いで、堤防の外にあった。
 フィールドを金網で囲んだだけの草野球グラウンドという感じで、外野フェンスのすぐ外側は海水浴場の砂浜。
 本部席用の建物も無く、この日はテントを立てて代用していた。
 観客席も無く、堤防の上に座って観戦した。
 完成は1968年。球場に規格表示は無かったが、岩手県の資料によると中堅120m、両翼93m。

（踏破№317）

陸前高田市営松原第二球場

陸前高田市営松原第二球場

秋田県

合川球場

秋田県北秋田市
2010年4月24日
中堅122m、両翼97.5m
内野土、外野天然芝　照明無し
高校野球・北秋田リーグ
合川10－0鷹巣農林（5回コールドゲーム）

　秋田内陸縦貫鉄道・合川駅から徒歩15分。

　完成は1975年。当時の資料によると、完成時はナイター照明有りだったようだ。

　土盛り式の、古く小規模な球場。高校野球の地区リーグで使われるだけで、春・秋の高校野球地区予選でも使われないので踏破のチャンスが少ない。

　ネット裏から内野席はコンクリの段々にコンクリブロックがイス代わりに並べてあるだけの簡素な造り。内野席途中から外野席は芝生席。

　観戦中、周囲の観客の間で濃厚な秋田弁が飛び交う、ローカル色豊かな球場だった。

　2010年の秋を最後に、高校野球では地区リーグ戦でも使われなくなった。

　2014年6月、球場の隣にあった合川高校（2011年3月に廃校）の元関係者の尽力により、宮城県の強豪・東北高校野球部を招き、地元の高校と対戦する練習試合が開催された。

　イースタンリーグ公式戦が開催されたことがある。1989年5月27日、ロッテ－巨人。この試合には呂明賜、初芝清らが出場している。

（踏破№632　ＡＢＣ）

合川球場

合川球場

秋田県立球場

秋田県秋田市
1996年7月24日
中堅120m、両翼97m
内野土、外野天然芝　照明無し

秋田県立球場

秋田県立球場

全国高校野球・秋田大会
秋田商6－5鷹巣

　八橋球場からタクシーで10分ほど。帰りは秋田駅まで路線バスで帰った。
　1974年に開場。収容人数約12000人。濃茶色の、丸みをおびた建物が特徴。
　観戦した試合は、秋田商が9回裏5点を挙げ劇的な逆転サヨナラ勝ち。勝利投手は9回表最後の打者一人だけに投げた石川雅規（当時二年生。のちヤクルトのエース）。やはり大成する投手はこういう「運」も持っているのかも。
　同じく県営の「こまちスタジアム」の開場（2003年）により表舞台から姿を消した。既に取り壊され、跡地には秋田県立武道館が建っている。
（踏破№197）

秋田市営八橋球場

秋田県秋田市
1996年7月24日
中堅122m、両翼100m
内野土、外野天然芝　照明無し
全国高校野球・秋田大会
秋田南14－4由利工（7回コールドゲーム）

　JR秋田駅からタクシーで5分くらい。市街地にある。
　この地に球場ができたのは1941年だが、その後、改築、改修が繰り返されている。この写真に写っているメインスタンドが建てられたのは1980年。
　東京からの夜行バスの到着が遅れ、

秋田市営八橋球場

秋田市営八橋球場

A…硬式（高校以上）　B…硬式（中学以下）　C…軟式　の試合が可能

スタンドに駆け上がったのは、投手がまさに試合開始の第一球を投じる直前。一球でも見逃したら球場踏破とはしないことにしているのでラッキーだった。

資料によると1986年9月6日にこの球場で行なわれたロッテ－日本ハム戦が6回表「暗黒のため7分間中断」している。一転にわかにかき曇り、という状況だったのだろうか。パ・リーグ史上、暗黒のため中断したのはこの試合だけである。

2016年の時点で収容人数16421人。

（踏破№196　ＡＢＣ）

大館市樹海ドーム

秋田県大館市
1997年9月21日
中堅120m、両翼90m
内外野人工芝　照明有り
秋季高校野球・秋田大会
大館工6－1湯沢

　ＪＲ大館駅からタクシーで行った。5分ほどで着いた。

　1997年にオープン。観覧席は5040席。

　写真でもわかるが、デザインが非常に美しい球場で、芸術選奨・文部大臣賞（美術部門）を受けている。

　毎年秋には、硬式大学野球のトーナメント大会でも使われる。

（踏破№356　ＡＢＣ）

大館市樹海ドーム

大館市樹海ドーム

大館市樹海ドーム

大館市樹海ドーム

大館市達子森球場

秋田県大館市
2010年9月4日
中堅122m、両翼98m
内野土、外野天然芝　照明無し
秋季高校野球・秋田大会　県北地区予選
能代3-2花輪

　JR花輪線・扇田駅から徒歩25分。
　観客席への入り口に「熊出没注意」の貼り紙があった。青森の川内球場のように球場へ向かう途中の道でこうした貼り紙を見たことはあるが、球場自体に表示してあるのは初めて見た。なんてデンジャラスな球場。他に「ハチに注意」の貼り紙もあり、いろいろ気をつけなければならないようだ。
　外野席は無く、外野フェンスイコール球場外壁という思い切った設計だがローカル球場はこれでよいと思う。
　1994年5月2日開場の新しめの球場。ネット裏から内野にかけての観客席はプラ長イス10段。
　高校野球で使われている。

（踏破No.669　ABC）

大館市達子森球場

大館市達子森球場

大館市長根山運動公園野球場

秋田県大館市
1997年6月29日
中堅120m、両翼91m
内野土、外野天然芝　照明無し
高松宮杯全日本軟式野球大会1部・秋田予選

大館市長根山運動公園野球場

大館市長根山運動公園野球場

大潟ヤンキース6-1おのでんクラブ

　JR大館駅からタクシーで行った。山の上にあった。

　1979年7月1日にオープン。収容人数4720人。

　2010年までは高校野球の市内リーグ戦で使われていたが、2012年5月、硬式野球での使用は練習、試合とも禁止となった。

　球場を囲うフェンスが低く、場外に飛び出したボールが民家などを直撃するケースが後を絶たないため。

（踏破№310　C）

大曲球場

秋田県大仙市
2015年9月5日
中堅122m、両翼100m
内野土、外野天然芝　照明無し
秋季高校野球・秋田大会　県南地区予選
増田11-1西仙北（5回コールドゲーム）

　JR大曲駅から徒歩1時間20分。以前は路線バスがあったらしいが、現在は廃線。

　2005年4月完成。しかし、新しい球場ができたことに気づかず、日程表などで見かけても古い大曲市営球場のことと思い込んでいたため踏破が遅れてしまった。

　球場玄関には球場開設第一号のホームランボールや、プロ野球OBチームが訪れた時のサインなどが展示してある。あと、欽ちゃん球団が試合をした時の萩本欽一さんの写真も。

　収容人数5416人。

　ネット裏からダッグアウト上まではプラ個別イス8段。内野席は最大14段の長イス。外野席は芝生席。

　スコアボードは、時計、得点板（10回まで。磁気反転式）、BSO灯（B灯が緑、S、O灯は赤灯。S灯が赤なのは珍しい）、選手名（DH制対応）、審判名（4人）。

　球場の向きが通常と異なり、太陽光線が守備の妨げになる。

（踏破№836　ABC）

大曲球場

大曲球場

大曲市営球場

秋田県大曲市（現在は大仙市）
1997年8月10日
中堅120m、両翼100m
内野土、外野天然芝　照明無し
高校野球・秋田　大曲仙北地区リーグ
西仙北2－0六郷

　現存しない球場。1972年7月17日開場。JR大曲駅から徒歩20分ほどのところにあった。

　2003年9月から解体作業が始められた。所在地だった場所は大仙市大曲川原町2-30。現在、跡地には秋田県立大曲技術専門校が建っている。

　サン・スポーツランド岩城野球場とハシゴしたのだが、台風は通り過ぎてしまい時折小雨がパラつく程度だった。

　外野席無し。左右のファウルグラウンドがとても広いのが特徴。

　古びているものの、ネット裏席は大きく、味のある球場だった。

　高校野球でよく使われていた。

（踏破№333）

大曲市営球場

大曲市営球場

男鹿市営球場

秋田県男鹿市
2010年6月19日
中堅120m、両翼90m

内野土、外野天然芝　照明無し
秋田県全県少年野球・男鹿地区予選
（中学軟式）

男鹿市営球場

男鹿市営球場

男鹿東中学14－0男鹿北中学（7回制5回コールドゲーム）

　ＪＲ男鹿線・羽立駅から徒歩16分。

　スコアボードもネット裏もＳＢＯ灯がＬＥＤ使用。Ｓ灯が赤なのが珍しい（通常は黄色）。

　ネット裏席はプラ長イス12段。内野は土盛り式でプラ長イス8段。外野は芝生席。

　1978年にできた球場。収容人数10000人。

　北東北大学野球や、高校野球の地区リーグ戦で使われる。

（踏破№650　ＡＢＣ）

雄勝野球場

秋田県湯沢市
2011年6月18日
中堅116m、両翼92m
内野土、外野天然芝　照明有り
秋田県全県少年野球・湯沢雄勝地区予選（中学軟式）
羽後中学6－4高瀬中学（7回制）

　ＪＲ奥羽本線・横堀駅から徒歩20分。

　1979年竣工。収容1200人。

　レフトスタンドにあたる場所は畑になっている。いわゆる「田舎の草野球場」。

　コンクリ造りの球場建物は汚れていて、それなりに味わいのある外観。

　球場にトイレは無く、近くにポットン便所式の男女兼用のトイレが建っている。

　この日の午前中に踏破した湯沢野球場と同じで、かつては高校野球の地区リーグ戦で使われていたが最近は開催されなくなり、幻の球場となりつつある。

（踏破№698　ＡＢＣ）

雄勝野球場

雄勝野球場

角館落合球場

秋田県仙北市
2011年6月19日
中堅122m、両翼100m
内野土、外野天然芝　照明無し

角館落合球場

バックスクリーン脇の注意書き

秋田県全県少年野球・大曲仙北地区予選
中仙中学2－0角館中学（7回制）

　JR秋田内陸縦貫鉄道・角館駅より徒歩30分。桧木内川沿いにある。

　高校野球の公式戦で使われず、今回初めて存在を把握したが意外に立派な球場。内野席はポール際までイス席になっており、ローカル球場としては珍しい。外野席は芝生席だがキレイに手入れされていた。

　バックスクリーンの両側に、球場外から自由に入って立見できるスペースがあり、ここに観客が立つと打者の視線の妨げとなってしまう。私が訪れた日は「ここに立って観戦しないで下さい」という看板が立てられていたが、公式試合のたびにこうした看板を立てねばならないようだ。これは明らかに設計ミスだろう。

　球場正面の外壁の下半分に、昔のお屋敷によくあるような斜め格子の装飾が入っている。球場にこうした和風の装飾が入っているのは極めて珍しいが、「東北の小京都」を名乗る角館の球場にふさわしい。

　収容人数5000人。

（踏破№699　ABC）

鹿角市城山野球場

秋田県鹿角市
2013年6月22日

中堅122m、両翼98m
内野土、外野天然芝　照明無し

鹿角市城山野球場

鹿角市城山野球場

秋田県全県少年野球・鹿角地区予選
（中学軟式）
尾去沢中学４－０花輪二中（7回制）

　ＪＲ鹿角花輪駅から徒歩30分。山の上にある。

　1979年にできた球場。

　「楽天イーグルスかなやまスタジアム鹿角」という球場名表示も有り。

　スコアボードは時計、得点板、ＳＢＯ灯、ＨＥＦＣ灯。打順表示欄には数字で守備位置だけ出せる。あと、四文字だけ表示できる電光板も備えている。

　ネット裏席はコンクリ段々８段にプラ板が敷いてある。内野席の一部がコンクリ段々席６段。あとの内外野席は芝生席。収容人数は「メインスタンドは約800名。一、三塁側スタンドは約700名」と市の公式サイトに記載有り。

　高校以上の野球では目立った試合開催を聞いたことがない球場。

　観戦したのは軟式の中学野球だったが、なんとノーヒットノーラン（7回制。尾去沢中学・菊池竜太郎投手）が達成された。大きなお土産をもらった気分。

　球場近くのバス停は「市街地」という。なぜ、このような山の中のバス停が「市街地」なのかというと……。

　球場の傍らに白木の碑が立っていた。それによると、この球場が建っている場所にはかつて、1978年に閉山した尾去沢鉱山の社宅団地があったという。338世帯が住み、売店、浴場、集会所などもあった。ここで賑やかに暮らし、生活を共にしていた人々が、時代の流れに追われ散り散りに去って行った……ちょっと感傷的な気持ちにさせられた。

（踏破No.788　ＡＢＣ）

神岡野球場

秋田県神岡町（現在は大仙市）
1997年7月2日

規格表示無し
内野土、外野天然芝　照明有り

神岡野球場

神岡野球場

秋田県全県少年野球・大曲仙北三区予選
協和中学5－1平和中学（7回制）

　JR奥羽本線・神宮寺駅からタクシーで数分。

　1979年12月10日完成。収容人数2000人。

　硬式の社会人野球でも使われる。

　この球場を踏破した後、当時の中仙町（現在は大仙市）にある八乙女球場にハシゴしたが、試合成立まであとホンの少しというところで雨天ノーゲームとなってしまい惜しくも踏破ならず。

　球場巡り旅史上、指折りの口惜しい思い出である。

（踏破№311　ＡＢＣ）

グリーンスタジアムよこて

秋田県横手市
2008年7月15日
中堅122m、両翼100m
内野土、外野天然芝　照明有り
全国高校野球・秋田大会
大曲工7－1西仙北

　JR横手駅から徒歩40分。

　収容人数は10016人。高校野球でよく使われている。

　2002年7月6日、完成記念試合としてイースタンリーグ公式戦・ロッテ－巨人が行なわれた。その後、

グリーンスタジアムよこて

2007年、2013年、2014年にもイースタンリーグの試合が開催されている。

　2012年には全日本大学軟式野球選手権大会のメイン会場となった。

（踏破№574　ＡＢＣ）

琴丘中央公園スカルパ野球場

秋田県琴丘町（現在は三種町）
1996年8月11日
中堅122m、両翼97.6m
内野土、外野天然芝　照明無し
社会人野球日本選手権・一次予選　秋田大会
TDK9－0秋田経法大校友クラブ
（7回コールドゲーム）

　通称スカルパ球場。スカルパとはスポーツ、カルチャー、パークの合成語だとか。

　JR鹿渡駅からタクシーで5分ほど。運転手さんは高校野球の審判をしている人だった。当時アトランタ五輪で活躍し話題になっていた小野仁投手（秋田経法大附高出、当時は

日本石油に在籍)のことを訊いてみたら「大して速くないよ」と言っていた(運転手さんの言葉通り、小野投手はその後巨人に進んだが大活躍はできなかった)。

新しい球場だが観客席は小さい。社会人野球でたまに使われる。

1995年7月完成。収容人数約7500人。

1995年9月2日に、琴丘町誕生40周年と球場オープンを記念してイースタンリーグ公式戦・巨人−ヤクルトが行なわれ、5000人の観客が詰めかけた。

琴丘中央公園スカルパ野球場

(踏破No.204　ABC)

こまちスタジアム

秋田県秋田市
2008年7月27日
中堅122m、両翼100m
内野土、外野天然芝　照明有り
秋田県全県少年野球(中学軟式)
羽城中学1−0御野場中学(7回制)

JR秋田駅からバスで行った。

2003年に完成、収容人数25000人。NPB球団の本拠地並みの立派な球場。

正式名称は「秋田県立野球場」といい、旧「秋田県立球場」があった場所から約500mの地点に造られた。

ネット裏の白い布製の屋根が特徴。

高校野球でよく使われ、社会人野球、NPBの試合も開催されている。

2013年8月11日、この球場で行なわれたNPBの試合で、セクシータレントの檀蜜(秋田県横手市出身)が始球式をしたことでも話題となった。

(踏破No.579　ABC)

こまちスタジアム

こまちスタジアム

サン・スポーツランド岩城野球場

秋田県岩城町（現在は由利本荘市）
1997年8月10日
中堅120m、両翼100m
内野土、外野天然芝　照明無し
魁皇旗争奪秋田県社会人リーグ戦
秋田経法大校友クラブ21－0秋田王冠クラブ（7回コールドゲーム）

サン・スポーツランド岩城野球場

　ＪＲ羽越本線・道川駅から徒歩25分（2001年、球場の近くに岩城みなと駅ができている）。
　1994年3月完成。
　この日は台風にもかかわらず試合が強行されたが、傘を電車の中に忘れてしまったので、ものすごい暴風雨の中、傘なしで野球を観てスコアをつけるという完全に狂人のような行為をしてしまった。
　むろん、観客は私一人。
　2010年代に入ってからはリトルシニアや中学野球の使用がある。

（踏破№332　ＡＢＣ）

サン・スポーツランド協和野球場

秋田県大仙市
2009年8月23日
中堅122m、両翼100m
内野土、外野天然芝　照明有り
高校野球・秋田市内リーグ
秋田9－6秋田中央

　ＪＲ奥羽本線・羽後境駅より徒歩8分。アクセスが便利なせいか高校野球での使用頻度が高く、社会人野球でもよく使われる。設置は1992年。
　背の低い照明塔が特徴。もしかしたら伸縮式で背が伸びるのかもしれないが、高さが15メートルほどしかない。
　秋田空港が近いので、旅客機が着陸していく姿が大きく見えるのが面

サン・スポーツランド協和野球場

照明塔の背が低い

Ａ…硬式（高校以上）　Ｂ…硬式（中学以下）　Ｃ…軟式　の試合が可能

白い。

　外野席のすぐ外に濃緑の山が見えて気持ちがいい。

　この球場で松井秀喜選手がプレーしたことがある。1993年7月10日、イースタンリーグ公式戦・日本ハム－巨人。成績は3打数0安打だった。

（踏破№594　ＡＢＣ）

十文字野球場

秋田県十文字町（現在は横手市）
2000年8月16日
中堅110m、両翼92m
内野土、外野天然芝　照明有り
高校野球・秋田　雄平地区リーグ
湯沢商工11－2雄物川（7回コールドゲーム）

　ＪＲ奥羽本線・十文字駅から徒歩30分。

　1984年に開設された。

　私が訪れた当時も、秋季大会前に行なわれるこのリーグ戦でしか高校野球では使われていなかった。

　収容人数700人。現在では、硬式野球では利用できない。陸上競技場が隣接していて危険なため。

　2015年9月5日に再訪してみた。

　夜間照明が撤去され無くなっている。

　ネット裏席はプラ長イス11段。内野席途中までコンクリ段々席6段。コンクリートで長イスふうにこしらえてある。外野席は無し。

　スコアボードは、ＳＢＯ灯、得点板（12回まで。パネル式）のみと簡素。外野の芝生がハゲも無くキレイ。

（踏破№473　Ｃ）

十文字野球場

十文字野球場

スタジアム大雄

秋田県横手市
2010年4月25日
中堅120m、両翼95m
内野土、外野天然芝　照明無し

「厄神さん」

スタジアム大雄

高校野球・県南リーグ

羽後13－5六郷（7回コールドゲーム）

　横手バスターミナルからバスで18分「三村」下車。運賃470円。そこから徒歩8分。

　1997年6月オープン。

　球場正面に「厄神さん」という等身大のワラ人形が大きく手を広げて仁王立ちしている。地元で厄除けとして用いられている人形だとか。

　球場玄関に入ると、この球場で出た本塁打の一覧が掲げられている。

　メインスタンド収容812名、内野スタンド512名という表示有り。

　観戦した羽後高校野球部のユニホームは袖のラインも色使いも水島新司作のマンガ『ドカベン』の明訓高校にソックリ。『ドカベン』ファンとしては思わず選手にせがんで写真を撮らせてもらった。

　2014年6月から、NPB楽天球団との提携により「楽天イーグルススタジアム大雄」という愛称がついた。

　近年も高校野球では春・秋の地区リーグ戦での使用あり。

（踏破№633　ＡＢＣ）

大仙市営仙北球場

秋田県大仙市

2016年9月24日

中堅122m、両翼100m

内野土、外野天然芝　照明無し

日本スポーツマスターズ2016秋田大会

地鶏庵4－0オール鶴岡（7回制）

　JR大曲駅から徒歩35分。

　ネット裏席はプラ長イス15段。内野席途中までプラ長イス最大5段。あとの内外野席は無し。収容人数は

大仙市営仙北球場

1533人。

スコアボードは、時計、得点板(10回まで。パネル式)、BSO灯、HEFC灯。

内野フェンスが一塁側、三塁側ともに途中から外側に折れている。推測するに外野フィールドを広く改修する工事があったのかもしれない。

大型のネット裏観客席が目立つ球場。

（踏破№876　ＡＢＣ）

鷹巣中央公園球場

秋田県鷹巣町（現在は北秋田市）
1997年6月22日
中堅120m、両翼90m
内野土、外野天然芝　照明無し
秋田県全県少年野球・北秋田地区予選
上小阿仁中学6－4比内中学（7回制）

JR奥羽本線・鷹ノ巣駅から徒歩30分。

1963年完成。

2011年6月26日に再訪してみた。ネット裏の球場建物は鉄骨製。ネット裏最上段席の後ろは鉄製の柵があるだけで10メートルほど下の地面が素通しに見える。ちょっとコワイ。こういうのは珍しい。

内野席の座席は、道路の側溝を造る時に使う断面がU字型のコンクリ建材を逆さに伏せて座席状にこしらえてある。

外野席はライト側にのみ観戦スペースがあるが雑草だらけで、実用はされてない様子。

再訪した日には小学生の市内大会が行なわれていたが、ちゃんと場内アナウンス有り・メンバー表販売有りだった。秋田の少年野球熱の高さにはまったく感心させられてしまう。

（踏破№304　Ｃ）

鷹巣中央公園球場

鷹巣中央公園球場

田代町民野球場

秋田県田代町（現在は大館市）

1997年9月21日

中堅122m、両翼98m
内野土、外野天然芝　照明無し
秋季高校野球・秋田大会
秋田11－7鷹巣農林

　大館ドームからタクシーで行った。4500円ほどかかった。
　最寄り駅はJR奥羽本線・早口駅で、歩くと40分ほど。
　1997年4月1日開設。

　元々の地形を利用して造られたせいだろうが、球場前の土地よりもグラウンドレベルが低い、いわゆる「掘り下げ型」の球場。
　近年も高校、大学野球でよく使われている。2015年6月7日にはイースタンリーグ公式戦・東北楽天－千葉ロッテが行なわれた。

（踏破№357　ＡＢＣ）

田代町民野球場

田代町民野球場

鳥海球場

秋田県由利本荘市
2013年6月23日
中堅122m、両翼100m
内野土、外野天然芝　照明有り
秋田県全県少年野球・本荘由利地区予選（中学軟式）
由利中学5－1鳥海中学（7回制）

　JR羽後本荘駅から羽後交通バス「本荘・伏見線」で1時間、「菜らんど」下車。徒歩20分。
　完成は2000年8月。
　イースタンリーグや社会人野球でも使われるが、観客席は小規模で収容人数は3400人。

鳥海球場

鳥海球場

球場建物は凝った造りで、クリーム色に塗装されている。

スコアボードの選手名と審判員名は白の磁気反転式でよく見えるが、得点板は電球式で見えづらい。

球場の玄関に、この球場で出たホームランの一覧が掲示してある。第1号は2001年6月9日のイースタンリーグ、巨人の山田真介選手。この日は球場オープン記念試合。私が訪れた時点までで通算50本という。

この一覧によると、工業高校大会、高校教育リーグ、農水産高校大会など高校野球だけでもいろいろな大会があることがわかり勉強になった。

（踏破№789　ＡＢＣ）

長沼球場

秋田県天王町（現在は潟上市）
1996年8月11日
中堅116m、両翼92m
内野土、外野天然芝　照明無し
高校野球・秋田　男鹿・南秋地区リーグ
秋田西4－1海洋技術

　ＪＲ奥羽本線・追分駅から25分ほど歩いて行った。住宅街を抜けていく。古くて小さい球場。

昭和58（1983）年度に開設された。2013年に、秋田県初のＬＥＤフルカラー電光スコアボードが設置された。

（踏破№205　Ｃ）

長沼球場

長沼球場

能代球場

秋田県能代市
1996年7月31日
中堅122m、両翼98m
内野土、外野天然芝　照明無し
全国高校軟式野球・奥羽大会
能代10－0弘前工（7回コールドゲーム）

　能代まで夜行バスで行き、バスターミナルから路線バスで球場まで行った。最寄りのバス停からも30分ほど歩いた。

この日の第二試合で、7回裏二死満塁から右翼手が平凡な右飛を落球、

三者が還り、それが決勝点になってしまうという、とても残酷な場面を観た。

試合後、右翼手は号泣していた。高校野球でこういうのを見ると忘れることができない。

2007年、能代高校出身で阪急ブレーブスの大エースとして君臨した山田久志氏を記念して「サブマリンスタジアム」という名前がつけられた。山田氏寄贈の品々も展示されているとか。ぜひ再訪してみたい。

能代球場

硬式・軟式問わず、高校野球でよく使われる。

開場は1985年。収容人数12000人。

（踏破No.199　ＡＢＣ）

能代市赤沼球場

秋田県能代市
2011年6月25日
規格表示無し
内野土、外野天然芝　照明無し
リトルシニア選手権・東北大会
仙台南4－3仙台太白（7回戦）

能代市民球場から1時間ほど歩いて移動した。

ネット裏観客席無し、ＨＥＦＣ灯無し。内野席は芝生席だが外野席は無し。草野球場。

スコアボードの得点板がとても大きくて見やすい。

完成は1987年。規格は中堅120m、両翼90m。収容人数1000人。

（踏破No.702　ＡＢＣ）

能代市赤沼球場

能代市赤沼球場

能代市民球場

秋田県能代市
2011年6月25日

規格表示無し
内野土、外野天然芝　照明無し

能代市民球場

能代市民球場

リトルシニア選手権・東北大会
青森山田11-2-関（7回制）

　能代バスセンターから徒歩25分。これは大変なオンボロ球場だった。取り壊しになる前に行けてよかった。

　観客席はネット裏から左右ポール際までコンクリの段々のみでイス無しだが、老朽化著しい。破損しているのか、ロープが張られ立ち入り禁止になっている区域もある。

　ＨＥＦＣ灯も変わっていて、ＦＣが無くＨＥだけ。古い球場に特有の「只今ノハ」という添え書き有り。

　ＳＢＯ灯とＨＥ灯がばかに大きくて別建ての得点板は小さい。これも珍しい。

　バックスクリーンも無いが、外野スタンド後方が全てグリーンの塀で囲まれているので問題無いかも。

　近くの観客に訊くと、かつてはこの球場で春と秋の高校野球も行なわれていたという。

　開場はなんと1915年、つまり大正4年。これは古い。規格は中堅112.8m、両翼85.3m。収容人数5042人。

（踏破№701　ＡＢＣ）

八郎潟弁天球場

秋田県八郎潟町
2012年5月13日
中堅120m、両翼92m

内野土、外野天然芝　照明無し
春季高校野球・秋田大会　中央地区予選
秋田南10-3五城目（7回コールドゲーム）

八郎潟弁天球場

八郎潟弁天球場

JR奥羽本線・八郎潟駅から徒歩15分。

球場ロビーに展示物が多い。1986年に撮影された球場の航空写真、全国の有名強豪高校のネーム入り硬式ボール、秋田高校の甲子園出場の記念皿、軟式野球関連の賞状など。

高校野球でよく使われる。

完成は1979年10月。

1990年6月23日、ウエスタンリーグ公式戦・広島－中日が行なわれた。

（踏破№738　ＡＢＣ）

平鹿町営野球場

秋田県平鹿町（現在は横手市）
2000年8月15日
中堅122m、両翼100m
内野土、外野天然芝　照明有り
高校野球・秋田　雄平地区リーグ
増田19－7雄物川（6回コールドゲーム）

JR奥羽本線・醍醐駅から徒歩45分。

収容人数10000人。

私が行った当時、秋季大会前に行なわれるこのリーグ戦でしか高校野球では使われていなかった。

横長長方形の両上の角を切り落としたようなスコアボードの形が可愛い。

「十五野公園野球場」という別称も有り。

（踏破№472　ＡＢＣ）

平鹿町営野球場

平鹿町営野球場

藤里町営清水岱公園野球場

秋田県藤里町
1997年6月22日
中堅120m、両翼90m
内野土、外野天然芝　照明無し
秋田県全県少年野球・山本郡予選
山本中学4－1峰浜中学（7回制）

1983年4月24日にオープンした球場。

JR二ツ井駅からタクシーで行ったが、非常に遠かった。3000円くらいかかってしまった。

そんな不便な場所でやる中学野球

藤里町営清水岱公園野球場

藤里町営清水岱公園野球場

というのに、とても込んでいた。

　2014年3月に、改修工事が完了した。スコアボードがLEDフルカラー電光掲示式になったほか、グラウンドの土の入れ替えなどが行なわれた。

硬式野球も可能な球場だが、硬式では目立った試合開催は無いようだ。

（踏破№305　ＡＢＣ）

二ツ井球場

秋田県能代市
2011年6月26日
中堅120m、両翼92m
内野土、外野天然芝　照明無し
リトルシニア選手権・東北大会
八戸6－0秋田南（7回制）

　「白神山地の玄関口」を名乗るＪＲ奥羽本線・二ツ井駅から徒歩30分。近くの山からカッコーの啼き声が聞こえるのどかな球場。

　私が訪れた時点で、すでに二ツ井町は合併により能代市となった後だったが、球場敷地の門柱の表札は「二ツ井町営野球場」のままだった。

　ネット裏席はプラスチック製の長イスが7段。内野席はコンクリの段々にコンクリブロックがイス状に並べてあるだけ。外野は芝生席。スコアボードは大きい。

　「昭和61年度　電源立地促進対策交付金施設」との表示があった。原発マネーによる球場かも。

二ツ井球場

二ツ井球場

定礎に記された建設年は1987年。

内野の土の色が灰色という特殊な球場で、ニューボール使用でないと観客からは打球の行方が非常に見づらい。市のサイトには「内野は緑色土」とあり、テニスやバレーのコートに使われる特殊な土を使っているようだ。

秋田南シニアチームは、打球への恐怖心を除くためだろうが2メートルほどの至近距離からノックをしていた。硬式ボールなのに。これにはビックリ。

帰り、公園でビールを呑んでいたら、女子高生たちがブランコに乗り、歌を唄って遊び始めた。その歌声を聴きながらのんびり。平和な日曜日だった。

収容人数5500人。

2014年6月29日に、県立二ツ井高校主催による高校野球の招待試合が行なわれたが、公式戦で高校野球が開催されることは無いようだ。

（踏破№703　ＡＢＣ）

本荘市水林球場

秋田県本荘市
1997年6月25日
中堅120m、両翼90m
内野土、外野天然芝　照明無し
秋田県全県少年野球・本荘由利一区予選
西目中学5－1大内中学（7回制）

　JR羽後本荘駅から徒歩40分。丘の上にある。

　1978年3月完成。

　ネット裏の観客席は大きく、収容人数7000人。

　2013年4月、リニューアルオープンし、内外野人工芝、中堅122m、両翼100mの球場に生まれ変わった。以降、イースタンリーグや硬式の高校野球、社会人野球で使われている。

　2014年8月3日にこの球場で行なわれたイースタンリーグ公式戦・東北楽天－千葉ロッテで、由利本荘市出身の女優・加藤夏希が始球式を行なった。

（踏破№306　ＡＢＣ）

本荘市水林球場

本荘市水林球場

Ａ…硬式（高校以上）　Ｂ…硬式（中学以下）　Ｃ…軟式　の試合が可能

峰浜野球場

秋田県八峰町
2010年6月20日
中堅120m、両翼95m
内野土、外野天然芝　照明無し
秋田県全県少年野球・山本地区予選
藤里中学3－0八森中学（7回制）

　JR五能線・沢目駅から徒歩30分。

　ネット裏から内野途中にかけての観客席はコンクリの段々になっているだけでイス無し。ただ、ネット裏部分は薄橙色で、内野席部分は水色で塗装されている。あとの内野席は芝生席。外野席は無く、森になっている。

　スコアボードは時計と得点板とSBO灯のみ。

　高校野球の能代市地区リーグで使われる。

　1999年10月21日、全面改修工事が完了し、この写真に写っている姿になった。

　翌2000年6月3日、イースタンリーグ公式戦・日本ハム－巨人が開催された。

　秋田県では、平成29（2017）年度に社会人軟式野球の全国大会が予定されており、この球場はそれを見据え2014年10月からスコアボードや観客席などの大規模な改修工事を行なった。

（踏破№651　ＡＢＣ）

峰浜野球場

峰浜野球場

矢島町営球場

秋田県矢島町（現在は由利本荘市）
1997年6月25日
中堅122m、両翼98m
内外野土　照明有り
秋田県全県少年野球・本荘由利二区予選
笹子中学2－1直根中学（7回制）

　由利高原鉄道の終点・矢島駅から徒歩20分。1993年にできたばかりで新しい球場だった。

　左右のファウルゾーンが異様に広いが、バックネット方向のファウルゾーンは狭いという珍しい形のフィ

ールド。
　2007年の秋田国体ではソフトボール・成年女子の会場として使われた。
　自治体としての矢島町が消滅した現在は、「矢島多目的運動広場」という名称。

　矢島駅では、のどかなことに犬が飼われていて、女子中学生たちが代わる代わる抱っこ。心温まる光景だった。

（踏破№307　C）

矢島町営球場

矢島町営球場

雄和花の森球場

秋田県秋田市
2010年4月11日
中堅122m、両翼100m
内外野土　照明無し
高校野球・秋田市内リーグ
秋田商7－0秋田工業高専（7回コールドゲーム）

雄和花の森球場

　秋田中央交通バス「雄和市民センター」下車。高校野球の市内リーグではよく使われるが、小規模な球場。
　2000年12月に完成。
　ネット裏に長イス4段の観客席があるが、あとの内外野席は芝生席。
　センター後方に樹木が植えられていて、それがバックスクリーン代わりとなっている。
　この日はセンバツ帰りの秋田商が出場するので観るのを楽しみにしていた。球場で配られていたメンバー表にはちゃんと甲子園と同じメンバーが載っていたのに、試合直前になって「登録選手の変更をお知らせします」とアナウンスがあり、大半が補欠の選手に入れ替わってしまい残念。入場無料の試合ではいい選手はなかなか見せてもらえないんだねえ。
　帰京する途中、横手で「食い道楽」という店に入り「マルチョウ焼

き」なるホルモン焼きを食ってみたらあまりに美味いのでビックリ。その後は横手に行ったら必ず食べるようにしている。

収容人数1300人。

（踏破№628　ＡＢＣ）

湯沢市営球場

秋田県湯沢市
2011年6月18日
規格表示無し
内野土、外野天然芝　照明有り
秋田県全県少年野球・湯沢雄勝地区予選
湯沢南中学２－１皆瀬中学（7回制）

　ＪＲ奥羽本線・湯沢駅より徒歩30分。

　ネット裏から内野途中までの観客席はコンクリートの段々にコンクリブロックが積んであるだけ。あとの内野席は芝生席。

　外野スタンド無し。左中間スタンドは畑になっていて、ライトスタンドは山。左翼ポール際は野生のお花畑になっている。田舎の草野球場という感じ。

　本部席建物や外野フェンスは透明プラスチック板製でこれも田舎ふう。バックスクリーンは左右に幅広いのが特徴だが、倒れかけてゆがんでいる。

　中学野球の大会を観戦したが、応援団がいっぱしにエールの交換などしていて微笑ましかった。

　皆瀬中学の応援団長は女子だった。ますます好ましい感じ。

　ただし、応援団がダッグアウトの屋根に載っていたのが心配。これだけ老朽化した球場では屋根が抜けてケガ人が出る危険がある。

　かつては高校野球の地区リーグ戦（春・夏・秋の公式大会とは別に、秋田では春と夏に地区ごとのリーグ戦が開催される）でも使われていたが、最近ではそれも開催されなくなり幻の球場となっていた。

　そして2013年、県立湯沢翔北高校の練習グラウンドとして改修され、一般が利用できる野球場では原則的

湯沢市営球場

湯沢市営球場

にはなくなった。市営球場から高校グランドへと、こうした運命をたどった球場は珍しい。

（踏破No.697）

横手市大森野球場

秋田県横手市
2016年9月25日
中堅121m、両翼98m
内野土、外野天然芝　照明無し
日本スポーツマスターズ2016秋田大会
安城ベースボールクラブ7－1甲府ベースボールクラブ（7回制）

横手市大森野球場

　大曲バスターミナルからバス30分、「剣花」下車（運賃640円）、徒歩15分。山の上にある。

　ネット裏席はプラ長イス10段。内野席途中まではプラ長イス6段。あとの内外野席は芝生席。収容人数は800人。

　スコアボードは、時計、得点板（10回まで。磁気反転式）、ＳＢＯ灯、ＨＥＦＣ灯、選手名（DH制対応。パネル式）。

　この前日に訪ねた大仙市仙北球場と同じで、内野部分のフェンスが途中から外方向に折れている。外野フィールドを広くする改修工事が行なわれた可能性がある。ちなみに横手市のサイトでは、この球場の規格は中堅120m、両翼97mとなっている。

　横手市の半田工務店がホームページで過去の施工実績を紹介しており、この球場も掲載されている。それによると竣工は平成16（2004）年11月。

（踏破No.877　ＡＢＣ）

六郷野球場

秋田県六郷町（現在は美郷町）
1996年8月14日
中堅120m、両翼90m
内野土、外野天然芝　照明有り
高校野球・秋田　大曲・仙北地区リーグ
大曲農11－4六郷（8回コールドゲーム）

　ＪＲ大曲駅からバスで30分、さらに徒歩で30分。私の行った中で、田舎度で五本の指に入る球場。

　当時から、春・夏・秋の高校野球で使われないマイナーな球場だった。私が行ったのは秋季大会の前に行なわれる、シード決めのための地区リ

ーグ戦。
　こじんまりしている。六郷町が合併により無くなったので、現在は美郷町野球場という名称。
　1984年完成。観覧席1850席。
　　　　　　（踏破№207　ＡＢＣ）

六郷野球場

若美中央公園球場

秋田県男鹿市
2015年9月6日
中堅120m、両翼91m
内野土、外野天然芝　照明無し
北東北大学野球・2部リーグ
盛岡大8－0秋田県立大（7回コールドゲーム）

　ＪＲ男鹿線・船越駅からバスで15分（運賃480円）、「若美総合支所前」下車、徒歩15分。

　近年、大学野球で使われることが多くなっている。とはいえ電車やバスの本数は少なく交通の便が良いとはいえない。

　ネット裏からダッグアウト上までコンクリ段々席10段。内野席はプラ長イス8段。外野席は芝生席。収容人数3700人。

　スコアボードは、時計、得点板（12回まで。パネル式）、ＳＢＯ灯、ＨＥＦＣ灯。選手名、審判員名も表示できる。

　球場前に石川真良という方の記念碑がある。明治23年、当時の払戸村（現在の若美地区）に生まれた石川さんは秋田中学から慶応大に進み野球部のエースとして活躍。やがて阪神電鉄に入社し、甲子園球場の建設に携わった。グラウンドの土の選定では淡路島の赤土や神戸の黒土など全国から集めた土を混ぜ、野球に最適な粘りや硬さを研究。自らスライディングを繰り返しては感触を細かくメモする熱心さだったという。甲

若美中央公園球場

石川真良氏の石碑

子園の土の配合を決めた石川さんの記念碑には、その土を収めたガラスケースが嵌め込まれている。甲子園の土を身近に感じることができる球場である。

試合後、球場を出たら、見知らぬ男性に「貴方、去年、3部リーグの試合を観てませんでしたか？」と声をかけられてビックリ。前年に三沢の球場で私を見かけ、憶えていたとか。スコアブックをつけてるから目立ってしまうのだろうか？

（踏破№837　ＡＢＣ）

野球旅は続く

　日本最初の本格的野球場は1882（明治15）年、これも最初の野球チームである「新橋アスレチックス倶楽部」が造ったもので、現在のＪＲ新橋駅近くにあった。それから130年余り、日本の野球場は私の数えで約1000ヵ所、草野球場も含めれば1万ヵ所はあるような気がする。

　私は野球場には早朝に着く。選手も関係者もまだ誰も来ていない。

　まず球場の写真を撮る。全景と球場名表示の看板文字。開場したら観客席の形状を撮影。試合中にも一枚。

　本当はスコアボードをアップで撮影したいがカメラの性能が及ばず我慢している。

　次に球場周りをぐるりと一周。記念碑や植樹がないか見る。その頃になると球場の玄関が開いているのでロビーに何か面白い展示物が無いかをチェック。玄関横に「定礎」という球場の建築時期が分かる表示が出ていることがあるのでこれも見落とさないようにする。

　そして観客席に上がる。係の人や補欠部員たちが打席やファウルラインの白線を引いたりするのを眺める。何もないのっぺらぼうのグラウンドが、ラインが引かれベースが置かれて徐々に「野球場」に変わっていくのを見るのが好きなのだ。

　やがて試合開始。スコアつけのミスにつながる複雑なプレーが起きないことを願いながら観戦。選手名簿が売ってなくて場内アナウンスだけの場合は試合後、応援の保護者の方を訪ね選手の氏名の漢字表記を教えてもらう（スコアブックに記入するため）。そこで親御さんたちと楽しい会話になったりする。これも面白い。

　終われば球場をあとにする。「もうここに来ることはないんだな」といつも思う。一期一会の気持ちで旅は続いている。

Ａ…硬式（高校以上）　Ｂ…硬式（中学以下）　Ｃ…軟式　の試合が可能

宮城県

石越町民球場

宮城県石越町（現在は登米市）
1997年5月7日
中堅110m、両翼90m
内野土、外野天然芝　照明無し
春季高校野球・宮城大会　仙北地区予選
栗原農5－4米谷工

　JR東北本線・石越駅からタクシーで7分。
　観客席はネット裏も芝生席。
　スコアボード、バックスクリーン、SBO灯、HEFC灯、全て無し。草野球場といってよいだろう。
　2015年秋の高校野球宮城大会・東部地区大会で使われた。
　観戦した試合は、0－4とリードされた栗原農が9回裏に一挙5点。大逆転サヨナラ勝ちというビックリ試合。
　現在は登米市の石越総合運動公園野球場という名称。
　　　　　　（踏破№280　ABC）

石越町民球場

石越町民球場

石巻市民球場

宮城県石巻市
2007年7月17日
中堅122m、両翼100m
内野土、外野天然芝　照明有り
全国高校野球・宮城大会
涌谷8－1米山（7回コールドゲーム）

　JR石巻駅から徒歩30分。
　2011年の東日本大震災から約5カ月間、自衛隊のキャンプ地として使われ芝が傷んだため、野球場として使えなくなっていた。
　アメリカ大リーグなどからの寄付金により、内外野とも人工芝の球場として生まれ変わり2012年12月9日、再オープンの式典が行なわれた。
　さらに翌年には、夏の高校野球・宮城大会の開会式がこの球場で開かれた。夏の県予選の開会式が仙台市

石巻市民球場

石巻市民球場

以外で行なわれたのは史上初のこと。
　収容人数10000人。高校野球で使われている。

（踏破No.544　ＡＢＣ）

石巻野球場

宮城県石巻市
1997年5月5日
中堅118m、両翼91m
内外野土　照明無し
春季高校野球・宮城大会　石巻地区予選
石巻工23－0飯野川（5回コールドゲーム）

　ＪＲ石巻駅から徒歩25分。
　1931年開場。
　観戦した試合では、石巻工がイニング3三塁打という珍しい記録をつくった。
　同じ市内に新しく市民球場ができたので表舞台からは姿を消しつつある。
　2016年現在、この球場のフィールド内には東日本大震災被災者のための仮設住宅が建てられている。

（踏破No.278）

石巻野球場

石巻野球場

岩沼海浜緑地野球場

宮城県岩沼市
2010年8月21日

中堅120m、両翼91m
内野土、外野天然芝　照明無し

秋季高校野球・宮城大会　中部地区予選
東北生活文化大高９－２仙台高専広瀬
（7回コールドゲーム）

　仙台空港アクセス鉄道の終点・仙台空港駅から海側へ徒歩30分。

　レンガ貼りの球場建物が渋い感じ。

　以前はよく高校野球で使われていたが近年は使われなくなり、踏破が難しくなっていた。

　周辺は埋め立て地なのか、駅からの道はずっと平坦。球場は少し高い場所に建っており、付近には「津波の際の避難場所は野球場です」という表示がある。

　球場は海に近く、松林に囲まれている。近くに座っていた野球部員の話によるとトイレに蟹がいたとか。

　ネット裏から内野途中までの観客席はプラ長イス、あとの内外野席は芝生席。ただしレフト側は外野席が無く、松林になっている。

　グラウンドへの出入り口が三塁側にしか無く、一塁側のチームもそこから出入りする。

　後記……この球場一帯は2011年3月の東日本大震災で津波に襲われ水没、大きな被害が出た。私が訪ねた時には、民家があり老人ホームがあり、人々の生活があったのに……。テレビで映像を見て唖然とした。

　津波の際の避難場所だったこの球場も深刻な被害を受け、2016年の時点でもまだ使用再開されていない。2013年1月に復旧工事が始まったそうだが……早く元通りの姿に戻ることを願っている。

（踏破№664）

岩沼海浜緑地野球場

岩沼海浜緑地野球場

歌津平成の森球場

宮城県歌津町（現在は南三陸町）
1998年5月5日
中堅120m、両翼90m

内野土、外野天然芝　照明有り
春季高校野球・宮城大会　本吉地区予選
東陵15－0津谷（5回コールドゲーム）

A…硬式（高校以上）　B…硬式（中学以下）　C…軟式　の試合が可能

歌津平成の森球場

歌津平成の森球場

　ＪＲ気仙沼線・歌津駅から徒歩25分。山の上にある。

　周囲の土地よりも、グラウンドが低いレベルにある「掘り下げ型」。

　完成は1991年。収容人数は10000人。現在の名称は「平成の森しおかぜ球場」。

　イースタンリーグでたまに使われているほか、高校野球の春・秋季大会の東部地区予選で使われる。

（踏破№400　ＡＢＣ）

角田市野球場
宮城県角田市
1996年8月17日
規格表示無し
内野土、外野天然芝　照明無し
秋季高校野球・宮城大会　仙南地区予選
宮城高専8－1亘理（7回コールドゲーム）

角田市野球場

　阿武隈急行・角田駅からタクシーで行った。

　1976年2月に完成。観覧スタンドの収容人数は1076人。

　河原にある球場。外野は金網フェンスだけで観客席は無し。

　2015年の秋季高校野球・宮城県南部地区予選で使われた。

　公式サイトでは中堅120m、両翼90mとされている。

（踏破№209　ＡＢＣ）

鹿島台中央球場
宮城県大崎市
2009年8月22日
中堅122m、両翼98m
内野土、外野天然芝　照明無し

宮城県　113

秋季高校野球・宮城大会　北部地区予選
黒川4－2富谷

　JR東北本線・鹿島台駅から徒歩17分。住宅街を通り抜けて水田地帯に入ったあたりにある。

　球場に表示された名称は「瑞・華・翠交流施設中央野球場」。

　瑞、華、翠の3文字は町の目指すイメージを示すもので、1991年に定められた町づくりの長期計画により決められた。

　外野フィールドだけでなく、外野観客席の天然芝もとてもきれいに手入れされていて美しい。球場建物も全体が薄橙色に塗装されている。

　試合後、駅まで戻ったら、縁日らしく食べ物屋の屋台がたくさん出ていた。焼き鳥と餃子を買ってビール。旅先ではなかなか旨いツマミに出会うのが難しいが、ラッキーだった。

　近年も高校野球でよく使われている。収容人数は約4700人。

　2007年、2014年にはイースタンリーグの試合も開催された。

（踏破No.593　ＡＢＣ）

鹿島台中央球場

鹿島台中央球場

鹿島台町営球場

宮城県鹿島台町（現在は大崎市）
1996年8月24日
中堅105m、両翼90m

内外野土　照明無し
秋季高校野球・宮城大会　大崎地区予選
加美農5－4岩出山

鹿島台町営球場

鹿島台町営球場

Ａ…硬式（高校以上）　Ｂ…硬式（中学以下）　Ｃ…軟式　の試合が可能

ＪＲ東北本線・鹿島台駅からタクシーで行った。スコアブックに「今まで訪れた中でおそらく最も狭い球場」とメモしている。

一塁側、三塁側には小規模ながらも観客席があるのに、ネット裏には本部棟も観客席も無いというちょっと変わった造り。

鹿島台商高の隣にある。

（踏破№213　ＡＢＣ）

河南中央公園野球場

宮城県石巻市
2010年9月5日
中堅120m、両翼92m
内野土、外野天然芝　照明有り
南東北大学野球・1部リーグ
東北公益文科大４－２山形大

ＪＲ仙石線・陸前赤井駅から徒歩45分。田んぼの中に建っている。

ネット裏にプラザブ4段の小規模なスタンドがあるだけであとは観客席無しという簡素な球場。

球場自体に観客用トイレも無く、少し離れた公衆トイレまで行かねばならない。また、三塁側にだけ、道路を挟んで土の山があり、その上に長イスが置いてあってそこで観戦することも可能。トイレも観客席も離れている球場。

高校、大学、社会人野球でよく使われている。

（踏破№670　ＡＢＣ）

河南中央公園野球場

河南中央公園野球場

栗駒球場

宮城県栗駒町（現在は栗原市）
2004年8月28日
中堅120m、両翼91m
内野土、外野天然芝　照明有り
秋季高校野球・宮城大会　仙北地区予選

一迫商９－０米山（7回コールドゲーム）

行きは、東北新幹線のくりこま高原駅からバスで行ったような記憶があるが定かでない。

帰りは、栗駒駅からくりはら田園

鉄道（2007年に廃線）に乗った。

1985年3月31日に設置された球場。収容人数は約2770人。

栗原市は2008年6月14日の岩手・宮城内陸地震で大きな被害を受け、当時東北楽天イーグルスに在籍していた山崎武司選手は市に寄付金を送った。その後、市はこの栗駒球場に「山崎武司スタジアム」という愛称

栗駒球場

をつけている。

（踏破№509　ＡＢＣ）

気仙沼市営野球場

宮城県気仙沼市
1997年8月30日
中堅120m、両翼90m
内野土、外野天然芝　照明無し
秋季高校野球・宮城大会　本吉地区予選
東陵14－0津谷（5回コールドゲーム）
　JR気仙沼駅から徒歩55分。
　1980年オープン。

遠いうえに、高台にあるので（しかもクソ暑い日だったので）死にそうに疲れた。

2016年の時点では、東日本大震災の被災者の方々のための仮設住宅が建っていて、使用できない状態となっている。

（踏破№342）

気仙沼市営野球場

気仙沼市営野球場

蔵王球場

宮城県蔵王町
1997年8月31日
中堅120m、両翼91.5m
内野土、外野天然芝　照明有り

秋季高校野球・宮城大会　仙南地区予選
白石工7－4柴田農林（延長10回）
　JR白石駅からバス25分。交通の便が良いとはいえないが、2014年、

2015年と夏の高校野球県大会の会場の一つに選ばれている。

　外野席は無し。

　内野スタンドの収容人数は1000人。

　　　　　（踏破№344　ＡＢＣ）

蔵王球場

三本木球場

宮城県大崎市

2010年6月27日

中堅120m、両翼93m

内外野土　照明有り

リトルシニア選手権・東北大会

北上3－0大館（7回制）

　ＪＲ古川駅前から高速バスに乗り19分、「高速三本木」下車。そこから徒歩30分。

　内外野土のグラウンドだが、うっすらと雑草が生えているのでちょっと緑がかって見える。

　球場建物二階に会議室のような部屋があり、そこの窓が飾り窓ふうに凝っているのが野球場としては珍しい造り。

　リトルシニアや中学軟式野球で使われる。

　　　　　（踏破№653　ＡＢＣ）

三本木球場

三本木球場

ＪＴ球場

宮城県仙台市

1998年5月14日

中堅120m、両翼95m

内野土、外野天然芝　照明無し

社会人野球・東北大会

関東自動車工業6－1宮城建設

　現存しない球場。宮城野区4丁目にあった。現在は住宅と商業施設がある「せんだい　宮の杜」という街区になっている。

JR仙台駅からバスで行った。
ネット裏観客席内に灰皿が多数置かれていて、さすがはタバコ会社の球場。

高校、社会人野球でよく使われていた。

（踏破No.403）

JT球場

JT球場

柴田球場

宮城県柴田町
1997年8月31日
中堅120m、両翼91m
内野土、外野天然芝　照明有り
秋季高校野球・宮城大会　仙南地区予選
白石11－2名取（7回コールドゲーム）

JR東北本線・船岡駅から徒歩30分。
東北本線の車窓から見える。
1986年5月10日開場。

柴田球場

収容人数は1700人。
春、秋の高校野球・南部地区予選で使われる。

（踏破No.343　ＡＢＣ）

仙台市民球場

宮城県仙台市
2007年7月17日
中堅122m、両翼100m
内外野人工芝　照明有り
全国高校野球・宮城大会
大河原商5－1宮城電波高専

JR仙石線・小鶴新田駅から徒歩7分。

2007年開場。私が行ったのは、球場が出来たばかりの頃。打ちたてのコンクリのライトグレーも真新しく美しい、ピカピカの球場だった。
収容人数10000人。高校、社会人野球で使用頻度が高い。

Ａ…硬式（高校以上）　Ｂ…硬式（中学以下）　Ｃ…軟式　の試合が可能

仙台市民球場

仙台市民球場

　この日は石巻市民球場とこの球場をハシゴした。石巻では９時から３試合、仙台では10時から２試合だったので運がよくないと成功しないハシゴである。小鶴新田駅から仙台市民球場までは激走し、試合開始０秒前にスタンドに入ることができた。ギリギリの踏破成功。駅から走ったことが、この球場の最大の思い出になってしまった。

（踏破№545　ＡＢＣ）

仙台宮城球場

宮城県仙台市
1992年９月14日
(スコアブックに規格メモ無し)
内野土、外野天然芝　照明有り
社会人野球日本選手権・二次予選　東北大会
ＮＴＴ東北10－０同仁社（７回コールドゲーム）

　ＪＲ仙石線・宮城野原駅から徒歩。宮城の夏の高校野球・決勝戦の開催球場。

　1950年開場。

　フジテレビの「プロ野球ニュース」でよく見かけていた球場で、ライト場外にある大きなマンションがテレビと同じだと思った。(当たり前だ！)

　楽天の本拠地になる前は社会人野球もよく行なわれていた。

　1970年代にはロッテの本拠地だっ

仙台宮城球場

仙台宮城球場

フルキャストスタジアム（2007年）

フルキャストスタジアム（2007年）　フルキャストスタジアム（2007年）　フルキャストスタジアム（2007年）

た時期もある。

　2007年8月26日に再訪してみた。その時の名称は「フルキャストスタジアム宮城」。

　中堅規格表示無し、両翼101.5m。内外野人工芝、照明有り。

　この日はイースタンリーグ公式戦・楽天2－2日本ハム（延長11回）を観戦した。食べ物の店舗がスタンド内にあったり、デッキチェアのような席があったりとメジャーリーグの球場ぽい感じに大改装されていた。

(踏破№71　ＡＢＣ)

多賀城大代球場

宮城県多賀城市
1997年6月7日
規格表示無し
内野土、外野天然芝　照明無し
春季高校軟式野球・宮城大会
石巻商6－2仙台二

　ＪＲ多賀城駅からタクシーで行った。

　仙台港工業地帯の公害防止策の一環として、1976年4月に開園した緩衝緑地内にある。

　フィールドを金網で囲んだだけで、バックスクリーンもスコアボードも無く、ほとんど草野球場という感じだが高校軟式野球でよく使われる。

　観客席もないが、ネット裏に芝生

多賀城大代球場

敷きの観戦スペースは有り。

　観戦した試合で、珍しいシーンがあった。ワンアウト一、二塁で、二塁ランナーが投手から二塁手へのけん制球でアウト。その直後、二塁手が二塁ベースを離れ守備位置に戻ったスキに、今度は一塁ランナーが二塁盗塁成功したのだ。レベルの高い野球ではお目にかかれない、こうい

うプレーを見られるので、マイナーな野球の観戦も面白いのだ。

(踏破№295　ＡＢＣ)

多賀城市野球場

宮城県多賀城市
1997年6月7日
中堅120m、両翼92m
内外野土　照明有り
多賀城市中学総体・軟式野球リーグ戦
多賀城中学1－0多賀城二中（7回制）

多賀城市野球場

　ＪＲ多賀城駅から徒歩15分。真新しい球場だった。

　朝、ＪＲ多賀城駅から大代球場へタクシーで向かう途中、野球場が見え、応援団で賑わっている様子。

　てっきりこれが大代球場かと思ったら、車は通り過ぎてしまった。大代球場で1試合観た後、さっきの球場は何だったんだろう？と思い高野連の人に訊いてみると、通称「多賀城公園球場」といい、「今日は中学野球をやっているはず」とのこと。

　「中学野球か……」と思ったが、すでに他の球場へハシゴできる時刻でもなく、とりあえず行ってみることにした。

　公園球場は大代球場より新しく、観客席もちゃんとあり、行脚人として見過ごすことはできない球場。

　それまで中学野球は見たことが無かったので、中学野球で踏破認定するか迷ったが思い切って観ていくことにした。

　すると、スリル満点の締まった好試合。しかも、内心の動揺が次のプレーに顕われやすいという点では高校野球よりも観ていて面白いとさえいえる。

　大いに認識を改めさせられ、以後は中学野球も好んで観戦するようになった。

　2016年の時点で、東日本大震災の被災者の方々のための仮設住宅用地となっていて、球場としての使用はできない状況。

(踏破№296)

築館球場

宮城県築館町（現在は栗原市）
1997年9月3日
中堅115.82m、両翼92.28m
内野土、外野天然芝　照明有り

秋季高校野球・宮城大会　仙北地区予選
一迫商15－3鶯沢工（5回コールドゲーム）

　JR仙台駅からバスで70分、「築館町」下車、徒歩25分。

　1978年9月23日オープン。

　外野席は無し。

　規格が0.01m単位まで表示してあるのは珍しい。

　春、秋の高校野球・北部地区予選

築館球場

で使われる。

（踏破No.345　ＡＢＣ）

東北電力愛島球場

宮城県名取市
1996年9月20日
中堅122m、両翼98m
内野土、外野天然芝　照明有り
秋季高校野球・宮城大会
東陵7－2古川商

　JR名取駅からタクシーで20分くらい。

　東北電力が所有していた、名取スポーツパーク内にあった。

　高校、社会人野球でよく使われて

東北電力愛島球場

いたが、2011年の東日本大震災の影響により2012年6月で閉場となってしまった。

（踏破No.237）

東北福祉大球場

宮城県仙台市
1998年5月19日
中堅123m、両翼93m
内野土、外野天然芝　照明有り
仙台六大学野球
東北福祉大9－2東北学院大

　JR仙台駅からバスで行ったが、キャンパスの近くで降りたら「球場

東北福祉大球場

は離れた場所にある」と言われ大慌て。運よく球場方面に行くバスがす

ぐに来て助かった。

1982年5月27日完成。

一応照明ありだが、内野だけなのでナイターは不可能。

大学のグラウンドは踏破対象としていないが、この日は勝ったほうが優勝という試合だったので思わず行ってしまった。

2011年の夏の高校野球県大会でも使われた。

東北福祉大球場

（踏破No.406　ＡＢＣ）

東和総合運動公園球場

宮城県登米市
2007年8月25日
中堅120m、両翼90m
内野土、外野天然芝　照明無し
秋季高校野球・宮城大会　東部地区予選
米谷工9－3米山

1989年7月9日完成。

観客席はすべて芝生席。バックスクリーン無し、ＳＢＯ灯無し、本部席の建物無し。高野連はネット裏にテントを建てて本部席代わりにしていた。高校野球の公式戦で使われるのだからと期待していたが草野球場という感じだった。

仙台から高速バスで「登米市役所」バス停まで行き、そこから徒歩2時間以上かかる。たいへんな苦労の末にたどり着いた球場だったのだが……。足の裏に5センチ四方の巨大マメができた。この大きさになるともはや「マメ」とは呼べない。

その後、高校野球で使われなくなり、幻の球場と化した感じ。

2011年の東日本大震災では、グラウンドが裂けてしまう大きな被害が出た。

（踏破No.563　ＡＢＣ）

東和総合運動公園球場

東和総合運動公園球場

中田球場

宮城県登米市
2015年5月4日
中堅112m、両翼90m
内野土、外野天然芝　照明有り
春季高校野球・宮城大会　東部地区予選
涌谷10－4本吉響

　仙台駅から高速バスで95分（運賃1400円）、「登米市役所」下車。そこから徒歩1時間。

　定礎に記された日付は1987年3月。ただし『中田町史』（2005年刊行）には、1979年5月20日球場完成、1982年5月6日夜間照明設置という記述があり、1987年は球場の建物が改築された年なのかもしれない。

　ネット裏席はプラ長イス5段、内野席は芝生席、外野席無し。

　スコアボードはSBO灯、HEFC灯、得点板（12回まで。パネル式）。

　外野フェンスはラバー無し。また直線状で、左・右中間のふくらみはほとんど無し。こじんまりした可愛らしい球場。

　中田は萬画家・石ノ森章太郎さんの故郷。このようなのどかな土地から、よくもあのようなしゃれた画風と画期的発想の作家が生まれたものだ。

（踏破№814　ＡＢＣ）

中田球場

中田球場

名取市民球場

宮城県名取市
1996年8月17日
中堅120m、両翼93m
内野土、外野天然芝　照明有り
秋季高校野球・宮城大会　仙南地区予選
柴田11－1白石工（8回コールドゲーム）

　仙台空港が近く、旅客機が大きく見える。

　1982年7月にオープン。メインスタンドの収容人数は1072人。

　2010年8月21日に再訪してみた。
ＪＲ名取駅から徒歩30分。
　規格に変化は無し。
　ネット裏から内野途中までは8段のプラ長イス、あとの内外野は芝生席。地形の関係でライト側外野席が

名取市民球場

名取市民球場

レフト側より大きい。
　球場正面の建物は近代的デザインだが、内野席途中からは土盛り式の

観客席。
　高校野球でよく使われる。
（踏破№208　ＡＢＣ）

南郷町営球場

宮城県南郷町（現在は美里町）
1996年8月24日
中堅120ｍ、両翼93ｍ
内野土、外野天然芝　照明無し
秋季高校野球・宮城大会　大崎地区予選
古川商10－6大崎中央
　鹿島台町営球場を踏破した後、タ

クシーでこの球場へ移動。
　近年も、高校野球で時おり使われている。
　最寄り駅はＪＲ鹿島台駅だが、歩くと1時間以上かかる。
（踏破№214　ＡＢＣ）

南郷町営球場

南郷町営球場

評定河原球場

宮城県仙台市
1997年5月5日
中堅107ｍ、両翼92ｍ
内野土、外野天然芝　照明無し

春季高校野球・宮城大会　仙塩地区予選
仙台南11－3宮城県工（7回コールドゲーム）
　ＪＲ仙台駅から徒歩20分と便利な

評定河原球場

評定河原球場

場所にある。

　その名の通り、広瀬川の河原にある球場。

　外野フェンス後方からタダ見可能な球場だが、入場料500円だった。

　観戦した試合では、仙台南が三重殺を記録。三回裏、無死一、三塁でバント捕邪飛で一死、捕手から三塁手へ送球され三塁走者戻りえず二死、さらに一塁手へ転送され一塁走者戻れず三死。

　1948年5月16日、巨人の川上哲治選手が、プロ野球史上初となる「1イニング2本塁打」を放ったのがこの球場（対金星戦）。

（踏破№279　ＡＢＣ）

松島運動公園野球場

宮城県松島町
2010年6月26日
中堅120m、両翼91.0m
内野土、外野天然芝　照明無し
リトルシニア選手権・東北大会
宮城黒川7－6酒田（7回制）

　ＪＲ東北本線・愛宕駅から徒歩20分。緑に囲まれた運動公園の中にある小規模な球場。

　外野席は無し。

　1993年4月オープン。収容人数は1300人。

　球場内に、松島高校が専用的に使っているらしい冷蔵庫が置かれていたので、野球部の練習場なのかもしれない。

松島運動公園野球場

松島運動公園野球場

Ａ…硬式（高校以上）　Ｂ…硬式（中学以下）　Ｃ…軟式　の試合が可能

春、秋の高校野球・中部地区予選で使われている。

(踏破No.652　ＡＢＣ)

松山野球場

宮城県松山町（現在は大崎市）

1997年5月7日

中堅120m、両翼91.44m

内外野土　照明無し

春季高校野球・宮城大会　大崎地区予選

古川商7－0加美農（8回コールドゲーム）

　ＪＲ東北本線・松山町駅からタクシーで10分。

　球場の玄関には「松山農村勤労福祉センター」と表示してある。

　ネット裏に小規模な観客席があり、

松山野球場

内野にも若干の芝生席がある。

　ＨＥＦＣ灯無し。

　高校野球公式戦で使われなくなり、すっかり鳴りをひそめてしまった。

(踏破No.281　ＡＢＣ)

宮城広瀬球場

宮城県仙台市

2007年8月26日

中堅120m、両翼93m

内野土、外野天然芝　照明無し

秋季高校野球・宮城大会　中部地区予選

多賀城8－1仙台電波高専（8回コールドゲーム）

　ＪＲ仙山線・愛子駅から徒歩40分。

　完成は1986年7月。

　高校野球の春・秋のブロック予選で使用頻度が高いが、スタンドは小規模。

　ネット裏席から、外野後方に交通量の多い道路が走っているのが見え観戦中、集中を妨げられてしまう。

宮城広瀬球場

　行きは電車で行ったが、帰りはうまい具合に球場そばから仙台駅行きの路線バスをキャッチ。フルキャストスタジアム（注・仙台宮城球場の当時の名称）のイースタンリーグにハシゴできてラッキーだった。

　公式サイトでは両翼92mとなっている。観覧席数は497席。

(踏破No.564　ＡＢＣ)

宮崎陶芸の里スポーツ公園野球場

宮城県宮崎町（現在は加美町）
1998年4月26日
中堅120m、両翼93m
内野土、外野天然芝　照明有り
春季高校野球・宮城大会　大崎地区予選
古川工13－0中新田（5回コールドゲーム）

　JR古川駅からバスで50分。運行本数が少なかったので苦労した。

　近年も春、秋の高校野球・北部地区予選でよく使われている。

　管理業者のページによると、メイ

宮崎陶芸の里スポーツ公園野球場

ンスタンドの収容人数は314人（2016年時点）。

（踏破No.396　ABC）

利府町中央公園野球場

宮城県利府町
1998年8月21日
中堅122m、両翼98m
内野土、外野天然芝　照明有り
全国中学野球
長泉北中学（静岡）10－0赤江東中学（宮崎）（7回制）

　東北本線・利府駅から徒歩30分。

　前夜、JR利府駅で野宿していたら、お巡りさんに起こされてしまった。

　お巡りさん「今夜は近くで『モーニング娘。』のコンサートが行なわれていて、その後若者たちが暴れるかもしれない。貴方が犯罪を犯すとは思わないが、被害者になる恐れがあるから、仙台に行ってちゃんとホテルに泊って下さい」と忠告されて

利府町中央公園野球場

しまった。やむを得ず球場まで歩き、そこで野宿した。

　赤江東中学の先発投手は、のち甲子園大会で活躍しドラフト1位でプロ入りする寺原隼人だった。3回と3分の1を投げ被安打8、四球6、自責点6と大乱調。将来性を見抜くことは出来なかった。

　収容人数は3512人。近年はイースタンリーグの試合がよく行なわれている。

（踏破No.433　ABC）

A…硬式（高校以上）　B…硬式（中学以下）　C…軟式　の試合が可能

涌谷スタジアム

宮城県涌谷町
2001年8月29日
中堅122m、両翼98m
内外野土　照明有り
秋季高校野球・宮城大会　石巻地区予選
宮城水産6−2涌谷（延長10回）

涌谷スタジアム

　ＪＲ石巻線・涌谷駅から徒歩20分。
　1999年4月に開場されたばかりで、ぴかぴかだった。収容人数約4500人。
　近年はリトルシニアや、高校野球の交流戦で使われている。

（踏破№497　ＡＢＣ）

山　形　県

大蔵村運動公園野球場

山形県大蔵村
2005年5月22日
中堅115m、両翼90m
内野土、外野天然芝　照明無し
春季高校野球・山形大会
羽黒9−6新庄東

　ＪＲ新庄駅からバスで40分ほど。バスがどんどん奥地に入っていくので心細くなった。帰りはバスの便が無く、やむなくタクシー。ずいぶんお金がかかってしまった。
　1987年7月31日完成。内野スタンドは土盛り式。
　近年は高校野球で使われなくなっている。
　1992年7月4日、イースタンリーグ公式戦・ロッテ−巨人が開催され巨人・木田優夫投手が1失点完投勝利を記録している。

（踏破№519　ＡＢＣ）

大蔵村運動公園野球場

大蔵村運動公園野球場

小国町民総合スポーツ公園野球場

山形県小国町
2004年9月5日
中堅120m、両翼91m
内野土、外野天然芝　照明有り
南東北大学野球・2部リーグ
東北公益文科大16－6会津大
（5回コールドゲーム）

　JR米坂線・小国駅から徒歩15分。1990年に完成。

収容人数4175人。南東北大学野球・2部リーグでたまに使われる。
　2部リーグの試合は、代打が主審に通告無しに出場したりすることがあるのでスコアをつける人は油断禁物。

（踏破№511　ＡＢＣ）

小国町民総合スポーツ公園野球場

小国町民総合スポーツ公園野球場

尾花沢総合球場

山形県尾花沢市
2004年9月4日
中堅120m、両翼95m
内野土、外野天然芝　照明有り
秋季高校野球・山形大会　最北地区一次予選
北村山12－5新庄北（7回コールドゲーム）

　JR大石田駅からバス。余談だが大石田駅の駅舎は屋根がコンクリ段々になっていて、てっぺんまで上がることができる。駅前でイベントをやれば観客席として使えそう。これはナイスデザイン。

外野席が無い球場。
　メインスタンドは収容人数300人。
　近年も高校野球の春・秋の最北地区予選では使われている。

（踏破№510　ＡＢＣ）

尾花沢総合球場

Ａ…硬式（高校以上）　Ｂ…硬式（中学以下）　Ｃ…軟式　の試合が可能

上山市民球場

山形県上山市
2001年7月24日
中堅120m、両翼91.5m
内野土、外野天然芝　照明有り
全国高校野球・山形大会
高畠5－1長井工

　1983年7月17日オープン。1987年8月に、3000人収容のスタンドと6基の照明塔が設置された。
　2012年7月1日に再訪した。
　ＪＲ奥羽本線・かみのやま温泉駅から徒歩15分。中堅120m、両翼91.5m。内野土、外野天然芝。照明有り。
　ネット裏席はプラ長イス10段。内野席は芝生席。外野席無し。
　収容人数は3000人。
　外野フェンスは幕で出来ていて、うっすらと向こう側が見える。
　高校野球でよく使われる。
（踏破№493　ＡＢＣ）

上山市民球場

上山市民球場

櫛引総合運動公園野球場

山形県鶴岡市
2011年5月3日
規格表示無し
内野土、外野天然芝　照明有り
春季高校野球・山形大会　田川地区予選
羽黒11－1鶴岡中央（6回コールドゲーム）

　横綱柏戸に見守られている球場。球場隣に櫛引出身の第四十七代横綱「柏戸」の記念館（入館無料だが展示物充実）があり、その前に建つブロンズ像がこの球場を一望している。
　ＪＲ鶴岡駅からバスはあるが（朝日交通バス「松根・朝日庁舎行き」で23分、「下三千刈」下車。運賃460円）、午前10時開始の第一試合に間に合うような便がなかった。仕方なく歩いた。見渡す限りの水田の中を、まだ雪の残る金峰山や月山を遠くに眺めながら歩くのは疲れはしたが、ずっと平坦な道だったこともあって楽しかった。
　とはいえ、せっかく駅から2時間

櫛引総合運動公園野球場

球場を見下ろす「柏戸」

近く歩いて行ったというのに、率直にいって赤川の河川敷にある草野球場レベルの球場という感じ。春・秋の高校野球で多用される球場なので、もう少しマシかと期待していたのだが。フェンスは内外野全てナイロンネットのみ。観客席も、内外野全て芝生席。開場は1991年。収容人数は500人。

照明塔が高さ10メートルと異様に低く見えるが、近くに寄ってみると「伸縮式」と書いてある。使用時には背が高くなるらしい。これは珍しい。特撮メカ好きとしては伸びるところを是非見てみたかった。

踏破後、バスでJR鶴岡駅まで戻り、駅前の「庄内ホルモン」という店に入ってみた。午後6時の開店と同時に入店したが、間もなく満員に。人気店らしい。「マルチョウ」700円が絶品。

（踏破№693　ＡＢＣ）

酒田市営光ケ丘野球場

山形県酒田市
1997年5月4日
中堅115m、両翼91m
内野土、外野天然芝　照明有り
春季高校野球・山形大会　飽海地区予選

酒田南10―0酒田商（5回コールドゲーム）

ＪＲ羽越本線・酒田駅から徒歩30分。

私が行った時は、古くてＨＥＦＣ灯も無い球場だった。

酒田市営光ケ丘野球場

酒田市営光ケ丘野球場

完成は1954年3月。1980年に夜間照明が設置された。

その後、1999年に改修され、現在はこの写真とは全く違った球場に生まれ変わっている。

改修後の規格は中堅122m、両翼97.6m。高校野球でよく使われている。

収容人数は10000人。

（踏破№277　ＡＢＣ）

寒河江公園野球場

山形県寒河江市
2012年9月2日
中堅120m、両翼100m
内外野土　照明無し
秋季高校野球・山形大会　村山地区予選
山本学園3－2天童

ＪＲ西寒河江駅から徒歩20分。

完成は1966年7月。古い球場。春・秋の高校野球の村山地区予選で、ごくたまに使われるだけなので踏破困難になっていた。

収容人数は2500人。ネット裏席は15段。前の10段はコンクリブロックを載せてイスのように造ってあるが、後ろの5段はコンクリ段々のみ。内野席は途中までコンクリ段々のイス無し。あとの内外野席は雑草席。

スコアボードは得点板（15回まで）とＳＢＯ灯のみ。

面白いのは、バックネット以外、内外野フェンスに一切ネットが無いこと。観客にとって選手のプレーが間近に感じられる。メジャーリーグの球場もネットが少ないといわれるが、この球場は、その意味で、日本で最もメジャーリーグ的な球場といえるかも？

外野フェンスはコンクリブロックを5段積んで造られており、高さ120センチほどと低い。

傍らにナイター照明のための電力小屋があり、かつては照明があったようだ。

私が訪れた日はとても暑かった。近くに、高校時代ここでプレーしたことがあるという男性が座っていて、

寒河江公園野球場

寒河江公園野球場

その人が「暑いなあ……この球場は太陽が近く感じられるんだよ……」と話していた。まさにそういう感じのする球場だった。

(踏破No.763　ＡＢＣ)

サン・スポーツランド遊佐野球場

山形県遊佐町
1998年7月26日
中堅122m、両翼98m
内野土、外野天然芝　照明有り
山形県中学総体・軟式野球
東根一中4－3松山中学（7回制）
　ＪＲ羽越本線・遊佐駅から徒歩35分。

1988年3月完成。
　高校野球でも使用頻度が高い球場なので立派な球場なのかと想像していたが、小規模なスタンドの球場だった。
　最近も2012年秋の高校野球・庄内地区予選で使われた。

(踏破No.423　ＡＢＣ)

サン・スポーツランド遊佐野球場

サン・スポーツランド遊佐野球場

新庄市民球場

山形県新庄市
2004年9月11日
中堅122m、両翼98m

内野土、外野天然芝　照明有り
秋季高校野球・山形大会　最北地区二次予選

新庄市民球場

新庄市民球場

A…硬式（高校以上）　B…硬式（中学以下）　C…軟式　の試合が可能

楯岡7－5新庄神室産

　JR奥羽本線・新庄駅から徒歩15分。

　1993年8月完成。

　あまり知られていないが、愛称「あじさいスタジアム」。兵庫県神戸市北区にも「あじさいスタジアム」があり、かぶっている。

　収容人数12000人。高校野球やイースタンリーグが開催されている。

（踏破№512　ＡＢＣ）

高畠町野球場

山形県高畠町
2004年9月12日
中堅120m、両翼91m
内野土、外野天然芝　照明有り
秋季高校野球・山形大会　置賜地区二次予選
米沢中央13－3長井（7回コールドゲーム）

高畠町野球場

　2012年7月1日に再訪した。

　中堅120m、両翼91m。内野土、外野天然芝。照明有り。高校野球でよく使われる。

　ネット裏席はプラ長イス9段。内野席の途中まではプラ長イス5段＋コンクリ段々が4段。あとの内外野席は芝生席。収容人数は4600人。

　球場玄関に、1982年の球場開きの際のイベントで皆川睦雄さんが訪れた時の写真とサインが展示されている。他に、町内野球大会の優勝トロフィーと優勝旗も有り。また、球場玄関を入って正面の壁には「樹林と群像」と題したモニュメントが飾られている。

　この球場に行った時は、最初の時も再訪の時もJR高畠駅のレンタサイクルを利用した。時間は片道20分ほど、道も平坦で快適なサイクリングが楽しめるのでオススメ。

（踏破№513　ＡＢＣ）

鶴岡市野球場

山形県鶴岡市
1997年5月4日
中堅119m、両翼91m
内野土、外野天然芝　照明有り
春季高校野球・山形大会　田川地区予選
鶴岡工3－1鶴岡南

　現存しない球場。JR鶴岡駅から徒歩30分ほど、鶴岡公園の中にあっ

鶴岡市野球場

鶴岡市野球場

た。跡地には慶応大学の研究所が建っている。

　球場の完成は1948年5月。

　1957年には1500人収容の正面スタンドが出来た。解体は2002年8月。

同じ市内に1999年、新しく小真木原野球場（ドリームスタジアム）ができたので、鶴岡のメイン球場の座をそちらに譲った。

（踏破№276）

鶴岡ドリームスタジアム

山形県鶴岡市
2008年7月13日
中堅122m、両翼97.6m
内外野天然芝　照明有り
全国高校野球・山形大会
高畠10－9新庄南

　JR羽越本線・鶴岡駅から徒歩50分。

　1999年開設。収容人数は12000人。

　2004年のアテネ、2008年の北京五輪に向けて野球日本代表チームが合宿を行なったことで球場マニアに知られている。涼しいということと、海外の球場同様、内野にも芝生が敷かれていることが合宿地に選ばれた理由と思われる。

　2011年5月3日に再訪した。内外野、そしてファウルグラウンドにまで敷かれた芝生が5月の東北にしては珍しいほど青々としている。

　今回は球場建物内に展示されている品物をチェック。鶴岡工高出身の

鶴岡ドリームスタジアム

鶴岡ドリームスタジアム

田沢芳夫投手（元南海ホークス）の写真とトロフィー。また、一瞬ビックリしたのは巨人軍の伝説的投手沢村栄治、スタルヒンのサイン色紙が飾られていることだが、色紙が新しすぎ。よく見たら複製だった。なーんだ。他に、野球日本代表が合宿を行なった際のサイン入り記念皿などもあった。

（踏破No.573　ＡＢＣ）

天童市スポーツセンター野球場

山形県天童市
2001年7月25日
中堅122m、両翼100m
内野土、外野天然芝　照明有り
全国高校野球・山形大会
酒田南10－0寒河江（6回コールドゲーム）

　ＪＲ天童駅から徒歩20分。
　1994年3月31日に完成した球場。
　2012年6月30日に再訪してみた。
　中堅122m、両翼100m。内野土、外野天然芝。照明有り。
　ネット裏席中央は東北楽天のチームカラー、クリムゾン・レッド色の個別イスが12段。その両脇からダグアウト上まではプラ長イス12段。そのあとの内野席はコンクリの段々でイス無し。
　外野席は芝生席。

天童市スポーツセンター野球場

　球場玄関に東北楽天の選手の写真展示有り。
　球場正面には、地元出身である栗原健太、鈴木駿也両選手を応援する大きな垂れ幕が下がっていた。
　高校野球や、イースタンリーグでよく使われる。
　収容人数は10000人。

（踏破No.494　ＡＢＣ）

南陽市向山公園野球場

山形県南陽市
2011年9月4日
中堅120m、両翼92m
内野土、外野天然芝　照明有り
秋季高校野球・山形大会　置賜地区予選
米沢工5－3置賜農

　米沢からＪＲで北上すると赤湯という駅がある。そこで山形鉄道という一両編成の私鉄に乗り換え、宮内駅で降りる。そこから徒歩20分。高

南陽市向山公園野球場

南陽市向山公園野球場

校、大学野球で、まれに使われる球場。

　平地と山地の境目にあり、ネット裏席は山を切り崩して造られたようだ。本部席は地下にあり、外からは見えない。

　スコアボードの時計はデジタル式。珍しい。

　この日、球場隣の広場では町内対抗の運動会が開かれていた。大人から子供まで参加。こうした催しは非常にいいですね。宮内駅には借り出し自由の図書コーナーもあった。心温まる街だった。

　収容人数2000人。2004年に整備工事が完了し、この写真の姿になったようだ。

（踏破№714　ＡＢＣ）

山形県総合運動公園野球場

山形県天童市
2012年7月1日
中堅122m、両翼95m
内野土、外野天然芝　照明無し
リトルシニア日本選手権・東北大会
山形8－4宮城黒松（7回制）

　ＪＲ高擶（たかだま）駅から徒歩40分。

　ネット裏席は芝生席。内野席は途中までコンクリ段々席で、あとの内外野席は芝生席。

　外野フェンスが高さ3mほどと高いのが特徴。

　秋の高校野球の村山地区予選で使

山形県総合運動公園野球場

山形県総合運動公園野球場

Ａ…硬式（高校以上）　Ｂ…硬式（中学以下）　Ｃ…軟式　の試合が可能

われたことがある。高野連のホームページでは「紅花ＳＰ」と表記されていた。ＳＰとはスポーツパークの略。

スコアボードの得点表示は電光式だが、光が弱くて視認性はよくない。

ネット裏席中央前方にコンクリの本部席があり、その天井部分を立ち入り禁止にするためのフェンスが立っていて、ネット裏の観客の視線の妨げになる。このあたり、観客のことは考慮されていない草野球場という感じ。

隣にはＪリーグのモンティディオ山形の立派なスタジアムがある。

収容人数2624人。近年は南東北大学野球２部リーグで使われている。

（踏破№752　ＡＢＣ）

山形県野球場

山形県中山町
1990年８月11日
（スコアブックに規格メモ無し）
内野土、外野天然芝　照明有り
パシフィックリーグ公式戦
オリックス６－２ダイエー

　ＪＲ左沢線・羽前長崎駅から徒歩20分。

　完成は1980年３月。

　東京から各駅停車で山形まで行きナイターを観戦したが、消灯タイマーの解除忘れによりインプレー中に全照明が突然消えるという珍事が発生。これはパ・リーグが毎年発行する公式記録集『ブルーブック』にもちゃんと記載されている出来事である。

　球場前に「村田兆治200勝達成の地」という記念碑有り。

　2012年６月30日に再訪してみた。名称は「荘銀・日新スタジアム」

山形県野球場

となっていて（「山形蔵王タカミヤホテルズスタジアム」という名称だった時期もあった）ＮＰＢ東北楽天・二軍の本拠地として使われている。

　山形県の夏の高校野球・決勝戦開催球場だが、常設の放送室は無し。

　中堅120ｍ、両翼100ｍ。内野土、外野天然芝。照明有り。

　左右ポール際の観客席をよく観察すると、外野席を削ってグラウンドを拡張したような形跡がある。

　展示物が充実していて、1992年の国体での高校硬式野球開催記念のモニュメント、「村田兆治200勝達成の

地」のプレート、ＮＰＢフレッシュオールスターゲーム（二軍のオールスター戦）やファーム日本選手権の際の寄せ書き色紙。アマチュア野球の有名監督らの色紙も飾ってあった。

外野のスコアボードではなく、ネット裏にスピードガン表示装置がある。

外野場外に、背の高い木がズラリと植えてある。防風のためと思われるが、これは山形の球場にしばしばみられる特徴。

2016年の時点で、収容人数25000人。

(踏破№24　ＡＢＣ)

山形県第二野球場

山形県中山町
2012年6月30日
中堅規格表示無し、両翼90ｍ
内野土、外野天然芝　照明無し
リトルシニア選手権・東北大会
山形3－0盛岡東（7回制）

　ＪＲ左沢線・羽前長崎駅から徒歩20分。

県営球場の隣にあるサブ球場。球場周りに観戦スペースはあるものの、フィールドを金網で囲んだだけの草野球場。しかし、硬式高校野球の秋の地区予選で使われたこともある。

スコアボードは、得点板、ＢＳＯ灯、ＨＥＦＣ灯のみ。

(踏破№751　ＡＢＣ)

山形県第二野球場

山形県第二野球場

山形市営球場

山形県山形市
1996年8月10日
中堅122ｍ、両翼99ｍ
内野土、外野天然芝　照明有り
南奥羽大学野球・2部リーグ
山形大8－0山形大工学部（7回コールドゲーム）

　霞城公園内にあり、山形駅から歩いて行ける。

　この地に球場ができたのは1949年

Ａ…硬式（高校以上）　Ｂ…硬式（中学以下）　Ｃ…軟式　の試合が可能

山形市営球場

山形市営球場

だが、この写真に写っている球場建物は1966年にできたようだ。

収容人数は10100人。

外観はコンクリート打ちっぱなしの武骨な感じ。古くて渋い球場で、こういうのが駅近くに残っているのは珍しいケースといえる。

ネット裏スタンドに出る出口は天井が低いので、気をつけないと血を見る。

2012年6月30日に再訪してみた。

中堅122m、両翼99m。内野土、外野天然芝。照明有り。球場名表示がアルファベット表記なのが珍しい。

スコアボードが〔得点、ＳＢＯ灯、ＨＥＦＣ灯〕棟と、〔選手名、審判名〕棟とに別建てになっている。後者は後から新築したのかも。

山形市の計画では、平成40年に解体の予定。

（踏破№203　ＡＢＣ）

山辺町民野球場

山形県山辺町
1998年8月1日
中堅112m、両翼91m
内外野土　照明有り
南奥羽大学野球

いわき明星大7－3石巻専修大

2012年6月30日に再訪してみた。

ＪＲ左沢線・羽前山辺駅から徒歩20分。

規格表示は、中堅は112mだが、両翼は92mとなっている。1998年に

山辺町民野球場

山辺町民野球場

来た時は91mだったのに。

　スコアボードは得点板とＳＢＯ灯、ＨＥＦＣ灯のみ。ネット裏席の前列中央部分は平らなスペースになっていて、大会時はここにテントを張って本部席にすると思われる。その両脇に、コンクリでイスふうに作ってある観客席が7段。内野席は芝生席。

外野席は一応観戦できるスペースはあるが観戦は想定してない感じ。

　山形の球場の特徴である、外野後方の高い並木はこの球場にも有り。

　2011年秋の南東北大学野球2部リーグで使われた。

（踏破№427　ＡＢＣ）

八幡八森運動広場野球場

山形県八幡町（現在は酒田市）
1998年7月25日
中堅110m、両翼93m
内野土、外野天然芝　照明有り
山形県中学総体・軟式野球
金井中学5－2舟形中学（7回制）

八幡八森運動広場野球場

　ＪＲ羽越本線・南鳥海駅からタクシーで15分。

　完成は1982年3月。

　最近は中学野球やリトルシニアで使われている。

　現在の正式名称は「八森自然公園八森野球場」。

（踏破№422　ＡＢＣ）

米沢市営野球場

山形県米沢市
1996年7月21日
中堅122m、両翼97m
内野土、外野天然芝　照明有り
全国高校野球・山形大会
山形工9－2荒砥（7回コールドゲーム）

　前日、いわき市で2球場を踏破し、電車で米沢まで移動。駅前で野宿した。

　1992年3月完成。

　私の大好きな映画『スウィングガールズ』（2004年公開）のロケに使われた球場。

　米沢にはもうひとつ、西部球場があるが試合開催が少なく未踏破。残念。

　2011年9月4日に再訪してみた。球場玄関に米沢出身の皆川睦雄氏（元南海）関連の展示あり。トロフィー、ユニフォーム（但し現役時の

米沢市営野球場

米沢市営野球場

ものではなくレプリカ)、写真パネルなど。球場前にも皆川氏の功績を称える石碑がある。

　2006年に「皆川球場」という愛称も付けられた。この球場にはもう一つ「上杉スタジアム」という別称もあり、三つも名前があるのは珍しい。

　球場外には外野を取り囲むように背の高いイチョウの木が立ち並んでいる。防風が目的かも。

　スタンドは大きく、収容12000人。
　　　　　　（踏破No.194　ＡＢＣ）

福 島 県

あいづ球場

福島県会津若松市
1996年5月26日
中堅122m、両翼100m
内野土、外野天然芝　照明無し
春季高校野球・福島大会
日大東北6－2須賀川

あいづ球場

　ＪＲ会津若松駅からバスで行った。
　1989年9月開場。収容人数15000人。
　高校野球、イースタンリーグで使われる。

　1990年6月16日、セントラルリーグ公式戦・広島－横浜大洋が開催されている。
　　　　　　（踏破No.181　ＡＢＣ）

あづま球場

福島県福島市
1990年7月3日

（スコアブックに規格メモ無し）
内野土、外野天然芝　照明有り

あづま球場

あづま球場

都市対抗野球・二次予選　東北大会
秋田あけぼの銀行6－1岩手銀行

　1986年竣工。収容人数30000人。
　夏の高校野球・県予選の決勝戦が開催される県営球場。社会人野球でも多用されるほか、ＮＰＢの公式戦も行なわれる。
　横に長〜いスコアボードが特徴。

スコアボード係は左右に走り回って大変かも。
　福島駅からは遠くて、歩くのはしんどい距離。
　1993年5月5日に再訪した時には規格のメモがあり、中堅122m、両翼100m。
　　　　　　　（踏破№13　ＡＢＣ）

泉崎村さつき公園野球場

福島県泉崎村
1997年5月3日
中堅122m、両翼100m
内野土、外野天然芝　照明無し
春季高校野球・福島大会　県南地区予選
学法石川20－0東白川農商

　ＪＲ東北本線・泉崎駅から徒歩40分。
　コールド制度が無く、9回までやった。しんどい2時間11分だった。
　近年も春の高校野球・県南地区予選で使われている。
　収容人数20000人。
　　　　　　　（踏破№275　ＡＢＣ）

泉崎村さつき公園野球場

泉崎村さつき公園野球場

いわきグリーンスタジアム

福島県いわき市
1996年7月20日
中堅122m、両翼100m
内野土、外野天然芝　照明有り
全国高校野球・福島大会
学法石川1－0相馬農

　この日は、平球場と、いわきグリーンスタジアムで2試合ずつの開催だった。ハシゴはできないだろうとあきらめていたが、平の試合が終わって、すぐにいわきスタジアムに電話してみたら第二試合の開始に間に合いそうだったのでタクシーに飛び乗った。奇跡のハシゴ成功で会心の一日。

　優勝候補の学法石川に対し、無名校の相馬農がエース斎藤貴永（左腕）の力投で善戦し、場内は大いに盛り上がった。

　外野席後方の山の斜面に球場名が大きく掲示されている。

　1995年4月開場。収容人数30000人。

　2013年7月22日、この球場でNPBオールスターゲーム第3戦が行なわれた。福島県内でのオールスター開催は史上初。

（踏破№193　ＡＢＣ）

いわきグリーンスタジアム

いわきグリーンスタジアム

いわき市平野球場

福島県いわき市
1996年7月20日
中堅122m、両翼99m
内野土、外野天然芝　照明無し
全国高校野球・福島大会
清陵情報2－1湯本

　ＪＲいわき駅からタクシーで10分ほど。

いわき市平野球場

外野席のすぐ外が山になっている緑豊かな球場。スコアボードがコーヒー色というのも珍しい。

収容人数15000人。

1960年3月竣工。1995年3月に改修工事が行なわれた。

1965年3月24日、この球場で行なわれたオープン戦・巨人ー東映には王、長嶋、張本と伝説的な選手が揃

いわき市平野球場

って出場、それぞれ安打を放っている。

（踏破No.192　ＡＢＣ）

いわき市南部スタジアム

福島県いわき市
2003年5月17日
中堅122m、両翼100m
内外野土　照明有り
春季高校野球・福島大会
福島商11－3田島（7回コールドゲーム）

ＪＲ常磐線・植田駅から徒歩1時間。

平成14（2002）年度に竣工。

収容人数2000人。大学、社会人野球で使われている。

（踏破No.503　ＡＢＣ）

いわき市南部スタジアム

いわき市南部スタジアム

いわせグリーン球場

福島県岩瀬村（現在は須賀川市）
1996年10月12日
中堅120m、両翼100m
内野土、外野天然芝　照明有り
南奥羽大学野球
いわき明星大1－0山形大

いわせグリーン球場

JR須賀川駅から車で30分ほどかかる。

1989年12月25日完成。

収容人数670人（スタンド席）。

最近はリトルシニアの試合でよく使われている。

（踏破№246　ＡＢＣ）

押切川公園野球場

福島県喜多方市
1996年5月25日
中堅120m、両翼98m
内野土、外野天然芝　照明有り
春季高校野球・福島大会
磐城9－3白河

　JR磐越西線・喜多方駅から徒歩30分。

　完成は1986年。収容人数3000人。

　1995年は遠征をしなかったので、この会津遠征はひさびさの野球旅だった。するとその楽しいこと！

　旅館に泊まり、喜多方ラーメンを食べて、高校野球を観て……球場行脚への情熱を再び燃え上がらせてくれた旅だった。

　「外野後方に会津の山並みが見え景色のよい球場」とスコアブックに記している。

（踏破№180　ＡＢＣ）

押切川公園野球場

押切川公園野球場

小名浜球場

福島県いわき市
1994年9月26日
中堅120m、両翼99m
内外野土　照明無し
秋季高校野球・福島大会
清陵情報11－6磐城

　JRいわき駅からバスで行った。

小名浜球場

1975年5月16日開場。
最近では高校野球で使われなくなった。南東北大学野球の2部リーグで使われている。
2016年の時点で、公式サイトによると規格は中堅122m、両翼98m。収容人数3500人。
（踏破№166　ＡＢＣ）

小名浜球場

表郷天狗山球場

福島県表郷村（現在は白河市）
1998年7月4日
中堅122m、両翼100m
内野土、外野天然芝　照明無し
社会人野球クラブ選手権・一次予選
福島大会
須賀川クラブ14－3好間クラブ（7回コールドゲーム）

表郷天狗山球場

ＪＲ新白河駅からバスで行った。
バックスクリーンを挟み、左側に両軍メンバー表示と時計と審判名表示。右側に得点板、ＳＢＯ灯、ＨＥＦＣ灯などと、左右に分かれている珍しい形式のスコアボードである。

収容人数は4600人。
2015年の夏の高校野球県大会で使われた。交通の便がよくないわりに高校野球で多用される。
近年も社会人野球のクラブチームの大会で使用されている。
（踏破№413　ＡＢＣ）

郡山開成山野球場

福島県郡山市
1993年5月3日
中堅120m、両翼100m
内野土、外野天然芝　照明有り
春季高校野球・福島大会　県中地区予選
田村2－0郡山

ＪＲ郡山駅から徒歩35分。高校、社会人野球でよく使われる。
1952年に完成した球場で、1969年の改修により、この写真に写っている姿になったようだ。
その後、2010年に改築された。新

郡山開成山野球場

郡山開成山野球場

改築後（2012年撮影）

球場となり、夏の高校野球県大会の決勝で使われたこともある。

2012年7月21日に再訪してみた。素晴らしい球場に生まれ変わっている。

収容人数は18274人。

ネット裏席からポール際まで全て二階席がある、地方球場としては非常に珍しい造り。

ネット裏の2階スタンド前方は「ルーフテラス」、その後ろは3階扱いで「大屋根スタンド」という名称。

中堅122.0m、左翼100.7m、右翼101.0m。この規模の球場で、わずかとはいえ左右の規格が異なるのも珍しい。よく見ると、いかなる理由か、外野フェンスのコンクリ部分の高さも左右で異なっている。

内野土、外野天然芝。スコアボードにはスピードガンも付いている。

ネット裏席内には、前面ガラス張りのクーラー付き貴賓席有り。

球場玄関ロビーに、市内の高校出身の中畑清さん関連の展示があった。小学生時代の通知表まで公開するとは、中畑さんのサービス精神には脱帽。

球場の歴史に関する展示もあり、セパ公式戦の他、かつては日米野球まで開催されたことがわかる。その際、後にヤンキースの名将となるジョー・トーリもこの球場でプレーしている。

（踏破№90　ＡＢＣ）

改築後（2012年撮影）

改築後（2012年撮影）

郡山日和田球場

福島市郡山市
1998年8月11日
中堅110m、両翼90m
内外野土　照明無し
福島県少年野球大会（中学軟式）
下郷イーグルスA10－3吾妻っこ（7回制　6回コールドゲーム）

　草野球場のような感じだが、福島の高校野球のパンフレットを見ると、かつて硬式高校野球の公式戦でも使われていたことがわかる。
　2015年の時点で、硬式野球での使用は不可。
　1970年完成。収容人数5000人。
　2012年7月21日に再訪してみた。
　JR日和田駅から徒歩15分。
　中堅110m、両翼90m。内外野土。照明無し。
　ネット裏席は9段のコンクリ段々。内野席は途中まで4段のコンクリ段々。あとの内野席は雑草席。外野席は無く、フェンスの外はすぐ森になっている。
　ネット裏席の最前列にはコンクリ製の机が造られていて、屋根は無いものの本部席として使用できる。
　外野フェンスはコンクリブロックを6段積みにして作ってあるだけでラバーなどは張っていない。
　近年は中学野球での使用がほとんど。

（踏破№430　C）

郡山日和田球場

郡山日和田球場

信夫ケ丘球場

福島県福島市
1996年8月12日
中堅115m、両翼100m
内野土、外野天然芝　照明無し
社会人野球日本選手権・一次予選　福島大会
ヨークベニマル10－0保原クラブ（7回コールドゲーム）

　JR福島駅からバスで行った。
　この地に球場ができたのは1938年。1989年に改築されて、この写真に写っている姿になった。

A…硬式（高校以上）　B…硬式（中学以下）　C…軟式　の試合が可能

信夫ケ丘球場

信夫ケ丘球場

　福島県の高校、社会人野球で多用される。
　新しい球場で、スタンドも大きかった。
　収容人数7000人。
（踏破No.206　ＡＢＣ）

白河市民球場

福島県白河市
1996年8月10日
中堅122m、両翼98m
内野土、外野天然芝　照明有り
社会人野球日本選手権・一次予選　福島大会
表郷硬友クラブ6－3自衛隊福島

　ＪＲ東北新幹線・新白河駅からタクシーで行った。
　通称「白河グリーンスタジアム」。
　完成は1993年。収容人数は約6000人。

白河市民球場

　高校野球でよく使われる。
　サブ球場として隣に「白河ブルースタジアム」があり、大会で使われることもあるが、そちらは未踏破。
（踏破No.202　ＡＢＣ）

しらさわグリーンパーク野球場

福島県白沢村（現在は本宮市）
1996年7月7日
中堅122m、両翼100m
内野土、外野天然芝　照明有り
社会人野球クラブ選手権・一次予選　福島大会
保原クラブ11－4郡山ベースボールクラブ

　ＪＲ本宮駅からタクシーで行った。
　収容人数は3826人。
　この試合で、けん制刺と盗塁が同時に起きる珍プレーが発生した。

福島県

野球規則では、ダブルスチール、トリプルスチールが企図された時は、走者が一人でもアウトになれば他の走者にも盗塁は記録されないと規定されている（他走者は「盗塁刺の間の進塁」という扱いになる）。

しかし、けん制刺と盗塁が同時の時はどう記録するのか規定されていない。そこで、パ・リーグの元記録部長・関口壽昭さんに質問したら「盗塁でいいのではないか」ということだった。

2008年より、「楽天イーグルスグリーンパーク本宮」との愛称が付

しらさわグリーンパーク野球場

いている。

1994年に落成。記念として7月9日、イースタンリーグ公式戦・巨人－ヤクルトが開催されている。

（踏破№184　ＡＢＣ）

新地町民野球場

福島県新地町
2010年5月16日
中堅122m、両翼98m
内野土、外野天然芝　照明有り
春季高校野球・福島大会
いわき海星2－0二本松工

ＪＲ常磐線・新地駅から徒歩30分。最近高校野球の春・秋の大会で使われるようになった新しい球場。

携帯電話？の電波中継塔の隣にあるので、駅から歩く時に目標にできる。

外野フェンスは上から下まですべて金網。

ネット裏席はプラ長イスが5段。あとの内野席は芝生席。

新地町民野球場

観戦した大会では、先発メンバー発表のアナウンスの時にＢＧＭ（『栄冠は君に輝く』のオルゴールヴァージョン）を流していたが、ＢＧＭのせいでアナウンスが聞き取りにくかった。不要な演出ではないだろうか。

2003年に完成。

高校野球や、社会人野球のクラブチームの大会で使われている。

（踏破№641　ＡＢＣ）

須賀川市牡丹台野球場

福島県須賀川市
1996年7月13日
中堅120m、両翼91m
内野土、外野天然芝　照明無し
全国高校野球・福島大会
原町6-0白河実

須賀川市牡丹台野球場

　JR須賀川駅からタクシーで行った。帰りはバス。
　1971年4月に完成。収容人数は8500人。
　スコアブックに「巨人のスカウトが来ていた」とメモしている。
　この年福島高校野球界からは鈴木尚広選手(相馬高出身)が巨人入りしている。スカウトは鈴木選手を見に来ていたのかもしれない。
　2012年7月21日に再訪してみた。

　中堅120m、両翼91m。内野土、外野天然芝。照明無し。
　JR水郡線・川東駅から徒歩30分。地元の人が牡丹山と呼ぶ山の上にあり、球場の隣に牡丹園がある。
　ネット裏スタンドは後方席のみ屋根有り。
　外野フェンスが高さ6mほどと高いのが特徴。

（踏破№185　ＡＢＣ）

田島町びわのかげ野球場

福島県田島町（現在は南会津町）
1997年8月23日
中堅120m、両翼92m
内外野土　照明有り
社会人日本選手権・一次予選　福島大会

小峰クラブ17-7いわきベースボールクラブ（7回コールドゲーム）
　会津鉄道・会津田島駅から徒歩25分。
　1983年にできた球場。

田島町びわのかげ野球場

田島町びわのかげ野球場

白土を使っているため、打球の行方が見づらかった。

当時の福島の社会人野球連盟は、毎年知られざる球場を発掘してくれて面白かった。

2003年、外野フィールドに芝生が敷かれた。

近年も大学野球で使われている。

意外なことに、原則的には西日本の球場で開催されるウエスタンリーグ公式戦がこの球場で行なわれたことがある。1992年8月23日、広島－中日。この試合には「アニキ」「鉄人」こと金本知憲選手も出場。成績は3打数0安打だった。

(踏破No.338　ＡＢＣ)

鶴沼球場

福島県会津坂下町
2005年9月18日
中堅122m、両翼98m
内野土、外野天然芝　照明無し
秋季高校野球・福島大会
須賀川桐陽7－1双葉

ＪＲ只見線・会津坂下駅から徒歩30分。

1991年にできた球場。

1992年4月19日にはイースタンリーグ公式戦・巨人－ヤクルトが開催され、巨人先発の水野雄仁投手が8回2失点で勝利投手になっている。

2016年の時点で、規格は中堅122m、両翼98m。収容人数は5000人。高校、大学、社会人野球で使われている。

(踏破No.521　ＡＢＣ)

鶴沼球場

鶴沼球場

富岡町営野球場

福島県富岡町
1996年9月21日
中堅120m、両翼90m

内野土、外野天然芝　照明無し
秋季高校野球・福島大会
湯本4－1須賀川

ＪＲ常磐線・富岡駅から徒歩35分。
1983年3月完成。
　固定観客席544席。
　2011年の東日本大震災の影響により、除染作業が進められている区域内にある（2015年10月時点）。ネット上に写真が出ているが、球場は除染廃棄物の容器置き場になっている。

富岡町営野球場

やりきれない思いがする。

（踏破№238）

ならは球場
福島県楢葉町
1998年5月4日
中堅120ｍ、両翼100ｍ
内野土、外野天然芝　照明有り
春季高校野球・福島大会　相双地区予選
浪江5－4双葉翔陽

ならは球場

　ＪＲ常磐線・竜田駅から徒歩25分。
　この球場では、ウエスタンリーグ公式戦が行なわれたことがある。1991年8月3日、広島－阪神。この試合には、のちにメジャーリーグでもプレーした新庄剛志選手が六番ショートで先発出場。4打数2安打1打点という成績だった。
　2010年の春には、硬式高校野球県大会のメイン球場として使われた。
　震災後この球場は、草が生え荒れ放題だったが、2014年7月、4年ぶりに双葉郡の軟式野球大会で使われることになり、再整備され大会は無事行なわれた。
　2016年の時点で、県の観光交流課のページによると収容人数はバックスタンド（注・表記のまま）500人。球場の正式名称は「楢葉町総合運動場野球場」。

（踏破№399　ＡＢＣ）

原町運動公園野球場
福島県原町市（現在は南相馬市）
1997年8月25日
中堅規格表示無し、両翼100ｍ
内野土、外野天然芝　照明有り
社会人日本選手権・一次予選　福島大会
ニュー相馬クラブ10－9学石ＯＢクラブ

JR原ノ町駅からタクシーで8分。1977年6月1日開設。簡素な球場。近年も社会人野球のクラブチームの試合で使われている。

南相馬市のホームページによると中堅の規格は119m。

収容人数5000人。

（踏破№341　ＡＢＣ）

原町運動公園野球場

福島ホープス西会津球場

福島県西会津町

2016年7月8日

中堅122m、両翼92m

内野土、外野天然芝　照明有り

ルートインＢＣリーグ

新潟11－4福島

福島ホープス西会津球場

　ＪＲ野沢駅から徒歩25分。福島ホープスが配布していたパンフレットには収容人数100人との記述有り。1981年にできた球場。

　左中間に「福島ホープス西会津球場」と書かれた看板が建っている。2015年6月6日に命名契約が締結され、この愛称が付いた。正式名称は「西会津町さゆり公園野球場」。

　ネット裏席はプラ長イス6段。内野席は芝生席。外野席無し。

　スコアボードは、得点板（12回まで）、ＳＢＯ灯、ＨＥＦＣ灯、選手名（ＤＨ制対応）、審判名（4人）、前試合結果（3試合）。

　ＢＣリーグ（プロ野球独立リーグ）・福島ホープスが公式戦を開催している。2016年8月28日には、同月1日に発足した国内唯一の米軍チーム「ミリタリーベースボールＵＳＡ（横須賀）」と練習試合を行なった（ＵＳＡには米マイナーリーグ経験者が数名在籍。試合は福島が14－5で勝利）。

（踏破№860　ＡＢＣ）

ほばら大泉球場

福島県保原町（現在は伊達市）　　1997年6月11日

規格表示無し
内野土、外野天然芝　照明無し
高校野球・福島　県北地区大会
福島商6－0福島西

　阿武隈急行線・大泉駅から徒歩5分。田んぼの真ん中にあった。

　新しくはあったが、土盛り式の小規模な球場だった。

　外野フェンスは金網だけ。内野フェンスはコンクリートの打ちっぱなしで、なんの塗装もしていないのが珍しい。

　2014年に改修工事が行なわれ、解体が始まった国立競技場（東京都新宿区）から無償譲渡されたプラスチック製座席約2700席が設置された。

（踏破№299　ＡＢＣ）

ほばら大泉球場

ほばら大泉球場

みちのく鹿島球場

福島県鹿島町（現在は南相馬市）
2002年8月17日
中堅規格表示無し、両翼100m
内野土、外野天然芝　照明無し
社会人野球日本選手権・一次予選　福島大会
福島硬友クラブ9－4保原クラブ

　ＪＲ常磐線・鹿島駅から徒歩30分。高校、大学、社会人野球でよく使われていた。

　2001年9月30日、イースタンリーグ公式戦・巨人－湘南でコケラ落としされた。収容人数は3000人。

　2011年3月11日の東日本大震災により、この球場は多くの被害を受けた。

　市の災害避難場所に指定されていたが、海岸線からおよそ2キロの位置にあるこの球場にまで津波は押し寄せ、大量の土砂や瓦礫が流れ込み、避難していた方々のうち10人も亡

みちのく鹿島球場

なられた。

球場前には2013年7月、慰霊碑が建てられた。

市では復旧工事を行ない、2015年7月20日、球場再オープン記念試合としてイースタンリーグ公式戦・東北楽天－千葉ロッテが開催された。

（踏破№500　ＡＢＣ）

2000年8月23日の「野球観戦日記」

　西武球場にて、西武－ダイエーを観戦。首位攻防3連戦の2戦め。この3連戦の直前、西武・フェルナンデス選手の兄が心臓発作で急死した。「フェルナンデス帰国へ」という新聞の見出しを見て「しめしめ、ダイエー戦欠場だな」と思ったら（実に不謹慎である。でも正直、そう思ったダイエーファンは多いと思う。今季、フェルナンデスに何度痛い目に遭わされたことか）、記事には「ダイエー戦を終えてから帰国」とあるではないか。兄の急死に眠れないほどのショックを受けたフェルナンデスだが、葬儀のためドミニカに帰るのは天王山のダイエー戦を終えてからにする、と自ら申し出たという。

　これはまずいぞ、と思った。メジャーで2000本安打している「本物の男」が、こういう状況で活躍しないわけがないのだ。

　試合は9－9の同点のまま、延長10回裏。西武は一死一塁で打席にフェルナンデスが入った。ダイエーのピッチャーは切り札のペドラザ。だが日本ではリリーフエースとはいえ、アメリカでは2Aの投手だったペドラザである。ばりばりのメジャーだったフェルナンデスとは勝負にならない。ファウルで粘るうちに、徐々にフェルナンデスのペースになり、フェルナンデスが試合を支配するムードが漂い始める。まるで蟻地獄がじわじわと獲物を捉えるのを見るかのようだ。そして10球目。打球は素晴らしいライナーでの中越えサヨナラ2ランとなり、4時間41分の激戦にケリをつけた。

　試合後のヒーローインタビューで、聞き手が「これでお兄さんにいい報告ができますね」と訊いた時だった。それまで興奮して話していたフェルナンデスの表情がにわかに硬くなり、重い沈黙の後、小さな声で「yes……」と答えた。

　今まで、数々の好試合を見てきたが、野球で感動したのは今日が初めてかもしれない。よくできた映画のような試合だった。いい歳してこんなことを書くのも何だが、フェルナンデスの兄は「お前はこれからも野球で人々を喜ばせていきなさい」と弟に伝えるために、この日のホームランを打たせたのではないだろうか。

　野球の神様は、本当にいるのだ。

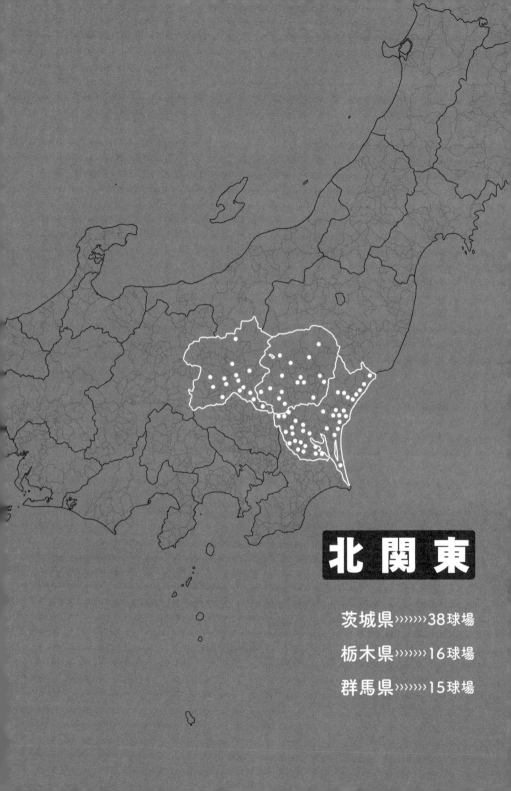

茨 城 県

石下運動公園野球場

茨城県常総市
2014年5月24日
中堅120m、両翼95m
内外野人工芝　照明有り
天皇賜杯・全日本軟式野球　茨城予選
日本原子力研究開発機構原子力科学研究所 8 − 0 FANTASISTA（7回コールドゲーム）

　関東鉄道常総線・石下駅から徒歩1時間。

　町には「うまい棒」「コーンポタージュ」などのスナック菓子で有名な会社の工場があり、その看板があちこちに立っている。

　2008年3月に出来た球場で、開場したばかりのころは硬式高校野球の春・秋季大会の県西地区予選で使われていたが、その後使用されなくなり、踏破できなかったことを残念に思っていた。しかし今回、社会人軟式野球が開催されたので踏破できた。

　本部席が半地下に造られているのが珍しい。

　スコアボードは時計、得点板、S B O灯、H E F C灯。他に打者名を一人ずつだが表示できる電光板も備えている。

　ネット裏席から内野途中までは最大5段のプラ長イス。あとの内外野席は芝生席。固定席の収容人数は550人。

　球場前に、石下出身の明治時代の歌人、長塚節の功績を称える石碑がある。

　2014年秋、久々に高校野球・県西地区予選で使用された。

（踏破№799　Ａ Ｂ Ｃ）

石下運動公園野球場

石下運動公園野球場

稲敷市新利根総合運動公園野球場

茨城県稲敷市
2006年4月14日
中堅120m、両翼91m
内野土、外野天然芝　照明有り

稲敷市新利根総合運動公園野球場

稲敷市新利根総合運動公園野球場

春季高校野球・茨城大会　県南地区予選
土浦湖北11－0つくば国際大高（5回コールドゲーム）

　2004年にできた球場。

　鉄道の駅が近くに無く、どうやって行ったのか記憶に無い。関東鉄道・竜ケ崎駅からバスで行ったかも。

　観客席はネット裏含めすべて芝生席。

　交通の便がよくないせいか、あまり大会では使われない。

　最近では、春・夏・秋の高校野球では使われないが、8月中旬に高校野球の県南選抜大会というのがあり、その大会ではたまに使われる。

　観戦した試合では、土浦湖北高校が金子～藤城のリレーで完全試合を達成。でも5回コールドなので参考記録。完全試合は力の差が無いと達成できないが、差があり過ぎてもコールドゲームとなり参考記録になってしまうのでなかなか実現しない。

　2010年春には、高校軟式野球・関東大会の会場のひとつになった。

（踏破№524　ＡＢＣ）

岩井市営球場

茨城県岩井市（現在は坂東市）
1994年9月10日
中堅118m、両翼94m

内野土、外野天然芝　照明有り
秋季高校野球・茨城大会　県西地区予選
総和4－3上郷

岩井市営球場

岩井市営球場

東武野田線・愛宕駅からバス、40分ほど走って「岩井文化センター」下車。

2013年秋の高校野球・県西地区予選で使われた。

収容人数7000人。

1983年6月、竣工記念の親善試合が行なわれた。招待されたのは、徳島県立池田高校、茨城県立取手二高、茨城県立岩井高校だった。水野雄仁、江上光治らがいた池田高校はこの年のセンバツ優勝チームだったが、この日は取手二高に2-8で惨敗し大きく報道された。(取手二高は翌夏の甲子園大会で優勝)

2013年8月、この球場で、ソフトボールの連続試合時間88時間の日本新記録が約1800人の市民の参加により達成されている。

(踏破№158　ＡＢＣ)

牛久市運動公園野球場

茨城県牛久市
1997年4月15日
中堅112m、両翼93m
内野土、外野天然芝　照明有り
春季高校野球・茨城大会　県南地区予選
土浦三7-2石岡一

1981年に開場。

2011年9月11日に再訪してみた。ＪＲ常磐線・ひたち野うしく駅から徒歩25分。規格などは踏破時と同じ。

ネット裏席はコンクリの段々になっているだけでイス無し。ここは280人収容。あとの内外野席は芝生席。

球場正面に、2001(平成13)年に山

牛久市運動公園野球場

口県で開催された第17回全日本還暦軟式野球大会で牛久のチームが全国優勝したことを伝える記念碑がある。

2015年の時点で、改修工事が進行中。2014年4月にはフルカラーＬＥＤ使用、スピードガンも備えた電光式スコアボードが完成。平成29(2017)年度には、収容人数約4300人の立派な球場に生まれ変わる予定。

(踏破№265)

大洗町総合運動公園野球場

茨城県大洗町
1998年4月13日
中堅規格表示無し、両翼98m
内野土、外野天然芝　照明無し
春季高校野球・茨城大会　水戸地区予選
水戸葵陵9-2鉾田二(7回コールドゲ

大洗町総合運動公園野球場

大洗町総合運動公園野球場

ーム）
　臨海大洗鹿島線・涸沼駅から徒歩30分。
　1991年10月開場。

　近年は、社会人野球のオープン戦や中学野球で使われている。
（踏破No.393　ＡＢＣ）

大宮町運動公園野球場
茨城県大宮町（現在は常陸大宮市）
2001年4月21日
中堅122m、両翼98m
内野土、外野天然芝　照明有り
関甲新学生野球・1部リーグ
関東学園大1－0白鷗大
　ＪＲ水郡線・常陸大宮駅からタクシーで行った。

　社会人野球のクラブチームの大会でよく使われる。
　東日本大震災の影響でひたちなか市民球場が使用できなかったため、2012年のみ、夏の高校野球で使われた。
　収容人数は8000人。
（踏破No.486　ＡＢＣ）

大宮町運動公園野球場

大宮町運動公園野球場

小美玉市小川運動公園野球場
茨城県小美玉市
2016年7月30日

中堅110m、両翼90m
内野土、外野天然芝　照明有り

シーゲルベースボールクラシック2016
大洋ボーイズ7－0鹿島シニア（7回制6回コールドゲーム）

　ＪＲ石岡駅からバス45分、「空の駅そらら」下車、徒歩40分。昭和58年度に完成。照明設備は昭和59年度にできた。

　高校野球では使用されず、中学硬式野球でよく使われる。運動公園に訊いたら軟式専用球場とのことだが特例として硬式で使われることがあるようだ。

　観客席はネット裏からダッグアウト上まではプラ長イス4段。内外野席無し。

　スコアボードは、得点板（12回まで。パネル式）、ＳＢＯ灯、ＨＥＦ

小美玉市小川運動公園野球場

Ｃ灯のみ。

　フィールド内に雨天時整備用の砂山があることからもわかるように草野球場。

　茨城空港に近く、離陸していく旅客機が大きく見える眺めが面白い。帰りに茨城空港を見物したら中国からの旅行者で大賑わいでビックリ。

（踏破№869　Ｃ）

笠間市民球場

茨城県笠間市
1996年11月10日
中堅120m、両翼95m
内野土、外野天然芝　照明無し
北関東大学・準硬式野球
埼玉大17－2帝京大理工学部（5回コールドゲーム）

　ＪＲ水戸線・笠間駅からタクシーで10分ほど。

　平成5（1993）年度に建設された。近年は硬式の高校野球でも春・夏・秋と、よく使われるようになった

笠間市民球場

笠間市民球場

が、私が行った当時はなかなか試合が開催されなかった。

　この時は球場に電話して、この試合が開催されることをつかみ、踏破することができた。

　収容人数8200人。

（踏破No.252　ＡＢＣ）

勝田市民球場

茨城県勝田市（現在はひたちなか市）
1992年9月28日
中堅122m、両翼100m
内野土、外野天然芝　照明有り
秋季高校野球・茨城大会
霞ヶ浦4－1水戸農

　ＪＲ勝田駅からタクシーで行った。

現在の名称は「ひたちなか市民球場」。

　1990年に完成。

　収容人数は25000人。

　高校野球でよく使われる。

　球場建物がチタン張りで、銀色に光っているモダンなデザイン。

（踏破No.75　ＡＢＣ）

勝田市民球場

勝田市民球場

金砂郷町営球場

茨城県金砂郷町（現在は常陸太田市）
1997年5月14日
規格表示無し
内野土、外野天然芝　照明有り
高校野球・茨城　水郡地区大会
太田－10－0小瀬（5回コールドゲーム）

　当時まだあった日立電鉄線の常北太田駅からタクシーで行った。久米小学校の隣にある。

　観客席が無く、草野球場といって

金砂郷町営球場

いいだろう。春・夏・秋の高校野球で使われることはない。

　私が観戦したのは、春季大会の後の小規模な地区大会。

高校野球には、こうした、地方紙に結果が載るだけのマイナーな地区大会が存在する。私のようなマニアはそれをメモしておき、翌年、球場や市の教育委員会に電話したりして日程をつきとめ観戦に出かけるのである。

現在の正式名称は「大里ふれあい広場野球場」。

（踏破№284　ＡＢＣ）

神栖海浜運動公園野球場

茨城県神栖町（現在は神栖市）
1998年5月28日
中堅122m、両翼98m
内野土、外野天然芝　照明無し
都市対抗野球・一次予選　茨城大会
鹿島石油18―10全水戸野球クラブ（7回コールドゲーム）

神栖海浜運動公園野球場

車を運転できない私が東京からこの球場へ行くには、神栖町まで長距離バスで行き、そこからタクシーに乗らねばならない。交通の便が悪いので、行ったことがある人は少ないのでは。

1985年9月21日開場。ネットには収容人数20000人という情報も出ているがそこまで大きくないと思う。

一時期、社会人野球でよく使われていた。

（踏破№409　ＡＢＣ）

北茨城市民球場

茨城県北茨城市
1997年11月3日
中堅120m、両翼91m
内野土、外野天然芝　照明無し
高校野球・隣県選抜対抗戦　北茨城大会
科技日立10―1太田一

北茨城市民球場

ＪＲ常磐線・磯原駅から徒歩30分。
1980年4月完成。
2011年6月23日に再訪してみた。ネット裏スタンドはほとんど長イスだが、中段の2段だけオレンジ色のプラスチック製背もたれ無しイスになっている。内野席はコンクリの段々のみで24時間出入り可。外野席

は芝生席。

　外野フィールドの芝生には雑草が混じって花まで咲いており、あまり手入れはされていない様子。

　球場隣には化学工場がありそれらしい匂いが漂っていた。

　ライト側球場外には「炭鉱じん肺記念碑」が建っている。かつて北茨城市には大小40もの炭鉱があり、そこで働いていた鉱夫たちが「最古で最大の職業病」といわれる「じん肺」に苦しんだという。苦難の経緯が刻まれている碑がグラウンドを見守るように建っている。

　収容人数10000人。

（踏破№380　ＡＢＣ）

茎崎町営球場

茨城県茎崎町（現在はつくば市）
1994年8月5日
中堅120m、両翼92m
内野土、外野天然芝　照明無し
全国高校軟式野球・北関東大会
作新学院3－1高崎商

　ＪＲ牛久駅からバス。「高校前」で降り、徒歩20分。

　その後、高校軟式野球でも使われなくなり「幻の球場」になってしまったなと思っていたが、近年も軟式や準硬式の大学野球では時折使われている。

　茎崎町がつくば市と合併後は「つくば市茎崎運動公園野球場」という名称。

　私が訪れた時は、観客席はすべて芝生席、ナイター照明無しだったが現在はネット裏に長イスの観客席ができ、ナイター照明も設置されている。

　2006年、2007年には春や秋の硬式高校野球・県南地区予選で使われた。

　この球場の照明塔の光源部分はヒマワリの花の形の枠で装飾されている。ヒマワリは2002年につくば市へ編入合併となり無くなった茎崎町の「町の花」に指定されていた花であった。町の忘れ形見のような球場である。

（踏破№142　ＡＢＣ）

茎崎町営球場

茎崎町営球場

古河勤労者体育センター球場

茨城県古河市
1994年4月16日
中堅120m、両翼91m
内野土、外野天然芝　照明有り
春季高校野球・茨城大会　県西地区予選
境西3－1岩井

　ＪＲ古河駅から徒歩40分。通称・古河市民球場。
　1985年に開設された。
　内野観客席の収容人数は1500人。

古河勤労者体育センター球場

　高校野球の春・秋の県西地区予選で使用される。

（踏破№109　Ｃ）

古河市三和野球場

茨城県古河市
2016年4月29日
中堅120m、両翼91m
内野土、外野天然芝　照明有り
ボーイズリーグ・関東大会
深谷中央ボーイズ11－0伊勢崎ボーイズ（7回制　4回コールドゲーム）

　ＪＲ古河駅からバス25分、「東山田」下車、徒歩25分。
　球場の向きが通常と異なる。交通量の多い道路にファウルボールが飛ぶのを防ぐためであろう。太陽光線が飛球捕球の妨げになってしまう。
　観客席はネット裏からダッグアウト上まではプラ長イス4段（120席）。

古河市三和野球場

あとの内外野席は雑草席。
　スコアボードは、時計、得点板（10回まで）、打順ランプ、ＢＳＯ灯、ＨＥＦＣ灯。選手名、審判名は表示できない。
　広い平野の中にあり、風が強い日は選手も観客もしんどい球場。少年硬式野球で使われる。

（踏破№850　ＢＣ）

桜川村総合運動公園野球場

茨城県桜川村（現在は稲敷市）
1998年4月16日

中堅120m、両翼96m
内野土、外野天然芝　照明有り

春季高校野球・茨城大会　県南地区予選
土浦湖北11－0土浦工（5回コールドゲーム）

　JR土浦駅からバスで行った。
　1981年完成。
　球場前に「日本プロ野球OBクラブホームタウン」という看板が建っていた。
　その後、欽ちゃん球団・茨城ゴールデンゴールズの本拠地球場となり、

桜川村総合運動公園野球場

2016年も多くのオープン戦を行なった。

（踏破№394　ＡＢＣ）

下妻市砂沼広域公園野球場

茨城県下妻市
2014年9月14日
中堅115m、両翼92m
内野土、外野天然芝　照明有り
秋季高校野球・茨城大会　県西地区予選
下館一6－1古河二

　関東鉄道常総線・大宝駅から徒歩30分。
　ネット裏席に座ると、ライト側外野席後方に砂沼が見える。

　ネット裏席は背もたれ無しイス4段（一部5段）、あとの内外野席は芝生席。
　外野席内に車イス用観戦スペース有り。
　スコアボードは、時計、得点板、ＢＳＯ灯、ＨＥＦＣ灯のみと簡素。
　フィールド上空を送電線が横切っている珍しい球場。

（踏破№809　ＡＢＣ）

下妻市砂沼広域公園野球場

下妻市砂沼広域公園野球場

常陽銀行平須球場

茨城県水戸市

1997年8月22日

中堅120m、両翼90m
内野土、外野天然芝　照明無し
茨城県選抜中学校野球大会
鉾田北中学4－0高崎中学（7回制）

　JR水戸駅からバスで行った。1973年10月20日完成。

　1980年代までは夏の高校野球でも使われていた。しかし1997年当時はもう使われなくなっていた。ところが茨城新聞を見ていたら中学野球の大会があることがわかり、行ってみた。

　私は、高校野球で使われる、あるいは使われたことがある球場はすべて行きたいと目指しているので、ここのように「かつて使われていた球場」というのはいつ取り壊されるかわからないので優先度が高い。

（踏破No.337　ＡＢＣ）

常陽銀行平須球場

常陽銀行平須球場

高萩市営野球場

茨城県高萩市
1997年6月4日
中堅120m、両翼91m
内野土、外野天然芝　照明無し
高校野球・茨城　珂北地区大会
茨城キリスト5－1高萩工

　JR常磐線・高萩駅からバスで行った。

　完成は1972年7月。収容人数9655人。

　お隣の日立市の市民球場と造りがよく似ていて、ひょっとしたら同じ設計者かも。

高萩市営野球場

　観戦したのは、春季大会と夏の大会の合間に行われるマイナーな大会。こういうのは珍しい球場が使われるので球場行脚人としては見逃せない。しかし、こういう大会については地方紙でしか情報を得ることができな

いので、(インターネットにも情報はまずアップされない)各地方紙には苦境を越えて頑張ってほしいと願っている。

球場設備としては、HEFC灯が無かった。

かつてこの地には、高萩炭鉱があった(1967年閉山)。採掘で出た土砂やクズ石炭が積み上げられた「ズリ山」を均し、その跡地に造られた球場である。

2011年に「高萩市民球場」と改称され、また、現在では市のマスコットキャラクターの名から「はぎまろ球場」という愛称が付けられている。

(踏破№294　ＡＢＣ)

つくば市さくら運動公園野球場

茨城県つくば市
1997年7月12日
中堅120m、両翼90m
内野土、外野天然芝　照明有り
全国高校軟式野球・茨城大会
霞ヶ浦8－1水城(7回コールドゲーム)

つくばバスセンターからバスで行った。

欽ちゃん球団こと茨城ゴールデンゴールズのサブホームグラウンド。2006年に同球団が開催した「ゴールデンチャレンジカップ」の会場として使われた。

(踏破№315　ＡＢＣ)

つくば市さくら運動公園野球場

つくば市さくら運動公園野球場

つくば市谷田部野球場

茨城県つくば市
2015年8月1日
中堅120m、両翼91m
内野土、外野天然芝　照明有り(小規模)
茨城県選抜中学野球大会(軟式)

中郷中学7－2美野里中学(7回制)

つくばエクスプレス・みどり野駅から徒歩30分。

球場玄関に「硬式・準硬式は不可」の張り紙有り。

ネット裏席はプラ長イス8段。内

外野席無し。バックスクリーン無し。スコアボードは得点板（13回まで。パネル式）、ＳＢＯ灯、ＨＥＦＣ灯のみと簡素。

　草野球場という感じだが、外野の芝生は定位置もハゲてなく、よく整備されている。近年は毎年、この大会で使われている。

　観戦した試合では、レフト前ヒットが外野手の前でイレギュラー、打者走者は一気に生還したが、一塁ベースを踏んでいなかったのでベースに触球されてアウト、という珍場面があった。こういうのがあると、スコアラーとしてはまったくまごついてしまう（記録はレフトゴロになる）。

（踏破No.830　Ｃ）

つくば市谷田部野球場

つくば市谷田部野球場

つくばみらい市総合運動公園野球場

茨城県つくばみらい市
2015年8月1日
中堅115m、両翼90m
内野土、外野天然芝　照明有り
茨城県選抜中学野球大会（軟式）
助川中学２－１波崎二中（７回制）

　つくばエクスプレス・みらい平駅から徒歩30分。もともとは伊奈町の運動公園野球場だったが合併により現名称となった。

　スコアボードは無く、バックスクリーンの左に、時計とＢＳＯ灯だけ附いている。三塁側ダッグアウトの左に黒板式の得点板は有り。

つくばみらい市総合運動公園野球場

つくばみらい市総合運動公園野球場

ネット裏席はプラ長イス6段。80人ほど座れる。午後は半分ほどが木陰になるので、暑い日は助かる。内外野席は無いが、フェンスが金網なので観戦は可能。

バックネットに太い柱があり、観客の存在は考慮されていない感じ。この大会でも例年は使われていないが、この時は第40回の記念大会で出場校が多かったので会場に加えられた。

草野球場という感じで、普段なら来たことを後悔する感じだが、この日は違った。助川中学の投手が実に素晴らしかったのである。名前はS君。試合後、応援に来ていた保護者の方に聞いたら、ノーヒットノーランなど何度もやっているとか。これはいい投手に出会った。S君の今後をチェックしよう。

一方、波崎二中の2番サードは女子選手だった。そしてこの選手がチーム2安打のうちの1本を打ったのである。男子と互角にプレーする女子がいるのも中学野球の面白いところ。「来てよかったぁ～」と何度も思いながら帰路についた。

（踏破№831　ＡＢＣ）

土浦市川口運動公園野球場

茨城県土浦市
1990年5月28日
（スコアブックに規格メモ無し）
内野土、外野天然芝　照明無し
春季高校軟式野球・関東大会
上尾東4－3小石川

　1950年11月にできた古い球場。
　私の球場巡りの旅はこの球場からスタートした。

　その時はこんな長い旅になるとは思っていなかったが、父にもらったカメラを持って行ったことからみると、なんらかの予感はあったのかもしれない。

　この日は大会最終日で、土浦では準決勝1試合と決勝戦が行なわれた

土浦市川口運動公園野球場

土浦市川口運動公園野球場

（他の球場で準決勝のもう1試合があり、その勝者が移動してきて決勝戦を戦う。アマチュア野球ではよくある開催形式）。

第二試合の決勝戦はなんと1－1で延長18回引き分け再試合となり、再試合も見届けねばという気分になって土浦に宿をとって翌日も観てしまった。得点が入りにくい軟式とはいえ延長18回にはなかなかお目にかかれるものではない。長い長い野球旅の始まりの日に、こうした特別な試合に出くわしたのも今思えばフシギな気がする。

JR常磐線・土浦駅から徒歩15分。霞ヶ浦のほとりにある。スタンドは小さいが、高校野球では春・夏・秋とよく使われ、最近では首都大学リーグも開催されている。

踏破後、1993年、1995年、2000年に行った時は規格をちゃんとメモしていて、中堅112m、両翼91mだった。しかし2006年に行った時は中堅122m、両翼99mとなっていた。改修されたらしい。

スコアボードは茨城国体の開催に合わせ1973年にできたパネル式の古いものだったが、2012年、天候や時間帯に応じて磁気反転式とLED使用式を切り替えて使用できる最新型に改修された。茨城県内の球場で初めてスピードガンも設置された。

2015年の時点で、収容人数11500人。

2015年6月14日に再訪してみた。規格は中堅122m、両翼99m。球場建物の玄関に展示物無し。この規模の地方球場としては珍しく、外野フェンスに広告が多数入っている。

ネット裏席はプラ長イス11段。内野席は最大9段のプラ長イス。外野席は芝生席。

スコアボードは時計、得点板（10回まで）、BSO灯、HEFC灯、スピードガン、選手名（DH制対応）、審判名（4人）。

（踏破№.1　ABC）

那珂湊運動公園野球場

茨城県ひたちなか市
1998年8月9日
中堅120m、両翼92m
内野土、外野天然芝　照明有り
全国高専野球大会
木更津工高専9－8豊田工高専

那珂湊運動公園野球場

A…硬式（高校以上）　B…硬式（中学以下）　C…軟式　の試合が可能

ひたちなか海浜鉄道・那珂湊駅からタクシーで行った。私が行った当時は茨城交通・湊線だった。

収容人数は8000人。

硬式、軟式の中学野球で使われている。

試合開催情報を聞いたことが無く、レアな球場である。

(踏破№429　ＡＢＣ)

日鉱神峰球場

茨城県日立市
2011年6月23日
中堅115m、両翼95m
内野土、外野天然芝　照明無し
日立市中学総体・軟式野球
多賀中学２－１泉丘中学（7回制）

　私は日立市の出身だが、この球場の存在は知らなかった。ところが2011年、東日本大震災の影響で日立市民球場が使用不可となり、春季高校野球の県北地区予選が急きょこの球場で行なわれることになった。それで存在を知った球場（ただしこの時は、県高野連から「一般客の来場は控えてほしい」と通達が出された。駐車場が無く、生徒らの安全確保や混乱防止のためという）。

　高校野球で使われたからには何としても踏破せねばと思い、調査を始めた。

　長嶋茂雄、杉浦忠が立教大四年の時、日立市を訪れ、自分たちの入学時の監督だった砂押邦信氏率いる日鉱日立と試合をしたという美しい伝説はかねてから知っていた（砂押氏は排斥される形で立教を去っていたため、長嶋らの行動に当時の部指導者らはいい顔をせず、オフシーズンなので試合用ユニホームの着用も認められなかった。しかし長嶋らは日立行きを強行、練習着で試合を行なった。時代が流れた今となってはこの時の立教大指導者の態度は頑迷としか思えない。やはり他人に対してこの種の嫌がらせはすべきでないと思わされる。なお、試合が行なわれ

日鉱神峰球場

日鉱神峰球場

たのは1957年12月1日。日鉱が4－0で勝利)。

それで、もしやこの日鉱神峰球場がその試合の舞台だったのでは？そんな由緒ある球場ならば是が非でも踏破しなければ、とも思ったのだ。

国会図書館へ行き、日立市の昔の住宅地図を閲覧した。するとがっかり、昔の日鉱球場は「万城内球場」といい、今の球場とは別の場所にあったと判明（現在その跡地には日本鉱山の本社ビルが建っている。またまた余談だが、この万城内球場では1949年8月13日に巨人が公式戦を戦っており、川上哲治選手がゲーム3本塁打を放っている）。

それで少し行く気が失せたが、調べてみると中学野球の市内予選があることがわかり、行くことにした。

偶然にも700球場踏破を、ふるさと日立の球場で達成することができた。その上、観戦した試合で勝利した多賀中学はわが母校。区切りの踏破を、故郷で、しかも母校の勝利で飾れるとは。今までの雨による踏破失敗などがあったお陰で、この嬉しい巡り合わせになった。いやはや野球の神様もなかなか味な真似をなさる。

この球場ができたのは1970年。同年9月5日、日立製作所と日鉱日立の定期戦が竣工記念試合として行なわれた（日製5－3日鉱）。日鉱日立野球部はその2年後、休部となった。

球場は老朽化しており、ネット裏席の長椅子は波打ってベコベコ。場内アナウンス設備も無し。SBO灯も7個のランプが並んでいるだけでSBOの文字が付されていない。まあわかるからいいんだけど。

かつて日立市のシンボルだった大煙突は根元の部分だけが今も残されゴミ処理施設として利用されている。その元・大煙突が見下ろす場所にこの球場はある。神峰公園の上にあるので、駅から歩くとちょっとした山登りになり疲れる。

ふだんは、明秀日立高校野球部の練習場として使われている。

また、高校野球の市内大会の会場としても使用される。

(踏破№700　ＡＢＣ)

常陸太田市山吹運動公園野球場

茨城県常陸太田市
1997年5月14日
中堅120m、両翼92m

内野土、外野天然芝　照明無し
高校野球・茨城　水郡地区大会
佐竹12－5山方商　(7回コールドゲーム)

Ａ…硬式（高校以上）　Ｂ…硬式（中学以下）　Ｃ…軟式　の試合が可能

JR水郡線・常陸太田駅から徒歩15分。山吹運動公園内にある。

春・夏・秋の高校野球では使われない球場。

2015年の時点で、グラウンドの規格は変わっていないが、ネット裏に観客席ができている。

2011年1月、巨人の松本哲也、野間口貴彦らプロ野球6選手が、この球場で合同自主トレを行なった。

常陸太田市山吹運動公園野球場

（踏破№285　ＡＢＣ）

日立市民運動公園野球場

茨城県日立市
1992年4月27日
（スコアブックに規格メモ無し）
内野土、外野天然芝　照明無し
社会人野球・日立市長杯
日産自動車6－3富士重工

JR日立駅からバスで15分ほど。日立は私の故郷なので少年時代からなじみの球場。

1972年9月完成。収容人数12000人。

高校野球や、社会人野球でも大きな大会で使用される。

完成当初はプロ野球のオープン戦で使われたことがある。

1974年3月24日のヤクルト－日本ハム戦には張本勲が出場、4打数ノーヒット。大杉勝男がホームラン、若松勉も4打数2安打1打点の活躍を見せている。1975年3月30日にも同じカードのオープン戦が行なわれ張本、若松らスター選手が出場していた。

1993年6月21日のメモでは中堅120m、両翼94m。

その後2010年に内外野とも人工芝化されたが、そうなってからは行っていない。2011年の東日本大震災で

日立市民運動公園野球場

日立市民運動公園野球場

ダメージを受け、その年の高校野球春季大会での使用は取りやめになっている。

（踏破№42　ＡＢＣ）

日立製作所会瀬球場

茨城県日立市
2010年4月16日
中堅122m、両翼100m
内野土、外野天然芝　照明無し
社会人野球・日立市長杯
東京ガス４－３三菱自動車岡崎

　ＪＲ常磐線・日立駅からバスで10分。

　社会人野球・日立製作所チームの練習球場。私にとっては子供時代から知っている球場。

　父が日立製作所に勤めていて、この球場近くの社宅に住んでいた。当時（1970年代）は周囲が塀で囲まれていて球場には出入り出来ないようになっていた。塀の隙間から球場に入り込み、観客席に落ちている硬式ボールを拾ってくるのが近所の子供たちの間で流行していた。

　今回、40年近い時が経ち訪れてみると、塀は無くなり出入り自由になっていた。少子化で、昔の私たちのようなイタズラ小僧は絶滅したのだろう。

　企業チームの練習球場は踏破対象にしていないが、公式戦で使われる球場だし、思い出深い場所なので行ってみた。

　毎年、社会人野球の日立市長杯大会で使われている。この時期、北関東は桜の盛り。球場周りの桜が美しい。

　また、ネット裏席後ろのスペースに、大きな岩やマツ、モチ、カヤなどの樹木が植えられた庭園があるのも珍しい。ネット裏から内野の手前まで長イス４段の観客席がある。長イスは木製。

　外野フェンスが４メートルほどの高さがあるのも特徴。これは都市対抗野球・本大会の試合が行なわれる東京ドームを仮想した練習のためと

日立製作所会瀬球場

日立製作所会瀬球場

Ａ…硬式（高校以上）　Ｂ…硬式（中学以下）　Ｃ…軟式　の試合が可能

思われる。

　日立製作所野球部は1917（大正6）年創部。その練習球場であるこの会瀬球場は1940（昭和15）年に建設された。その後、1957年、1959年にはパ・リーグ公式戦が開催されている。

　球場は1990年4月に改修された。収容人数は500人。

（踏破№629　ＡＣ　開催状況より。Ｂの可否は回答得られず不明）

藤代スポーツセンター野球場

茨城県取手市
2005年11月19日
中堅120m、両翼91m
内野土、外野天然芝　照明有り
高校野球・取手市親善大会
藤代紫水6－1江戸川学園取手
　ＪＲ常磐線・藤代駅から徒歩40分。

　毎年、シーズンオフ直前に開かれるこの大会で2014年も使われた。

　観客席は小規模で、ネット裏から内野途中まではプラ長イス3段。あとの内外野席は芝生席。

（踏破№523　ＡＢＣ）

藤代スポーツセンター野球場

藤代スポーツセンター野球場

鉾田市旭スポーツセンター野球場

茨城県鉾田市
2015年5月23日
中堅120m、両翼90m
内野土、外野天然芝　照明有り
鉾田杯中学校軟式野球大会
波崎四中5－2河原子中学（7回制）
　鹿島臨海鉄道・鹿島旭駅から徒歩25分。

　ネット裏席はプラ長イス6段。あとの内外野席は芝生席。

　外野スコアボード無し。外野フェンスラバー無し。バックネットは自立式で柱が多く、観戦の妨げになる。

　「旭村スポーツセンター」と書かれた掲示物があった。これが以前の名称のようだ。旭村は2005年10月11

鉾田市旭スポーツセンター野球場

鉾田市旭スポーツセンター野球場

日に鉾田町、大洋村と合併して鉾田市になった。

観戦したのは茨城県内のチームによる大会。豪華な大会パンフレット（500円）も刊行されている立派な大会だった。

（踏破No.821　ＡＢＣ）

鉾田総合公園野球場

茨城県鉾田市
2015年5月23日
中堅120m、両翼92m
内野土、外野天然芝　照明有り
鉾田杯中学校軟式野球大会
鉾田南中学5－1清真学園中学（7回制）

鹿島臨海鉄道・新鉾田駅から徒歩50分。

ネット裏から内野席途中までプラ長イス7段。そのあとの内野席は芝生席。外野席は無し。

スコアボードは得点板（13回まで。数字プレートを前面から引っかけて掲示する方式）、ＢＳＯ灯、ＨＥＦＣ灯のみと簡素。

レフト場外に、大相撲の巡業が開催された記念碑がある。

（踏破No.822　ＡＢＣ）

鉾田総合公園野球場

鉾田総合公園野球場

水海道市民球場

茨城県水海道市（現在は常総市）　　1994年9月13日

中堅120m、両翼93m
内野土、外野天然芝　照明有り
秋季高校野球・茨城大会　県西地区予選
境西3－2守谷

　JR水海道駅からバス「岩井」行きで「西中前」下車。

　収容人数5500人。

　フジテレビのバラエティ番組『めちゃ×2イケてるッ！』で、1996年、1999年、2004年、2013年に放送された傑作シリーズ『ヨモギダ少年愚連隊』。

　その中で、ナインティナイン岡村隆史と水海道市在住のヨモギダ少年

水海道市民球場

の対決の場所としてロケが行なわれたのが、この球場。番組中では「ヨモギダ少年愚連隊の聖地」と呼ばれていた。

　バラエティ番組史に大きな足跡を残した球場である。

（踏破№161　ＡＢＣ）

水戸県営球場

茨城県水戸市
1994年7月11日
中堅117m、両翼91m
内野土、外野天然芝　照明無し
全国高校野球・茨城大会
小川6－2総和工

　JR水戸駅からバス。高校野球で使われる。

　正式名は「茨城県掘原運動公園野球場」。

　1953年3月に設置された。その後1973年に大規模な改修が行なわれている。

　収容人数12500人。

　私が初めて野球観戦したのがこの球場で、小学6年生の終わりに巨人－大洋のオープン戦を観た。王貞治と張本勲がアベックホームランとい

水戸県営球場

水戸県営球場

う、今思うとゼイタクな試合。

1983年9月20日、天皇賜杯全日本軟式野球大会の決勝戦で、延長45回という伝説的な試合があった球場（ライト工業2－1田中病院。試合時間8時間19分）。

また、1957年12月2日、野球史的に重要な試合がこの球場で行なわれている。社会人野球の日鉱日立－立教大学四年生チーム。

この試合は、長嶋茂雄・杉浦忠ら立大チームが、自分たちの入学時の監督だった砂押邦信氏への恩返しとして茨城を訪ね、砂押氏が当時監督を務めていた日鉱と対戦したもの。結果は3－1で立大の勝ち。長嶋は4打数0安打だった。有料試合だったが約2000人の観衆が集まり、9回には砂押氏が代打で出場し二塁打を放つなど和気あいあいのゲームだったようだ。

（踏破№130　ＡＢＣ）

水戸市民球場

茨城県水戸市
1996年7月28日
中堅120m、両翼93m
内野土、外野天然芝　照明無し
全国高校野球・茨城大会
水戸短大付2－1伊奈

1980年竣工。

茨城の高校野球の決勝戦開催球場。外壁が黄色く塗られた球場建物は紡錘形というのか、なかなかコッている。

収容人数20000人。

2009年9月13日、イースタンリーグ公式戦・ロッテ－巨人が、水戸市制120周年・水戸藩開藩400年記念行事として行なわれた（巨2－0ロ）。

（踏破№198　ＡＢＣ）

水戸市民球場

水戸市民球場

美浦村光と風の丘球場

茨城県美浦村　　　　　　　　1996年10月26日

中堅120m、両翼91m
内野土、外野天然芝　照明有り
秋季高校軟式野球・関東大会
伊奈学園総合２－１霞ヶ浦

　ＪＲ常磐線・土浦駅からバスで行った。

　私が訪れた頃は硬式高校野球では使われていなかったが、近年は春・秋の大会の県南地区予選で使われて

美浦村光と風の丘球場

いる。

（踏破No.249　ＡＢＣ）

守谷市常総運動公園野球場

茨城県守谷市
2007年11月３日
中堅109m、両翼95m
内野土、外野天然芝　照明有り
高校野球・取手市近隣高校親善大会
藤代紫水10－６伊奈

守谷市常総運動公園野球場

　関東鉄道常総線・守谷駅から徒歩で１時間。帰りはバスの便があった。

　中堅は109mと狭いのに両翼は95mとそれなりにあって、そのアンバランスが珍しい。

　収容人数は5000人。

　なかなか目立った試合開催が無い

が、近年は５月末、「常総広域圏高校硬式野球大会」、11月初旬に「取手市近隣高校野球大会」という大会が開かれている。踏破したい人はこれらの大会で狙うのもテかも。

　1977年完成。

（踏破No.569　ＡＢＣ）

結城市鹿窪運動公園野球場

茨城県結城市
1994年４月15日
中堅115m、両翼90m
内野土、外野天然芝　照明有り
春季高校野球・茨城大会　県西地区予選
下館一６－３水海道一

結城市鹿窪運動公園野球場

JR水戸線・結城駅からタクシーで行った。
1974年にできた球場。
春・秋の高校野球の県西地区予選で、たまに使われる。
1999年、茨城県初の全面人工芝球場に改修された。球場の外観も、この写真とは大きく変わっている。
2016年の時点で、規格は中堅120m、両翼98m。収容人数約2400人。
(踏破№108　ＡＢＣ)

龍ヶ崎たつのこスタジアム

茨城県龍ヶ崎市
2011年9月11日
中堅123m、両翼100m
内野土、外野天然芝　照明有り
東京新大学野球
流通経済大10－0共栄大（8回コールドゲーム）

龍ヶ崎たつのこスタジアム

JR常磐線・佐貫駅からバス。「さんさん館」下車。そこから徒歩15分。
2010年に開場した新しい球場。収容人数は4000人。
球場前に野球ボールを模った石碑があるが、刻まれているのは球場建設に携わった会社の名前。野球に関係無し。こんな石碑は他では見かけない。なんて自己顕示欲が強い建設会社（笑）。
球場玄関に、地元竜ヶ崎一高野球部の歴史を紹介する写真や記念ボールなどが展示。あと、球場のオープニングイベントとして欽ちゃん球団の試合が行なわれたらしく、その時の宣伝チラシや萩本欽一さんのサイン色紙も飾られている。
流通経済大学がユニークな応援をしていた。田沢という選手が打席に入ると♪たざわ、たざわ、たざわ〜と歌い始めるのだ。森山良子の『さとうきび畑』の替え歌。面白かった。
この球場は、私が訪れた頃は高校野球の大会では使われておらず、東京新大学リーグが一季に一週使うだけなので踏破のチャンスがなかなか無かった。
近年は高校野球の春・秋の大会の県南地区予選でたまに使われている。
(踏破№715　ＡＢＣ)

Ａ…硬式（高校以上）　Ｂ…硬式（中学以下）　Ｃ…軟式　の試合が可能

栃木県

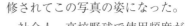

足利市硬式野球場

栃木県足利市
1997年5月18日
規格表示無し
内野土、外野天然芝　照明無し
都市対抗野球・一次予選　栃木大会
全足利クラブ12－2宇都宮大学OBクラブ（8回コールドゲーム）

　JR両毛線・足利駅から徒歩25分。
1955年に竣工。その後1988年に改修されてこの写真の姿になった。
　社会人、高校野球で使用頻度が高い。
　コンクリートの硬質なイメージの外観。
　2016年の時点で、規格は中堅122m、両翼98m。収容人数2670人。
（踏破No.287　ABC）

足利市硬式野球場

足利市硬式野球場

今市市営野球場

栃木県今市市（現在は日光市）
1997年6月21日
中堅112m、両翼100m
内野土、外野天然芝　照明有り
北関東大学軟式野球・春季リーグ戦
白鷗大2－0帝京大理工

　JR日光線・今市駅から徒歩。40分ほどかかる。
　当時は、このリーグがメイン球場として多用していた。
　現在は軟式野球専用。

　1959年11月14日に球場開きとなり、宇都宮工業－宇都宮学園の親善試合が行なわれた。
（踏破No.303　C）

今市市営野球場

宇都宮市清原球場

栃木県宇都宮市
1990年6月18日
(スコアブックに規格メモ無し)
内外野人工芝　照明有り
都市対抗野球・二次予選　北関東大会
富士重工6－2全足利

宇都宮市清原球場

　JR宇都宮駅からバス。私しか乗っていなかったので運転手さんが特別に球場脇で降ろしてくれた。
　完成は1988年7月。収容人数は30000人。
　球場建物は曲線を多用した凝った造り。地方球場の立派なやつを見たのは初めてだった。
　高校野球、社会人野球で多用されるほかNPBの試合も開催されている。
　駅からとても遠く、大きな大会の試合後などはバスが大変な混雑となるので要注意。
　2003年7月5日に再訪した時はメ

宇都宮市清原球場

モがあり、中堅規格表示無し、両翼97.6m。
　資料によると、規格は中堅122.0m、両翼97.6m。

（踏破No.6　ABC）

宇都宮市宮原野球場

栃木県宇都宮市

宇都宮市宮原野球場

1992年9月27日
中堅120m、両翼91m
内野土、外野天然芝　照明有り
秋季高校野球・栃木大会
宇都宮南20－2大田原（7回コールドゲーム）

　JR宇都宮駅からタクシーで行った。春と秋の高校野球で使われる。

1961年完成。収容人数は9089人。

関東の野球ファンの間でオンボロ球場というと名が挙がるのがここ。観客席のイスも壊れていて、荒れ放題という感じ。

大変珍しいことに、内野の土にアンツーカーが使われていて妙に赤っぽい。こういうのはここと、沖縄県の南城市営新開球場くらいではない

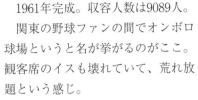

宇都宮市宮原野球場

だろうか？

（踏破№74　ＡＢＣ）

大平町さくら球場

栃木県大平町（現在は栃木市）
1998年6月4日
中堅120m、両翼95m
内野土、外野天然芝　照明無し
関東中学軟式野球・栃木大会
皆川中学2－0西那須野中学（7回制）

　東武日光線・新大平下駅から徒歩20分。

　1994年に設置された球場。

　ネット裏スタンドの上に屋根の骨組みが作られているが、骨組みだけなので屋根の役割は果たしていない。もともとは屋根だったのか、最初からこういうデザインなのかは不明。

　球場名称の表札文字が凝っていて「さくら」の部分は桜の花びらを組み合わせて文字にしたような飾り文

大平町さくら球場

字になっている。こんなかわいらしい球場は全国でもここだけではないだろうか。

　皆川中学は私のスコア上ではノーヒット勝利。ただし、この球場にはＨＥＦＣ灯が無いので、公式記録でも無安打勝利となっているかは不明。

　観客席などは小造りなので、大きな大会の開催は難しそう。

（踏破№412　Ｃ）

小山運動公園野球場

栃木県小山市
1998年4月12日

中堅115m、両翼95m
内野土、外野天然芝　照明無し

小山運動公園野球場

小山運動公園野球場

春季高校野球・栃木大会　南部地区予選
小山北桜8－3田沼

　JR小山駅からタクシーで行った。最寄り駅はJR水戸線の小田林駅で、30分ほどで歩けるようだ。

　1973年9月23日オープン。収容人数5500人。

　かつては高校野球や大学野球でも使われていた。2014年は都市対抗野球の県予選が開催された。

　観戦した試合では、小山北桜高の高谷裕亮捕手の強肩が目立った。卒業後社会人野球に進んだがケガで退社、浪人を経て大学進学、その後プロ入りという珍しいコースを辿った選手。

（踏破№392　ABC）

鹿沼運動公園野球場

栃木県鹿沼市
1997年4月12日
中堅120m、両翼91.7m
内野土、外野天然芝　照明有り
社会人野球クラブ選手権・一次予選
栃木大会
オール鹿沼28－5城山クラブ（7回コールドゲーム）

　東武日光線・新鹿沼駅からタクシーで行った。

　1976年4月1日竣工。収容人数13500人。

　試合中、ランナーが二塁盗塁を試み、これを刺そうとした捕手の送球

鹿沼運動公園野球場

鹿沼運動公園野球場

が投手の後頭部を直撃するというアクシデントがあった。

　投手は頭を抱えたままマウンドにうずくまり、こぼれ球を拾った一塁手が慌ててタイムを要求。場内緊迫……その瞬間、投手がパッと立ち上がり、場内は爆笑。まるで野球コントのような場面だった。

　2014年7月31日、千葉ロッテの岡田幸文選手が「プロ初打席から1773打席連続本塁打無し」というプロ野球記録を作った。

　その岡田選手が、社会人野球・全足利クラブ時代に唯一本塁打を打ったのがこの球場（2008年5月、全日本クラブ野球選手権・栃木予選）。

（踏破№263　ＡＢＣ）

烏山大桶運動公園球場

栃木県烏山町（現在は那須烏山市）
1997年4月19日
中堅122m、両翼100m
内野土、外野天然芝　照明無し
春季高校野球・栃木大会　県北地区予選
烏山6－5矢板

　JR烏山線の終点・烏山駅からバスで行ったが、河川敷のグラウンド、バックスクリーン無し、ＳＢＯ灯、ＨＥＦＣ灯も無しという、高校野球の公式戦で使うには「？」という感じ。ネット裏には観客席としてパイプ椅子が並べられていた。

　1996年に設置された球場。

　近年は同じ那須烏山市でも緑地運動公園野球場（以前は南那須球場という名称だった）が高校野球で使われるようになり、この球場は表舞台から姿を消した。

（踏破№267　ＡＢＣ）

烏山大桶運動公園球場

烏山大桶運動公園球場

黒磯市営球場

栃木県黒磯市（現在は那須塩原市）
1998年4月11日
中堅120m、両翼90m
内野土、外野天然芝　照明有り

春季高校野球・栃木大会　北部地区予選
黒磯12－1矢板（7回コールドゲーム）

　ＪＲ東北本線・黒磯駅から徒歩40分。

　1975年完成。

　観客席は土盛り式で、ＳＢＯ灯、ＨＥＦＣ灯が無い簡素な球場。

　一塁側スタンド後方や外野後方に桜が植えられていて、とてもきれいだった。

　この試合は、5回表を終わって11－1と後攻チームが勝っていたが、コールドゲームにならず、そのまま試合が続行されたのでびっくり。

　当時は都道府県ごとにコールド規定がばらばらだったのだ（1998年夏の高校野球青森大会で、122－0の

黒磯市営球場

7回コールドという試合があり、それを契機に、2000年の試合から5回10点差、7回7点差でコールド成立という形に全国で統一された）。

　現在の名称は、那須塩原市くろいそ運動場野球場。

　近年も、春季大会の北部地区予選では高校野球で使われている。

（踏破№391　ＡＢＣ）

佐野市運動公園野球場

栃木県佐野市
1997年4月12日
中堅120m、両翼92m
内野土、外野天然芝　照明有り
イースタンリーグ公式戦
巨人7－4ロッテ

　最寄り駅は東武佐野線・吉水駅。

　1977年にできた球場で、収容人数は11390人。

　高校野球・春季県大会の南部地区予選で使われている。

　2006年、佐野市出身の石井琢朗選

佐野市運動公園野球場

佐野市運動公園野球場

Ａ…硬式（高校以上）　Ｂ…硬式（中学以下）　Ｃ…軟式　の試合が可能

手（当時横浜ベイスターズ）は通算2000本安打を達成。その年の12月3日、石井選手への市民栄誉賞の授与式が行なわれたのが、この球場。

（踏破№264　ＡＢＣ）

栃木県総合運動公園野球場

栃木県栃木市
1992年5月19日
（スコアブックに規格メモ無し）
内野土、外野天然芝　照明無し
春季高校野球・関東大会
佐野日大5－2富士学苑

栃木県総合運動公園野球場

　通称「栃木県営球場」。東武鉄道・西川田駅から徒歩で行った。
　1979年完成。収容人数は15365人。高校野球でよく使われる。
　野球狂仲間の知人からこんな話を聞いた。東京と栃木では、試合開始時の観客の拍手のタイミングが違うというのだ。
　アマチュア野球の時、東京では、選手が試合前の挨拶のためホームベースをはさんで整列する時に拍手する。
　しかし栃木では、挨拶が終わり、後攻チームが守備に散っていく時に拍手するという。知人が東京のタイミングで拍手をしたら、周りの観客から「拍手が早い！」と叱られてしまったとか。いやいや災難でしたね。全国いろいろ風習が違っていて面白い。
　2001年10月30日に行った時は中堅122m、両翼98mとのメモがある。

（踏破№52　ＡＢＣ）

栃木市総合運動公園硬式野球場

栃木県栃木市
1994年4月29日
中堅120m、両翼92m
内野土、外野天然芝　照明無し
春季高校野球・栃木大会
宇都宮工6－2作新学院
　ＪＲ栃木駅からバス。

栃木市総合運動公園硬式野球場

1983年の完成。

私が訪れた日、おそらく国学院栃木高の小関竜也（のち西武、巨人など）を見に来たのだろうが、名スカウトの木庭教さん（当時はオリックスに在籍）が来ていた。

収容人数7557人。

（踏破№115　ＡＢＣ）

那須烏山市緑地運動公園野球場

栃木県那須烏山市
2010年4月10日
中堅120m、両翼98m
内野土、外野天然芝　照明無し
春季高校野球・栃木大会　北部地区予選
烏山12－2那須（5回コールドゲーム）

　ＪＲ烏山線・大金駅から徒歩45分。駅から坂を登ると運動公園があり、やれやれやっと着いたかと思うと、さらにはるか山上にバックスクリーンの背中が見えてくる。「ええ～まだあそこまで登らされるのかよ～」とショックを受ける。

　1995年に設置された。

春季高校野球の地区予選で使われるが、使用日数は少ない。

　かつては南那須球場という名前で、高校野球の結果を伝える下野新聞で見かけて気になっていた。

　ネット裏に、屋根付きだが長イス3段だけの小規模な観客席（120席）がある。あとの内外野席は芝生席。

（踏破№627　ＡＢ　※軟式用の球場が別にあり、この球場は硬式専用とのこと）

那須烏山市緑地運動公園野球場

那須烏山市緑地運動公園野球場

日光市所野運動公園野球場

栃木県日光市
1998年11月9日
中堅120m、両翼92m

内野土、外野天然芝　照明有り
東日本大学軟式野球選手権大会
産能大7－3聖学院大

東武日光線・日光駅から徒歩25分。1992年11月完成。収容人数860人。1995年から2004年までは毎年この大会で使われていたが、その後はパッタリと使われなくなった。

（踏破№464　С）

日光市所野運動公園野球場

日光市所野運動公園野球場

益子町北公園野球場

栃木県益子町
2014年9月13日
中堅122m、両翼99m
内野土、外野天然芝　照明有り
栃木県野球連盟秋季大会
ＴＳＫ栃木７－２宇都宮大学ＯＢクラブ

　真岡鉄道・七井駅から徒歩30分。
　2009年10月8日オープン。
　元々の地形の影響だろうが、周囲の土地よりもグラウンドが低い位置にある。
　ネット裏観客席はプラ長イス6段で屋根がある。内野席は芝生席。外野席は無し。
　スコアボードは得点板（12回まで。パネル式）、ＳＢＯ灯、ＨＥＦＣ灯のみと簡素。
　ＳＢＯ灯はＬＥＤ使用だが、Ｓ灯が赤、Ｂ灯が青（通常はＳ灯は黄色、Ｂ灯は緑）。ちょっと見えにくい。

（踏破№808　ＡＢＣ）

益子町北公園野球場

益子町北公園野球場

矢板運動公園野球場

栃木県矢板市
2008年7月26日
中堅122m、両翼97.6m
内野土、外野天然芝　照明無し
真中満杯・中学硬式野球大会予選リーグ
那須野ケ原6－0宇都宮スター（7回制）

矢板運動公園野球場

　JR東北本線・矢板駅から徒歩50分。

　2006年4月にオープンした。収容人数は3300人。

　この大会以外では試合開催を聞いたことが無い、レアな球場。

　大会名に名前がある真中満氏は1993年にヤクルトに入団して活躍。2008年に引退後は指導者として着々と実績を積んでいる。出身は矢板市の隣、大田原市。

（踏破No.578　ＡＢＣ）

群馬県

東村営野球場

群馬県佐波郡東村（現在は伊勢崎市）
1996年9月25日
中堅122m、両翼98m
内野土、外野天然芝　照明有り
関甲新学生野球・1部リーグ
関東学園大5－3上武大

東村営野球場

　愛称「あずまスタジアム」。

　JR両毛線・国定駅から徒歩25分。1994年10月1日開場。

　隣がキャベツ畑で、鳥を追い払うための装置がのべつパンパン音を出しており心臓に悪い。

　近年も高校野球でよく使われている。

　私が行った当時、この球場は大学野球でしばしば使われていたが、その後関甲新リーグは大学のグラウンドで試合をすることが多くなり、最近は使われていない。

　収容人数3500人。

（踏破No.241　ＡＢＣ）

安中市西毛総合運動公園野球場

群馬県安中市
1997年5月17日
中堅120m、両翼90m
内野土、外野天然芝　照明有り
関甲新学生野球・1部リーグ
上武大4－0高崎経済大

　JR信越本線・安中駅から徒歩15分。

　当時は大学野球でも使われていた。近年も春・秋の高校野球での使用がある。

　先発メンバー発表後、両チーム関係者と審判員が何ごとかモメていた。高崎経済大の先発メンバーに無資格選手が混じっていたようだ。本来なら没収試合で高崎経済大の負けとなるところなのだろうが、上武大の監督が寛容な人だったらしく、代わりの選手が出場して試合は挙行された。地方リーグならではの出来事といえるかも。

　隣にクレー射撃場があり、のべつ発砲音が聞こえる。心臓にはよくない球場。

　1979年6月オープン。

（踏破№286　ABC）

安中市西毛総合運動公園野球場

安中市西毛総合運動公園野球場

伊勢崎市野球場

群馬県伊勢崎市
1994年9月7日
規格表示無し
内野土、外野天然芝　照明無し
関甲新学生野球・1部リーグ
関東学園大4－0常盤大

　JR伊勢崎駅から徒歩20分。

　完成は1966年3月19日。同年3月23日、コケラ落としとして巨人－大洋のオープン戦が行なわれた。4－1で大洋の勝ち。

　巨人は11連勝でストップ。長嶋はケガで欠場。王は3打数0安打だった。

　高校野球でよく使われている。

　観戦した試合では、関東学園大の大田投手が8連続を含む一試合17奪三振をマーク。「これはスゴイ投手

伊勢崎市野球場

伊勢崎市野球場

を見つけたぞ！」と興奮したが、その後はあまり活躍しなかった。

　日本プロ野球創設に尽力した鈴木惣太郎氏は伊勢崎町（当時）の出身で、この球場は現在「鈴木惣太郎記念球場」と命名されている。

　2016年の時点で、規格は中堅122m、両翼98m。収容人数は10000人。

（踏破№156　ＡＢＣ）

大泉町いずみ総合公園町民野球場

群馬県大泉町
1996年8月27日
中堅120m、両翼91m
内野土、外野天然芝　照明有り
関甲新学生野球・1部リーグ
関東学園大10－0山梨学院大（7回コールドゲーム）

大泉町いずみ総合公園町民野球場

　完成は1992年8月。新しい球場だった。

　最近は目立った試合開催がなかなか無いようだが、2014年3月21日、ＢＣリーグのオープン戦・群馬－信濃で使用され、信濃が12－5で勝利を収めた。

　収容人数はスタンド席1448人。内外野の芝生席は約2000人。

（踏破№217　ＡＢＣ）

太田市営球場

群馬県太田市
1992年9月26日
（スコアブックに規格メモ無し）
内野土、外野天然芝　照明有り

秋季高校野球・群馬大会
高崎6－0利根実

　東武鉄道・竜舞駅から徒歩25分。
　完成は1979年。収容人数10000人。

高校野球でよく使われる。以前は社会人野球の開催も多く、特に日本選手権の関東地区二次予選という重要な試合がよく行なわれていたので遠いのに早起きして通っていた。

1993年9月20日に行った時には、中堅120m、両翼90mというメモがある。

現在は内外野人工芝のグラウンド。

太田市営球場

人工芝化は2003年3月。

（踏破№73　ＡＢＣ）

桐生球場

群馬県桐生市
1994年4月20日
中堅120m、両翼90m
内野土、外野天然芝　照明無し
春季高校野球・群馬大会
富岡3－2桐生

　上毛電鉄上毛線・桐生球場前駅下車。

　1969年7月完成。

　理由は不明だが、以前は春と秋の高校野球では、前橋敷島球場を差し置いて必ずメイン球場として使用されていた。

　収容人数15917人。

　2014年度、フィールドの拡張、ナイター照明の新設など大規模な工事が行なわれた。ＬＥＤ使用のナイタ

桐生球場

ー照明がスタジアム形式の野球場に設置されるのは、全国で初めてだとか。

　フィールドの規格も、中堅122m、両翼100mとなった。

　2015年4月5日、改修竣工の記念試合としてイースタンリーグ公式戦・西武－ヤクルトが開催された。桐生でのプロ野球開催は11年ぶり。

（踏破№111　ＡＢＣ）

渋川市総合公園野球場

群馬県渋川市
1997年7月18日

中堅120m、両翼91m
内野土、外野天然芝　照明無し

渋川市総合公園野球場

渋川市総合公園野球場

天皇賜杯全日本軟式野球大会・群馬予選
三洋電機2－0長野原クラブ

　ＪＲ渋川駅からバスで15分。バスを降りてから徒歩40分。
　ＢＣリーグの試合が開催されたこ とがある。
　渋川市の公式ページによると、建設は1978年10月。標高600メートルにあり、収容人数は約10000人。

（踏破№321　ＡＢＣ）

昭和村総合運動公園野球場

群馬県昭和村
2012年5月6日
中堅120m、両翼90m
内野土、外野天然芝　照明有り
関甲新学生野球・3部リーグ
信州大9－2群馬パース大（7回コールドゲーム）

　球場巡り仲間の知人に車で連れて行ってもらった。
　バックスクリーン無し。スコアボード無し。ネット裏にＳＢＯ表示装置は有り。
　ネット裏席無し。ダッグアウトのバックネット寄りに長イス2段、屋根付きの観客席有り。ネット裏に本部席用の小屋は有り。
　外野フェンスが高さ1mほどと低く、試合では案の定エンタイトルツーベースが出た。
　この日の試合後、猛烈な雨になり、選手がランニングホームランの真似をしてホームにヘッドスライディン

昭和村総合運動公園野球場

昭和村総合運動公園野球場

グ。試合中よりも？盛り上がった。
　1987年3月完成。
　私が訪れた頃は大学野球で時々使われていたが、同じ群馬の寺間球場同様、2014年秋のリーグ再編により以降は使われなくなる可能性大。
　　　　　　　　（踏破No.736　ＡＢＣ）

高崎市貝沢野球場

群馬県高崎市
1998年4月30日
中堅115m、左翼97m、右翼95m
内野土、外野天然芝　照明無し
春季高校軟式野球・群馬大会
高崎工5－0中央

　ＪＲ上越線・高崎問屋町駅から徒歩15分。
　この5日前にも行ったが、雨で試合途中中止となり踏破失敗。再チャレンジした。
　正方形型の球場。左翼と右翼の広さが異なるのも珍しいが、ほとんど草野球場。ＨＥＦＣ灯も無し。
　野球場のフェンスは下部がコンクリ、上部が金網になっていることが多いが、ここは内外野とも上から下

高崎市貝沢野球場

まで全部金網フェンス。
　2016年の時点で、市のスポーツ振興財団のページによると収容人数は1000人、建設は1979年4月。同ページでは両翼95ｍ。
　2005年公開の映画『タッチ』のロケがこの球場で行なわれた。
　　　　　　　　（踏破No.398　ＢＣ）

高崎市城南野球場

群馬県高崎市
1991年11月3日
（スコアブックに規格メモ無し）
内野土、外野天然芝　照明無し
秋季高校野球・関東大会
横浜4－3千葉英和

　ＪＲ高崎駅から徒歩10分。交通の

高崎市城南野球場

便がとてもいい。
　1936年完成。収容人数は12000人。
高校野球でよく使われる。

2016年の時点で、規格は中堅120m、両翼95m。

（踏破No.35　ＡＢＣ）

富岡市民球場

群馬県富岡市
1994年7月3日
中堅120m、両翼92m
内野土、外野天然芝　照明有り
イースタンリーグ公式戦
ロッテ8－5巨人
　上信電鉄線・上州富岡駅からバス。
　1989年に完成した球場。
　高校、大学、社会人でも使用を聞かないレアな球場。しかしイースタン開催でもわかるように観客席などはちゃんとしている。
　この日は私の野球観戦史上でも指折りの暑さだった！　しかも、水道

富岡市民球場

が来てないのか、水不足の夏だったからか、トイレの手洗いもタンク式で得意の水被りもできず。今思っても信じられない暑さだった。

（踏破No.128　ＡＢＣ）

藤岡市民球場

群馬県藤岡市
1996年9月7日
中堅120m、両翼95m
内野土、外野天然芝　照明有り
秋季高校野球・群馬大会
沼田9－8吉井
　東武日光線・藤岡駅から往復タクシー。
　1991年5月開場。
　高校野球、ＢＣリーグで使われる。
　収容人数3000人。

藤岡市民球場

2014年にスコアボードが電光化された。

（踏破No.223　ＡＢＣ）

前橋敷島球場

群馬県前橋市
1991年11月2日
(スコアブックに規格メモ無し)
内野土、外野天然芝　照明有り
秋季高校野球・関東大会
東海大相模2-0小山

前橋敷島球場

　ＪＲ前橋駅からバスで20分。
　現在の球場は1963年に完成。
　群馬の夏の高校野球・決勝戦が開催される球場。
　球場に表示された名称は「群馬県営野球場」だが、「前橋敷島球場」という通称のほうが親しまれている。

　2009年から、ネーミングライツ契約により「上毛新聞敷島球場」という名称。
　2016年の時点で、規格は中堅122.0m、両翼99.1m。収容人数は20934人。

（踏破№34　ＡＢＣ）

前橋総合運動公園市民球場

群馬県前橋市
1997年11月9日
中堅122m、両翼91m
内野土、外野天然芝　照明有り
ボーイズリーグ春季大会・群馬予選
前橋中央ボーイズ7-1高崎ボーイズ
(7回制　5回コールドゲーム)

　ＪＲ前橋駅からバスで20分「総合運動公園入口」下車。そこから徒歩20分。

前橋総合運動公園市民球場

　通称「前橋市民球場」。白く塗装された外観が印象に残っている。
　1980年に整備が始まった運動公園の中にあるが、私が行った当時は、なぜか高校野球で使われていなかった。それでやむを得ず、ボーイズリーグの試合で踏破した。
　2000年代に入ってからは高校野球で普通に使われるようになった。
　収容人数は13000人。
　近年は、ＢＣリーグの試合も開催されている。

（踏破№382　ＡＢＣ）

みなかみ町寺間球場

群馬県みなかみ町
2010年5月9日
中堅115m、両翼91m
内野土、外野天然芝　照明無し
関甲新学生野球・3部リーグ
山梨大12－3東京福祉大（7回コールドゲーム）

みなかみ町寺間球場

みなかみ町寺間球場

　ＪＲ上越線・上牧駅から徒歩1時間10分。山の上のノルン水上スキー場の近くにある。

　駅から歩くと、急な坂道を登っていかねばならない。非常に疲れる。途中、ヨタヨタと坂を登っている私を見かねたのだろう、車で通りかかった親切な方が乗せてくれた。あの時のドライバー様、どうもありがとうございました。

　半袖半ズボンで行ったが、寒くて後悔。東京より北なのと、高地にあるので寒いのだ。まだ雪の残る山並みも近くに見えた。

　バックスクリーンもスコアボードもＳＢＯ灯も無い、ほぼ草野球場。小規模な本部席は有り。

　ネット裏と内野席はコンクリの段々になっているだけでイス無し。場内アナウンスの設備も無し。

　もともとの山の斜面を活かしてスタンドを造ったような感じ。

　球場に着いて写真を撮っていると、声をかけられた。見ると、球場踏破仲間のＨ氏だった。Ｈ氏も、めったに使用されないこの球場を踏破しようとわざわざ横浜から来ていたのだ。

　試合は場内アナウンスも無く、審判に通告無しで代打が出ていたりして、スコアラーとしては非常に集中力を要求されたがＨ氏と協力してなんとか見落とし無しで乗りきった。

　帰りは車で来ていたＨ氏が東京まで乗せてくれた。車中では同じ球場行脚人どうし、ずっと球場の話。楽しかった。

　この球場は、その後も、まれに関甲新学生野球の3部リーグで使われた。しかし2014年秋のシーズンからリーグが再編され、大学グラウンドでの試合が多くなり、今後は使われないかもしれない。

（踏破№638　ＡＢＣ）

Ａ…硬式（高校以上）　Ｂ…硬式（中学以下）　Ｃ…軟式　の試合が可能

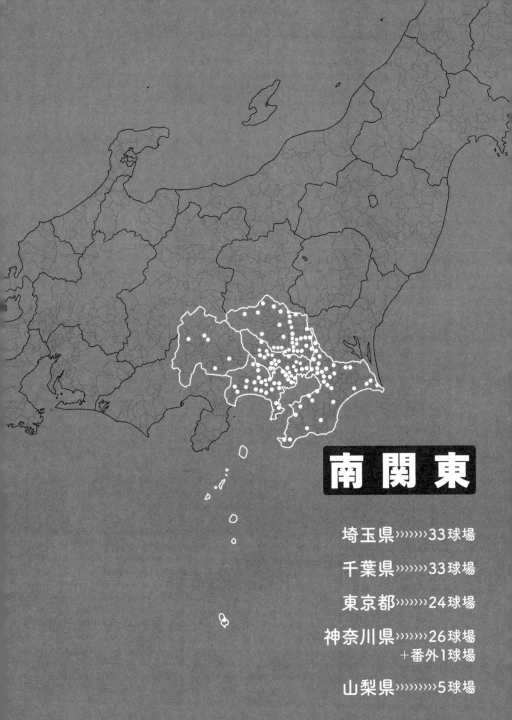

埼玉県

上尾市民球場

埼玉県上尾市
2001年5月1日
中堅121m、両翼95m
内野土、外野天然芝　照明有り
春季高校野球・埼玉大会
上尾2－1川越商

JR上尾駅からバスで行った。
開場は1998年5月1日。
収容人数5500人。高校野球でよく使われ、イースタンリーグも開催される。

（踏破№487　ＡＢＣ）

上尾市民球場

上尾市民球場

朝霞市営球場

埼玉県朝霞市
1996年4月12日
中堅120m、両翼90m
内野土、外野天然芝　照明有り
秋季高校野球・埼玉大会　西部地区予選
城西大川越15－0所沢東（5回コールドゲーム）

東武鉄道・朝霞駅から徒歩15分。駅からの途上にたい焼き屋があり、お陰で楽しく歩くことができた。
　1982年4月完成。収容人数6000人。
　2011年7月16日に再訪してみた。規格などに変化無し。ただ、球場全体がライトブラウンで再塗装されている。球場玄関に展示物無し。スコアボードは柱の上に載っている「高床式」。
　球場正面からネット裏スタンドへの階段は曲線を多用した凝った造り。
　外野席後方の柵が鉄格子状なのでタダ見可能だが、高校野球の夏の予

朝霞市営球場

選でも使用される。

　帰り、たい焼き屋を探してみたが無くなっていて残念。

（踏破No.177　ＡＢＣ）

岩槻やまぶきスタジアム

埼玉県岩槻市（現在はさいたま市）
2004年4月23日
中堅122m、両翼95m
内野土、外野天然芝　照明有り
東京新大学野球
創価大6－4東京国際大

　東武野田線・岩槻駅からタクシーで行った。すると、球場巡り仲間のＨ氏も来ていて、帰りはＨ氏の案内で最寄りの東岩槻駅まで歩いた。30分ほどだった。

　2003年6月に開場。

　収容人数3337人。高校、大学、社会人野球で使われる。

　岩槻にはもう一つ、少年野球などで使われる城址公園野球場があるがそちらは残念ながら未踏破。

（踏破No.506　ＡＢＣ）

岩槻やまぶきスタジアム

岩槻やまぶきスタジアム

浦和市営球場

埼玉県浦和市（現在はさいたま市）
1990年6月25日
（スコアブックに規格メモ無し）
内野土、外野天然芝　照明無し
都市対抗野球・二次予選　南関東大会
日本通運11－1ＮＴＴ関東（8回コールドゲーム）

　ＪＲ北浦和駅から徒歩20分。浦和市立高校の隣にある。

　この地に球場ができたのは1954年。

浦和市営球場

1989年に全面改築され、この写真の姿になった。

以前はヤクルトがイースタンリーグを開催したり、社会人野球でもよく使われていたが、最近ではあまり使われず高校野球の使用が多い。

ネット裏席中央上段に、塀に囲まれた個別イスのゾーンがあり、特権意識？を味わえる。

スコアブックを見ると、この日の第二試合で当時新日鉄君津の下柳剛投手（のちダイエー、阪神など）を観ている。

毎年11月中旬に、周辺地域の高校による大会がこの球場で開かれる。他にめぼしい試合が無い時期なので首都圏の野球マニアが集結する。

1994年3月22日に再訪した時にはスコアブックにメモがあり、中堅120m、両翼93m。

収容人数9160人。

（踏破No.10　Ａ Ｂ Ｃ）

大宮県営球場

埼玉県大宮市（現在はさいたま市）
1992年7月28日
（スコアブックに規格メモ無し）
内野土、外野天然芝　照明有り
全国高校野球・埼玉大会
大宮南8－3浦和実

東武鉄道・大宮公園駅から徒歩15分ほど。ＪＲ大宮駅からもよく歩いて行った。

1992年に改築され、現在の姿になった。

1953年に、当時高校三年の長嶋茂雄さんが大ホームランを打ったのは、もちろん改築前。

改築前の球場の姿は水島新司さんのマンガ『ドカベン』にたっぷり出てくる（高二秋の関東大会）。

春・夏・秋と、高校野球県大会の決勝戦はここで行なわれる。

最近では西武ライオンズが公式戦を開催している。

外観も美しく均整のとれたデザイン。なんとなくデザインセンスが西武球場に共通したものを感じる。

ライト場外にサッカー場があり、その影響でライト側外野席はレフト

大宮県営球場

大宮県営球場

側より狭い造りになっている。外野の照明塔もライト側は観客席内に立っており、レフト側は場外。

1998年10月8日に行った時には、中堅122m、両翼99mというメモがある。

収容人数20500人。

（踏破№66　ＡＢＣ）

大宮市営球場

埼玉県大宮市（現在はさいたま市）
1990年7月24日
（スコアブックに規格メモ無し）
内野土、外野天然芝　照明有り
全国高校野球・埼玉大会
川越商9－4埼玉栄

　東武鉄道・大宮公園駅から徒歩15分。

　1988年に全面改修され、現在の姿になった。収容人数は10000人。

　水島新司さんの『ドカベン』に少しだけ出てくるが、改修前なので現在の姿とは異なる。

　高校野球でよく使われる。

　1994年4月26日、イースタンリー

大宮市営球場

グで両軍無安打という奇跡的な試合があった球場（ヤクルト1－0西武。ヤクルトの得点はエラーがらみ）。これは是非観たかったもの。

　1992年10月1日のメモによると中堅122m、両翼91m。

（踏破№21　ＡＢＣ）

小鹿野総合運動公園野球場

埼玉県小鹿野町
2015年8月29日
中堅110m、両翼90m
内野土、外野天然芝　照明有り
秩父カップ　リトルシニア硬式野球大会
深谷彩北14－4志木（7回制　5回コールドゲーム）

　西武秩父駅からバスで50分（運賃520円）、「黒海土入口」下車。徒歩

小鹿野総合運動公園野球場

5分。しかしバス停からの道がちょっとわかりにくいので要注意。

2009年、2011年、2012年にイースタンリーグ公式戦が開催されたことがある。が、中堅110m、両翼90mと狭いグラウンド、観客席も小さく草野球場的な感じ。その後、イースタンの開催は途絶えたが、リトルシニアの大会があることに気づき、踏破できた。

ネット裏正面部分は、本部席用の建物で占められていて観客用の座席無し。内野途中まではプラ長イス4段。あとの内外野は芝生の観戦スペースになっている。

スコアボードは、時計、得点板（10回まで。磁気反転式）、ＳＢＯ灯、ＨＥＦＣ灯。選手名、審判員名は出せない。

小鹿野総合運動公園野球場

ライト場外後方の上空を、橋が渡っている。この橋の上から球場を一望でき、写真も撮った。こういう眺め方ができる球場は珍しい。

帰りは、小鹿野車庫というバス停まで30分ほど歩いた。小鹿野車庫からならバスの本数がそこそこ有り。

（踏破№834　ＡＢＣ）

春日部市牛島野球場

埼玉県春日部市
1996年9月18日
中堅120m、両翼92m
内野土、外野天然芝　照明有り
秋季高校野球・埼玉大会　東部地区予選
鷲宮15－0羽生実（5回コールドゲーム）

東武野田線・藤の牛島駅から徒歩20分。

1989年完成。収容人数3000人。

高校野球でよく使われる。

初の北海道遠征から帰ってきた翌日に行った。連続した9日間で11球

春日部市牛島野球場

春日部市牛島野球場

場踏破は自己最長記録。私の人生の最も幸福な9日間といえるかも。

（踏破No.235　ＡＢＣ）

川口市営球場

埼玉県川口市
1990年7月17日
（スコアブックに規格メモ無し）
内野土、外野天然芝　照明有り
全国高校野球・埼玉大会
桶川西11－1三郷（5回コールドゲーム）

　ＪＲ西川口駅から徒歩15分。
　高校野球でよく使われる。
　ネット裏席最上段に、石製の机つきの席があり、そこで観戦すればちょっとした記者気分を味わえる。
　球場横に食料品店があるが、大会開催時はたいへんな混雑になるので食料は持参したほうがいいだろう。
　1996年4月13日に行った時は規格をメモしていて、中堅110m、両翼

川口市営球場

90m。2000年に行った時は規格表示が無かった。その後、内外野人工芝になりスコアボードも電光式に改修されたので、再訪しなければ。
　2016年の時点で、内外野人工芝。規格は中堅118m、両翼95m。収容人数5500人。

（踏破No.17　ＡＢＣ）

川越初雁球場

埼玉県川越市
1992年4月29日
（スコアブックに規格メモ無し）
内野土、外野天然芝　照明有り
春季高校野球・埼玉大会
大井3－2所沢商（延長10回）

　1952年に建設された古い球場。
　高校野球でよく使われるが、スタンドは小規模。
　帰り、ＪＲ川越駅まで長い距離を

川越初雁球場

歩いてみた。宿場町の趣きを残す街並みが素敵だった。

2016年の時点で、規格は中堅110m、両翼91m。収容人数約10000人。
2012年、川越市制90周年記念として全早慶戦が開催された。
（踏破No.43　ＢＣ　※硬式は高校生以下なら利用可能）

北本総合公園野球場

埼玉県北本市
1997年10月１日
中堅122m、両翼92m
内野土、外野天然芝　照明有り
秋季高校軟式野球・埼玉大会
熊谷商16－０川口東（５回コールドゲーム）
　ＪＲ高崎線・北本駅から徒歩30分。
1993年６月５日開場。記念にイースタンリーグ公式戦・西武－巨人が開催された。
収容人数は約3000人。
2013年春の高校軟式野球・関東大会で使われた。
（踏破No.362　Ｃ）

北本総合公園野球場

北本総合公園野球場

行田市門井球場

埼玉県行田市
1998年７月18日
規格表示無し
内野土、外野天然芝　照明無し
全国高校定時制通信制軟式野球・埼玉大会
科技入間８－４与野（７回制）
　ＪＲ高崎線・行田駅から徒歩15分。1975年８月完成。
　正方形型の球場で、外野フェンスも直線状。ＳＢＯ灯も無し。

行田市門井球場

　四角い敷地に目いっぱい造られているので、ネット裏スタンドも上空から見ると三角形をしている。

近年も全国高校定通制軟式野球・埼玉大会で使われている。

私が行った当時でも、この大会くらいしか試合開催情報を得ることはできなかった。

軟式専用の球場。

(踏破No.418　C)

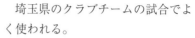

行田市総合公園野球場

埼玉県行田市
1997年7月24日
規格表示無し
内野土、外野天然芝　照明無し
全国高校定時制通信制軟式野球・埼玉大会
朝霞8－1上尾（5回コールドゲーム）
　秩父鉄道・行田市駅から徒歩25分。

埼玉県のクラブチームの試合でよく使われる。

2014年春には、全国高校女子硬式野球選抜大会が開催された。

1986年9月に完成。球場開きには社会人野球の強豪、日本通運とプリンスホテルを招き試合が行なわれた。

(踏破No.328　ＡＢＣ)

行田市総合公園野球場

行田市総合公園野球場

熊谷運動公園野球場

埼玉県熊谷市
1993年4月30日

中堅120m、両翼90m
内野土、外野天然芝　照明有り

熊谷運動公園野球場

熊谷運動公園野球場

春季高校野球・埼玉大会
東和大昌平5-4狭山ケ丘

　JR熊谷駅からバス。ただしバスを降りてからもだいぶ歩く。
　高校野球でよく使われる。
　現在の球場は1978年にできた。
　野球狂の友人・廣瀬伸治君によるとこの球場は水はけがよく、他の球場が中止になってもこの球場だけは試合をやることが多いという。
　この日は第二試合で朝霞高校の好投手・奥平（のち立教大〜本田技研）を発見したのが収穫。
　収容人数24500人。
　2015年から、独立リーグ・プロ野球球団の本拠地球場として使われている。

（踏破№89　ＡＢＣ）

鴻巣フラワースタジアム

埼玉県鴻巣市
2011年5月1日
中堅122m、両翼98m
内外野土　照明有り
首都大学野球2部リーグ・グループA
獨協大5-2足利工大

　JR高崎線・鴻巣駅からバス。
　正式名称は「上谷総合公園野球場」。
　フラワースタジアムの愛称にふさわしく、球場正面に花壇がある。
　2004年11月開場。しかしその後なかなか大きな試合で使われず、踏破のチャンスがなかった。
　使われなかった理由は、関東圏では珍しい、内外野土のグラウンドであるためと思われる。
　内外野土の球場だけに、普通はマウンドの後ろに一つあるだけの散水装置がレフト、センター、ライト、一塁側ファウルグラウンド、三塁側ファウルグラウンドと5カ所にある。でも一台ずつ順番にしか使用できないようで、5回終了時に散水されたがとても時間がかかった。
　私がこの球場に行ったのはまさに最悪のタイミングだった。というの

鴻巣フラワースタジアム

鴻巣フラワースタジアム

も踏破した日はとても風が強く、再三にわたって土埃が舞い上がりプレーが中断。試合終盤はまるで土嵐の合間を縫って試合をしているような感じ。これではやはり重要な試合での使用は難しいのでは。

また、外野手が土のバウンドに慣れていないために起きたと思われるエラーが二つ発生した。

私も耳の穴まで真っ黒になり、帰って入浴したらお湯が真っ黒に。スコアブックも泥で汚れてしまっている。

私は観ていないが、2010年に公開された映画『僕たちのプレイボール』のロケ地に使用されたようで、球場玄関に出演者の高田延彦、羽田美智子、原日出子のものと思われるサイン色紙が飾られている（達筆すぎて？ 判読できず）。他にミキハウスやレオパレス21など女子ソフトボールの強豪チームの選手寄せ書きサインも展示。

また、2011年6月公開の映画『もし高校野球の女子マネージャーがドラッカーの『マネジメント』を読んだら』（主演・前田敦子）のロケにも使われた。

その後、外野に天然芝が張られ、2014年3月から使われている。

収容人数は約1450人。首都大学野球でたまに使われる。

（踏破№692　ＡＢＣ）

越谷市民球場

埼玉県越谷市
1996年9月18日
中堅122m、両翼98m
内野土、外野天然芝　照明有り
秋季高校野球・埼玉大会　東部地区予選
羽生－3－2独協埼玉

東武鉄道伊勢崎線・越谷駅からバスで行った。

1994年にオープンした球場。収容人数10000人。

高校野球でよく使われる。

（踏破№236　ＡＢＣ）

越谷市民球場

越谷市民球場

幸手ひばりヶ丘球場

埼玉県幸手市
2006年9月16日
中堅120m、両翼92m
内野土、外野天然芝　照明有り
首都大学野球
帝京大2－0城西大

幸手ひばりヶ丘球場

　東武日光線・幸手駅からバスで行った。
　1992年完成。
　存在は知っていたが長らく試合開催情報がキャッチできず「幻の球場」扱いにしていたが、なぜかこのシーズンは首都大学リーグが使ってくれて踏破することができた。

　収容人数約4460人。近年は社会人野球のクラブチームの大会で使われている。
　また、2007年にフジテレビ系で放映されたドラマ『プロポーズ大作戦』でロケに使われた。

（踏破№530　ＡＢＣ）

庄和総合公園野球場

埼玉県庄和町（現在は春日部市）
1998年8月13日
中堅120m、両翼91.5m
内野土、外野天然芝　照明無し
ボーイズリーグ関東大会・中学部
全日高9－3市川ウィナーズ（7回制6回コールドゲーム）

庄和総合公園野球場

庄和総合公園野球場

　東武野田線・南桜井駅から徒歩20分。
　球場の完成は1985年。2004年の埼玉国体では軟式野球の会場として使われた。
　意外なところでは、2004年秋に千葉県の硬式高校野球の地区予選で使

Ａ…硬式（高校以上）　Ｂ…硬式（中学以下）　Ｃ…軟式　の試合が可能

われたことがある。球場不足のためだろうが、千葉県の予選を埼玉県で行なった珍しい例である。

その他、首都大学リーグが公式戦で使ったこともあるし、球場巡りの盟友・H氏によると高校野球の新人大会でも使用例があるとか。

また、女子硬式野球の試合でも多用されている。

正式名称は「庄和勤労者体育センター　庄和球場」。

（踏破№432　ＡＢＣ）

西武ライオンズ球場

埼玉県所沢市
1990年6月2日
（スコアブックに規格メモ無し）
内外野人工芝　照明有り
パシフィックリーグ公式戦
西武4－2近鉄

西武ライオンズの誕生とともに、1979年にできた球場。

私が初めてこの球場に来たのは1981年、高一の時。茨城の田舎から南海ホークスの試合を見に来た。野球好きの地方のいち高校生にとっては、この球場は憧れの地だった。

1999年に屋根付きになり、グラウンドも拡張された。現在の規格は資料によると中堅122.0m、両翼100.0m。

2011年、久々に行ってみたら、ス

西武ライオンズ球場

タンド内にトイレや売店が新設されていてびっくり。近年は変貌著しい。

ＮＰＢの試合のほか、都市対抗の東京都予選でも使用されていた。東京地区の予選をなぜ埼玉でやっていたのかは不明。おそらく西武系のプリンスホテル野球部の関係ではないかと想像している。

2015年の時点で、収容人数33556人。

（踏破№2　ＡＢＣ）

スコアボードも斬新なデザインだった

まだ屋根無し球場だった頃

西武第二球場

埼玉県所沢市
1992年7月1日
(スコアブックに規格メモ無し)
内野土、外野天然芝　照明無し
イースタンリーグ公式戦
西武3－2横浜大洋

西武第二球場

　西武鉄道・西武球場前駅から徒歩。西武球場の隣にある。イースタンリーグの試合で使用される。
　ネット裏に長イスが置かれている。同じような規模の日本ハム多摩川球場やロッテ浦和球場はネット裏では観戦できないので、それらに比べると格段に観戦しやすい。
　1992年、東大からプロ入りして話題になった小林至投手のプロ初登板(イースタン教育リーグ)をこの球場で観て、スコアブックにサインまでもらった。
　1999年3月17日のスコアブックには「規格表示無し」のメモ有り。
　2014年1月30日付のスポーツニッポンの記事によると、球団側は一塁側に観客席を5年以内に新設することを決めたとか。
　(踏破№60　A　※一般への貸し出しは行なっていない)

所沢航空記念公園野球場

埼玉県所沢市
2006年9月15日
中堅120m、両翼92m
内野土、外野天然芝　照明無し
秋季高校野球・埼玉大会　西部地区予選
所沢西4－3所沢中央 (延長13回)

　西武新宿線・航空公園駅から徒歩15分。駅前には実物の飛行機が展示してある。
　2006年8月完成。

所沢航空記念公園野球場

所沢航空記念公園野球場

A…硬式(高校以上)　B…硬式(中学以下)　C…軟式　の試合が可能

新しくてきれいな球場だったが、スコアボードが落雷により故障していてＳＢＯランプが使用されなかった。

収容人数は4000人。高校野球でよく使われている。

(踏破No.529　ＡＢＣ)

戸田市営球場

埼玉県戸田市
1992年5月15日
(スコアブックに規格メモ無し)
内野土、外野天然芝　照明有り
春季高校軟式野球・埼玉大会
浦和工４－２浦和西

　1978年9月完成。
　ＪＲ埼京線・北戸田駅の近くにある球場で、車窓からも見える。
　こじんまりとしていて、硬式の試合では使われない。初めはてっきりここがヤクルト二軍の球場だとカン違いしていて、間違えて行ってしまったこともあった。
　大学軟式野球で使われている。

(踏破No.50　Ｃ)

戸田市営球場

戸田市営球場

新座市総合運動公園野球場

埼玉県新座市
2010年5月21日
中堅120ｍ、両翼91ｍ
内野土、外野天然芝　照明有り
東都大学準硬式野球・2部リーグ
東洋大13－2東京農大

　インターネットでいろいろ見ていたら準硬式大学野球の公式ページを見つけ、初耳のこの球場で試合があることを知った。
　西武鉄道・東久留米駅からバス。

新座市総合運動公園野球場

こじんまりとした球場。

球場建物の外壁がタイル貼り。

球場の向きが通常と逆なので、外野手は太陽光線が邪魔になり飛球の捕球に苦労しそう。

客席はネット裏が長イス5段のみ、あとの内野席は芝生席と簡素。スコアボードも選手名表示欄無し。

帰り、また東久留米駅までバスに乗ったが、バス停がちょっとわかりにくい場所にある。行く人は注意されたほうがよい。

新座市総合運動公園野球場

収容人数約3024人。
1997年4月1日開設。

（踏破№642　ＡＢＣ）

羽生中央公園野球場

埼玉県羽生市
1994年9月16日
中堅115m、両翼90m
内野土、外野天然芝　照明無し
秋季高校野球・埼玉大会　東部地区予選
越谷西11－1羽生実（5回コールドゲーム）

以前は高校野球の春・秋季大会の地区予選で使われていたが、最近は使われなくなった。

東武伊勢崎線・羽生駅からタクシーで10分。

この試合で、越谷西の好左腕・鈴木功を発見した。この試合では5イニングスで9奪三振（鈴木はのち東洋大〜日本通運。優れた選手というのは、私のようにボーッと観ている人間にも自然と目につくものなのかもしれない）。

帰り、球場前でタクシーを呼んで待っていたら、越谷西高のお母さん

羽生中央公園野球場

羽生中央公園野球場

軍団が来て、駅まで相乗りすることになった。「鈴木君は一年生のころから投げてるのよ〜」などと教えてくれ、感じのいいお母さんたちだった。

翌夏、越谷西高は全くノーマークの存在からあれよあれよと勝ち進み甲子園初出場。あのお母さんたち喜んでいるだろうなと思うと私も嬉しかった。

ネット裏に小規模な長イススタンドがあったが、あとの内外野席は芝生席。観覧席の収容人数は212人。

（踏破№162　C）

飯能市民球場

埼玉県飯能市
1994年4月18日
中堅120m、両翼92m
内野土、外野天然芝　照明有り
春季高校野球・埼玉大会　西部地区予選
立教10－0所沢西（5回コールドゲーム）

　西武池袋線・元加治駅から徒歩20分。

　1993年5月30日完成。出来たばかりの頃に行った。

　新しくはあるけど、外野席の外からタダ見できるので夏の高校野球では使用されないだろうと思っていた

飯能市民球場

が近年では毎夏使用されている。

　高校のほか、大学野球でもたまに使われる。

　収容人数1500人。

（踏破№110　ＡＢＣ）

東松山野球場

埼玉県東松山市
1994年4月13日
中堅120m、両翼92m
内野土、外野天然芝　照明無し
春季高校野球・埼玉大会　西部地区予選
松山8－1鶴ケ島（7回コールドゲーム）

　東武鉄道・東松山駅から徒歩30分。

　私が行った時点でかなり老朽化し

東松山野球場

ていたが、最近では高校野球の大会で使用されなくなった。

もともとあった球場が、1984年、1988年に行なわれた改修により、この写真の姿になった。

2016年の時点で、観客席は500人分。スコアボードが電光化されネット裏席に屋根がつくなど、再び大きく改装されている。

（踏破No.107　ＡＢＣ）

深谷市北部運動公園野球場

埼玉県深谷市
2016年6月25日
中堅105m、両翼90m
内野土、外野天然芝　照明有り
埼玉中学総体　大里・深谷地区予選
深谷南中学6－0岡部中学（7回制）

深谷市北部運動公園野球場

ＪＲ深谷駅から徒歩50分。

ネット裏席は鉄パイプで組まれたスタンドでプラ長イス7段。あとの内外野席はごく狭い観戦スペースがあるだけ。ところどころに長イス有り。

バックスクリーン無し、スコアボード無し、ＢＳＯ灯無し。場内アナウンス設備無し。得点板が一塁側ダッグアウト右に有り。

（踏破No.858　Ｃ）

本庄総合公園市民球場

埼玉県本庄市
1996年8月21日
中堅120m、両翼95m
内野土、外野天然芝　照明有り
高校野球・埼玉　県北大会

深谷第一3－2本庄

1994年3月竣工。

新しい球場だが、なぜか春・夏・秋の高校野球公式戦では使用されない（この日私が観たのは、秋季大会

本庄総合公園市民球場

本庄総合公園市民球場

地区予選のシード校決めのための大会)。駅から遠いせいだろうか？歩いて40分ほどかかる。

　2011年5月1日に再訪してみた。外野後方を送電線が横断していて、ネット裏からは電線が外野フェア地域上空を横切っているように見える。外野スタンドまで行って確認してみたが、鉄塔が球場を迂回するように建てられていて電線はギリギリのところでフェア地域上空を回避している。

　球場建物内には1994年、2009年に開催されたイースタンリーグ（カードはともに西武－巨人）の両チーム選手のサイン寄せ書きパネルが展示されている。

　収容人数10000人。

（踏破№211　ＡＢＣ）

皆野スポーツ公園野球場

埼玉県皆野町
2015年8月29日
中堅116m、両翼91.5m
内野土、外野天然芝　照明無し
秩父カップ　リトルシニア硬式野球大会
大宮東6－3戸田東（7回制）

　秩父鉄道・親鼻駅から徒歩13分。

　秩父カップはこの年から出場チームが増え、初耳のこの球場が使われるようになった。それで、小鹿野球場を踏破するついでに行ってみた。

　観客席は、ネット裏からダッグアウト上までは長イス席2段。あとの内外野席は無し。ネット裏部分のみ屋根有り。

　スコアボードは、時計、得点板（10回まで。磁気反転式）、ＳＢＯ灯、ＨＥＦＣ灯。

　ネット裏の本部席は、グラウンドに向いた窓が下向きに傾けて造られている（太陽光の反射を防ぐため）。

　一塁側場外を秩父鉄道の線路が走っている。普通の電車の他、セメントを積んだ貨物列車も頻繁に通過する（さすが秩父）。それで、この日は電車が球場近くにさしかかるたび

皆野スポーツ公園野球場

皆野スポーツ公園野球場

に、観客席にいる係員が笛を吹いて主審に知らせ、試合が中断されていた。一塁側には十分な高さに見える防球ネットがあるが、念のためだろう。電車の通過と投球のタイミングが合ってしまうたびに試合が30秒ほどが中断されてしまうので、さすがにちょっと興ざめは否めない。これでは大きな大会では使われにくいかもしれない。

基本的に軟式野球専用の球場。

（踏破No.835　C）

ヤクルト戸田総合グラウンド

埼玉県戸田市
1997年5月28日
規格表示無し
内野人工芝、外野天然芝　照明無し
イースタンリーグ公式戦
ヤクルト16－9日本ハム

ヤクルト戸田総合グランド

　JR武蔵浦和駅からバスで行った。
　ヤクルト二軍の専用球場で、イースタンリーグで頻繁に使用される。
　内野人工芝、外野天然芝という組み合わせは非常に珍しく、全国でここだけかもしれない。
　バックネット上に連盟旗、球団旗を掲揚する形式も変わっている。
　私が行った頃は観客席がなかったが、その後ネット裏に観客席ができた。でも狭いのですぐに満席になってしまうので要注意。
　荒川の河川敷にあるので、増水して水没してしまい、しばらく試合開催ができなかったこともあった。
　収容人数約100人。

（踏破No.292　A　※一般への貸し出しは行なっていない）

吉川市旭公園球場

埼玉県吉川市
1998年8月13日
中堅122m、両翼97.6m
内野土、外野天然芝　照明有り
ボーイズリーグ関東大会・中学部
相模原ホワイトイーグルス8－0多摩ファイターズ（7回制　4回コールドゲーム）

吉川市旭公園球場

222　A…硬式（高校以上）　B…硬式（中学以下）　C…軟式　の試合が可能

東武野田線・愛宕駅から徒歩45分。
収容人数は2940人。
　球場が開設されたのは1997年。
　どういう縄張りがあるのか不明だが、この球場は同じ中学硬式野球でもリトルシニアよりボーイズリーグの使用が多い。　（踏破№431　C）

吉川市旭公園球場

ロッテ浦和球場

埼玉県浦和市（現在はさいたま市）
1990年7月10日
（スコアブックに規格メモ無し）
内野土、外野天然芝　照明無し
イースタンリーグ公式戦
ロッテ3－2西武

　JR武蔵浦和駅から徒歩15分。ロッテの工場の脇を歩いて行く。チョコレートの匂いが漂っている。
　1989年にできた球場。
　ネット裏に観客席が無いのでとても観戦しにくかった。ロッテ二軍の本拠地であり、イースタンリーグの試合が多数行なわれる。
　生まれて初めてノーヒットノーラ

ロッテ浦和球場

ンを見たのがこの球場。1991年8月5日、イースタンリーグ・ロッテ－日本ハム戦でロッテ・今野隆裕投手が記録した。
　2016年の時点で、規格は中堅122m、両翼96m。収容人数は約300人。
　（踏破№16　A　※一般への貸し出しは行なっていない）

蕨市営富士見球場

埼玉県蕨市
1994年5月11日
中堅110m、両翼92m
内野土、外野天然芝　照明有り
春季高校軟式野球・埼玉大会
早大本庄6－4新座北

蕨市営富士見球場

JR戸田駅から徒歩10分。
市街地の中にある。ネット裏に関係者用の施設はあるが、グラウンドをネットで囲っただけの球場。
高校軟式野球で使われる。

硬式野球の試合では使用できない。が、高校の硬式野球部が練習に使っていて、練習なら硬式も可のようだ。

(踏破№117　C)

千　葉　県

旭市野球場

千葉県旭市
2016年7月2日
中堅115m、両翼90m
内野土、外野天然芝　照明有り
日本スポーツマスターズ2016・千葉県予選
成田オールスター5－4茂原クラブ（7回制　延長9回）

旭市野球場

　JR干潟駅から徒歩28分。旭スポーツの森公園内にある。現在の球場建物は1997年に完成。

ネット裏席は背もたれ無しの個別イス席6段。ここの観客席数は360席。あとの内外野席は観戦スペースになっているが傾斜無し。

(踏破№859　C)

市川市国府台球場

千葉県市川市
1994年9月9日
中堅122m、左・右中間103m、両翼91m

内野土、外野天然芝　照明有り
秋季高校野球・千葉大会ブロック予選
市川北7－6松戸国際（延長11回）

市川市国府台球場

市川市国府台球場

京成線・国府台駅から徒歩10分。

1950年3月31日オープン。収容人数は13967人。

1953年には、当時の毎日オリオンズ二軍の本拠地球場として使われた。

高校野球で春・夏・秋と多用される球場だが、ネット裏席は小さく、スコアブックがつけにくかった。

これは観客席の狭さとは関係ないが、ダブルスチールの時に長い挟殺プレーが起き、その時の投球に対する判定を忘れてしまった（スコアをつける時にはありがちなミス）。

試合後、引き揚げてきた主審に訊いたら明快に答えてくれた。審判の記憶力はまったくすごい。

珍しく、左・右中間にも規格表示がある。

ナイター照明は老朽化したため、2010年のシーズンを最後に使用中止となった。

（踏破№157　ＡＢＣ）

市原市臨海野球場

千葉県市原市
1994年4月9日
規格表示無し
内野土、外野天然芝　照明有り
春季高校野球・千葉大会ブロック予選
志学館15－2九十九里（5回コールドゲーム）

ＪＲ内房線・五井駅から徒歩30分。

Ｊリーグ・ジェフ市原のホームスタジアムとして使われていた競技場の隣にある。

外野席後方に桜が植えられた、のどかな球場だった。

その後、この写真の球場は取り壊

市原市臨海野球場

され、1999年、近代的な球場に生まれ変わった。改築後の規格は、中堅122m、両翼98m。収容人数9800人。現在は高校、大学野球で使用が多い。

改築後は2004年5月22日に行った。

（踏破№105　ＡＢＣ）

印西市松山下公園野球場

千葉県印西市
2005年11月4日
中堅119m、両翼93m
内野土、外野天然芝　照明有り
秋季高校軟式野球・関東大会
千葉商大付9－4水城

JR成田線・木下駅からバスで10分。ただし本数が少ない。

2015年の時点で、硬式野球での使用はできない。

千葉県のサイトでは、1997年完成、中堅119m、両翼93m。

（踏破No.522　C）

印西市松山下公園野球場

海上野球場

千葉県海上町（現在は旭市）
2004年11月20日
中堅122m、両翼100m
内野土、外野天然芝　照明有り
高校野球・千葉　東部地区大会
銚子西5−1小見川

JR総武本線・飯岡駅から徒歩15分。

2004年にできた球場。

球場に表示してある名称は「海上野球場」だが、正式には「海上コミュニティ運動公園野球場」という名称。

春・秋の高校野球地区予選でも使われず、なかなか踏破のチャンスが無い球場。私が観戦したのは秋季大会の後に行なわれる、地区の大会だった。

小見川高校に、なんともおめでたい「七五三」という名前の選手がいた。何と読むのかというと……「しめ」と読むそうです。

（踏破No.514　C）

海上野球場

海上野球場

大多喜B&G球場

千葉県大多喜町
1996年9月4日

中堅120m、両翼92m
内野土、外野天然芝　照明無し

秋季高校野球・千葉大会ブロック予選
茂原工28－0岬（5回コールドゲーム）
　JR外房線・大原駅から「いすみ鉄道」に乗り換え、大多喜駅下車・徒歩30分。山の上にあった。
　1986年完成。

　海洋センターという団体が管理している球場が全国各地にあるが、ここもそのひとつ。
　2010年、2011年と、BCリーグの新潟球団が春季キャンプを行なった。
（踏破№221　ABC）

南関東

大多喜B&G球場

大多喜B&G球場

柏市柏の葉公園野球場

千葉県柏市
2011年11月12日
中堅122m、両翼98m
内野土、外野天然芝　照明無し
高校野球・千葉　柏地区大会
県立柏7－2柏南

　つくばエクスプレス・柏の葉キャンパス駅から徒歩30分。
　2010年開場。収容人数12000人。
　新しい球場なのでもっとデラック

スなのかと思っていたが、照明無し、ネット裏席も全て長イスと、予想と違っていた。隣に立派なサッカー場があり、そちらに予算を取られてしまったのかも？
　球場周りの通路含めて金網フェンス内にあり、普段は立ち入ることが出来ない警戒厳重な球場。
　近年、高校野球でよく使われるほか、大学野球もたまに行なわれる。

柏市柏の葉公園野球場

柏市柏の葉公園野球場

イースタンリーグも、2010年、2012年に開催された。

（踏破№726　ＡＢＣ）

鴨川市営球場

千葉県鴨川市
1996年9月6日
中堅規格表示無し、両翼97.5m
内野土、外野天然芝　照明無し
秋季高校野球・千葉大会ブロック予選
茂原工7－4白里

鴨川市営球場

　ＪＲ安房鴨川駅からバスで行った。

　1984年11月3日にオープンした球場。記念試合としてイースタンリーグのオープン戦・日本ハム－巨人が開催された。

　収容人数は3626人。

　千葉県のサイトによると、中堅122m、両翼97.5m。

　日本ハム球団が秋季キャンプで使っていたので、この球場の存在は知っていたが、なかなか試合が開催されなかったので踏破できず、日本ハムキャンプの紅白戦を観るしか踏破のチャンスはないかと思っていたがその後、千葉の高校野球が春・秋のブロック予選で使うようになったので踏破できた。

　2007年9月に開催されたイースタンリーグ公式戦を契機に、2008年から千葉ロッテ二軍の春季キャンプ地となり、2010年からは一軍選手も多数参加する秋季キャンプで使われている。

（踏破№222　ＡＢＣ）

佐倉市岩名球場

千葉県佐倉市
1996年8月30日
中堅120m、両翼92m
内野土、外野天然芝　照明有り
秋季高校野球・千葉大会ブロック予選
中央学院10－0我孫子（6回コールドゲーム）

佐倉市岩名球場

　京成本線・京成佐倉駅からタクシーで行った。

　完成は1975年。収容人数は7000人。

球場の表札文字は佐倉一高出身の長嶋茂雄氏の筆によるもの。お世辞にも達筆とは言い難いが、長嶋ファンは必見だろう。写真を撮りたかったが、駐車場の中にあるので車が邪魔で撮影できなかったのが残念。

　2013年7月12日、長嶋茂雄氏に佐倉市民栄誉賞が授与され、その表彰式が約3100人の市民が集まりこの球場で行なわれた。

　そしてその日より、この球場は長嶋茂雄記念岩名球場と改称された。

（踏破No.219　ＡＢＣ）

新日鉄君津球場

千葉県君津市
2007年5月26日
中堅120m、両翼95m
内野土、外野天然芝　照明有り（内野のみ）
東日本軟式野球大会・1部
川崎信用金庫15－5京セラ三重

　ＪＲ内房線・君津駅からバスで行った。

　1981年10月完成。

　立派な球場。室蘭の球場もそうだった。新日鉄は野球に力を入れていたことがわかる。

　スタンドへ上がる階段は鉄製。こういうとこはやっぱり製鉄会社の球場。

　球場脇にある、野球部選手寮だった建物もついでに見学。歴代全部員の名前が掲示してあり、もちろん松中信彦（ホークス）の名もあった。

　現在は親会社の合併により、新日鉄住金君津球場という名称。2010年の千葉国体で、軟式野球競技会場の一つとして使われた。

　新日鉄君津の後継チームである「かずさマジック」がオープン戦を多数開催している。

　2014年12月から約3ケ月をかけ、観客席やフェンスが青ペンキで塗装された。作業はかずさマジックの監督、コーチ、選手が自らの手で行なった。

（踏破No.539　ＡＢＣ）

新日鉄君津球場

新日鉄君津球場

袖ケ浦市今井野球場

千葉県袖ケ浦市
2007年5月26日
中堅120m、両翼90m
内野土、外野天然芝　照明無し
東日本軟式野球大会・1部
三京アムコ10－0ロマンス

袖ケ浦市今井野球場

　ＪＲ内房線・長浦駅より徒歩30分。小規模な球場。軟式野球専用で収容人数は300人。

　1980年完成、1990年に改修工事が行なわれている。

　2010年の千葉国体で、軟式野球競技会場の一つとして使われた。長崎県－福井県の試合は延長23回の大熱戦となり、延長15回まではこの球場で行ない、日没のため延長16回以降はナイター照明のある袖ケ浦市営球場に場所を移して続行された。

　近年は少年野球、中学野球での使用が多い。

　この球場を踏破し終えて、新日鉄君津球場へハシゴするため急いで球場を出ると、球場踏破仲間のＨ氏とバッタリ。珍しい球場で試合があると、球場行脚人はみんな狙い所が同じになってしまうのだ。お互い思わず苦笑。

（踏破No.538　Ｃ）

袖ケ浦市営球場

千葉県袖ケ浦市
1994年8月26日
中堅122m、両翼98m
内野土、外野天然芝　照明有り
高校野球・千葉　内房地区大会
安房11－5志学館

袖ケ浦市営球場

　ＪＲ内房線・袖ケ浦駅から徒歩20分。

　完成は1989年。収容人数は5100人。

　高校、大学野球のほかイースタンリーグでも使われる。

　球場職員のおじさんと話していて、全国を周っていると言ったら「ウチの球場は芝生が青いでしょう」と誇らしげに言ってきた。

　そして「あまり知られてませんが

富津にも球場がありますよ」と教えてくれた（その後1995年8月19日に踏破）。

　観戦したのは新チーム発足後、秋季大会ブロック予選の前に行なわれるマイナーな大会。こういう、連盟のホームページにも地方新聞にも載らない地域大会があるので、高校野球観戦は奥が深い。

　プロ野球公式戦は開催されたことがないが、オープン戦は1990年3月15日に日本ハム－ロッテが行なわれている。

　松井秀喜選手がこの球場でプレーしたことがある。1993年7月28日、イースタンリーグ公式戦・日本ハム－巨人。成績は4打数0安打1打点。

（踏破№151　ＡＢＣ）

館山運動公園野球場

千葉県館山市
2010年9月26日
中堅120m、両翼90m
内野土、外野天然芝　照明無し
千葉国体・軟式野球競技
愛知2－0宮崎

　田舎の球場だが千葉県立。ＪＲ館山駅からバスで13分。

　球場前の石碑によると、1983年、県の人口が500万人を超えたことを記念して造られた。

　国体を観戦したが、ネット裏真後ろの位置に仮設の本部棟が建てられていた。

　ネット裏席はプラ長イス5段。収容人数440人。ほかに内野席には国体開催用に仮設スタンドが造られていたが、普段は内外野席とも芝生席。

　スコアボード、ネット裏ともにカウント表示がＢＳＯの順。

　ネット裏最前列に座ると、グラウンドとの高さの差が1メートルほどしかない。スタンドが低い球場。

　なかなか目立った試合開催がない。2000年ごろ、千葉ロッテの秋季キャンプ地として使われていた。

（踏破№676　ＡＢＣ）

館山運動公園野球場

館山運動公園野球場

千倉総合運動公園野球場

千葉県南房総市
2010年8月22日
中堅120m、両翼91.5m
内野土、外野天然芝　照明有り
秋季高校野球・千葉大会ブロック予選
一宮商2－1九十九里

　国体の使用球場は開催の一年以上前に発表されるので球場マニアはかかさずチェックする。

　2010年の千葉国体・軟式野球では未踏破球場ではこの球場と館山球場が使われることがわかり、国体でハシゴ踏破でもよかったが、なぜか競技開始が土曜日ではなく日曜日だった。この地域は鉄道の運行本数が少ないので、日曜日にハシゴ踏破失敗した場合、翌日は出勤なので踏破をやり直すチャンスが無い。なので、前もってどちらかは踏破しておきたかったのだが、幸運なことにこの球場が高校野球で使われることがわかり行ってみた。

　JR内房線・千倉駅から徒歩30分。山の上にあるので駅から歩くと疲れる。この年から高校野球の地区予選で使われるようになった。

　国体に備えて観客席や本部席、バックスクリーンやラバーフェンスが整備された。とはいえネット裏観客席はプラ長イス2段だけ、外野席は無しと設備は簡素。

　2009年2月に改修工事が終わり、その年の8月にコケラ落としとして中学野球の市内大会が開かれた。

　元々の完成は1985年。

（踏破№665　ＡＢＣ）

千倉総合運動公園野球場

千倉総合運動公園野球場

千葉県野球場

千葉県千葉市
1992年7月21日
（スコアブックに規格メモ無し）
内野土、外野天然芝　照明無し

全国高校野球・千葉大会
市立船橋12－4市川

　通称「天台球場」。JR千葉駅からモノレールに乗り換え「スポーツ

Ａ…硬式（高校以上）　Ｂ…硬式（中学以下）　Ｃ…軟式　の試合が可能

センター」下車。
　1968年完成。収容人数は27000人。
　近代的なデザインがカッコいい。
　春と秋は高校野球県大会の決勝で使用される。
　内野席最上段にちょこっとだけ屋根がある。
　内野スタンドの急勾配が特徴。
　この球場は、水島新司さんのマンガ『球道くん』『大甲子園』に登場する。水島マンガは球場がリアルに描かれているのでマニアにはたまらない。近年は面倒になったのか架空

千葉県野球場

の球場を登場させるようになり残念。
　1993年4月19日に行った時は中堅120m、両翼92mとメモしている。
（踏破№64　ＡＢＣ）

千葉公園野球場
千葉県千葉市
1993年4月16日
中堅119m、両翼92m
内野土、外野天然芝　照明有り
春季高校野球・千葉大会ブロック予選
千葉商11－3東京学館
　ＪＲ千葉駅からモノレールに乗り換え、千葉公園駅下車、すぐ。
　モノレールの車窓から見下ろせる。
　観客席も小規模で、とてもマイナーな球場だが、水島新司さんのマン

千葉公園野球場

ガ『球道くん』に登場している。
　1949年完成。たいへん古い球場。収容人数10000人。2014年、夏の高校軟式野球県予選で使われた。
（踏破№86　Ｃ）

千葉工大茜浜球場
千葉県習志野市
1993年5月22日
中堅120m、両翼100m
内野土、外野天然芝　照明無し

千葉大学野球
千葉工大5－4国際武道大
　ＪＲ新習志野駅から徒歩15分。
　1987年にできた球場。

かつて千葉大学野球リーグのメイン球場だった。

千葉工大が２部に落ちてから１部リーグでは使用されなくなった。千葉工大構内にあり、野球部合宿所も近くにある。

ＨＥＦＣ灯無し。ＳＢＯ灯もＳが緑、Ｂが黄色という珍しい球場（普通はＳが黄色、Ｂが緑）。スタンドも小規模。

スコアブックを座席に置いてトイレに行き、戻ってくると、近くに座っていたどこかの大学の監督が私のスコアブックを見たのだろう、「あちこち回っているようだが、このリーグのレベルをどう思う」と訊いてきた。素人なのでうまく答えることができなかったのが残念。

（踏破№92　Ａ　※一般への貸し出しは行なっていない）

千葉工大茜浜球場

千葉工大茜浜球場

千葉市青葉の森公園野球場
千葉県千葉市
1992年10月６日
中堅119m、両翼92m
内野土、外野天然芝　照明無し
秋季高校野球・千葉大会
流通経済大柏９－３市立柏

千葉市青葉の森公園野球場

　ＪＲ千葉駅からバスで行った。1987年完成。収容人数は15000人。高校野球でよく使用される。

スタンドは小さめ。

（踏破№77　ＡＢＣ）

千葉マリンスタジアム
千葉県千葉市
1990年６月30日

（スコアブックに規格メモ無し）
内外野人工芝　照明有り

234　Ａ…硬式（高校以上）　Ｂ…硬式（中学以下）　Ｃ…軟式　の試合が可能

千葉マリンスタジアム

スコアボードにスクリーンが無かった

日米大学野球
全日本7-4アメリカ

　JR海浜幕張駅から徒歩20分。

　1990年完成。収容人数は30000人。

　NPB千葉ロッテの本拠地球場であり、夏の高校野球・県予選の決勝戦開催球場でもある。社会人野球でもたまに使われている（都市対抗・南関東予選や千葉市長杯など）。

　1996年までは、外野フェンスにグラウンドの規格が表示されていなかったことを確認している。しかし1999年4月15日には表示があり、中堅122m、両翼99.5mだった。

　踏破した1990年は、まだロッテの本拠地でなかったこともありスコアボードに大型スクリーンがなかった（ロッテの本拠地になったのは1992年から）。

　1994年6月29日にプロ野球を観に行った時はビックリした。

　赤トンボが大量発生して、グラウンドも観客席も赤トンボだらけ。

　まるでヒッチコックの映画『鳥』のような光景。不気味な珍事件だった。前々日が真夏日となり、市内の川で一気に羽化したためだったそうである。

　海沿いにあるので風の強い球場。パ・リーグ史上「強風のため試合中止」は三度あるが、すべてここ。1995年4月21日、オリックス野田浩司投手は日本プロ野球新記録となる1試合19奪三振をこの球場でマークしたが、強風のおかげで変化球がすさまじく変化した影響と思われる。

（踏破№12　ABC）

銚子市野球場

千葉県銚子市
1997年9月10日
中堅118m、両翼92m
内野土、外野天然芝　照明有り

秋季高校野球・千葉大会ブロック予選
東総工19-0旭農（5回コールドゲーム）

　銚子電鉄・観音駅から徒歩10分。

　1949年にできた古い球場。

高校野球は、夏は使われないが、春・秋のブロック予選では使われる。

水島新司さんの『ドカベン』に登場する。しかし、水島マンガにしては珍しく、スコアボードが現物に忠実でない。水島さんがこの球場を登場させた理由は、江川卓投手が高校二年の秋の関東大会がここで行なわれており、水島さんは江川ファンだったので、その時、おそらく銚子まで観戦に来たのではないかと推測している。

2010年の千葉国体で、硬式高校野球の会場として使われた。

夏の甲子園の上位チームが総登場するこの大会は大変な人気で大観衆が詰めかける。球場マニアの間では「銚子球場で収容しきれるの？」と心配されたものだった。

銚子市野球場

2016年の時点では、市の公式ページに「収容人数5500人」と記されている。

この球場に行くために乗った銚子電鉄が印象に残っている。

中吊り広告が、水彩絵の具で描かれた手描きだったのだ。素朴でいいな〜と思った。その後、銚子電鉄は「ぬれ煎餅」が大ヒット、人気となった。

（踏破№349　ＡＢＣ）

流山市総合運動公園野球場

千葉県流山市
1997年4月9日
中堅120m、両翼90m
内野土、外野天然芝　照明有り
春季高校野球・千葉大会ブロック予選
野田北13ー0流山北（6回コールドゲーム）

私が行った頃は、流鉄流山線・流山駅が最寄り駅で徒歩25分ほどかかったが、現在は、つくばエクスプレスの流山セントラルパーク駅が球場のすぐ近くにできている。

流山市総合運動公園野球場

1977年完成。

ネット裏に観客席が無かったが、審判員の江村さんのご厚意によりネット裏の役員席で観戦させていただくことができました。

江村さんとは当然初対面だったが、試合前、どういうキッカケだったか話をしていて、私が「こういう旅をしています」と自己紹介したら感心してくださり親切にしていただいたのである。江村さん、あの時はありがとうございました。

観客席は小規模で、大きな大会は開催できなさそう。

(踏破No.262　C)

習志野市秋津野球場

千葉県習志野市
1993年4月11日
中堅122m、両翼92m
内野土、外野天然芝　照明有り
春季高校野球・千葉大会ブロック予選
松戸馬橋11-7柏日体

習志野市秋津野球場

　JR京葉線・新習志野駅から徒歩15分。高校野球でよく使われる。

　1984年に完成。収容人数は10000人。

　スタンドは小さいので、地元の人気校・市立習志野高校が出場する日は満員で入れないこともあるので注意。

　高校野球ファンには有名な話だが習志野高校の応援ブラスバンドは日本一だと思う。聞くところによると夏の大会には吹奏楽部OBも助っ人に駆けつけ、他校の二倍の楽器数でド迫力の応援を展開し相手を圧倒する。オリジナルの応援曲も興奮を煽ってくれる名曲。夏の大会で、太陽にジリジリ灼かれながら習志野高校の大応援を聴いていると「これぞ夏だね〜」と感じる。未経験の方はぜひ、夏の大会の習志野高校の応援を球場で体感してみてください。

　2014年4月に、スコアボードがフルカラーLED式、全面スクリーン型に改装された。

(踏破No.84　ABC)

成田市営球場

千葉県成田市
1994年7月16日
中堅120m、両翼92m
内野土、外野天然芝　照明有り
全国高校野球・千葉大会

成田市営球場

千葉北6-1佐倉南

　JR成田駅からバス。通称「成田大谷津球場」。高校野球でよく使われる。完成は1971年。収容人数は12000人。

　2010年11月20日に再訪してみた。中堅120m、両翼92m。

　バックスクリーンの上に得点板と時計、SBO灯があり、選手名表示は別建てでその右に建っている。スタンドは傾斜が緩く、満席時は前の人の頭が観戦の妨げになりそう。

　ネット裏には昔の保土ヶ谷球場のようなカマボコ屋根がある。ただしこちらは布張り。

　外野席後方を横断するようにJR成田空港線が走っていて、投球の瞬間と重なると打者にとっては目障りかもしれない。

　1994年に来た時とは、最寄りのバス停が変わっていた。今は「大谷津球場前」というバス停が球場のすぐ近くにある。

　北千葉道路の整備に伴い、2014年10月1日から3年6カ月間、休場中。

（踏破№133）

成田市ナスパスタジアム

千葉県成田市
2010年11月20日
中堅122m、両翼100m
内野土、外野人工芝　照明有り
高校野球・千葉　東部地区大会
旭農8-2富里

　京成電鉄・成田駅からバス。「吉岡大慈恩寺前」下車、徒歩25分。

　2010年9月26日オープン。10月に開催された千葉国体のソフトボール競技の会場になり、それがコケラ落としとなった新しい球場。

　内野土、外野人工芝というのは地方球場としては珍しいパターン（昔の西宮球場がそうだった）。

　ネーミングライツ契約により建設会社であるナスパの名を冠している。元々の名前は「成田大栄野球場」。

　ネット裏席には白布製の屋根有り。屋根の鉄骨が赤く塗装されているの

成田市ナスパスタジアム

成田市ナスパスタジアム

がアクセントになっている。
　ネット裏スタンドが高い位置にあり、バックネットも正方形の網目のナイロン網、内野土も黒土なのでプレーが見やすく好感のもてる球場。
　将来的にはロッテ二軍の本拠地球場にする計画があるとの噂も。
　観客席は、メインスタンド1500席プラス芝生席。
　イースタンリーグや高校野球で使われている。

（踏破№683　ＡＢＣ）

野田総合公園野球場

千葉県野田市
1996年8月28日
中堅119m、両翼91m
内野土、外野天然芝　照明有り
秋季高校野球・千葉大会ブロック予選
柏陵8－6東葛飾
　東武野田線・清水公園駅から徒歩20分。

　完成は1955年。収容人数は1600人。
　球場らしからぬ、普通の事務所みたいな球場建物が面白い。ネット裏最前列に天幕を張って本部席にする形式も珍しい。
　周囲の土地よりもグラウンドが低い位置にある、「掘り下げ型」。

（踏破№218　ＡＢＣ）

野田総合公園野球場

野田総合公園野球場

ファイターズスタジアム

千葉県鎌ヶ谷市
1997年3月18日
中堅122m、両翼100m
内野土、外野天然芝　照明無し
イースタン教育リーグ
横浜3－2日本ハム
　東武アーバンパークライン・鎌ヶ谷駅から徒歩30分。
　1996年12月完成。ネット裏席の席数は2400席。
　ＮＰＢ日本ハム二軍の本拠地球場。通称「日本ハム鎌ケ谷球場」。
　ライト場外はるか後方に「この看板にホームランの打球を当てた

ファイターズスタジアム

ファイターズスタジアム

ら100万円」という看板が出ていた。でも遠すぎるので、おそらく現在まで獲得者はいないのでは。

　日本ハムの合宿所がレフト後方にある関係だろうが、ホームチームの日本ハムが三塁側ダッグアウトを使用していた（通常、ホームチームは一塁側）。

　2013年7月、ライト側スタンド内にプールが新設された。メジャーリーグ、ダイヤモンドバックスのチェース・フィールドにはプールがあるが、日本の野球場ではここが初めて。

（踏破№257　A　※一般への貸し出しは行なっていない）

富津臨海野球場

千葉県富津市
1995年8月19日
中堅120m、両翼92m
内野土、外野天然芝　照明有り
高校野球・千葉　内房大会
暁星国際11－1君津（5回コールドゲーム）

　JR青堀駅からバスで行った。
　完成は1988年。収容人数は818人。
　1994年8月に袖ヶ浦市営球場に行った時、管理人のおじさんからこの球場の存在を教わった。でも当時は春・秋の高校野球でも使われず、よほどの通じゃないと知らない球場だった。
　内房大会とは、夏と秋の大会の合

富津臨海野球場

間に行なわれる、おそらくは秋季大会ブロック予選のシード校決めのための大会。
　現在は高校野球の春・秋季大会のブロック予選でも使われている。
　「ふれあい公園」内にあり、ふれあい球場とも呼ばれる。
　1992年8月5日、この球場でイー

スタンリーグ公式戦が開催された（巨人1－6ロッテ）。

船橋市民野球場
千葉県船橋市
1993年4月10日
中堅120m、両翼90m
内野土、外野天然芝　照明有り
春季高校野球・千葉大会ブロック予選
県立船橋14－4市川北（5回コールドゲーム）

船橋市民野球場

　JR船橋駅からバス。春・夏・秋ともに高校野球でよく使われる。
　1965年にできた球場。収容人数は7500人。
　この球場の素晴らしさは4月上旬に行ってみればわかる。外野スタンドの後方に沿って桜並木が植えられているのだ。観戦と花見が同時にできる。

　いつものようにスコアをつけながら観戦していると、人なつこい男の子が話しかけてきて仲良しになった。
　男の子「明日も来る？」
　僕「う〜ん……来ないよ」
　その子はちょっとさびしそうな顔をした。
　あの子ももういい大人になっていることだろう。

（踏破№83　ＡＢＣ）

松戸運動公園球場
千葉県松戸市
1996年9月3日
中堅120m、両翼90m
内野土、外野天然芝　照明有り
秋季高校野球・千葉大会ブロック予選
市立松戸11－1市川工（6回コールドゲーム）

松戸運動公園球場

　JR松戸駅からバスで行った。
　ネット裏席が小さい。
　完成は1972年8月20日。古い球場。

収容人数は3300人。
　高校野球で使われる。
（踏破№220　ＢＣ　※硬式は高校生以下なら試合可能）

茂原市長生の森公園野球場

千葉県茂原市
2003年4月15日
中堅122m、両翼98m
内野土、外野天然芝　照明無し
春季高校野球・千葉大会ブロック予選
長生2－1大多喜

　ＪＲ外房線・茂原駅からバス。
　県立公園の中にある。完成は2002年。
　近年は、高校野球や大学野球で使われている。公園のサイトによると、外野に、他の球場ではあまり見られない西洋芝を使っているため、年間を通して緑の芝生でプレーできるのがこの球場の魅力、とのこと。
　収容人数9000人。

（踏破No.501　ＡＢＣ）

茂原市長生の森公園野球場

茂原市長生の森公園野球場

八千代市営球場

千葉県八千代市
1993年4月12日
中堅120m、両翼92m
内野土、外野天然芝　照明無し
春季高校野球・千葉大会ブロック予選
松戸秋山11－1幕張東（8回コールドゲーム）

八千代市営球場

　東葉高速線・村上駅から徒歩15分。しかし、私が行った頃はまだ東葉高速線が開業しておらずバスで行った。
　外野後方を東葉高速線が走っている。
　高校野球でよく使われる。
　1974年完成。収容人数は2700人。
　踏破認定試合で珍事件が発生。
　7回以降は後攻チームが7点差をつけた時点でコールドゲーム成立のはず。しかし、8回裏7点差がついたのになぜか試合は続行され、10点差がついた時にコールドゲームが宣告された。
　審判がコールド成立の点差を勘違いしていたと思われる。

（踏破No.85　ＡＢＣ）

横芝ふれあい坂田池公園野球場

千葉県横芝町（現在は横芝光町）
1997年4月16日
中堅120m、両翼95m
内野土、外野天然芝　照明有り
春季高校野球・千葉大会ブロック予選
横芝敬愛14－2富里（5回コールドゲーム）

　JR総武本線・横芝駅からタクシーで10分ほど。
　通称は「横芝坂田池球場」。
　完成は1995年。
　収容人数は1430人。
　近年も、硬式高校野球では春・秋季大会のブロック予選で使用されて

横芝ふれあい坂田池公園野球場

いる。
　（踏破№266　C　※硬式高校野球の試合は特例として開催）

四街道総合公園野球場

千葉県四街道市
1999年4月9日
中堅120m、両翼91m
内野土、外野天然芝　照明無し
春季高校野球・千葉大会ブロック予選
印旛11－3四街道北

　JR四街道駅からバスで行った。
　1986年4月にできた球場。
　周囲の土地よりもグラウンドレベルが低い「掘り下げ型」。
　収容人数は6000人。高校野球でも春・秋季大会のブロック予選で使われている。
　1996年7月14日、イースタンリーグ公式戦・ヤクルト－巨人が開催され、元木大介、阿波野秀幸、水野雄仁ら有名選手も出場した。
　　　　　（踏破№466　ABC）

四街道総合公園野球場

四街道総合公園野球場

東 京 都

昭島市営球場

東京都昭島市
1994年7月15日
中堅110m、両翼93m
内野土、外野天然芝　照明無し
全国高校野球・西東京大会
都立三鷹9-6都立永福

昭島市営球場

　JR東中神駅から徒歩3分。
　1950年に開設された、土盛り式の球場。
　昭和公園野球場という名称でも呼ばれる。
　高校野球でよく使われる。
　2010年に大規模改修が終了し、管理棟も備えた姿に生まれ変わった。
　同時に「昭島市民球場」と改称され、2010年4月18日、改修記念試合も行なわれた。茨城ゴールデンゴールズと昭島市民代表チームが対戦した。
　改修後の規格は中堅121m、両翼97m。収容人数5312人。
　(踏破№132　ＡＢＣ　※ただしプロ野球の試合は防球ネットの高さ不足で開催できない)

あきる野市民球場

東京都あきる野市
2001年8月23日
中堅120m、両翼94m
内野土、外野天然芝　照明有り
全国高校女子野球（硬式）
水戸商7-2八尾南

あきる野市民球場

　JR五日市線・秋川駅からバスで行った。
　1984年、秋川市民球場として開場。
　女子野球を観戦して球場踏破としたのは唯一この球場だけ。この球場は完成してからなかなか試合開催情報がキャッチできず、このままでは踏破のチャンスが無いと判断し、女子硬式の高校全国大会があるというので行ってみた（2004年から、夏の高校野球・西東京予選でも使われている）。

東京の球場とはいえ、電車でずいぶん西に向かい、東京の奥深さを痛感させられた旅だった。

球場名表示が、金属板にアルファベットの横書きで直立しているのがモダンで珍しい。

また、バックスクリーンが無く、並木で代用していた。

メインスタンドと内野芝生席を合わせた収容人数は2500人。

近年は社会人クラブチームの西多摩倶楽部が、オープン戦でよく利用している。

（踏破№496　ＡＢＣ　※球場にプールが隣接しており、夏のプール営業時間中は硬式野球は利用できない）

稲城中央公園野球場

東京都稲城市
1998年7月28日
中堅120m、両翼91m
内野土、外野天然芝　照明無し
全国高校軟式野球・東京大会
国士舘8－2豊南
　京王相模原線・稲城駅から徒歩20分。

1991年完成。収容人数8500人。

2016年も、夏の高校軟式野球都大会の会場として使われた。

市のホームページによると、軟式野球専用の球場。

2014年、小学生の野球全国大会の会場になった。

（踏破№424　Ｃ）

稲城中央公園野球場

稲城中央公園野球場

江戸川区球場

東京都江戸川区
1990年7月23日
（スコアブックに規格メモ無し）
内野土、外野天然芝　照明有り

全国高校野球・東東京大会
二松学舎大付4－1駿台学園
　東京メトロ東西線・西葛西駅から徒歩10分。

1984年9月完成の、近代的な、こじんまりした球場。収容人数4000人。高校野球で使用される。

夏の高校野球予選で26-25という物凄い試合があった球場。これはぜひ観たかったもの。

1992年7月13日
全国高校野球・東東京大会1回戦
学習院　　１０５　１００９　０００＝25
都立港工　５２６　０１３　５２２＝26

学習院は24安打、港工は16安打。しかし四死球数は学習院13、港工27。四死球は怖い。

松坂大輔がプロ一年目の1999年、その弟が高校三年生で都立篠崎高で野球をしており話題になった。その松坂弟の試合を観たのもここ。7月20日、都立篠崎２－９都立江戸川（８回コールドゲーム）。

松坂弟は都立篠崎の３番サードで

江戸川区球場

先発、打者としては四球、三振、二安、遊飛。投手としては投球回数１、打者７、被安打３、奪三振１、与四球１、失点・自責点ともに１。翌日の新聞によると観衆は3400人、外野席も開放された。この球場の外野席が使われたのは、この日くらいではないだろうか？

1993年7月14日のメモによると、中堅118m、両翼90m。

（踏破No.20　ＡＢＣ）

ＮＴＴ砂町球場

東京都江東区
1990年9月1日
（スコアブックに規格メモ無し）
内野土、外野天然芝　照明無し
社会人野球日本選手権・一次予選　東京大会
鷺宮製作所14－3太陽神戸三井銀行（8回コールドゲーム）

現存しない球場。

営団地下鉄東西線・南砂町駅の北

ＮＴＴ砂町球場

側、徒歩10分ほどのところにあった。現在跡地にはＮＴＴ関係のビルが建っている。

以前は社会人野球の東京都支部大会といえばＮＴＴ東京野球部の練習グラウンドであるこの球場で行なわれていた。おそらく、各チームがビデオを撮るようになりネット裏席が窮屈になったので、新しく造られた東京ガス大森グランドに会場を移したのではないだろうか。

近くにマンションがあり、ファウルボールが飛び出さないようにバックネット付近には天井のようにネットが張ってあった。

ろくに観客席もなかったが、レベルの高い社会人野球を無料で観ることができるありがたい球場だった。

独特の場末感が妙に好きだった。完成は1955年。

（踏破№28）

青梅スタジアム

東京都青梅市
2007年5月12日
規格表示無し
内野土、外野天然芝　照明無し
首都大学野球・2部リーグ
大東文化大4－0玉川大

　ＪＲ青梅線・小作駅からバスで行った。

　以前はロッテ二軍の本拠地としてイースタンリーグでも使われていたが、90年代に入ってからは使われなくなり表舞台から姿を消していた。

　しかしこの2007年から数年間なぜか首都大学リーグが使用し、この貴重な踏破チャンスを逃すことはできないとかけつけた。

　さすが元プロの球場だけあって、別建ての屋根付きブルペンが併設されていた。

　しかし、ネット裏に観客席が無い。スコアブックを正確につけるためネット裏での観戦にこだわる私は、ネット裏後方の土手の上に座って観戦した。一塁側には観客席がある。

　外野フェンスは金網だけでコンクリ部分無し。外野観客席は無し。

（踏破№537　ＡＢＣ）

青梅スタジアム

青梅スタジアム

大泉中央公園野球場

東京都練馬区
2016年7月27日
規格表示無し
内野土、外野天然芝　照明有り
全国高校軟式野球・東京大会
安田学園3－1東洋大京北

大泉中央公園野球場

　東武東上線・成増駅からバス15分、「大泉中央公園前」下車、徒歩1分。都立公園の中にある。
　1990年にできた球場。
　おそらく元々の地形の影響と思うが、周囲の土地よりもフィールドが低い位置にある「掘り下げ型」の球場。
　バックスクリーン無し、スコアボード無し（得点板は一塁側ダッグアウト右にある）、場内アナウンス設備無しと簡素な球場。
　観客席はネット裏から内野途中までは最大9段のコンクリ段々席。あとの内野席は雑草席。外野席は無し。
　例年この大会で使われている。

（踏破No.868　C）

大田スタジアム

東京都大田区
1996年5月4日
中堅122m、両翼97.6m
内外野人工芝　照明有り
東京新大学野球
日大生物資源科学部8－2工学院大

大田スタジアム

　東京モノレール・大井競馬場前駅から徒歩15分。
　1995年6月完成。収容人数はメインスタンドが882人、内野スタンドが2456人。他に芝生席の外野席がある。
　高校、大学、社会人野球でよく使われる。
　古い地図を見るとこの球場は「グリーンスタジアム」と示してある。そういう名前をつける案があったのかも。
　プロ野球と社会人野球のチームが単独チームとして対戦することは、以前は規約上あり得なかったが、それが解禁された試合をここで観た。

2000年8月31日、シダックス5-1巨人二軍。

事前に、読売新聞に往復ハガキで観戦希望と申し込む方式だった。

シダックスが気合い満点で巨人を倒した。アマ野球界の名物ピッチャーだった吉井憲治（長野運動公園野球場、小牧市民球場、東京ガス大森球場の項参照）も吠えまくりだった。

その他、後にソフトバンクに入団し活躍した森福允彦投手がノーヒットノーラン直前、野村克也監督によって交代を告げられ降板した試合やシダックス野球部最後の試合を観たりと、シダックスにまつわる思い出が多い球場。

（踏破№179　ＡＢＣ）

旧巨人軍多摩川グラウンド

東京都大田区
2012年4月22日
規格表示無し
内野土、外野天然芝　照明無し
ボーイズリーグ関東連盟・春季大会
城南ドリームボーイズ4-3湘南クラブボーイズ（7回制　延長8回）

東急東横線・田園調布駅から徒歩15分。

スコアボードは一塁側ベンチの右に得点板があるのみ。ＳＢＯ灯、ＨＥＦＣ灯無し。バックスクリーン無し。観客席無し。外野フェンスはナイロン布製。

設備面からみると完全に「草野球場」だが、なにしろここは、ある意味「史跡」なので、ぜひ訪れたかった。長嶋・王、さらには星飛雄馬、番場蛮の汗がしみ込んだ由緒あるグラウンドである。

巨人軍の練習場でなくなって以降、表舞台からは姿を消したが、ボーイズリーグ（中学生の硬式野球）の大会で使われている。球場好きにとっては見逃せない「聖地」であろう。

外野の芝生はそうでもないが、内野のグラウンドはよく手入れされていた。トイレが少ないのが難点だが

旧巨人軍多摩川グラウンド

グランド小池商店

巨人軍が使っていた時代は、もっとあったのかも。

1955年の完成時から巨人軍専用の球場として使われ、1985年10月に読売ジャイアンツ球場（神奈川県川崎市）が完成するまで二軍の本拠地として使われた。

グラウンドの傍らにあり、巨人軍の選手もよく訪れたというオデン屋さん「グランド小池商店」は健在で美味しいオデンを頂いた。店内はサイン色紙など貴重な巨人グッズがいっぱい。ちょっとしたジャイアンツミュージアムである。

2013年5月9日、久々に巨人二軍がこの球場で練習を行ない、長嶋茂雄さんも視察に訪れた。

(踏破No.731　AB)

駒沢野球場

東京都世田谷区
1990年7月19日
(スコアブックに規格メモ無し)
内野土、外野天然芝　照明有り
全国高校野球・東東京大会
淵江8－2墨田工

東急田園都市線・駒沢大学駅から徒歩15分。1970年にできた、古い球場。

バックネットに太い柱があるので死角が生まれ、スコアブックをつけにくいのが難点。

屋外に水道があるので、夏はよく頭から水をかぶって観戦した。

高校野球でよく使われる。以前は

駒沢野球場

東京新大学リーグも開催されていた。

1993年4月23日に再訪した時は、中堅120m、両翼91mとメモしている。

2008年5月、管理棟が改築された。

2016年の時点で、スタンドの観客席数は約1300。

(踏破No.18　ABC)

立川市営球場

東京都立川市
1990年8月30日
(スコアブックに規格メモ無し)
内野土、外野天然芝　照明有り
イースタンリーグ公式戦
西武4－3ヤクルト

JR中央線・立川駅からバスで10分。

収容人数は約10000人。

2008年に放映されたTBSのドラマ『ROOKIES』の第1話で高校野球試合中に大乱闘が起きるシーンが撮影されたのはこの球場。

バックネットに柱が多く観戦しづらい球場と仲間うちでは不評だが、高校野球でよく使用される。

1995年9月26日にここで観た帝京－世田谷学園戦が忘れられない。秋季高校野球の都大会一次予選だったので、負けたらセンバツの夢が絶たれる重要な一戦だった。

帝　京 3 1 0　1 0 0　0 0 3　0 1 ＝ 9
世田谷 0 2 3　0 2 0　0 0 1　0 0 ＝ 8

帝京は9回表、二死走者無しから四球、死球、死球、二点単打、四球、押し出し四球で逆転。その裏世田谷

立川市営球場

も二死から同点適時打。すごい激戦だった。

帝京高校は神宮第二球場の項でも書いたが、好ゲームを見せてくれることが多い、私にとっては要チェックなチーム。

1994年4月8日のスコアブックには、中堅120m、両翼97mというメモがある。

（踏破№27　ＡＢＣ）

多摩市一本杉球場

東京都多摩市
1993年7月20日
中堅120m、両翼91m
内野土、外野天然芝　照明有り
全国高校野球・西東京大会
都小金井工 7 － 0 都中野工（7回コールドゲーム）

京王線、小田急線・多摩センター駅からバスで行った。

1982年に開設された。収容人数は10000人。

夏の高校野球でも使われる。

多摩市一本杉球場

1985年1月に、文藝春秋の雑誌『Ｎｕｍｂｅｒ』の主催で江夏豊投手の引退式が行なわれた球場。「別れの一本杉」という新聞のうまい見出しを憶えている。それを観に来て以来、8年ぶりの再訪だった。

8年前は球場の周りは空き地だらけだったのに、今度はすっかり住宅が建ち並んでいてビックリ。

（踏破№95　ＡＢＣ）

東京ガス大森グランド
東京都大田区
1994年3月25日
中堅122m、両翼98m
内野土、外野天然芝　照明無し
社会人野球・東京都支部春季大会
さくら銀行5－3日本ＩＢＭ

東京ガス大森グランド

　京浜急行線・大森町駅から徒歩15分。町工場が立ち並び、機械油の臭いが漂う中を歩いていく。

　ＮＴＴ砂町球場から、社会人野球東京都支部大会の会場を引き継いだ球場。1987年まで操業していたガス工場の跡地にできた。

　東京ガスの練習場だが、ネット裏に100人ほど座れる観客席がある。

　ここが会場になってから、スタメン表が本部棟出入り口のガラス戸に貼られるようになり、スコアをつけるのがだいぶ楽になった。さらに1997年からは場内アナウンスまで行なわれるようになった。スタメン発表無し、場内アナウンス無しだった砂町時代に比べると格段の進歩である。

　その上、本部棟の窓から公式記録員席を覗き見ることができ、スコアブックの疑問点を解決できるのも有り難かった。

　ただし、球場の向きがヘン。太陽光線が守備の妨げになってしまう。

　観客席がグラウンドに近いので、西濃運輸からシダックスに移籍した社会人野球の名物投手・吉井憲治（長野運動公園野球場、小牧市民球場の項参照）の叫び声をツバっかぶりで聞けるのもこの球場の魅力だった。2000年8月24日の鷺宮製作所戦ではスローボールを投げると同時に「ほれほれほれ」と、まるで打者をおちょくるように叫んだのには観客席も大爆笑。

　球場の都合がつかなかったのか、来日したキューバ代表チームの試合がここで行なわれたこともあった。

　その後、社会人野球・東京都支部大会の会場は大田スタジアムに移り、この球場は表舞台から消えた。

（踏破№101　ＡＢＣ）

東京ドーム

東京都文京区
1990年6月22日
(スコアブックに規格メモ無し)
内外野人工芝　照明有り
紅竜旗争奪全日本実業団野球大会（軟式）
日本精工7－2東芝機械沼津

　1988年開場。プロ野球でも社会人野球でも、ヒノキ舞台といえばこの球場。収容人数は約46000人。

　早朝に行なわれている軟式野球の大会で踏破した。しかし、冷房を切ってあったのでむし暑かった。

　球場外に設置された金属プレートにはグラウンドの規格（中堅122m、両翼100m）が表示してあるが、外野フェンスには通常は規格表示がされていない。しかしメジャーリーグには「公式戦で使用する球場は規格表示が必要」という規則があるようで、メジャー公式戦開催時は規格が表示される。2000年3月30日のカブ

後楽園球場

スーメッツ戦では中堅406ft、両翼333ftだった。

　金属バット時代の社会人野球は打撃戦が多く、試合も長かった。

　1997年7月26日、この球場で都市対抗野球・準々決勝4試合合計13時間4分間、試合を観続けスコアブックをつけたのが私の一日の観戦時間の最長記録である。

　開門と同時に入場し、ネット裏二階自由席の中央最前列で日本ハム戦を観戦するのが大好きだったが、巨人戦以外では二階席がなかなか解放されないのが残念。

（踏破№8　ＡＢＣ）

東京ドーム

東京ドーム

東大球場

東京都文京区
2016年8月13日
規格表示無し
内外野人工芝　照明無し
全国七大学総合体育大会・硬式野球
京都大7－4名古屋大

　東京メトロ南北線・東大前駅から徒歩10分。東京大学本郷キャンパス構内にある。観戦したのは全国の国立7大学が持ち回りで開催している大会。

　素晴らしい球場とは聞いていたが大学のグラウンドなので踏破が遅れていた。球場前に「東大球場70周年記念」というアオダモの植樹があり2007年に植えられたとあるので球場ができたのは1937年とわかる。

　ネット裏観客席の屋根が曲線を多用した凝った造り。半円形状の屋根を鉄筋コンクリート造りのアーチ構造で支えるデザイン。これは1937年建設時のままのもので当時のモダンデザインの例として貴重な建造物であるという。2010年に野球場としては全国で初めて文化庁による有形文化財の登録を受けている。

　600人収容のネット裏席は最大7段の木の長イス。最上段に大会本部として使える部屋がある。内野席は無く、それらの場所はブルペンやティー打撃場に充てられている。外野後方、特にライト側はうっそうとした森。スコアボードは得点板、ＢＳＯ灯がネット裏にある。

　面白いのは外野のポールがレフトライト共に無し。本来は練習場だからかな。

　こうした球場を眺めていると、歴史、品性、正道といった言葉が浮かんでくる。都会のど真ん中にこんな素敵な球場があろうとは。球場巡り27年めの意外な発見だった。

　そういえばこの日見かけた、北海道大学の応援団もまるでタイムマシンでやって来たかのようなレトロな風貌だった。文化財に登録すべき。

　球場に規格表示は無いが2014年、新聞の記事中に「中堅105m、両翼85m」と書かれていたことがある。

（踏破№870　ＡＢＣ）

東大球場

文化財に登録されている屋根

文化庁による登録標

八王子市上柚木公園野球場

東京都八王子市
2003年8月5日
中堅122m、両翼98m
内野土、外野天然芝　照明無し
日本リトルシニア選手権大会
羽村4－0石巻中央（7回制）

　京王相模原線・南大沢駅から徒歩20分。

　2000年10月に開場したが、なかなか高校野球で使われず、やむを得ずリトルシニアの大会で踏破した。

　収容人数3000人。現在は高校野球でよく使われる。

（踏破№504　ＡＢＣ）

八王子市上柚木公園野球場

八王子市上柚木公園野球場

八王子市民球場

東京都八王子市
1994年4月4日
中堅122m、両翼91m
内野土、外野天然芝　照明有り
春季高校野球・東京大会
二松学舎大付6－3都千歳丘

八王子市民球場

　2011年7月18日に再訪してみた。規格などに変化無し。

　もともとの地形を活用して造られた球場と思われ、レフト側・ライト側で外野席の形状が異なるほか、本部席が地下室状になっている。観客用トイレも地下にあるのでちょっと面倒。

　ネット裏席は前後の間隔が普通より広いのでゆったり座れる。

　ＪＲ中央本線・西八王子駅から徒歩15分。近くにコンビニ有り。高校野球でよく使われる。

　2009年からスコアボードが電光化され、2012年にも改修が行なわれ規格が両翼91mから98mに拡張された。

　2016年の時点で、収容人数8702人。

（踏破№104　ＡＢＣ）

八丈町南原スポーツ公園野球場

東京都八丈町
2013年9月29日
中堅116m、両翼92m
内外野人工芝　照明無し
国民体育大会・高校軟式野球競技
鹿児島工4－3滝川西（延長10回）

　八丈島空港から徒歩1時間。

　国体で使われることになり、球場マニアとしては逃すわけにはいかないと、はるばる飛行機で行った。

　球場は2012年にできたばかり。国体に備えて造られたという。小さな観客席は島の方々でいっぱいになった（メインスタンドは収容人数140人）。

　球場の向きが通常と異なり、飛球を捕球する際、太陽光線が妨げになる。これは、外野後方に海が見えることを優先して設計されたことが原因かもしれない。

　ライト後方に、八丈小島が見える。島の方の話によると八丈小島は1969年に無人化したが、その際残してきたわずか4頭のヤギがその後、長い年月の間にネズミ算式に増え、木々を食べ尽くした。そのせいで沿岸でがけ崩れが相次ぎ、島はどんどん小さくなっていってしまった。これは大変というのでヤギを捕獲し飼っておく施設が、現在の南原スポーツ公園のそばにあったという。

　この球場ができる前は、空港近くの「富士グラウンド」が島のメイングラウンドだったそうで、そちらへも行ってみたが国体出場校の練習グラウンドに充てられていて試合無し。踏破はできなかった。残念。草野球場という感じだったが。

　帰り、天候の急変で飛行機が欠航。島の天気の変わりやすさを思い知らされた。滞在が一日延び、仕事を休むはめになってしまった。

　それにしても、島の皆さんがみな親切だったことが印象に残っている。道を歩いていると車が停まり、乗りませんかと声をかけてくれるのだ。物価は高い。輸送費込みだからだろう。でも仕事さえあれば移住してみ

八丈町南原スポーツ公園野球場

ライト後方に八丈小島が見える

A…硬式（高校以上）　B…硬式（中学以下）　C…軟式　の試合が可能

たいくらい大好きになった島である。
　あと、島のスーパーでお刺身を買ってビールを呑んだが、島産のカンパチ刺が非常に美味しかったのも忘れられない。

（踏破№794　ＡＢＣ）

府中市民球場
東京都府中市
1990年6月4日
（スコアブックに規格メモ無し）
内野土、外野天然芝　照明有り
都市対抗野球・一次予選　東京大会
スリーボンド5－2朝日生命

府中市民球場

　京王線・府中駅から徒歩15分。高校野球や社会人野球で使われる。
　1982年に新装オープンした球場。
　収容人数は5000人。1993年6月4日に訪れた時のメモによると規格は中堅120m、両翼95m。
　ネット裏席内にサイレンがあり、試合開始時にけたたましい音を上げる。鳴る寸前に耳をふさぐようになったら一人前のアマ野球通。
　球場玄関に社会人野球関係の展示有り。
　2013年5月9日、久々にイースタンリーグで使われた（巨人－ヤクルト）。

（踏破№3　ＡＢＣ）

福生野球場
東京都福生市
1996年9月8日
中堅115m、両翼規格表示無し
内野土、外野天然芝　照明有り
秋季高校野球・東京大会ブロック予選
都立東村山11－0都立農（5回コールドゲーム）

　ＪＲ青梅線・牛浜駅から徒歩15分。
　防球ネットに囲まれていて、いかにも都会の球場という感じ。
　東京の高校野球秋季大会は本大会の前に20ほどのブロックに分かれ一次予選を行なっていた。
　その中で帝京高校が主管を務めるブロックの試合は必ずこの球場が使われていた。帝京高校は板橋区にあるのだが。何らかの縁があったと思われる。
　その後、女子高校硬式野球の全国大会でも使用されていた。

福生野球場

福生野球場

この地に球場が開場したのは1949年6月12日で、1950年8月9日にはセ・リーグ公式戦・巨人-国鉄が行なわれた。この試合には、川上哲治、青田昇、別所毅彦らが出場した。

1979年に大改修があり、この写真に写っている姿になった。

さらに、2011年にも改修があり、外野が人工芝に、スコアボードが電光化された。2013年の東京国体で、成年女子ソフトボールの会場として使われるのに備えての工事。

2011年の改修後、規格は中堅117m、両翼90m。収容人数1527人。

（踏破№224　ＢＣ）

町田市小野路球場

東京都町田市
2012年5月5日
中堅120m、両翼93.5m
内野土、外野天然芝　照明無し
首都大学野球・2部リーグ
武蔵大5-4玉川大

小田急線・鶴川駅からバス10分、「下堤」下車、徒歩10分。

かつての朝日生命野球部グラウンドが町田市の所有になり、2010年に新しく生まれ変わった野球場。

外からスタンドまで行けるエレベーターや、車イス用の観戦スペースがある。このバリアフリーぶりは、さすが新しい球場。

外野フェンスが高さ6mほどと、

町田市小野路球場

町田市小野路球場

高いのも特徴。

ネット裏には14段のスタンドがあるが、内外野には客席無し。ネット裏席は高さがあってプレーが見やすい。

レフト側場外に、別建てのブルペン有り。

元々練習グラウンドだったせいだろうか、球場の向きが悪く、太陽光線がフライの捕球の妨げになりそう。

周辺の山々からウグイスの啼き声が聞こえてくる、東京とは思えない雅な球場。

2012年からは夏の高校野球でも使われている。

また、近年は東都大学野球でもよく使われるようになった。収容人数1999人。

（踏破№735　ＡＢＣ）

明治神宮野球場

東京都港区
1990年6月7日
（スコアブックに規格メモ無し）
内外野人工芝　照明有り
全日本大学野球選手権大会
早稲田大3－2近大工学部

　東京メトロ銀座線・外苑前駅から徒歩10分。

　1926年開場の歴史ある球場。

　言わずと知れた日本野球のメッカ。ほとんど毎週毎日通っていた時期もあった。そうするうちに、私同様、毎週毎日のように来ている観客の存在に、お互いに気づくようになる。

　やがて「あのオッサン、また来てるよ。野球キチガイが」「アイツまたいるよ。きっとヒマなんだな。どうせ彼女もいないんだろう」などと互いに意識するようになり、やがて言葉を交わし、今なお続く神宮仲間

明治神宮野球場

が出来上がっていった。

　こうして私は、学生時代の友人とも職場の同僚とも違う「神宮球場観戦仲間」を得たのである。

　仲間たちと一緒に、ここで数々の名勝負を観てきた。

　東北福祉大－関西大の延長17回（東北福祉の四番打者はのち広島～阪神の金本知憲）とか、青山学院大－創価大の延長18回（青山学院はのちヤクルトの石川雅規が完投）などは特に忘れ難い。

　一日に5試合観戦というトンデモない経験をしたのもここ。毎年6月

明治神宮野球場

明治神宮野球場

に開催される全日本大学野球選手権大会（現在は東京ドームと併用）は梅雨どきなので日程が順調に消化されることはまずない。

そして2000年の第49回大会ではとうとう、一日5試合を強行し、日程の遅れを挽回することになった（通常は一日4試合まで）。

そのことを知った時、「これは行くしかない」と思った。一日5試合観れる、一生に一度のチャンスと直感したのだ。

2000年6月15日、文字通り朝から晩まで野球を観てスコアをつけた。第一試合開始は7時56分、第五試合終了は22時49分（注・公式記録では第五試合の終了時刻は22時51分。しかし私は野球観戦の前には電話の時報で必ず時計を合わせるので自信あり）。総投球数1477。私は今でも観戦仲間から「一日5試合の斉藤さん」と呼ばれることがある。

そして「あの」2011年3月11日。あの日も私は神宮で野球を観ていた。社会人野球のスポニチ大会。決勝戦のスタメン発表の最中に地震発生。照明塔がグルングルン揺れ、国立競技場のほうからは「グオ～、グオ～」と地鳴りのような物凄い音。ネット裏放送席もガタガタ凄い震え。生まれて初めて「死ぬかもしれん」と思い、スタンドを転げるように降りて下段の席へ避難した。

揺れが収まると、今思うとビックリするのだが、決勝戦が平然と開始された。そして一回表の先頭打者が二塁打を放ったところで再び大きな余震。

試合はもちろん中断され、「観客の皆さんは安全のためグラウンドに降りてください」というアナウンスがあり、神宮で野球を観始めてから25年以上を経て、初めてグラウンドに降りた。

ダッグアウトでは選手が携帯テレビを観ながら「津波で車が流されてる！」などと騒いでいる。

私はホームベースのところへ行き、白いベースに触れ「命を救けて下さってありがとうございます」と野球

の神様に感謝した。初めて目近に見るホームベースには、スパイクの爪痕が少しついていた。

　資料によると、規格は中堅120m、両翼97.5m。収容人数34572人。

　昔の神宮球場は、フィールドが今よりも広かった。長嶋茂雄が8本塁打で東京六大学の新記録を作った時代と、田淵幸一の22本塁打の時代では広さが違うのだ。よく観察するとネット裏最前列の席を増設した感じや、内野席と外野席の間が開いている所に外野のポールが立っていたんだろうという感じで、ホームベースを前に移動させフィールド部分を狭くした痕跡が見受けられる。

（踏破№.5　ＡＢＣ）

明治神宮第二球場

東京都港区
1990年7月22日
（スコアブックに規格メモ無し）
内外野土　照明無し
全国高校野球・東東京大会
早稲田実10－9帝京

　1964年9月1日に改築され現在の姿になった。収容人数11760人。

　神宮球場の隣にある、ゴルフ練習場兼用の珍しい野球場。野球の試合が無い時はゴルフ練習場として営業している。ゴールデンウイークなどゴルフ練習場としての利用者が多いと見込まれるときは野球の日程が組まれない。ゴルフのほうが優先のようだ。

　高校、大学野球で使用が多い。

　もともとは相撲場で、それが野球場に改装された。私が初めて行ったころは内外野土のグラウンドだったが、その後内外野人工芝となった。人工芝は新品でなく、神宮のお古を使っていると聞いたことがある。

　二階席のてっぺんから、隣の神宮球場のスコアボードを覗き見ることができる。スマホが無い時代は、スタンドを駆け上がって神宮の試合状況をチェックするマニアがいたものである。

　春と秋の高校野球・都大会では決

明治神宮第二球場

明治神宮第二球場

明治神宮第二球場

勝戦で使われるが、大変狭い球場なので決勝の舞台にふさわしいとはいえないと思うが……。

かつては早稲田実業が東東京地区に属していたので、夏の大会での帝京高校との「伝統の一戦」が大きな楽しみだった。特に踏破した時のこの試合は逆転逆転また逆転のウルトラ好ゲーム。超満員で沸きに沸いた（その後、校舎移転に伴い早稲田実業は西東京地区に属することになり、夏の大会での帝京との対決は無くなった）。

2009年10月18日には、秋季高校野球・東京大会の準々決勝で3点差からの逆転サヨナラ満塁ホームランというミラクルを観ている。

1996年4月2日のスコアブックには「規格表示無し」とのメモ有り。

風情のある球場で、あだち充さんのマンガにも登場している。

オリンピック開催に向け、この球場は取り壊されるようで残念。

2015年4月19日付の日刊スポーツによると、規格は、中堅は不明だが両翼は92m。その前日2015年4月18日には、早稲田実業の一年生・ウワサの清宮幸太郎選手の高校初ホームランをここで見た。新たなスーパースター誕生の予感！

（踏破№19　ＡＢＣ）

明治大学内海・島岡ボールパーク

東京都府中市
2007年7月16日
中堅125m、両翼100m
内野土、外野人工芝　照明無し
全国高校野球・東東京大会
城西大城西10－1都立駒場（7回コールドゲーム）

京王線・東府中駅からバスで行った。

通称「明大球場」。

2006年10月竣工。観客席数は222席。

外野後方に明大野球部の合宿所がある。私は大学のグラウンドは踏破

明治大学内海・島岡ボールパーク

明治大学内海・島岡ボールパーク

対象としていないが、この年は改修中の駒沢球場の代わりとして高校野球の夏の予選で使用されたので行ってみた。

　中堅、両翼が広く、練習球場としても最高であろう。観客席、本部席など野球場としての基本設備もちゃんと備えている。夏の高校野球で使うには応援席が小さいのが難点だが、本来は練習球場なので仕方ないだろう。

　神宮球場で試合する大学の練習球場なので、外野フェンス沿いには神宮の外野フィールドの広さを示すラインが引かれているほか、球場の向きも神宮と同じにして日の差す方向を揃えてある。理想的な練習環境といえるだろう。

(踏破№543　ＡＢＣ)

神奈川県

愛川町田代球場

神奈川県愛川町
1994年8月24日
中堅120m、両翼92m
内野土、外野天然芝　照明有り
秋季高校野球・神奈川大会　北相地区予選
愛川4-3上溝南

愛川町田代球場

　小田急線・本厚木駅から「半原」行きバスで40分、「田代」バス停下車。ちょっとしたバス旅行になる。

　春と秋の高校野球の北相地区予選で使用される。

　スコアブックに「四方を山に囲まれ景色がよい」とメモ有り。

(踏破№150　ＡＢＣ)

厚木市営玉川野球場

神奈川県厚木市
1999年3月30日
規格表示無し
内野土、外野天然芝　照明有り
春季高校野球・神奈川大会　北相地区予選
相武台10-7上鶴間

　小田急線・本厚木駅からバスで25分。

　収容人数は1024人。

厚木市営玉川野球場

厚木市営玉川野球場

　この年から高校野球で使われるようになったので、球場マニアとしてはダボハゼのように飛びついた。

　厚木市内唯一のナイター照明のある球場（2016年、市のサイトによる。

なお同サイトによると、規格は中堅105m、両翼90m）。

（踏破No.465　ＡＢＣ　※硬式野球での使用は高校生以下に限られている）

綾瀬スポーツ公園第1野球場

神奈川県綾瀬市
2014年9月27日
中堅122m、両翼98m
内外野人工芝　照明無し
首都大学野球・2部リーグ
武蔵大7－2明星大

　小田急江ノ島線・高座渋谷駅から徒歩25分。

　2013年4月に完成した球場。

　ネット裏席は背もたれ無しプラ製イス最大7段。あとの内外野席は芝生席。収容人数はネット裏席540人、内外野の芝生席には3840人。

　スコアボードは時計、得点板（10回まで）、ＢＳＯ灯、ＨＥＦＣ灯。

　ボールカウント表示灯のＢ灯が青灯なのが、（普通は緑灯）見えにくい感じがした。

　ネット裏席の後方に、近代的デザインの本部席棟がある。主審が選手交代などを放送席に伝達するときは無線通信を使っていた。この方式は

綾瀬スポーツ公園第1野球場

綾瀬スポーツ公園第1野球場

Ａ…硬式（高校以上）　Ｂ…硬式（中学以下）　Ｃ…軟式　の試合が可能

全国でも初めて見た。

球場には「こちらの施設は調整池機能を有しており、大雨の時はグラウンドから100センチ程度水位が上昇することがあります」と記された注意書きがあった。

厚木基地のすぐ隣にある球場で、自衛隊機が球場近くを低空で飛んでいる。ちょっとしたファウルボールなら機体を直撃してしまいそうな感じ。

（踏破№810　ＡＢＣ）

伊勢原球場

神奈川県伊勢原市
1994年5月18日
中堅120m、両翼95m
内野土、外野天然芝　照明有り
神奈川大学野球
関東学院大５－２神奈川工科大

小田急線・伊勢原駅からバスで行った。

イスの背もたれが非常に特殊な形をしていた。m字型とでもいうのか……。こうしたタイプのイスはこの球場でしか見たことがない。

高校、大学野球で使われている。

1991年3月完成。収容人数15000人。

2013年3月1日から5年間、ネーミングライツ契約により「いせはらサンシャインスタジアム」という名称。

プロ野球一軍公式戦が開催されたことはないが、オープン戦が1991年3月16日に行なわれたことがあり（大洋－ロッテ）、愛甲猛、初芝清、谷繁元信らスター選手が出場した。

（踏破№121　ＡＢＣ）

伊勢原球場

伊勢原球場

海老名運動公園野球場

神奈川県海老名市
1995年8月26日

中堅120m、両翼95m
内野土、外野天然芝　照明有り

秋季高校野球・神奈川大会　北相地区予選

厚木西2－1有馬

　小田急線・厚木駅から徒歩20分。1983年完成。

　かつては夏の高校野球でも使われていた。

　収容人数3400人。

　2013年に、フルカラーＬＥＤ方式のスコアボードに改修された。

海老名運動公園野球場

高校、大学野球、イースタンリーグが開催される。

（踏破№175　Ａ Ｂ Ｃ）

小田原球場

神奈川県小田原市
1994年3月21日
中堅120m、両翼95m
内野土、外野天然芝　照明有り
プロ野球・オープン戦
横浜6－1ロッテ

　ＪＲ小田原駅からバスで行った。

　1990年3月完成。収容人数10000人。

　ところが、この試合中、完成間もない球場に似つかわしくない事件が起きた。ファウルチップの打球がバックネットとガラスを突き破り、記

小田原球場

者席に飛び込んでしまったのだ。翌日の新聞によると、金属製のバックネットの溶接部分がモロくなっていたのが原因とか。

　春・夏・秋ともに高校野球でよく使われる。

（踏破№100　Ａ Ｂ Ｃ）

追浜球場

神奈川県横須賀市
1994年7月20日
中堅122m、両翼98m
内野土、外野天然芝　照明有り
全国高校野球・神奈川大会

有馬9－3横須賀市商

　京浜急行・追浜駅から徒歩15分。

　1949年に開場した古い球場。

　高校野球で使われていた。

　水島新司さんの『ドカベン』にも

Ａ…硬式（高校以上）　Ｂ…硬式（中学以下）　Ｃ…軟式　の試合が可能

追浜球場

追浜球場

名前だけ出ていた。

　私が踏破した日、捕手が球を持ったままベンチからの指示を聞いていて、そのスキに走者が進塁するという珍しいプレーがあった。もしもNPBで同じことが起きたら、記録は捕手の失策による進塁となる。こういう珍しいプレーをどう記録するか？がスコアラーとして最も面白い場面のひとつ。

　その後、全面改築され「横須賀スタジアム」に生まれ変わった。

　なお、ネット上には規格が中堅118.9m、両翼91.4mとする情報が上がっているが、私のスコアブックのメモでは中堅122m、両翼98m。

（踏破No.137）

川崎球場

神奈川県川崎市
1990年6月6日
（スコアブックに規格メモ無し）
内野土、外野天然芝　照明有り
（のち内外野人工芝に改装）
パシフィックリーグ公式戦
ロッテ10－1西武

　現存しない球場。2000年に解体された。

　ナイターで行なわれる都市対抗・神奈川予選の熱気に満ちた雰囲気が忘れられない。NPBや高校、大学野球でも多用されていた。

　1951年に開場。その後、大洋やロッテの本拠地として使われた。大洋もロッテも新しい球場に本拠地を移

川崎球場

川崎球場

川崎球場

川崎球場（人工芝化後）

スコアボード改装前（1982年撮影）

して出て行き、2000年3月26日、その両球団が対戦して行なわれたオープン戦が、この球場最後のプロ野球の試合となった。

1966年に放映された、渥美清さん主演のテレビドラマ『泣いてたまるか』の「オールセーフ」という回のロケがこの球場で行なわれている。DVD化されており、満員の観客で賑わう様子や球場内部の姿を観ることができる。

不人気で？テレビ中継が無いことを逆手にとった「テレビじゃ見れない川崎劇場」とは名コピーだった。

球場外の一、三塁側に、それぞれ食堂があった。ナイター前の時間帯に店に行くと、そこの店員さんのお子さんが店内のテーブルで宿題をやっていたりした。現在のプロ野球本拠地とは違うアットホームな雰囲気がある球場だった。

ネット裏最上段に、テレビ・ラジオ各局の放送室が並んでいた。その一番三塁寄りのブースが公式記録員室だった。

私はいつも公式記録員室のすぐ前の観客席で観戦、スコアをつけていた。公式記録員と同じ角度で試合を観るのが嬉しかったのと、投手の投球数や自責点などを記者席に発表する公式記録員の声を聞いて確認できるというメリットもあった。

今はファックスでやりとりしているが、昔は試合が終わると公式記録員が連盟事務局に、電話で選手の成績を報告していた。「三振2、よつだま（四球）1……」という具合に。

1990年10月13日、ロッテ・村田兆治の引退試合の後、引退挨拶の最中、記録員さんがこれをやっていたら、近くにいた観客が「うるさい！」と怒鳴った。記録員さんは小声で報告を続けた。仕事をしていただけなのに可哀そうにと思った。

インフィールドフライを二塁手が落球し、一塁走者が二塁進塁するという珍しいプレーの時は、5回のグラウンド整備中に公式記録員の千葉功さんに「あれはどんなふうに書くんですか？」と質問してしまった。

A…硬式（高校以上）　B…硬式（中学以下）　C…軟式　の試合が可能

非常に親切に教えて下さった。千葉さんは『週刊ベースボール』誌上に何十年も「記録の手帳」という記事を連載している名物記録員。

南海ホークスの最後の試合が行なわれたのもこの球場だった。

1988年の身売りから四半世紀が過ぎた今でも「南海ファン」である私は、もちろんこの試合に駆けつけた。1988年10月20日だった。

弱かった南海はその夜も負けたが、試合後、球場前の広場には多くのファンが残り、球団旗が振られる下、球団歌を繰り返し歌ってチームとの別れを惜しんだ。これも忘れられない川崎球場の思い出である。

（踏破No.4）

相模原球場

神奈川県相模原市
1990年9月8日
（スコアブックに規格メモ無し）
内野土、外野天然芝　照明有り
イースタンリーグ公式戦
ヤクルト5－2日本ハム

小田急線・相模大野駅からバス。

かつては日本ハムが二軍の試合をよくここで開催していた。現在でも高校、大学野球で頻繁に使用されている。

私は長嶋一茂のホームランを1本だけ観ているが、それがこの球場だった。

スコアボード自体はそこそこ大きいのに、氏名表示欄が小さくて見えにくいのが欠点。双眼鏡が要る。

1996年4月5日のメモでは、中堅120m、両翼95m。

1987年4月に県立球場として開場。その後、スコアボードの改修工事な

相模原球場

どを経て、2009年4月から相模原市立の施設となった。

2011年4月1日から5年間、ネーミングライツ契約により「サーティーフォー相模原球場」という名称。収容人数は16064人。

イチロー選手が、この球場でプレーしたことがある。1995年3月21日に行なわれたプロ野球オープン戦・横浜－オリックス。

二番ライトで先発し、4打数1安打だった。

（踏破No.29　ＡＢＣ）

相模原市横山公園野球場

神奈川県相模原市
1993年5月28日
中堅115m、両翼91m
内野土、外野天然芝　照明有り
春季高校軟式野球・関東大会
平塚江南4－3東洋大牛久

相模原市横山公園野球場

　JR相模線・上溝駅の近く。1982年に開設された。
　高校野球でいえば、以前は軟式しか使用していなかったが、その後、硬式でも使われていた。といっても夏の大会では使われず、春と秋の、それもブロック予選のみだったが。
　球場周りは桜が立ち並び、公園は桜の名所として知られている。
　2016年の時点で、硬式野球は練習のみ可で試合を行なうことはできない。収容人数5190人。

（踏破№94　C）

茅ヶ崎公園野球場

神奈川県茅ヶ崎市
1997年5月26日
中堅120m、両翼92m
内野土、外野天然芝　照明無し
東日本軟式野球大会・2部
東邦建ブルースカイ4－0吉川工業名古屋

　JR東海道本線・茅ヶ崎駅からバスで行った。
　1997年2月竣工。コケラ落としに巨人－横浜の二軍戦が行なわれ、茅ヶ崎市出身で当時セ・リーグ審判員だった濱野太郎氏が主審を務めた。
　海沿いにある。外野後方に海が見えるのが素敵。
　球場の建物も凝ったデザインでおしゃれな感じ。ちょっとしたリゾートホテルふう。さすがサザンの地元。
　高校野球で使われた例は聞いたこ

茅ヶ崎公園野球場

茅ヶ崎公園野球場

とが無い。
内野イス観客席の席数は2756席。現在は軟式野球専用となっている。2000年、2013年に、サザンオールスターズのライブ会場として使われたことで知られている。

(踏破No.291　C)

等々力球場

神奈川県川崎市
1990年8月23日
(スコアブックに規格メモ無し)
内野土、外野天然芝　照明無し
秋季高校野球・神奈川大会　川崎地区予選
法政二9－0市立川崎（2回表終了コールドゲーム）

　JR武蔵小杉駅から徒歩20分。
1967年に使用開始された球場。高校、大学野球で使用が多い。
　観戦した試合で、市立川崎高校は部員が9人しかおらず、ケガ人が出て選手が足りなくなり試合続行を断念した。このような形での球場踏破成立はこの球場だけ。

　2002年4月20日のスコアブックには「中堅120m、両翼93m。内外野人工芝、照明有り」というメモ有り。
　2000年に内外野人工芝化された。2015年の時点で収容人数4000人。
　川崎市の計画では、2015年のシーズン後に、この球場を解体し建て替えるそうで、新しい球場は10000人収容、2018年から使えるという。

(踏破No.26　ABC)

等々力球場

等々力球場

中井中央公園野球場

神奈川県中井町
2003年5月10日
中堅122m、両翼97.6m
内野土、外野天然芝　照明有り

イースタンリーグ公式戦
湘南6－1西武
　JR東海道線・二宮駅からバスで行った。

1997年完成。

なかなか試合が開催されず踏破のチャンスが無かったが、この時は珍しくイースタンリーグで使われ、球場巡り好きの知人がたくさん来ていた。

収容人数は916人（スタンド席）。内外野の芝生席を合わせると定員約2000人。

2014年4月から日本テレビ系で放映されたドラマ「弱くても勝てます

中井中央公園野球場

〜青志先生とへっぽこ高校球児の野望〜」のエンディングが撮影されたのはこの球場。

(踏破No.502　ＡＢＣ)

日体大健志台野球場

神奈川県横浜市
1993年5月9日
中堅120m、両翼95m
内野土、外野天然芝　照明有り
首都大学野球・1部リーグ
日本体育大11−3筑波大

東急田園都市線・青葉台駅からバス。

1971年に開設された。

スタンドは小さいが、首都大学野球の公式戦がよく行なわれている。

日体大健志台野球場

日体大のキャンパス内にあり、若者たちがハツラツと体を動かしているのを見物するのは気持ちがいい。

現在は、外野は人工芝。

(踏破No.91　ＡＢＣ)

日本ハム球団多摩川グランド

神奈川県川崎市
1990年6月19日
(スコアブックに規格メモ無し)
内野土、外野天然芝　照明無し
イースタンリーグ公式戦
日本ハム3−0ヤクルト

東急東横線・新丸子駅から徒歩15分。

1997年まで、日本ハム二軍の専用球場だった。

多摩川河川敷の草野球場といった雰囲気で、ネット裏に観客席が無く

日本ハム球団多摩川グランド

日本ハム球団多摩川グランド

スコアがつけにくかった。というか、内外野とも観客席は無かった。

　日本ハムが使用しなくなってからは少年野球などで使われていたが、2011年3月末で閉場した。

　水島新司さんのマンガ『あぶさん』にたびたび登場しており、作品内で球場の姿を見ることができる。

（踏破№7）

秦野球場

神奈川県秦野市
1996年7月16日
中堅120m、両翼94m
内野土、外野天然芝　照明有り
全国高校野球・神奈川大会
霧が丘6-1 川崎総合科学

　小田急小田原線・秦野駅からバスで5分。

　1972年完成。収容人数4000人。

　一時は参加校数が200を超えていた全国一のマンモス大会・夏の高校野球神奈川予選では多数の球場が使われるが、この秦野球場をもってそのすべてを踏破した。

（踏破№188　C　※特例として硬式高校野球の試合で使われることがある）

秦野球場

秦野球場

平塚球場

神奈川県平塚市
1992年3月22日
(スコアブックに規格メモ無し)
内野土、外野天然芝　照明有り
プロ野球・オープン戦
横浜大洋4－4ダイエー

　JR平塚駅からバスで行った。
　完成は1985年。収容人数は16000人。
　高校、大学野球でよく使われる。
　この球場といえば、現在プロ野球で活躍中の当時横浜高校二年生、涌井秀章投手(現・千葉ロッテ)の凄さを観たのが忘れられない。
　2004年7月24日、第86回全国高校野球神奈川大会5回戦・横浜高校－桐蔭学園。好カードとあって観衆13000。高校野球としては6年ぶりに外野席が解放された試合だった。

　横浜5－0とリードの5回裏、桐蔭は二死三塁から三塁手の失策で1点を返し、なお二死一塁で打順はトップに還った。桐蔭押せ押せの場面。
　ここで涌井は気迫の投球。ストレート三つ投げて、三球とも見逃しストライクで三振。桐蔭の一番打者にバットを振らせさえしなかった。6回以降も零封。あの時の涌井は本当にスゴかった。
　試合は6－1で終了した。
　この日はスコアブックに規格のメモがあり、中堅120m、両翼91m。
　2014年4月1日から、ネーミングライツ契約により「バッティングパレス相石スタジアムひらつか」という名称。

（踏破№38　ＡＢＣ）

平塚球場

平塚球場

藤沢市八部野球場

神奈川県藤沢市
1994年7月13日

中堅116m、両翼91m
内野土、外野天然芝　照明無し

全国高校野球・神奈川大会
秦野9－5岩戸

　小田急江ノ島線・鵠沼海岸駅から徒歩10分。

　1970年開場、1984年に改修された。収容人数4300人。

　珍しいことに、球場外に天井のようにネットが張ってあった。

　ファウルボールが通行人や車に当たるのを防ぐためだろうが、こんなのは全国でもここだけ。

　球場近くには、テレビ映画『ウル

藤沢市八部野球場

トラセブン』のモロボシ・ダン役で知られる俳優・森次晃嗣さんが経営するカフェテリアがあるので、特撮ファンは行ってみたらいいかも。

（踏破№131　ＡＢＣ）

保土ヶ谷球場

神奈川県横浜市
1992年4月20日
（スコアブックに規格メモ無し）
内野土、外野天然芝　照明無し
神奈川大学野球
神奈川大2－0横浜国大

　神奈川アマチュア野球の聖地、といわれる球場。

　ＪＲ横浜駅からバスで20分。ＪＲ保土ヶ谷駅や、相模鉄道・星川駅からも多少距離はあるが歩ける。

　あの『ドカベン』のメイン舞台となっている球場を初めて見れる！熱心な読者だった私はワクワクした。マンガと同じ形のスコアボードだ！と大感激。もっと市街地にあるのか？という印象を受けていたが、実際には丘の上にある。

　しかしトイレは小用便器が無く、壁に向かって用を足す形式。

　マンガの影響で、もっといい球場なのかと思い込んでいたので「あ

保土ヶ谷球場

保土ヶ谷球場

保土ヶ谷球場（改築後・1997年）

保土ヶ谷球場（改築後・1997年）

保土ヶ谷球場（改築後・1997年）

でも、スコアボードの独特の色合いやネット裏席のカマボコ型の屋根など、さすがに雰囲気はよかった。

1949年に完成。1970年に改修されて、前頁の写真に写っている姿になった。1993年5月17日に訪れた時は規格をメモしていて、中堅120m、両翼92m。

1996年、全面的に建て直され、グラウンドの広さも変わり夜間照明も有りになった。

収容人数は14817人。

改築後の1997年7月27日、この球場で、私は松坂大輔投手を初めて観た。松坂は当時横浜高校二年生。夏の大会の準々決勝で、東海大相模を相手に10－5で完投勝ち。この試合にはのちにタレントになる上地雄輔もちょっとだけ出場した。

改装後は1997年、2000年のメモでいずれも中堅120m、両翼95m。内野土、外野天然芝で照明有り。

春・夏・秋ともに、高校野球県予選の終盤になると満員札止めになってしまうことが多いので、早めに到着することをオススメする。

2015年7月、アイディーマグネテック（神奈川県相模原市）という会社が、この球場の精巧な模型（ポリストーン製、約1000分の1スケール、直径17.5センチ、税別12000円）を発売した。

メジャーリーグの球場の模型が売られる例は多いが、プロが使わない球場の商品模型化は珍しいケース。

（踏破№39　ＡＢＣ）

本蓼川第２野球場

神奈川県綾瀬市
2011年３月29日
規格表示無し
内野土、外野天然芝　照明無し
春季高校野球・神奈川大会　北相地区

予選
弥栄17－６綾瀬

小田急電鉄・高座渋谷駅から徒歩23分。

踏破３日後の2011年４月１日から

本蓼川第2野球場

本蓼川第2野球場

「綾瀬スポーツ公園第2野球場」と改称された。

　コンクリ塀があるのはネット裏だけで、あとは金網フェンスで囲まれているだけの球場。バックスクリーン、スコアボード、放送設備も無し。観客席も無く、ネット裏に立って観戦＆スコアをつけた。

　そんな簡素な球場だが、春・秋の地区予選のみとはいえ硬式高校野球の公式戦で使用されているからには行かねばなるまいと思っていた。

　外野席はちゃんと土手が造られていて観客席ふうに斜面になっている。この規模の球場では珍しいなと思っていたら「大雨の際はこの球場は調整池として使われます」という掲示が。なるほど、調整池として使うために土手が造られているのだ。

　2016年の時点で、市のサイトには規格は中堅116m、両翼92mという記載がある。ただし、2009年5月完成とも書かれている。神奈川県高校野球連盟のサイトには、それ以前にも本蓼川球場で試合が行なわれたとあり、2009年5月は、もともとあった球場の再整備が完了した時期と思われる。

　隣に第1野球場があるが、そちらは正方形のグラウンドという感じ。第2野球場のほうが立派なのに、なぜこちらが「第2」なのだろう？と思っていたら、その後、謎が解けた。2013年4月、第1野球場が内外野人工芝、観客席付きの球場として完成したのだ。元々、この計画があったので、あらかじめ第1、第2が決められていたのではないだろうか。

　なお、第1野球場完成を伝える記事中に「第2野球場は軟式用」と書かれている。

（踏破№684　C）

俣野公園野球場

神奈川県横浜市
2008年4月6日

中堅122m、両翼99m
内野土、外野天然芝　照明有り

神奈川県　277

俣野公園野球場

俣野公園野球場

球場完成記念試合（硬式高校野球）
慶応7-2横浜商

　コケラ落としの試合は混雑するのであまり行かないが、行ってみた。

　JR戸塚駅からバス15分。「ドリームランド」バス停下車。遊園地の跡地にできた球場（余談だが、横浜ドリームランドのありし日の姿は1984年放映のテレビ映画『宇宙刑事シャイダー』の第4話、第41話で観ることができる）。

　午前9時開門、10時30分試合開始ということで8時半ごろに行ってみたが、すでに長蛇の列。おそるべし、神奈川の野球熱。

　「もしも、スコアをつけれるような席に座れなかったら、踏破やり直しも考えなければ……」と絶望的な気分で開門を待ったが、運よく好位置に座れ、無事踏破完了した。

　5000人収容というスタンドはほぼ満員となる盛況。

　2009年から、ネーミングライツ契約により「俣野公園・横浜薬大スタジアム」（略称・ハマヤクスタジアム）という名称になった。高校、大学野球でよく使われている。

（踏破№570　ＡＢＣ）

南足柄市運動公園野球場

神奈川県南足柄市
1998年3月28日
中堅120m、両翼92m
内野土、外野天然芝　照明無し
秋季高校野球・神奈川大会　西湘地区予選
立花学園13-1二宮（7回コールドゲーム）

　小田急線・新松田駅からバスで行った。

南足柄市運動公園野球場

1997年7月28日落成。
高校野球でも春・秋季大会の西湘

地区予選で使われる。
収容人数3000人。

（踏破№385　ＡＢＣ）

大和引地台野球場

神奈川県大和市
1996年5月3日
中堅120m、両翼95m
内外野人工芝　照明有り
春季高校野球・神奈川大会
横浜9－4平塚学園

　小田急江ノ島線・大和駅から徒歩20分。

　1996年4月に改修が完了し、現在の姿になった。収容人数11000人。

　愛称「ドカベンスタジアム」。球場前に『ドカベン』の主人公・山田太郎と人気キャラクター・里中智の銅像が建っていて、球場玄関には明訓ナインの大きな壁画もある。『ドカベン』ファンなら行く価値ありだろう。

大和引地台野球場

　私が注目している神奈川・横浜高校と東京・帝京高校、その二校の貴重な公式戦直接対決を観たことでも思い出に残っている。2000年5月22日、春季関東大会、結果は帝京2－0横浜。帝京・阿久津、横浜・小沢の両投手だった。

　2014年、「大和スタジアム」と改称された。

（踏破№178　ＡＢＣ）

横須賀スタジアム

神奈川県横須賀市
1998年7月1日

中堅122m、両翼98m
内外野人工芝　照明有り

横須賀スタジアム

横須賀スタジアム

イースタンリーグ公式戦
日本ハム２－１横浜

　追浜球場の跡地に新築された球場。収容人数5000人。

　ホームベースの向きが同じなので別球場扱いにせず、踏破球場に数えていないが、追浜球場とは完全に異なる球場なので踏破球場に認定してもよかったなと現在は考えている。

　スタンドも大きく立派な球場で、ベイスターズ二軍が本拠地球場としてイースタンリーグなどを開催している。また、高校野球でも使われる。

　市の公式サイトによると、オープンは1997年４月。市内唯一の硬式野球可能な球場。

（踏破№.── ＡＢＣ）

横浜スタジアム

神奈川県横浜市
1990年６月23日
（スコアブックに規格メモ無し）
内外野人工芝　照明有り
セントラルリーグ公式戦
横浜大洋３－１広島

　ＪＲ根岸線・関内駅から徒歩５分。1978年に完成した球場。

　悲願の完全試合をここで観た。私は梶原一騎さん原作のマンガ『巨人の星』に熱狂した世代で、そのクライマックス、主人公・星飛雄馬は完全試合を達成する。それで私も完全試合を観たい観たいと願いながら野球観戦を続けてきた。

　とはいえ完全試合には、そうそう出会えるものではない。すぐれた投手でなければ無論達成できないし、かといって実力差があり過ぎてもコールドゲームになって参考記録扱いとなってしまう。

　そして……野球を狂ったように観るようになって16年目、通算観戦試合数が3357試合に達した2005年11月２日、とうとう完全試合を観ることができた。この球場で行なわれた創価大－白鷗大戦、創価大の八木智哉投手（のち日本ハムなど）による達成だった。

　途中からは「完全試合を観れると

横浜スタジアム

横浜スタジアム

横浜スタジアム

Ａ…硬式（高校以上）　Ｂ…硬式（中学以下）　Ｃ…軟式　の試合が可能

したら、これが最後のチャンスだろう」と思い、祈るような気持ち。9回はもう、心臓バクバク。

この球場では、高校や社会人で、他にも劇的な試合を数多く観ており私にとっては相性のいい球場。

私は観ていないが、金属バット時代の社会人野球で23－17というとんでもないスコアの試合があったのもここ。当時この球場の社会人野球では場外ホームランがよく出て、外は公園になっているのでケガ人が出てはいないかと心配したものだ。

のちにはスコアブックに規格メモがあり、中堅118m、両翼94m（1993年5月15日、8月10日）。2009年に行った時には規格表示が無かった。

改装前のスコアボード（1978年撮影）

水島新司さんのマンガ『大甲子園』で、主人公・山田太郎の明訓高校は高校三年夏の県予選決勝をこの球場で戦った。

2004年6月24日には都市対抗予選の第一代表決定戦という緊迫感の中、どこから迷い込んだのか、猫が外野を駆け回り大捕り物という珍シーンも見た。

（踏破№9　ＡＢＣ）

横浜ベイスターズ総合練習場

神奈川県横須賀市
1996年3月6日
中堅120m、両翼94m
内野土、外野天然芝　照明無し
イースタン教育リーグ
横浜2－1日本ハム

京浜急行・安針塚駅から徒歩15分ほど。イースタンリーグでよく使われていた。ベイスターズ二軍が横須賀スタジアムに本拠地を移してからも、イースタン主催試合の一部が行なわれている。

横浜ベイスターズ総合練習場

横浜ベイスターズ総合練習場

1987年に完成した。基本的には練習場なので、観客席はネット裏に小規模なものがあるだけ。

球場のすぐ外に海上自衛隊の施設があり、よく自衛艦が停泊している。めったに見ない物なのでいつもしげしげと眺めてしまう。

最近はアマ野球のオープン戦の日程さえもネットで入手できるが、この当時は関東地区で試合開催情報を最も早く入手できるのは３月に行なわれるイースタン教育リーグだった。ゆえに私はこの球場での観戦で野球シーズン開幕を迎える年が多かった。

ホームチームの横浜が、三塁側ダッグアウトを使用する。室内練習場に近いせいと思われる。

（踏破No.176　Ａ　※一般への貸し出しは行なっていない）

読売ジャイアンツ球場

神奈川県川崎市
1990年６月28日
（スコアブックに規格メモ無し）
内野土、外野天然芝　照明無し
イースタンリーグ公式戦
ロッテ４－３巨人

1985年10月４日開場。

私が初めて行った当時は観客席など未整備だったが、その後大きく改装されている。

2006年９月24日、桑田真澄投手が巨人軍最後の登板をするというので16年ぶりに行ってみた。

イースタンリーグの試合だったが、観衆4000人が詰めかけ満員札止めとなる盛況。観客席も立派なものが出来ていた。規格表示は無し。

読売ジャイアンツ球場

京王線・京王よみうりランド駅から歩ける距離にあるが、その名も「巨人への道」という長い長い階段を上がらねばならない。運動不足の私は途中で完全にバテ、へたりこんでしまった。

2016年の時点で、中堅121.9m、両翼97.6m。収容人数4000人。

（踏破No.11　ＡＢＣ）

山梨県

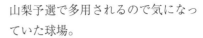

櫛形総合公園野球場

山梨県南アルプス市
2007年6月2日
中堅120m、両翼91m
内野土、外野天然芝　照明無し
社会人野球クラブ選手権・一次予選
山梨大会
大富士BASEBALL CREW14－0桂ク
ラブ（7回コールドゲーム）

　櫛形は鉄道利用派の私にとっては不便な場所にある。高速バスの朝イチの便に乗って行った。片道2200円。この日、バスは予約客で満席。当日乗車券が無いことがあるので行く人は要注意。
　「南アルプス市役所」というバス停で降り、徒歩15分。社会人野球の山梨予選で多用されるので気になっていた球場。
　帰りは球場近くのバス停「小笠原車庫」から甲府行きのバスに乗った。甲府経由で来る方法もあるようだ。
　1986年11月、峡西地区初の公式試合開催可能な球場として完成。
　2013年4月1日から、ネーミングライツ契約により「南アルプス　ジット　スタジアム」という名称になっている。それを記念してか、同年5月4日にイースタンリーグ公式戦・DeNA－巨人が行なわれた。
　収容人数は8000人。

（踏破№540　ＡＢＣ）

櫛形総合公園野球場

櫛形総合公園野球場

甲府市緑が丘球場

山梨県甲府市
1994年7月19日
中堅113m、両翼91m
内野土、外野天然芝　照明無し
全国高校野球・山梨大会
北富士工8－4甲府西
　前日に長野県の飯田県営球場を踏破。飯田からＪＲ飯田線と中央本線

を乗り継いで甲府に入ったが、列車のダイヤは豪雨のため大幅に乱れていた。

甲府駅の待合室に泊まった。他にも列車運休のため帰れなくなったたくさんの人が泊まっていた（2011年に甲府駅に行ったら、きれいに改築されて、とてもじゃないが泊まることができないような駅に変貌していた。なんとなく寂しい）。

この緑が丘球場は、甲府駅から歩いていける距離にある。徒歩30分ほど。

昭和29（1954）年度に完成。

私が訪れた1994年当時から取り壊

甲府市緑が丘球場

しの噂があったが、2016年現在も軟式専用の球場として生き残っている。

市街地にあるので、ファウルボールが飛び出すと危険なため2007年11月から硬式野球での使用ができなくなった。

収容人数11950人。

（踏破№136　C）

小瀬球場

山梨県甲府市
1990年11月5日
（スコアブックに規格メモ無し）
内野土、外野天然芝　照明無し
秋季高校野球・関東大会
日立－7－3群馬中央

母校が茨城県大会を勝ち抜き、関東大会に進出したので張り切って観に行った。選手にせがんでユニフォームの写真も撮らせてもらった。

県営の球場。

2011年10月30日に再訪してみた。中堅120m、両翼92m。

照明塔が新設されている。

山梨高校野球の決勝戦開催球場だ

小瀬球場

けあって、常設の放送ブース多数。一塁側内野席最上段にはコンクリ製のテレビカメラ台もある。

スコアボードにはスピードガンも設置されていて、この日観た高校野球でも使用されていた。山梨高野連サービスいいね（スピードガンの設備があっても高校野球の試合では使用されないことが多い）。

A…硬式（高校以上）　B…硬式（中学以下）　C…軟式　の試合が可能

ＪＲ身延線・甲斐住吉駅から徒歩30分。

　収容人数は19955人。

　2006年4月からナイター照明ができた。2014年3月1日から5年間、ネーミングライツ契約により「山日ＹＢＳ球場」という名称になっている。

（踏破№32　ＡＢＣ）

都留市総合運動公園楽山球場

山梨県都留市
2007年6月3日
中堅120m、両翼92m
内野土、外野天然芝　照明無し
東日本軟式野球大会・2部
鵜川ライオンズＯＢ会7－0大長ナインズ

　富士急行大月線・都留文科大学前駅から徒歩20分。

　1986年10月1日に開設された。

　駅から歩くと、都留文科大のキャンパスの近くを通り抜けて行った所にある。付近には学生用アパートがいっぱい。こういう所で学生時代を送ると恋愛で忙しくて学業がおろそかになってしまうのでは？と余計な心配をしてしまう。

　2005年10月30日に、地元の桂倶楽部（1915【大正4】年に創立されたこのチームは硬式野球クラブチームとしては日本で二番目に古い、伝統あるチーム）と茨城ゴールデンゴールズ（欽ちゃん球団）がこの球場で対戦。ほぼ満員となった。

　収容人数8000人。

（踏破№541　ＡＢＣ）

都留市総合運動公園楽山球場

都留市総合運動公園楽山球場

富士北麓公園野球場

山梨県富士吉田市
1992年4月25日
（スコアブックに規格メモ無し）
内野土、外野天然芝　照明無し
春季高校野球・山梨大会
峡北12－10上野原

富士北麓公園野球場

富士北麓公園野球場

　富士急行線・富士吉田駅からタクシーで行った。

　収容人数13449人。1986年の山梨国体に備えて整備された球場。

　何といっても、外野後方に雄大にそびえる富士山が絶景。これにかなう眺めはないだろう。文句無しに「日本一の眺望を持つ球場」。

　山梨の高校野球でよく使われる。

　2011年秋の高校野球・関東大会の会場として使われる案があったが却下となった。この球場は標高約1035m。もう一つの会場、小瀬球場は標高約250m。大会が行なわれる10月末の時期には両球場の気温差が10度以上開くこともあり、不公平になると指摘されたのである。結局、小瀬球場での単独開催になった。

　高地にあるので、濃霧など天候の影響を受けやすい球場といわれている。

　　　　　　　（踏破№40　ＡＢＣ）

北信越

- 長野県 »»»»» 28球場
- 新潟県 »»»»» 27球場
- 富山県 »»»»» 15球場
- 石川県 »»»»» 16球場
- 福井県 »»»»» 12球場

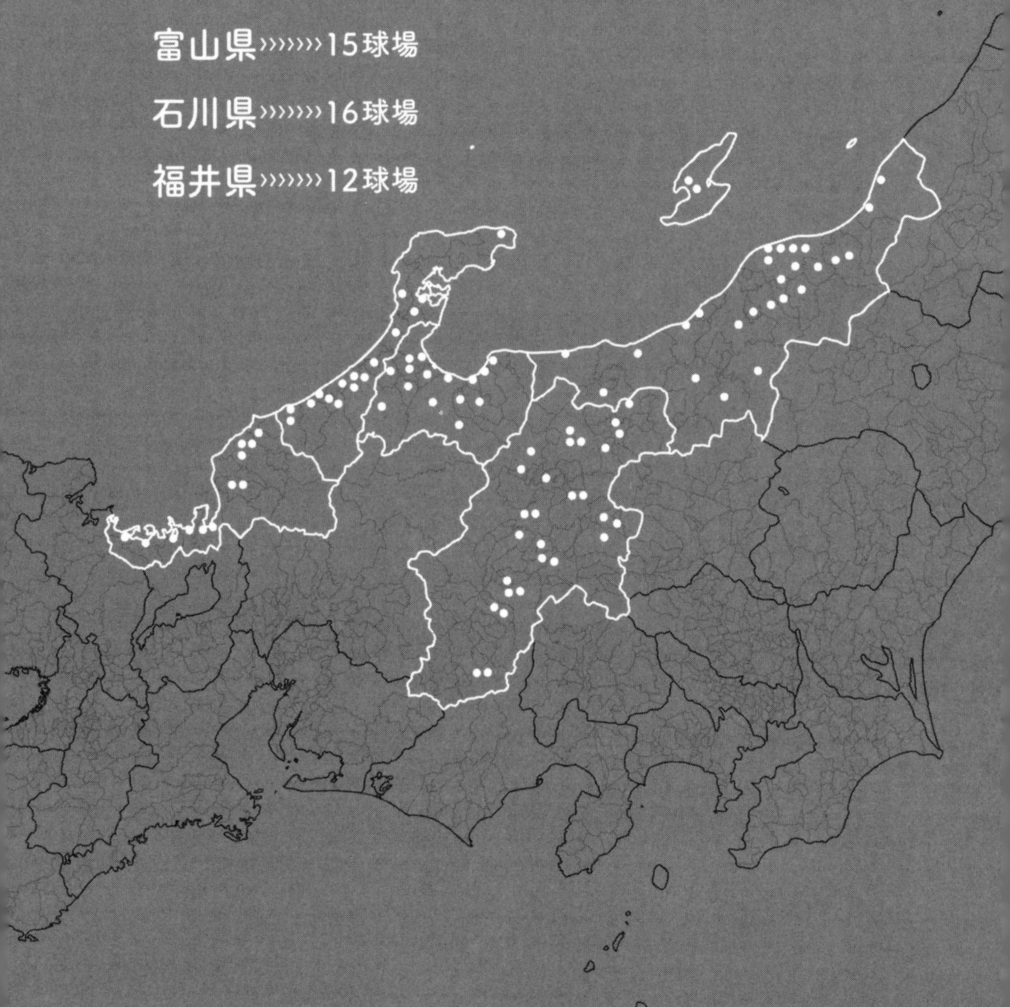

長野県

飯田市営今宮野球場

長野県飯田市
2012年8月12日
中堅120m、両翼90m
内外野土　照明無し
高校野球・秋季大会予備戦
飯田12－0駒ケ根工（6回コールドゲーム）

　ＪＲ飯田駅から徒歩20分。高速道路の脇にある。
　完成は1952年4月。歴史ある球場。収容人数は3500人。
　近年、リトルシニアや高校野球で使われている。
　ネット裏席から内野席まで、コンクリ段々のみのイス無し。スタンドの勾配が急。外野席無し。
　内野席は一塁側と三塁側で大きく異なっていて、一塁側の方が大きくコンクリも白くて新しい。改修されたばかりらしい。
　古い球場で、いつ取り壊しになるかわからないと慌てて踏破したが、観客席の改装を行なったことからみて、また当分は現役の球場であり続けるようだ。
　スコアボードは時計、得点板、ＳＢＯ灯、ＨＥＦＣ灯のみと簡素だが、得点板は延長16回まで出せる。最近の野球はあまり延長戦をせず、すぐに引き分けにしたりサドンデス方式で無理やり勝敗をつけてしまうが、そんな野暮な規定が無かった頃の野球場は長い延長戦に対応できるスコアボードを備えていることが多い。
　内野フェア地域のみ黒土。外野は白っぽい土。一見、外野は枯れた芝生のように見える。
　飯田は「人形劇の町」だそうで、球場外壁には人形劇フェスティバルのワッペンの歴代の図案が描かれている。あと、日本アルプスの山並みを図解したペンキ絵も有り。

（踏破№757　ＡＢＣ）

飯田市営今宮野球場

飯田市営今宮野球場

飯田野球場

長野県飯田市
1994年7月18日
中堅120m、両翼95m
内野土、外野天然芝　照明無し
全国高校野球・長野大会
下伊那農10－1望月（7回コールドゲーム）

　前日、愛知県の津島球場を踏破後、JRで東に向かい、豊橋から飯田線に入って途中の平岡駅で野宿。この日の始発に乗って飯田に着いた。

　JR飯田駅からタクシーで15分。

　球場ができたのは1989年。収容人数8903人の県営球場。

　この日の第三試合、飯田長姫高校－小海高校の一戦で忘れがたい場面があった。

　7回裏、飯田長姫が7－1とリードし、なおも一死満塁。飯田長姫があと1点加えれば得点差によるコールドゲーム成立となるが、この時、ものすごい豪雨で既にグラウンドは田んぼ状態。

　普通ならゲーム中断となるところだが、大会本部はなぜか試合を続行した。

　これはつまり、ここで試合を中断すると、そのまま雨天中止となり、7回が完了していないので試合が成立せず再試合となってしまう（注・高校野球の試合成立は7回）。それは面倒というので、無理やり続行したのだろう。大会本部には「一死満塁だし、もう1点はすぐに入るはず。小海高校はさっさとコールド負けしなさい」という読みがあったと思われる。

　ところがここで小海高校守備陣が意地を見せた。一塁ゴロ本塁封殺と中飛でスリーアウトを取り、得点差によるコールドゲームを阻止したのである。

　結局、7回終了で雨天続行不可能によるコールドゲーム成立となったが、最後の最後で踏ん張って得点差コールドを阻止した小海高校には「何事も気の持ちよう」と教えられ

飯田野球場

飯田野球場

たような気がした。
　また、イチロー選手がこの球場でプレーしたことがある。1993年8月5日、ウエスタンリーグ公式戦・中日－オリックス。4打数1安打の記録が残っている。

(踏破№135　ＡＢＣ)

飯山市営野球場

長野県飯山市
2012年8月11日
中堅120m、両翼90m
内外野土　照明有り
高校野球・秋季大会予備戦
須坂2－0長野俊英

　ＪＲ信濃平駅から徒歩20分ほどだが、山の上にあるので疲れる。
　ネット裏席の一塁側寄りに背の高い小屋があり、そこが本部席として使われる。
　観客席は、ネット裏含めすべて芝生席。トイレはライト後方に1カ所しかなく、草野球場といっていいだろう。外野フェンスも高さ120センチほどと低い。
　スコアボードは得点板(パネル式)、ＳＢＯ灯、ＨＥＦＣ灯、時計のみと簡素。
　レフト後方の外野フェンスに球場名表示が入っている。
　内野部分のみ黒土が使われていて、一見すると外野は枯れた芝生かと思ってしまう。
　夏はもちろん、春・秋の高校野球でも使われない球場で、この時は秋季大会のシード決めのための予備戦で使われることがわかり行ってみた。

(踏破№756　ＡＢＣ)

飯山市営野球場

飯山市営野球場

伊那県営野球場

長野県伊那市
2010年5月5日
中堅120m、両翼90m
内野土、外野天然芝　照明無し

ＢＣリーグ
信濃17－7福井

　ＪＲ飯田線・伊那北駅から徒歩15分。

　建設されたのは1967年。収容人数は14000人。

　伊那市営球場に隣接する球場。1997年に市営球場を踏破した時からずっと気になっていたが、なかなか試合開催情報をキャッチできず、おあずけになっていた。13年の時を経てようやく市営と県営を両方揃えることができた。

　松山の坊っちゃんスタジアムや倉敷のマスカットスタジアムなど、隣接する球場を持つケースは少なくないが、それらはあくまでメインとサブの関係。この伊那のようにほぼ同格の球場が並んでいる例は全国でもここだけではないだろうか。

　市営球場は観客席にイスが無く、コンクリの段々になっているだけだが、県営は長イスだがイス有り。市営には夜間照明があるが、県営には無し。一長一短である。スコアボードは両球場とも同一。

　2014年もＢＣリーグの試合が開催され、春の高校野球県大会で使われた。そして2014年9月1日から、改修工事のため使用できなくなっている。

（踏破№637）

伊那県営野球場

伊那県営野球場

伊那市営球場

長野県伊那市
1997年9月7日
中堅120m、両翼90m
内外野土　照明有り
東日本軟式野球大会1部・長野南信地区予選
ライナーズ10－8ＮＨＫニッパツ

　ＪＲ飯田線・伊那北駅から徒歩15分。

　1947年にできた球場。収容人数11000人。

　すぐ隣に伊那県営野球場あり。

　2010年5月5日に再訪してみた。規格などに変化無し。観客席はコン

伊那市営球場

伊那市営球場

クリの段々になっているだけでイス無し。ネット裏席の一部に屋根有り。

2012年10月の長野日報の記事によると、11月から翌年4月にかけて観客席やスコアボードを撤去し簡易球場に改修する工事を行なうとある。

この写真の球場は現存しない。

この球場で松井秀喜選手がプレーしたことがある。1993年8月15日、イースタンリーグ公式戦・巨人－日本ハム。成績は4打数3安打2打点で、本塁打も1本打っている。

（踏破No.348　ABC）

上田県営球場

長野県上田市
1996年10月27日
中堅120m、両翼95m
内野土、外野天然芝　照明有り
秋季高校軟式野球・長野大会
岡谷工6－0長野商

上田県営球場

上田電鉄別所線・上田原駅から徒歩20分。

正式名称は「長野県営上田野球場」。完成したのは1996年。

収容人数18000人。硬式の高校野球でよく使われている。

（踏破No.250　ABC）

上田市営球場

長野県上田市
1996年9月27日
中堅116m、両翼92m
内外野土　照明有り

秋季高校野球・長野大会
松商学園23－3伊那弥生丘（7回コールドゲーム）

現在の正式名称は「上田城址公園

上田市営球場

上田市営球場

野球場」。

　とんでもないオンボロ球場ということを聞いており、取り壊しになる前に行かなければとチャンスをうかがっていた。

　公式ページによると、球場ができたのは1928年。どうりで古いわけだ。

　映画『博士が愛した数式』(2006年公開)の野球場ロケはこの球場で行なわれた。古くて味のある球場といういうことで白羽の矢が立ったようだ。

　同じ上田市内に県営球場ができたこともあり、表舞台からは姿を消しつつある。でも2012年に高校軟式野球の夏の北信越大会で使われ、まだまだ健在。

　しなの鉄道・上田駅から徒歩30分。収容人数10000人以上。

（踏破No.242　ＡＢＣ）

大町市運動公園野球場

長野県大町市
1998年4月29日
中堅120m、両翼92m
内野土、外野天然芝　照明無し
春季高校野球・長野大会　中信地区予選
武蔵工大付信州工6－5穂高商

大町市運動公園野球場

　ＪＲ大糸線・南大町駅から徒歩25分。

　1986年4月20日に完成。

　外野フェンスが低いのが特徴。

　夜行列車で行った。車内は登山客でいっぱい。登山人気にびっくり。

　市のページによると、収容人数は4600人。

　近年では高校野球の春・秋の大会の地区予選でも使われなくなり、ＢＣリーグの開催も2011年シーズンが最後となっている。

（踏破No.397　ＡＢＣ）

駒ケ根市営運動場

長野県駒ケ根市
1997年9月7日
規格表示無し
内外野土　照明有り
東日本軟式野球大会2部・長野南信地区予選
グレイトトレーナーズ9－3山谷クラブ

駒ケ根市営運動場

　JR小町屋駅から徒歩7分。市役所の隣にある。

　野球場というより、普通のグラウンドにバックネットとダッグアウトをつけただけという感じ。

　いちおう照明はあるが貧弱で本格的ナイターは無理と思われる。

（踏破No.347　ＡＢＣ）

駒ケ根市南割公園アルプス球場

長野県駒ケ根市
2015年8月8日
中堅120m、両翼92m
内外野土　照明有り
高校野球・秋季大会予備戦
伊那弥生ケ丘4－2諏訪二葉

　JR伊那福岡駅から徒歩45分。アルプスの麓にある。駒ケ根の町は四方を山々に囲まれており、駅からの途上では美しい風景に感嘆させられた。

　球場前にある竣工記念植樹の碑によると、球場ができたのは1999年。

　球場の玄関ロビーにはいくつかの記念品が展示されているが、その中の軟式ボールを見てビックリ！　この球場での第1号ホームランボールなのだが、それがなんと、この球場完成後、初めて行なわれた公式戦の、試合開始直後の第一球がホームラン

駒ケ根市南割公園アルプス球場

駒ケ根市南割公園アルプス球場

になったというのだ。こんなミラクルな話は聞いたことがない。「野球の神様に誕生を祝福された球場」という称号を贈りたい（2000年4月16日、第50回　東海5県軟式野球大会・長野県代表決定大会。セイコーエプソン松本－日精樹脂工業。打ったのはセイコーの木下仁選手）。

　玄関ロビーには他にも、プロ野球OBクラブが訪れた際のサインボール群や、Hondaソフトボール部のサイン色紙などが展示されている。

　ネット裏からベンチ上まではプラ長イス8段。あとの内外野席は芝生席。スコアボードは得点板（10回まで。パネル式）、ＳＢＯ灯、ＨＥＦＣ灯、選手名（DH制非対応）、審判名（4人）。

　内野のみ黒土を使っているので、一見外野グラウンドは芝生かに見えるが外野も土のグラウンド。大きな大会で使われないのはこれが理由と思われる。

　ネット裏席の後方に壁があるので、観客席の中で一つだけ、午前11時頃までは日差しを避けられる席がある。私は朝一番に着いたので、その席に座れてラッキーだった。

（踏破№832　ＡＢＣ）

小諸市南城公園野球場

長野県小諸市
1996年7月17日
中堅122m、両翼92m
内外野土　照明無し
全国高校野球・長野大会
上田13－3飯田長姫（7回コールドゲーム）

　ＪＲ小諸駅から徒歩で行った。

　1989年4月に完成。収容人数3500人。

　小諸には映画『男はつらいよ』シリーズの貴重な資料が展示されている「寅さん会館」があり、ファンとしてはぜひ見学したかったが松本市営球場へのハシゴが可能だったのでそちらを優先してしまった。

（踏破№189　ＡＢＣ）

小諸市南城公園野球場

小諸市南城公園野球場

坂北村野球場

長野県坂北村（現在は筑北村）
1997年6月1日
中堅122m、両翼99m
内外野土　照明有り
関甲新学生野球・2部　決勝トーナメント
信州大5－1白鷗大

坂北村野球場

　JR篠ノ井線・坂北駅から徒歩25分。山を登る途中にあるので、行きはかなり疲れる。
　1993年に完成した「やすらぎスポーツ広場」内にある。
　観客席はネット裏含め、すべて芝生席。
　信濃毎日新聞で試合日程を発見して行ってみた。
　2009年秋、高校軟式野球の県大会で使われた。

（踏破№293　ＡＢＣ）

佐久市営グラウンド

長野県佐久市
1998年8月8日
中堅120m、両翼92m
内野土、外野天然芝　照明無し
全日本大学軟式野球大会
大阪国際大3－0熊本県立大

佐久市営グラウンド

　JR小海線・岩村田駅から徒歩25分。
　住宅街の中にある。
　外野フェンスがコンクリ部分だけで金網部分が無く、とても低かった。
　開設は1972年4月。
　近年は、中学野球やリトルシニアの使用が多い。
　1989年5月21日、イースタンリーグ公式戦が開催されている。西武－巨人。この試合には西武の渡辺智男、大久保博元ら有名選手が出場した。

（踏破№428　ＡＢＣ）

塩尻市営野球場

長野県塩尻市
1994年10月1日
中堅120m、両翼90m
内野土、外野天然芝　照明無し

秋季高校野球・長野大会
岩村田9－6南安曇農

　JR塩尻駅から徒歩35分。

　1965年7月24日完成。収容人数は8000人。

　私が訪れた時、関東の野球場での顔見知りである通称「校歌くん」が来ていた。

　「校歌くん」とは、球場にラジカセを持参し、試合後に演奏される勝利校の校歌を録音し収集している、アマ野球ファン界の有名人。県によっては春や秋の大会でも校歌が演奏されるので、それを目当てに全国を行脚していた人。この時「何校くらい集まったんですか」と訊くと「500校くらいかな」と言っていた。

　また、この時の岩村田高校に、佐々木茂雄、佐々木貞治という兄弟選手がいた。親御さんはよほどの野球ファンなのだろう。

　最近も高校野球で使われている。

（踏破№.167　ABC）

塩尻市営野球場

塩尻市営野球場

下諏訪スタジアム

長野県下諏訪町
2016年5月22日
中堅119m、両翼91m
内外野土　照明有り
北信越関東東海ブロック軟式野球大会
太田市役所6－3セーレン株式会社

下諏訪スタジアム

　JR下諏訪駅から徒歩10分。球場名表示がローマ字表記なのが珍しい。

　玄関ロビーに緒方耕一（元巨人）、野村弘樹（元横浜）のサイン色紙展示有り。またここには野球のプレー姿を描いた大きなレリーフも飾られている。

　観客席はネット裏からダッグアウト上までは最大6段のプラスチックイス席。内野はコンクリ段々席6段。

外野席無し。

外野フェンスはコンクリブロック製。ほぼ直線状で、センター後方で折れて外野フィールドを囲んでいる。

スコアボードは、時計、得点板（10回まで。磁気反転式）、ＢＳＯ灯、ＨＥＦＣ灯。

レフト場外に陸上競技場がくっ付いている。

一塁側場外にテニスコートがあり、野球場の内野席がテニス観戦に適した位置にある。私が訪れた日も野球のグラウンドに背を向けテニスに見入る人が多数いた。

1950年代はこの球場でプロ野球一軍公式戦が開催されていた。初開催は1951年5月10日の東急－大映、東急－毎日のダブルヘッダー。この試合には当時のスーパースター大下弘（東急）が出場しており2試合合計で7打数2安打。本塁打も1本打っている。

現在は軟式専用。

（踏破№855　Ｃ）

須坂市野球場

長野県須坂市
1997年9月6日
中堅規格表示無し、両翼90ｍ
内外野土　照明有り
秋季高校野球・長野大会　北信地区予選
長野東17－12長野西

2012年6月24日に再訪してみた。

須坂駅から須坂市民バスに乗り「市民グラウンド入口」下車、徒歩10分。

ネット裏席は6段のプラ長イス。

内野は芝生席、外野席は無し。

ＳＢＯ灯はＳが緑、Ｂが黄色、Ｏが赤（通常はＳが黄色、Ｂが緑）。

バックネット部分のフェンスが直線でなく曲線なのが凝った造りといえる。

竣工は1978年3月10日。

『須坂新聞』の記事によると、2009年にバックネットの張り替えなどの改修工事が行なわれた。

（踏破№346　ＡＢＣ）

須坂市野球場

須坂市野球場

諏訪湖スタジアム

長野県諏訪市
2001年7月18日
中堅122m、両翼98m
内野土、外野天然芝　照明有り
全国高校野球・長野大会
松本第一5-2坂城
　JR中央本線・上諏訪駅から徒歩40分。駅から諏訪湖のほとりに出て、湖沿いに時計回りに歩いて行く。
　1995年にできた球場。
　収容人数は7000人。高校野球やBCリーグの試合で使われる。
（踏破№492　ABC）

諏訪湖スタジアム

諏訪湖スタジアム

茅野市営球場

長野県茅野市
2012年8月18日
中堅120m、両翼92m
内野土、外野天然芝　照明無し
高校野球・秋季大会予備戦
岡谷工4-1諏訪実
　JR茅野駅から徒歩25分。
　1976年完成。
　近年は高校野球で使われなくなり踏破が困難になっていたが、改修が終わり、この月からまた使われるようになった。今回の改修で、外野フィールドに芝生が敷かれた。さすがに芝生はジュウタンのようにキレイだった。ちなみにこの芝生は隣の陸上競技場で使われていた芝草を移植

茅野市営球場

茅野市営球場

したもの。

　スコアボードは長方形に台形が載った「茨城型」。時計、ＢＳＯ灯、ＨＥＦＣ灯、得点板（延長10回まで）のみと簡素。

　ネット裏席はプラ長イス12段で上段席は屋根有り。内野途中までコンクリ段々が7段。あとの内外野席は雑草席。

　場外にＢＣリーグ・信濃グランセローズのチーム名入りのトンボ（グラウンドをならす道具）があった。

　収容人数10000人。高校軟式野球でよく使われている。

（踏破No.758　ＡＢＣ）

中野市営豊田野球場

長野県中野市
2012年6月24日
中堅137.7m、両翼106m
内外野土　照明有り
リトルシニア日本選手権・信越大会
柏崎6－0須坂（7回制）

　ＪＲ替佐駅から徒歩25分。
　平成2（1990）年度に建設された。
　ネット裏にコンクリ小屋の本部席こそあるものの、まともな観客席は無く、ほとんど草野球場という感じ。しかし、規格を確認してビックリ。

　これは間違いなく日本一の広さ。
　外野フェンスは金網製で高さ1mほどと低く、センター後方のフィールド内には用具小屋まであり、公式試合を行なう球場としては若干疑問もあるが……。

　試合中、町内放送が聞こえてきて、「熊が目撃されたので気をつけてください」とのことだった。ビビりますね。

　リトルシニアの大会でよく使われる。

（踏破No.750　ＡＢＣ）

中野市営豊田野球場

外野フェンスの規格表示（中堅）

中野市営野球場

長野県中野市

2007年4月28日

Ａ…硬式（高校以上）　Ｂ…硬式（中学以下）　Ｃ…軟式　の試合が可能

中堅120m、両翼93m
内野土、外野天然芝　照明有り
春季高校野球・長野大会　北信地区予選
長野西8－1中野（8回コールドゲーム）

　長野電鉄・中野松川駅から徒歩10分。

　昭和27（1952）年度に建設された。

収容人数2500人。BCリーグ・信濃グランセローズの練習場であり、公式戦でも使われている。

　2014年春に改修工事を行ない、バックネットにあった支柱が無くなり観戦しやすくなった。

（踏破No.535　ABC）

中野市営野球場

中野市営野球場

長野運動公園野球場

長野県長野市
1992年4月26日
（スコアブックに規格メモ無し）
内野土、外野天然芝　照明有り
社会人野球・長野大会
北陸銀行4－3西濃運輸

　JR北長野駅から徒歩20分。通称・長野県営球場。

　1966年にできた球場。

　県営球場だが、ネット裏席はイスが無くコンクリの段々になっているだけ。

　投げるたびに「おうりゃあ！」と叫ぶ、社会人野球の名物投手だった吉井憲治（当時西濃運輸、のちシダックス）を発見したのはこの球場。

長野運動公園野球場

最初は「叫んでいるのは観客の誰かだろうか？」と思ったが、なんと投手当人だった。

　2012年6月24日に再訪してみた。

　中堅122m、両翼98m。内野土、外野天然芝。照明有り。

　ネット裏席の前のほうは、背もたれ無しのイス席。ネット裏席中段以上から内野席途中まではコンクリ段々席。あとの内外野席は芝生席。

芝生席の芝生もよく手入れされている。

ネット裏席の中段にある通路より上の席は、通路前の席よりも高い位置に作られていて、通路を通る人がいても視線を妨げられることなく観戦できる。こういう気配りのある球場は全国でもここだけかも。設計者が野球観戦をよくわかっている人なのだろう。

白く塗られた球場建物も凝った造りで、テラスハウスふう。

収容人数16000人。

（踏破No.41　ＡＢＣ）

長野オリンピックスタジアム

長野県長野市
2004年7月2日
中堅122m、両翼99m
内外野人工芝　照明有り
都市対抗野球・二次予選　北信越大会
伏木海陸運送11－4ＴＤＫ千曲川（7回コールドゲーム）

ＪＲ篠ノ井駅から徒歩30分。

1998年に開催された長野冬季オリンピックの開会式会場が、終了後に改装されて野球場になった。野球場としての開場は2000年3月。

アートといえばこれ以上外観がアーティスティックなデザインの球場もないだろう。

球場玄関には、この球場で初めて開催されたプロ野球、西武－オリックス戦（2000年5月20・21日）の監督・選手の寄せ書きサインパネルが展示されている。

収容人数30000人。高校野球や社会人野球でよく使われる。

（踏破No.507　ＡＢＣ）

アートな外観

長野オリンピックスタジアム

長野オリンピックスタジアム

長野市営城山球場

長野県長野市
1992年10月12日
中堅115m、両翼92m
内野土、外野天然芝　照明無し

Ａ…硬式（高校以上）　Ｂ…硬式（中学以下）　Ｃ…軟式　の試合が可能

秋季高校野球・長野大会
丸子実10－6長野工

　現存しない球場。現在は「城山公園」になっている。「城山」は「じょうやま」と読む。

　ＪＲ長野駅からバスに乗り、善光寺のそばを通り抜けて行くとすぐにあった。

　1926（大正15）年7月に完成した古い球場。

　地形をうまく利用した「掘り下げ型」の球場で、入場口を入るとネット裏席の最上段に通じていた。

（踏破№79）

長野市営城山球場

長野市営城山球場

松川村コミュニティ運動公園野球場

長野県松川村
2016年6月19日
中堅120ｍ、両翼91ｍ
内外野土　照明無し
リトルシニア日本選手権・信越大会
北安南4－1新潟北（7回制）

　ＪＲ信濃松川駅から徒歩40分。道のりはずっと平坦で、遠くの山並みはとても美しい。

松川村コミュニティ運動公園野球場

　通称「川西球場」。ネット裏からダッグアウト上まではコンクリ段々席5段（青く塗装されている）、あとの内外野席は芝生席。収容人数は約500人。バックネット以外、防球ネットが一切無い珍しい球場。

　スコアボードは、時計、得点板（12回まで。パネル式）、ＢＳＯ灯、ＨＥＦＣ灯、選手名（ＤＨ制非対応）。

　標高656ｍの位置にあるこの球場では2011年に明治学院大学硬式野球部が夏季キャンプを行なっている。

　近年は少年野球でよく使われる。

（踏破№857　ＡＢＣ）

松本市四賀運動広場

長野県松本市
2016年6月18日
中堅112m、両翼94m
内外野土　照明有り
リトルシニア日本選手権・信越大会
新津五泉村松3－1伊那（7回制）

松本市四賀運動広場

　松本バスターミナルからバス45分、「四賀支所前」下車、山を25分登って球場到着。

　運動広場という名称だが、ちゃんと野球場らしいフェンスでフィールドが囲まれている。

　ネット裏に本部席として使える部屋がある他、ネット裏席後ろにも建物がある。

　ネット裏からダッグアウト上までは最大10段のコンクリ段々席。あとの内外野席は芝生席。規定の収容人数は500人。

　スコアボードは、得点板（12回まで）、SBO灯、HEFC灯、審判名（4人）。

　この球場は旧四賀村時代の1976年3月にグラウンドができた後、スコアボードや照明などが整備され1980年5月に完成。その記念試合として同月25日、東京・早稲田実業が招かれ松商学園と対戦した。当時早実一年生だった荒木大輔が完投勝利を収めている。

　それから40年が経ち、球場は改築されることが決まった。そして記念試合として再び早実が招かれ、40年前と同じく松商学園と対戦した。2016年5月29日。

　1500人が詰めかけた試合はダブルヘッダーで行なわれ、怪物・清宮幸太郎（早実二年生）が2打席連続を含む3ホーマーと大暴れ。清宮のサインが入れられたホームランボール3個は2019年3月に完成する新球場に展示されるという。

　2016年9月から工事のため休場中。

（踏破№856）

松本市野球場

長野県松本市
1996年7月17日
中堅122m、両翼98m
内野土、外野天然芝　照明有り

全国高校野球・長野大会
佐久長聖5－1池田工

　夏の高校野球の県大会決勝戦で使われたこともある立派な球場。

2014年6月15日に再訪してみた。

ＪＲ篠ノ井線・松本駅からバス、「松本第一高校」下車。

球場建物の正面はガラス張りで、近代的デザイン。外壁には、野球のプレー中の姿を捉えた装飾が入っている。

玄関ロビーには1991年6月22日に行なわれた竣工記念試合で飛び出した、球場第1号本塁打の使用バットが展示されている。打ったのは当時松商学園の上田佳範選手（のち日本ハムなど）。また、竣工記念のプロ野球公式戦でヤクルトの古田敦也選手が打った本塁打の使用バットや高校野球関連の展示もある。

ネット裏席には一部だが屋根がある。

左右のポール際まで、大きな内野スタンドがある。

常設の放送用ブースもあり、大きな試合も開催できそう。収容人数は25000人。

スコアボードはスピードガンを備えている。

2003年7月1日、ヤクルトの稲葉篤紀選手が、この球場で行なわれた横浜戦でサイクルヒットを達成した。

（踏破№190　ＡＢＣ）

松本市野球場

松本市野球場

南箕輪村営大芝野球場
長野県南箕輪村
1998年11月8日
中堅123m、両翼90m
内外野土　照明無し
長野県南信地区中学新人大会
岡谷北部中学３－１高陵中学（7回制）

ＪＲ飯田線・北殿駅から徒歩1時間。収容人数800人。

中堅と両翼の差33mは日本最大か

南箕輪村営大芝野球場

もしれない。

ＢＣリーグ・信濃グランセローズの春季キャンプがこの球場で行なわ

れる。また、2015年シーズンはＢＣリーグの公式戦も開催された。

（踏破№463　ＡＢＣ）

御代田町営雪窓公園球場

長野県御代田町
2013年5月18日
中堅120ｍ、両翼91ｍ
内外野土　照明無し
春季高校軟式野球・長野大会
松商学園9－1岡谷工（7回コールドゲーム）

　しなの鉄道・御代田駅から徒歩20分。

　軟式野球用の球場。収容人数は2000人。

　玄関、球場名表示が正面ではなく一塁側にある珍しいデザイン。

　ネット裏席はプラ長イス5段。内野席途中までコンクリ段々席2段。その先の内外野席は芝生席。

　スコアボードは時計、ＳＢＯ灯、ＨＥＦＣ灯、得点板（パネル式）のみと簡素。

　定礎に記された日付は1988年10月だが、この球場の存在は知らなかった。それがこの年、大会で使われることを知り行ってみた。

　外野後方に雄大な山並みが見えて眺めがいい。

（踏破№787　Ｃ）

御代田町営雪窓公園球場

御代田町営雪窓公園球場

新　潟　県

阿賀野市水原野球場

新潟県阿賀野市
2009年9月28日
中堅120ｍ、両翼95ｍ
内野土、外野天然芝　照明有り
新潟国体・軟式野球　成年の部
高知リハビリテーション学院1－0Ｎ

306　Ａ…硬式（高校以上）　Ｂ…硬式（中学以下）　Ｃ…軟式　の試合が可能

ＴＮ岡山

　ＪＲ羽越本線・水原駅より徒歩30分。1998年完成。

　ネット裏は長イス式だが、内野席はコンクリ製のイス。外野席は無し。小規模な球場。

　両軍ダッグアウトの上にファウルボールが乗ってしまうのを避けるため、金網で造ったカマボコ状を載せているのが珍しい。

　ＢＣリーグのオープン戦が開催されたことがある。

　収容人数1997人。

　　　　　　　（踏破№614　ＡＢＣ）

阿賀野市水原野球場

阿賀野市水原野球場

糸魚川市美山球場

新潟県糸魚川市
1997年6月14日
中堅120m、両翼92m
内野土、外野天然芝　照明無し
高校野球・新潟　招待試合
埼玉工大深谷16－1糸魚川（7回コールドゲーム）

　ネット裏後方に港が見え、船の汽笛が聞こえたりする風情のある球場。

　スコアボードは、得点表示棟とは別に、選手名表示部分をあとから継ぎ足して増築して作ったようになっていて、こういう例は珍しい。

　近年は、目立った試合開催としてはＢＣリーグがある。

　収容人数7500人。

　2014年6月14日に再訪してみた。
糸魚川駅からバスに乗り「玉水」

糸魚川市美山球場

糸魚川市美山球場

下車。そこから山を登って行く。

照明有りに改修されている（2008年に設置）。

ネット裏席はコンクリイス7段。内野席はコンクリイス最大8段。外野席は芝生席。

スコアボードは、時計、得点板（12回まで）、ＳＢＯ灯、ＨＥＦＣ灯。守備位置、選手名も掲示できる（パネル式）。

（踏破№300　ＡＢＣ）

魚沼市広神野球場

新潟県魚沼市
2010年6月12日
中堅122m、両翼98m
内野土、外野天然芝　照明有り
ＢＣリーグ
新潟7－5群馬

ＪＲ小出駅からバスで14分、「並柳下口」下車。徒歩10分で、丘の上にある球場に着く。

場内アナウンスの設備が無く、この日ＢＣリーグは仮設のスピーカーを使って対応していた。

一塁側後方に土手があり、そこからタダ見可能。この日も50人くらいのタダ見客がいた。

2006年7月22日、この球場で、欽ちゃん球団・茨城ゴールデンゴールズと社会人野球のセガサミーがチャリティー試合で対戦。その場で、萩本欽一さんはチーム存続を発表した。当時、チームのメンバーが起こした不祥事により、萩本さんはいったんは球団解散を宣言。しかし存続を求める署名が殺到、解散宣言は撤回された。

収容人数5400人。1993年完成。

（踏破№649　ＡＢＣ）

魚沼市広神野球場

魚沼市広神野球場

柏崎市佐藤池野球場

新潟県柏崎市

1997年4月27日

中堅120m、両翼92m
内野土、外野天然芝　照明無し
春季高校野球・新潟大会　上越地区予選
高田北城6－3有恒

　JR信越本線・茨目駅から徒歩15分。

　有恒高校は2回表に1イニング4失策を記録。両軍合わせて12失策という、ちょっとひどい試合でまいった。

　1986年11月完成。

　1987年5月23日、この球場のコケラ落としとして南海－ロッテ戦が行なわれた。そしてなんと、この試合がサスペンデッドゲーム（一時停止試合）になったことで有名（8回表一死日没のため試合停止。続きの部分は7月8日、福岡県・平和台球場で行なわれた。2016年の時点でNPB史上最後のサスペンデッドゲーム）。

　2016年の時点で、中堅122m、両翼98m。収容人数13400人。

（踏破№274　ABC）

柏崎市佐藤池野球場

柏崎市佐藤池野球場

加茂市営七谷野球場

新潟県加茂市
1994年9月12日
中堅120m、両翼91m
内野土、外野天然芝　照明無し
秋季高校野球・新潟大会　下越地区予選
新津5－1加茂暁星

加茂市営七谷野球場

　行きはバスで行ったが、帰りは、今は無き蒲原鉄道に乗った。レトロな電車だった。

　2011年5月14日に再訪してみた。規格などは踏破時と同じ。

　ネット裏は長イス席が5段あるだけ。内野は芝生席で外野席は無し。小規模な球場。最近では高校野球で使われなくなり「幻の球場」化しつつある。

新潟県

ＪＲ信越線・加茂駅よりバス28分。「冬鳥谷」バス停下車。

近くに「冬鳥谷スキー場」がある。スキー場には1999年に全線廃線となった蒲原鉄道で使われていた車両が展示されているので鉄道ファンは必見だろう。

収容人数1200人。

（踏破№160　ＡＢＣ）

刈羽村源土運動広場野球場

新潟県刈羽村
2005年6月5日
中堅120m、両翼92m
内野土、外野天然芝　照明有り
新潟県招待親善高校野球大会
桐生6－1柏崎

ＪＲ越後線・刈羽駅より徒歩30分。

1999年4月18日開場。

ネット裏席のイスが木製なのが珍しい。バックネットとは別に、ネット裏にフェンスがあり、網が二重になって観戦しにくいのが難点。

収容人数800人。

（踏破№520　ＡＢＣ）

刈羽村源土運動広場野球場

刈羽村源土運動広場野球場

神林村球場

新潟県神林村（現在は村上市）
1997年4月26日
中堅120m、両翼92m
内野土、外野天然芝　照明無し
春季高校野球・新潟大会　下越地区予選
新発田商5－0新津工

ＪＲ羽越本線・岩船町駅から徒歩5分。

私が訪れた時は、球場は出来上がっていたが周囲の運動公園はまだ造成中だった。

球場には「神林村球場」という表示が出ていたが、村は2008年に無くなり、その後は改称され表示も付け替えられたかもしれない。

新発田商は部員が一年生含めて9人ぴったり。翌日付の新聞によると練習試合も1回しかできなかったそ

神林村球場

神林村球場

うだが、みごと勝利を収めた。こういうのを観るのは嬉しい。
収容人数約2140人。

近年は高校野球で使われない。
（踏破№272　ＡＢＣ）

五泉市営野球場

新潟県五泉市
2007年4月29日
中堅120.0m、両翼96.0m
内野土、外野天然芝　照明無し
春季高校野球・新潟大会　下越地区予選
五泉4－3西新発田（延長15回）
　ＪＲ磐越西線・北五泉駅から徒歩40分。

1994年の完成。
収容人数2200人。夏の高校野球でも使われたことがある。
　球場周辺にはカツラの木などが植えられ、散歩道として人々に親しまれている。
（踏破№536　ＡＢＣ）

五泉市営野球場

五泉市営野球場

佐渡市つつじケ丘公園佐和田球場

新潟県佐渡市
2009年9月27日
中堅121.9m、両翼91.5m

内野土、外野天然芝　照明無し
新潟国体・軟式野球　成年の部
オール大分3－2セントラル硝子宇部

工場（延長11回）

新潟交通佐渡バス・佐和田バスステーションより徒歩20分。

丘の上にある小規模な球場。

1979年5月27日落成。

ＢＣリーグが開催されたりする同じ佐渡市の畑野球場に次ぐ、市内ナンバー２の位置づけの球場のようだが、目立った試合開催はなく踏破が難しい球場といえよう。

国体なので、行きは佐渡港から無料送迎バスで行けた。

帰りは送迎バスの便が無く、新潟交通バス。運賃590円。

この日は第一試合開始に間に合わず第二試合を観戦して踏破としたが、もしも第三試合を観戦していたら大変なことになるところだった。なんと延長29回、試合時間６時間10分という超ロングゲームになったのだ。帰りのフェリー最終便にも間に合わず、佐渡泊まりになっただろうが、選手や関係者で宿は一杯だったのでは。もし観戦していたら野宿だったかもと思うとぞっとする。

収容人数3000人。

（踏破No.613　ＡＢＣ）

佐渡市つつじケ丘公園佐和田球場

佐渡市つつじケ丘公園佐和田球場

三条市民球場

新潟県三条市
1997年６月15日
中堅122m、両翼99m
内野土、外野天然芝　照明有り
高校野球・新潟　招待試合
新潟工４－１三条工

ＪＲ三条駅からタクシーで10分。駅から球場までは平地だが、距離的にいって歩かないほうが無難。新しい球場でスタンドも大きい。

観戦した試合は、スコアラー泣かせのプレーが続出した。１回の表裏に、いきなり打撃妨害と守備妨害が出て何かイヤな予感。そして０－０の３回表、三条工の攻撃。無死満塁で投ゴロ、１－２と渡ったが、このとき捕手が本塁に触れておらず、１－２－３と送球されて打者走者アウ

三条市民球場

三条市民球場

トでワンアウト。しかし三塁走者も本塁を踏んでおらず、結局1－2－3－1－2と渡って三塁走者もアウトで併殺となる珍プレー。これはちゃんと見れた。パ・リーグ公式記録員の関口壽昭さんに「安打の後は、投手に球が戻るまで目を離すな」と教えを受けた成果。こういうプレーをちゃんと見れた時は非常に気分がいい（ちなみに投球の後も、投手に球が戻るまで目を離すなと教えられた。これらを実行しているかどうかで、その人のスコアつけの熟練度がわかる）。

しかし0－0の4回表、二死三塁で六番打者が中前へゴロのヒット。三塁走者還って一点、8－6－1と球が戻ってきたところまでは見た。しかし、スコアブックに記入して目をフィールドに戻すと、打者走者が二塁へ走り出し、捕手が一塁ダッグアウト方向へ球を拾いに走っているところだった。これは一体何が起こったのか？　スコアつけで一番ぞっとする瞬間である。

ボールを放り出したのは投手か？それともいったん捕手に渡り、捕手が放り出したのか？　それによって誰にエラーをつけるかが決まるので、これは重大な見落としとなる。

仕方ないので、試合後審判さんたちが球場外でやっていた反省会を盗み聴きして、投手がボール交換を要求して球を放り出したことをつきとめた（打者走者の二塁進塁は投手の失策によるという記録になる）。正確なスコアつけのためにはこういう苦労もあるのだ。審判さんたちは「ああいうことが起きそうだなと思ったら、うちらからタイムをかけてやったほうがいいね」などと話し合っていた。なんと心優しい審判さんなんだろう。それはともかく、スコアつけの奥深さ、難しさを思い知らされた。

2011年5月14日に再訪してみた。その時の球場名表示は「三條機械スタジアム市民球場」。

球場ロビーの展示物が凝っている。まず地元出身のジャイアント馬場の

巨人軍時代のユニホーム姿の等身大写真パネル。さすがにデカイ。あと触ると幸運が授かるという「ツッキー様」なるお地蔵さん。

他、1995年6月10日に球場完成記念として開催された近鉄－日本ハム戦の写真パネルなど。

三条の街を歩いたが、電柱ごとに「災害に強い街を作りましょう」という標語とともに2004年7月の河川の氾濫で水没した高さが表示してあった。1.8mとか1.9mとか。びっくりした。

ＪＲ三条駅から徒歩45分。

近年も高校野球やＢＣリーグでよく使われている。収容人数14800人。

2014年4月から、ネーミングライツ契約により「三条パール金属スタジアム」という名称。

（踏破№301　ＡＢＣ）

サン・スポーツランド畑野野球場

新潟県佐渡市
2007年8月5日
中堅120m、両翼95m
内野土、外野天然芝　照明有り
北信越ＢＣリーグ
石川9－4新潟

佐渡島の両津港からバスで行った。

せっかく佐渡に渡ったが、佐渡は島が大きすぎて、バスが島内を走り始めてしまうと海もまったく見えず「島に来た」という実感が無いところだった。でもフェリーに乗ったりするのは面白かった。当然二等船室。カーペット敷きの雑魚寝スペースである。

帰り、球場前で路線バスを待っていたら新潟チームのファンだという若者が話しかけてきた。ＢＣリーグの創設一年目で、新潟チームは非常に低迷しており、青年はチームの弱さを嘆いていた。

私は「私は弱かった南海ホークスのファンで、その後ダイエーになって強くはなったけど、南海時代のほうが応援のしがいがあって楽しかったよ」などと話して青年を励ました。

サン・スポーツランド畑野野球場

サン・スポーツランド畑野野球場

その後新潟チームは強くなったが、あの時の青年はどう感じているだろうかと新潟を訪れるたびに思い出す。

この球場は、2009年の新潟国体で軟式野球競技会場の一つとして使われた。

収容人数4870人。

（踏破No.554　ＡＢＣ）

新発田市五十公野公園野球場

新潟県新発田市
1998年7月29日
中堅122.0m、両翼97.6m
内野土、外野天然芝　照明有り
新潟県中学総体・軟式野球
五泉中学4－1直江津東中学（7回制）

　1992年完成の球場。
　2011年5月15日に再訪した。
　ＪＲ新発田駅から徒歩40分。
　規格表示が中堅122m、両翼98mに書き換えられている。
　左翼外野席後方の金網フェンスに黒い遮蔽幕が取り付けてある。これは左翼外野席後方にある駐車場が高台になっており、そこからのタダ見を防ぐため（右翼席後方にはタダ見スポットが無いので遮蔽幕も張られていない）。
　スコアボードは、選手名、審判名、前試合の結果表示欄はパネル式。得点表示欄のみ電化されている。

新発田市五十公野公園野球場

　また、ＨＥＦＣ灯の傍らに「只今」と書かれている。川崎球場の昔のスコアボードがＨＥＦＣ灯に「只今ノハ」と書かれていたが、この五十公野球場のように新しい球場で「只今」表記があるのは珍しい。神宮球場だとＨＥＦＣ表示の傍らに「ＪＵＤＧＥ」と書いてある。

　近年は高校野球やＢＣリーグで使われている。

　収容人数は11000人。

（踏破No.425　ＡＢＣ）

上越市高田公園野球場

新潟県上越市
1997年4月27日
中堅120m、両翼90m
内野土、外野天然芝　照明有り
春季高校野球・新潟大会　上越地区予選
関根学園8－1柏崎商（7回コールドゲ

ーム）

ＪＲ信越本線・高田駅から徒歩20分。

1949年にできた球場。

まだ雪の残る妙高の山並みが外野後方に見え景色がよかった。

収容人数7000人。

（踏破№273　ＡＢＣ）

上越市高田公園野球場

上越市高田公園野球場

田上町営野球場

新潟県田上町
2011年5月14日
中堅120m、両翼91m
内野土、外野天然芝　照明有り
春季北信越地区大学準硬式野球大会
信州大3－1金沢大薬学部

ＪＲ信越本線・羽生田駅から徒歩30分。

1994年に刊行された『田上町史』に「平成2（注・1990）年秋には照明付きの町営羽生田野球場が竣工した」との記述有り。

球場前に、川上哲治氏の揮毫が入った石碑がある。刻まれた言葉は「一打一生」。う〜む、深い言葉だ。川上氏と田上町の関わりは不明。ちなみに石碑には1990年9月30日と日付が入っている。

例によって球場に朝イチで着いたが、選手も関係者も誰もいない。本当にこの球場でいいのか？　急きょ会場が変更になったのでは？とヤキモキ。関係先に電話して調べようにも携帯電話が圏外。さすが田舎の球

田上町営野球場

川上哲治氏の石碑

場。そうこうするうち、選手らが三々五々集まり始め、ほっと安心。
「羽生田球場」という別称もあるようだが、球場にそうした表示は無し。
収容人数250人。

（踏破№694　ＡＢＣ）

十日町市営笹山野球場

新潟県十日町市
1997年5月24日
中堅120m、両翼91m
内野土、外野天然芝　照明無し
高校野球・新潟　招待試合
富山商5－3十日町

　ＪＲ飯山線・十日町駅から徒歩40分。
　縄文式土器が出土した笹山遺跡に、調査終了後に建設された球場で、1982年に竣工。
　新潟県高野連では5月下旬に、県下各地区に県外から強豪高校を招き交流試合を行なっていた。普段なかなか試合では使われない球場で開催されるので、球場巡り人には有難い試合だった。
　収容人数6000人。

（踏破№288　ＡＢＣ）

十日町市営笹山野球場

十日町市営笹山野球場

鳥屋野野球場

新潟県新潟市
1992年5月12日
（スコアブックに規格メモ無し）
内野土、外野天然芝　照明無し
春季高校野球・新潟大会
新潟明訓8－1長岡（8回コールドゲーム）

　ＪＲ新潟駅からバスで行った。かつては夏の高校野球・県予選の決勝戦で使われていた。社会人野球のクラブチームの大会でもよく使用される。
　新潟市営の球場。
　水島新司さんのマンガ『あぶさん』によく登場していて、行ってみたかった。あぶさんが「幻の5打席連続本塁打」を記録したのがこの球場だった。
　新潟の球場は味があるものが多い

が、この球場も実にシブい。

コンクリ打ちっ放しの外観。球場の表札文字もコッている。

それにしてもこの球場を踏破した日は、前日岐阜の長良川球場で17時58分まで観戦して、この日は8時28分から新潟で観ている。我がことながらアホである。

その上、長良川球場で野球を観た後、大垣駅のベンチでビールを呑んだが、そのまま寝入ってしまい、新潟への夜行列車に危うく乗り遅れそうになり大垣〜米原間をタクシー移動してようやく間に合った。運賃は1万円ほどだったか。20年以上経った今でも大垣〜米原間を通るたびに思い出してしまう痛恨の失敗。

2016年の時点で、中堅120m、両翼97m。収容人数14000人。

竣工式は1963年11月9日に行なわれている。

（踏破№49　ＡＢＣ）

鳥屋野野球場

鳥屋野野球場

豊浦町球場

新潟県豊浦町（現在は新発田市）
1998年7月29日
中堅110m、両翼90m
内野土、外野天然芝　照明有り
新潟県中学総体・軟式野球

直江津東中学16－3長岡北中学（7回制5回コールドゲーム）

2011年7月10日に再訪してみた。

外野が人工芝に張り替えられている。2007年に工事が行なわれた。

豊浦町球場

豊浦町球場

観客席はネット裏にしか無く、収容人数は240人。

球場に「熊出没注意」の貼り紙有り。お〜怖わ。隣には中学校もあるというのに。

スコアボードもＳＢＯ灯もＨＥＦＣ灯も本部席設備もなく……やはり草野球場といえる。

ＪＲ羽越本線・中浦駅より徒歩15分。現在の正式名称は「真木山中央公園野球場」。

（踏破№426　ＢＣ）

長岡市悠久山野球場

新潟県長岡市
1991年5月11日
（スコアブックに規格メモ無し）
内野土、外野天然芝　照明無し
パシフィックリーグ公式戦
ダイエー 12－1 近鉄

ＪＲ長岡駅からバスで行った。

高校野球でよく使われる。

球場建物は凝った造り。

ネット裏で観戦していたのにホークスを一生懸命応援しすぎ、試合後は周りの観客から勝利を祝福されてしまった。あの時はうるさくしてすみませんでした。

2016年の時点で、中堅122m、両翼98m。収容人数8218人。

1967年に完成、1987年に改修。2000年にグラウンドが拡張された。2011年の改修でスコアボードが電光化されている。

イチロー選手が、プロ一軍公式戦で初めて本塁打を打った球場。1993年6月12日の近鉄戦。相手投手は野茂英雄だった。

（踏破№33　ＡＢＣ）

長岡市悠久山野球場

長岡市悠久山野球場

新潟市小針野球場

新潟県新潟市
1996年7月19日
中堅120m、両翼90m
内野土、外野天然芝　照明無し
全国高校野球・新潟大会
加茂農林 8－7 十日町総合

2011年5月15日に再訪してみた。JR青山駅から徒歩20分。

住宅街の中に建っている。玄関に掲げられた球場名称表示には正確には「国民年金特別融資施設」と付記されている。

古い球場で、ぜひ完成年月日を確認したかったが定礎が見当たらず（『新潟市史』という本に「1970年7月30日に竣工式が行なわれた」との記述有り）。

ネット裏から内野途中までの観客席は、コンクリの段々にコンクリ板で椅子らしき形に形作られてはいるが、やはりお尻が痛くなる。残りの内野席は芝生席。外野席は無し。

スコアボードは得点板のみ。あとはＳＢＯ灯が別に建っているだけ。そうした簡素な球場だが、ちゃんとしたチケット売り場を備えていることから、この球場が有料試合開催を想定して造られたことがわかる。

外野フェンスを除き、ネット裏、内野のフェンスはすべて直線状に造られている。これはきっと、建設費を安く済ませるためであろう。外観を見るとスタンド下に中二階の回廊がある感じだが、実際には回廊には行けなかった。フシギな造りである。

いずれにせよオールコンクリ造りでぶっきらぼうな印象は受けるが、古くて味のある球場である。

収容人数4550人。

（踏破№191　ＢＣ）

新潟市小針野球場

新潟市小針野球場

新潟市城山野球場

新潟県新潟市
2011年5月15日
中堅120m、両翼92m
内野土、外野天然芝　照明有り
春季北信越地区大学準硬式野球大会
金沢大医学部１－０福井大医学部

高校野球の開催は無く、ＢＣリーグの初年度に使用された球場で気になっていた。その後ＢＣリーグでも使用されなくなり、今後は幻の球場になるかも。

ＪＲ巻駅から徒歩50分。水田地帯

を延々歩いて行く。

内外野スタンドは芝生席と言いたいところだが芝生は張られておらず雑草のみ。いわば「雑草席」。

両軍ダッグアウト上にテレビカメラ用と思われるスペースがあるが、この球場で行なわれる試合がテレビ中継されることはまずないと思う。

定礎に記された日付は1980年3月。

試合では3回表福井大医学部の攻撃で珍しいシーンを目撃。A単打、B犠打で一死二塁、C二塁打したがAが走塁死して二死二塁、続いてD単打したがC走塁死して三死。このイニング3打数3安打なのに無得点という珍場面だった。

収容人数5500人。

（踏破№695　ＡＢＣ）

新潟市城山野球場

新潟市城山野球場

新潟市みどりと森の運動公園野球場

新潟県新潟市
2011年7月10日
中堅122m、両翼98m
内野土、外野天然芝　照明有り
全国高校野球・新潟大会
三条商12-1高志（7回コールドゲーム）

新潟県内高速バス「鳥原」バス停から徒歩40分。あるいは新潟バス「坂井下」から徒歩10分。

私が訪ねた直前の7月2日にBCリーグの試合でコケラ落としされたばかりの出来たてホヤホヤ球場。上越新幹線の高架近くにある。

新しいだけに、球場外から観客席

新潟市みどりと森の運動公園野球場

新潟市みどりと森の運動公園野球場

へ直接上がれるエレベーターがあり、バリアフリーを感じさせる。

　試合後、勝利校の校歌斉唱のシーンで、放送機器のトラブルか校歌が放送されず、結局選手たちがアカペラで歌った。新築の球場には似つかわしくないハプニングだったが高校野球らしくて微笑ましいヒトコマだった。

　収容人数3027人。高校野球や、社会人クラブチームの大会で使われている。

（踏破№707　ＡＢＣ）

新津金屋運動広場野球場

新潟県新潟市
2008年7月20日
中堅122m、両翼97.6m
内野土、外野天然芝　照明有り
社会人野球クラブ選手権・二次予選
北信越大会
五泉クラブ6－0オール長岡野球倶楽部
　ＪＲ磐越西線・東新津駅から徒歩45分。

　収容人数は2000人。
　最近は目立った試合開催が無く、リトルシニアの地区大会で使われている。
　新津にはもう一つ、ＪＲ新津駅近くに野球場があったが、踏破の機会がないまま、すでに取り壊されてしまった。残念！

（踏破№577　ＡＢＣ）

新津金屋運動広場野球場

新津金屋運動広場野球場

ハードオフ・エコスタジアム新潟

新潟県新潟市
2009年8月14日
中堅122m、両翼100m
内外野人工芝　照明有り
ＢＣリーグ

新潟5－1信濃
　ＪＲ新潟駅からバスで12分。
　2009年7月に新設された新潟県初の全面人工芝の球場。収容人数は約30000人。

Ａ…硬式（高校以上）　Ｂ…硬式（中学以下）　Ｃ…軟式　の試合が可能

ハードオフ・エコスタジアム新潟　ハードオフ・エコスタジアム新潟　ハードオフ・エコスタジアム新潟

　この球場を本拠地にプロ野球球団誘致を画策する動きもあるらしい。外野席が若干小さい気はするが、プロ本拠地としてもじゅうぶん通用する立派な球場。内野スタンドのデザインが千葉マリンスタジアムに似ている。

　グレーと濃青だけの色遣いでまとめられた場内が美しい。これで人工芝でなかったら最高に好みの球場なのだが……。

　新潟出身の人気マンガ家・水島新司さんの代表作にちなみ「ドカベン

スタジアム」と名付ける案もあったらしいが、命名権契約で商売できなくなるという事情から立ち消えになったと思われる。

　この日はナイターだった。球場から駅まで歩く途中に、私が新潟でいつも宿泊するネットカフェがあり、この日もそこに泊まった。

　近年も、高校、社会人野球、ＢＣリーグ、ＮＰＢの試合で使われている。

（踏破№590　ＡＢＣ）

見附運動公園野球場

新潟県見附市
1997年6月15日
中堅120m、両翼96m
内野土、外野天然芝　照明無し

高校野球・新潟　招待試合
日本文理8－1見附（7回コールドゲーム）
　ＪＲ見附駅からタクシーで10分ほど、丘の上にある。

見附運動公園野球場

見附運動公園野球場

1994年5月オープン。収容人数7500人。
2015年、ＢＣリーグ公式戦が開催された。

（踏破№302　ＡＢＣ）

南魚沼市ベーマガ STADIUM

新潟県南魚沼市
2015年7月18日
中堅122m、両翼100m
内野土、外野人工芝　照明有り
全国高校軟式野球・新潟大会
新潟商25－0十日町高校松之山分校（5回コールドゲーム）

　ＪＲ石打駅から徒歩35分。2014年にできたばかりの新しく近代的デザインの球場。

　ネット裏からダッグアウトの上まではプラ長イス10段。そのあとの内野席は緑色をしているので芝生席かと思ったが、近くで見るとゴムチップのマットが敷いてある席だった。こういうタイプは初めて見た。今後流行するかもしれない。外野席は無し。

　スコアボードは、時計、得点板（10回まで。得点・安打・失策の合計表示有り）、ＢＳＯ灯、ＨＥＦＣ灯、スピードガン、選手名（ＤＨ制対応）、審判名（4人）。

　2015年4月から、ネーミングライツ契約によりこの名称になった（それまでの名称は「大原運動公園野球場」）。

　隣の魚沼市はベースボールマガジン社の創立者・池田恒雄氏の出身地であり、その縁からのネーミングと思われる。

　外野フェンスに、びっしりと広告が入っている。ここには『週刊ベースボール』の広告も有り。

　山すその斜面を活かしてネット裏の観客席を造り、その下にフィールドを造ったような構造（西武球場と同じ）。

　おしゃれなことに、ネット裏の建物内にガラス張りのラウンジふうの

南魚沼市ベーマガ STADIUM

南魚沼市ベーマガ STADIUM

Ａ…硬式（高校以上）　Ｂ…硬式（中学以下）　Ｃ…軟式　の試合が可能

部屋があり、そこでも観戦できる。私が行った時は招待席として使われていた。

　ゴムチップ席やラウンジ席など、今後造られる球場の姿を予見させてくれるような感じ。

　球場外壁には「積雪が3.4mを超えたら雪かきが必要です」という表示があった。いかにも雪国の球場。

（踏破№827　ＡＢＣ）

妙高高原スポーツ公園野球場

新潟県妙高市
2014年6月15日
中堅122.0m、両翼92.0m
内野土、外野天然芝　照明無し
リトルシニア日本選手権・信越大会
上越6－1高山（7回制）

　ＪＲ信越本線・妙高高原駅から徒歩25分。

　観客席は、ネット裏も含め内外野すべて芝生席。収容人数は1000人。

　外野フェンスは高さ120センチほどと低く、ラバーも張られていない。

　スコアボードは、ＳＢＯ灯、ＨＥＦＣ灯、得点板（10回まで）のみと簡素。

　球場の向きが通常と異なるため、フライの捕球の際は太陽光線が妨げになる。

　三塁側後方、はるか遠くに妙高山のちょっと珍しい形の山容を望むことができる。

　緑に囲まれたのどかな球場。

（踏破№803　ＡＢＣ）

妙高高原スポーツ公園野球場

妙高高原スポーツ公園野球場

村上市荒川野球場

新潟県村上市
2009年9月29日
中堅122m、両翼98m
内野土、外野天然芝　照明無し
新潟国体公開競技・高校軟式野球
神戸弘陵0－0奈留（規定により引き分け、抽選により神戸弘陵が勝利）

　ＪＲ坂町駅よりバスで10分。ただし国体の送迎バスだったので、普段路線があるのかは不明。

ネット裏は6段の長イス席、内外野は芝生席。小規模な球場。
収容人数4100人。
　　　　（踏破№615　ＡＢＣ）

村上市荒川野球場

富　山　県

魚津市桃山野球場
富山県魚津市
2007年8月3日
中堅122m、両翼92m
内野土、外野天然芝　照明有り
北信越ＢＣリーグ
富山12－7新潟

　最寄り駅は富山地方鉄道・西魚津駅。私はＪＲ魚津駅から1時間半ほど歩いた。最後は山登りになるので結構疲れる。

　1987年完成。同年10月には完成記念試合として西武－ヤクルトの二軍戦が行なわれた。

　球場前に、懐かしい大時計が設置されている。昔の後楽園球場のスコアボード上に設置されていた大時計を、解体の際に記念に譲り受けたもの。(黒部市営宮野球場は甲子園のスコアボードの選手名板を譲り受けているし、富山にはそういう指向の方がいるのだろうか？)

　収容人数は8246人。公園の公式サイトには「夜間の軟式ゲームにも対応します」とあるが、硬式のＢＣリーグがナイトゲームを開催している。

　2014年春には高校野球の北信越大会が開催されたように、大きな大会でも使われている。

後楽園球場にあった大時計

魚津市桃山野球場

また、毎年、全日本大学女子野球選手権大会のメイン会場となっている。この大会は「マドンナたちの甲子園」として親しまれている。

（踏破№553　ＡＢＣ）

大沢野野球場

富山県富山市
2016年4月24日
中堅122m、両翼98m
内野土、外野天然芝　照明無し
北陸大学野球・2部リーグ
金沢工大4－3石川工業高専

大沢野野球場

　ＪＲ富山駅前からバス30分、「上二杉」下車、徒歩20分。
　硬式高校野球の一年生大会で使われたことがある。
　ネット裏席はプラ長イス8段。内野席途中まで長イス6段。あとの内外野席はキレイな芝生席。収容人数は約5000人。
　スコアボードは、時計、得点板（10回まで）、ＳＢＯ灯、ＨＥＦＣ灯のみと簡素。
　森林を切り開いて造った運動公園にあり、外野席後方は森になっている。
　ＢＣリーグは2016年、創設10年めにして初めてこの球場で公式戦を開催した。

（踏破№849　ＡＢＣ）

小矢部野球場

富山県小矢部市
2000年10月18日
中堅120m、両翼92m
内野土、外野天然芝　照明有り
富山国体・軟式野球　一般Ｂ
沖縄Ｂ4－3竹田病院野球クラブ（7回制）

小矢部野球場

　最寄り駅はＪＲ石動駅だが、徒歩で1時間半かかる。記憶にないが、国体なのでたぶんシャトルバスで行ったと思う。
　球場建物に黄色とオレンジ色の二色のラインが横に入っているのが特徴。

1985年3月にできた球場。
近年はBCリーグの試合で使われている。

収容人数は約3450人。
（踏破№476　ＡＢＣ）

上市町丸山総合公園野球場
富山県上市町
2014年6月14日
中堅120m、両翼92m
内野土、外野天然芝　照明無し
東日本軟式野球大会・1部
高山歯科クラブ2－0白根倶楽部

富山地方鉄道・上市駅から徒歩40分。

ネット裏席はプラ長イス11段。内野席途中までプラ長イス5段。あとの内外野席は芝生席。収容人数は約5000人。

スコアボードは時計、得点板（10回まで）、ＢＳＯ灯、ＨＥＦＣ灯。打順ランプ部分に選手名は掲示できないが、守備位置は出せる。

外野ファウルゾーンとバックネット前に天然芝が敷かれている。

球場玄関に展示物は無し。

周囲の土地よりもグラウンドレベルが低い「掘り下げ型」で、階段無しでネット裏席に入ることができる。車イス用観戦スペースもある。

定礎に記された日付は1991年7月。

1996年、夏の高校軟式野球の北信越大会で使われた。

2013年9月15日、地元の社会人野球チーム・ロキテクノと茨城ゴールデンゴールズの試合が行なわれた。
（踏破№802　ＡＢＣ）

上市町丸山総合公園野球場

上市町丸山総合公園野球場

黒部市宮野運動公園野球場
富山県黒部市
2008年7月19日
中堅122m、両翼97.6m
内野土、外野天然芝　照明有り
全国高校野球・富山大会
新川3－0富山

Ａ…硬式（高校以上）　Ｂ…硬式（中学以下）　Ｃ…軟式　の試合が可能

富山地方鉄道・舌山駅から徒歩20分。

球場建物内に簡単な展示スペースがあり、かつて甲子園球場のスコアボードで使われていた選手名表示板などが展示されている。「高橋慶」とか「衣笠」とか。これはかなりの貴重品では。

この球場のセンターポールも、甲子園で使われていたものを譲り受けたもの。甲子園のスコアボードが電光化されることを知った球場職員が甲子園球場に手紙を出し、譲ってもらったそうだが、そういうことを思

黒部市宮野運動公園野球場

いつく人はとてもステキだと思う。

収容人数は7000人。高校野球でよく使われているほか、BCリーグの試合も開催されている。

1958年9月完成。

（踏破№576　ABC）

小杉歌の森運動公園野球場

富山県小杉町（現在は射水市）
1997年8月24日
中堅122m、両翼95m
内野土、外野天然芝　照明無し
高校野球・富山　高岡市長杯高岡地区秋季大会
新湊4－0高岡一

JR北陸本線・小杉駅から徒歩25分。

1996年10月竣工。私が行ったのは完成して間もない時期だったので、球場関係者と思われる人が両チームの監督に「試合で使ってください」と熱心にアピールしている様子を見かけた。

スコアボードが一本柱の上に載っ

小杉歌の森運動公園野球場

ているオシャレな形をしている。

収容人数は2826人。現在は軟式野球限定。私が観戦したのは硬式野球だったので、どこかの時点で変更されたのだろう。

近年は中学野球、社会人軟式野球で使われている。

（踏破№339　C）

城端城南スタジアム

富山県城端町（現在は南砺市）
2000年10月17日
中堅122m、両翼99m
内野土、外野天然芝　照明有り
富山国体・軟式野球　成年の部
富山県選抜2－0宮城県選抜

　ＪＲ城端線・城端駅から徒歩30分。
　球場の建物がオレンジっぽい色できれいに塗られている。
　2008年4月12日、ＢＣリーグ富山－伏木海陸運送（社会人野球）のオ

城端城南スタジアム

ープン戦が開催された。
　収容人数は約7000人。

（踏破No.474　Ｃ）

新港野球場

富山県高岡市
1997年8月24日
中堅120m、両翼90m
内野土、外野天然芝　照明無し
高校野球・富山　高岡市長杯高岡地区秋季大会
高岡向陵7－5二上工

　万葉線・中新湊駅から徒歩10分。県営球場。
　私が行った頃も、春・夏・秋の高校野球では使われていなかった。

新港野球場

　2010年代に入ってからは、リトルシニアや中学野球で使われている。
　収容人数約3000人。

（踏破No.340　ＡＢＣ）

高岡市営城光寺野球場

富山県高岡市
1998年9月15日
中堅122.0m、両翼91.0m
内野土、外野天然芝　照明無し
秋季高校野球・富山大会

富山北部10－0富山商船（6回コールドゲーム）

　ＪＲ氷見線・能町駅から徒歩45分。
　1973年6月完成。同年6月24日に行なわれた記念試合には、当時三年

Ａ…硬式（高校以上）　Ｂ…硬式（中学以下）　Ｃ…軟式　の試合が可能

生の江川卓を擁する作新学院が招かれ高岡商業と対戦。
　江川は15奪三振でノーヒットノーランを記録した。怪物が鮮やかなツメ跡を残した球場である。
　収容人数は8600人。高校野球でよく使われている。
　　　　　　（踏破No.444　ＡＢＣ）

高岡市営城光寺野球場

高岡市営城光寺野球場

立山町総合公園野球場

富山県立山町
2009年8月15日
中堅120m、両翼95m
内野土、外野天然芝　照明無し
ＢＣリーグ
富山19－6福井

　富山地方鉄道・榎町駅より徒歩50分。木立に囲まれた球場。
　1989年開場。
　2008年から、ＢＣリーグ・富山サンダーバーズの練習拠点になっている。収容人数は3000人だがネット裏席は260席しかなく、ＢＣリーグの試合だとほぼ満席になってしまうので注意。
　スコアボードの打順表示欄はポジション表示だけで名前表示はできない。
　帰りは立山連峰の山々を眺めながら水田の中をのんびり歩き。すがすがしい気分だった。
　2016年はＢＣリーグの試合が開催されなかった。
　　　　　　（踏破No.591　ＡＢＣ）

立山町総合公園野球場

立山町総合公園野球場

砺波市野球場

富山県砺波市
2000年10月17日
中堅122m、両翼99m
内野土、外野天然芝　照明有り
富山国体・軟式野球　一般B
富山県選抜3－0高知県選抜（7回制）

　国体なので、JR砺波駅からシャトルバスが出ていた。

　2000年完成。

　「チューリップスタジアム」という愛称があるが、球場自体には表示されていなかった。

　照明塔の電球部分が、チューリップの花の形の枠で囲まれている。

　収容人数は10000人。近年は高校、大学野球やBCリーグでよく使われている。

　ネット上には両翼98mという情報があるが、私のメモでは99m。

（踏破No.475　ABC）

砺波市野球場

砺波市野球場

富山市民アルペンスタジアム

富山県富山市
1994年9月19日
中堅122m、両翼99m
内外野人工芝　照明有り
社会人野球日本選手権・二次予選　北信越大会

北陸銀行12－8NTT信越

　1992年開場。

　富山の夏の高校野球の決勝戦で使われる、近代的で大きな球場。

　1995年5月9日、この球場で行なわれたオリックス－西武戦で、指名

富山市民アルペンスタジアム

富山市民アルペンスタジアム

富山市民アルペンスタジアム

A…硬式（高校以上）　B…硬式（中学以下）　C…軟式　の試合が可能

打者として出場していた西武・デストラーデが途中から投手として登板し、ファンをビックリさせた。

1999年6月30日には、当時横浜のローズ選手が自身三度目となるサイクルヒットをこの球場で記録している（対広島戦）。

収容人数30000人。

（踏破№164　ＡＢＣ）

富山野球場

富山県富山市
1994年5月22日
中堅122ｍ、両翼91ｍ
内野土、外野天然芝　照明無し
社会人野球・富山大会
ＮＴＴ北陸４－２ＮＴＴ信越

ＪＲ富山駅前から市電に乗り「大学前」下車。

1950年に完成の県営球場。

球場名表示が縦書きなのが珍しい。外観も凝っていて、古風な趣きがある。

かつてはプロ野球のオープン戦も行なわれており、マンガ『あぶさん』にも登場している。

1950年8月14日、この球場で行なわれた南海－大映戦で、南海が審判の判定を不服とし試合を放棄した。

収容人数20000人。高校、大学、ＢＣリーグで使われている。

1989年、2014年にスコアボードが改修され、現在は選手名も電光表示になりスピードガンも設置された。

（踏破№122　ＡＢＣ）

富山野球場

富山野球場

滑川市本丸球場

富山県滑川市
1998年4月5日
中堅122ｍ、両翼92ｍ

内野土、外野天然芝　照明無し
高校野球・富山　新川地区大会
魚津７－４雄山

富山地方鉄道本線・中加積駅から徒歩10分。

1989年10月完成。

サブ球場を2面持つ、贅沢な球場。観戦したのは春季大会前の親善試合のような大会だった。

2014年6月14日に再訪してみた。ネット裏席はプラ長イス6段。あとの内外野は芝生席。

富山県教育委員会のサイトでは、収容人数は約500人。これはネット裏席だけの人数と思われる。

スコアボードは時計、得点板、B

滑川市本丸球場

ＳＯ灯、ＨＥＦＣ灯、打順ランプ。選手名、守備位置は掲示できない。

2面あるサブグラウンドにはそれぞれ、堀江球場、有金球場という名前が付いている。

（踏破№389　ＡＢＣ）

ボールパーク高岡

富山県高岡市
2015年7月19日
中堅122m、両翼100m
内野土、外野天然芝　照明有り
ルートインＢＣリーグ
富山０－０武蔵（延長11回）

あいの風とやま鉄道・西高岡駅から徒歩15分。この年の5月23日に使用開始されたばかりの近代的な球場。2015年夏の高校野球では県大会の準決勝・決勝が行なわれた。

ネット裏席は最大16段の背もたれ付き個別イス。上段は屋根有り。内野席はプラザブ席。外野席は芝生席。収容人数10000人。

外野ポール際の内野席が、ファウルエリアにせり出すように造られている。そのため、ネット裏席からはポール際のエリアがスタンドの陰になり死角となってしまう。これは公

ボールパーク高岡

ボールパーク高岡

334　Ａ…硬式（高校以上）　Ｂ…硬式（中学以下）　Ｃ…軟式　の試合が可能

式記録員さんもきっと困るのではないだろうか？　こうした形の内野席は最近流行だが、私のようなスコア観戦派からすると困った風潮。

スコアボードは時計、スピードガン、得点板（10回まで）、ＢＳＯ灯、ＨＥＦＣ灯、選手名（DH制対応）。他に小さなスクリーンがあり、審判名はここに表示するようだ。

（踏破№828　ＡＢＣ）

石 川 県

石川県立野球場

石川県金沢市
1994年6月5日
中堅122m、両翼91.5m
内野土、外野天然芝　照明有り
春季高校野球・北信越大会
星稜5－2敦賀気比

　1993年6月9日、スーパールーキーとして活躍していたヤクルトの伊藤智仁投手が、当時のセ・リーグタイ記録となる一試合16三振を奪いながら巨人・篠塚和典にサヨナラ本塁打を喫するという劇的な試合があったことでファンに知られている。

　2014年には夏の高校野球県予選の決勝戦で、8回まで零封されていた星稜高校が9回裏に一挙9点を挙げ、奇跡の大逆転サヨナラで甲子園出場を決めるというトンデモナイ試合があった。伊藤の試合といい、星稜の試合といい、魔物が棲む球場といってよさそう。

　収容人数は17126人。

　2011年10月17日に再訪してみた。ＪＲ金沢駅からバスで行った。

　ファウルグラウンドがとても広い。ホームベースからバックネットまで25メートルはありそう。暴投でもしたら二塁走者も生還してしまうかもしれない。

　二本の柱で八の字型に造られている照明塔のデザインがしゃれている。

　内野席と外野席の境目部分の席

石川県立野球場

石川県立野球場

は「アルプススタンド」という名称。甲子園球場と同じ。

定礎に記された建設年は1981年。

2014年9月13日、この球場で行なわれたBCリーグの試合に、石川球団の「1日コーチ」に就任した明石家さんまさんが登場した。長年親交のある、石川の木田優夫投手の要請による就任だったそうで、日本の独立リーグ史上最多となる15877人の観衆がつめかけた。

（踏破№125　ＡＢＣ）

加賀市片山津野球場

石川県加賀市
1998年10月25日
規格表示無し
内外野土　照明有り
ボーイズリーグ春季大会・北陸地区予選
福井フェニックス８－５コマツ加南ボーイズ

加賀市片山津野球場

ＪＲ北陸本線・加賀温泉駅からバスで行った。

1979年4月に設置された球場。

行ってみたら、ＳＢＯ灯、ＨＥＦＣ灯、バックスクリーン無し。グラウンドを金網で囲んであるだけの草野球場だった。

ボーイズリーグの試合ではよく使われている。

観戦したのは、翌春に開かれる大会の予選なので、秋に行なわれるのに大会名は春季大会。

中堅110m、両翼90m（2016年、球場を管理している会社のサイトによる）。

（踏破№457　ＡＢＣ）

加賀市中央公園野球場

石川県加賀市
1997年4月20日
中堅122m、両翼98m
内野土、外野天然芝　照明無し
北陸大学野球
福井工大９－１金沢大（7回コールドゲーム）

ＪＲ加賀温泉駅から徒歩40分。団地になっている山を一つ越えねばならないので疲れる。

大学野球ではよく使われる球場だが、なぜか高校野球では使用されない。

定礎に記された日付は1991年5月。

（1992年10月完成とする別の資料もある）

「収容人数ネット裏スタンド2690人、一・三塁側スタンド各520人」と表示がある。外野スタンドは芝生席。

観戦した試合で、福井工大3回裏の攻撃、六番打者が投手の内角球を腰を引いてよけた。金沢大ベンチから「ええ腰してんなア」とヤジが飛び、打者は手を上げてヤジに応えた。その仕草に私も笑ってしまったが、結果は三振。そしてその打者は直後の4回表の守りから交代させられてしまった。きっと監督さんは真剣さが足りないと判断したのだろう。厳しい監督だなぁとビックリ。

収容人数6530人。

（踏破№269　ＡＢＣ）

加賀市中央公園野球場

加賀市中央公園野球場

金沢市民野球場

石川県金沢市
2007年7月20日
中堅122m、両翼99.1m
内野土、外野天然芝　照明有り
全国高校野球・石川大会
桜丘6-2小松市立

　北陸鉄道浅野川線・磯部駅から徒歩20分。

　2010年10月17日に再訪してみた。三塁側スタンド外に球場の沿革を記した記念プレート有り。

　球場ロビーの展示物が興味深い。1990年の球場竣工記念に日韓親善高校野球大会が開催され、そこで飛び

金沢市民野球場

金沢市民野球場

出した球場第1号本塁打の記念球。打ったのは当時星稜高校一年の松井秀喜選手。地元開催の試合とはいえ一年生なのにもう国際試合に出場していたとは。やはり松井選手はすごい。

収容人数は10000人。高校野球でよく使われる。

2014年オフに、スコアボードの電光掲示板化工事が行なわれた。

（踏破№546　ＡＢＣ）

金沢市安原スポーツ広場野球場

石川県金沢市
2012年9月8日
中堅116m、両翼91m
内野土、外野天然芝　照明無し
リトルシニア東海連盟・新人選手権大会
春日井シニア3－2鈴鹿シニア（7回制）

　ＪＲ金沢駅からバス、「安原保育園前」下車、徒歩15分。

　2012年8月に、秋季高校野球のシード校を決めるための大会で使われたので踏破対象になったが、草野球場といっていいだろう。

　外野の芝生がとてもキレイ。

　ネット裏席はプラ長イスで最大5段。200人くらい座れる。あとの内外野席は芝生の観戦スペース。

　スコアボードは最新式で、表示部分がスクリーン状になっていて、そこにＢＳＯ灯やＨＥＦＣ灯を画像として表示する（よくある電球ランプ式ではない）。

　古い地図で確認したが、この球場はかつてＮＴＴ北陸・硬式野球部の練習場だった。

（踏破№764　ＡＢＣ）

金沢市安原スポーツ広場野球場

金沢市安原スポーツ広場野球場

小松市末広野球場

石川県小松市
1997年4月20日

中堅120m、両翼98m
内野土、外野天然芝　照明無し

小松市末広野球場

小松市末広野球場

春季高校野球・石川大会　加賀地区予選
北陸大谷3－1寺井

　JR北陸本線・小松駅から徒歩15分。

　球場前に広場があり、そこで行なわれていたソフトボールの試合を眺めながら試合開始を待った。

　2010年10月16日、再訪してみた。2008年に完全に改築され「弁慶スタジアム」という名前の新しい球場になっていた。かつてソフトボールが行なわれていた球場前の広場は無くなっている。

　玄関ロビーに球場の歴史が展示されていて、これがなかなか面白い。

　最初に球場が建設されたのは1954年だが、この時は中堅140m・両翼113mという途方もなく巨大な球場だった。当時の和田市長が「日本最大の球場を造ろう」とブチ上げ、このような規模になったらしい。このケタ外れの球場で一度観戦してみたかったものだ。

　その後1957年、中堅130m・両翼106mに改装されたものの、これでもまだデカい。そして1980年の改修で中堅120m・両翼98mと、やっと普通の大きさになった。

　2008年の改築後の規格は中堅122m、両翼99.1m。収容人数10000人。高校、大学、BCリーグの試合で使われている。

（踏破№268　ABC）

志雄運動公園野球場

石川県宝達志水町
2010年5月2日
中堅120m、両翼92m
内野土、外野天然芝　照明無し
北陸大学野球
福井工大7－1富山国際大

志雄運動公園野球場

JR七尾線・南羽咋駅から徒歩40分。見渡す限りの田んぼの中をのんびり歩いて行くのは気持ちがいい。

1980年8月オープン。収容人数は2000人。

外野席無し。

北陸大学野球ではよく使われる。高校野球では、秋季大会前に行なわれるシード校決め大会や一年生大会

志雄運動公園野球場

で使われる。

（踏破No.634　ＡＢＣ）

志賀町民野球場
石川県志賀町
2012年9月9日
中堅120m、両翼92.2m
内野土、外野天然芝　照明有り
リトルシニア東海連盟・新人選手権大会
春日井シニア7－6尾張東シニア（7回制）

　JR七尾駅からバス40分、「高浜」下車。そこから徒歩35分。山の上にあるので疲れる。

ネット裏席はプラ長イス8段。席数は264。あとの内外野席は観戦スペースがあるだけ。

高校野球で使われないレアな存在。

スコアボードに、経過時間を示すデジタル時間計があるのが珍しい。

（踏破No.765　ＡＢＣ）

志賀町民野球場

志賀町民野球場

珠洲市営野球場
石川県珠洲市
2013年7月14日
中堅120m、両翼91.5m

内野土、外野天然芝　照明無し
ＢＣリーグ
石川2－1群馬（8回表終了、降雨コール

珠洲市営野球場

珠洲市営野球場

ドゲーム）

　金沢から電車、バスを乗り継いで能登半島の先端へと向かい、終点の「珠洲鉢ケ崎」で下車。徒歩10分ほどで球場。

　他では目立った試合開催を聞かないが、ＢＣリーグで年に１、２回使われるので踏破対象となった。

　1991年５月オープン。開場イベントには王貞治さんも出席した。

　ネット裏席はプラ長イス12段、あとの内外野席は芝生席。収容人数は2000人。

　スコアボードは時計、得点板、ＳＢＯ灯、ＨＥＦＣ灯。両チームのラインナップは守備位置のみ表示できる。

（踏破№793　ＡＢＣ）

津幡運動公園野球場
石川県津幡町
2010年10月17日
中堅120ｍ、両翼91ｍ
内野土、外野天然芝　照明有り
北信越地区大学準硬式野球大会
金沢医科大11－４福井大（７回コールドゲーム）

　ＪＲ七尾線・中津幡駅から徒歩30分。

　1986年10月完成。

　ネット裏スタンドはコンクリートの段々になっているだけでイス無しなのに、内野スタンドはプラスチック製長イスがある。逆はよくあるが、

津幡運動公園野球場

津幡運動公園野球場

こういうパターンは珍しい。

また、設計ミスなのだろうがダッグアウトが幅5メートルほどと大変狭い。野球規則では「チームのメンバーは実際にプレーにたずさわっていない時はダッグアウトに入っていなければならない」と定められているが、この狭さでは無理。それでダッグアウト外に白線が引かれ、選手がいても容認されるスペースが設定されていた。

この球場のフェンスはコンクリート製で上に金網が載っているが、ライト後方の一部分だけが上から下まで布製。外はすぐ山になっており車両の出入り口ではない。なぜこのように造られているか不明。

(踏破No.680　ＡＢＣ)

中能登町野球場

石川県中能登町
2011年9月19日
中堅115m、両翼90m
内野土、外野天然芝　照明無し
日本スポーツマスターズ石川大会・軟式野球競技
チームＮ９－３全神戸クラブ

　ＪＲ七尾線の良川駅から徒歩15分ほどだが、道に迷ってしまった。誰かに道を聞こうにも早朝なので誰も歩いていない。そこへ消防署を発見。宿直の人に道を訊いて、無事球場へ辿り着くことができた。

　1981年完成。

　ネット裏と内野の途中まで観客席はあるが小規模。外野席は林になってしまっている。

　球場に着いてさあ写真を撮ろうとしたらビックリ、カメラの電池が切れていて作動せず。写真を撮らないと球場踏破とは（自分の中で）認められないのに。

　帰ろうかとも思ったが、この球場で試合を観れるチャンスはそうそう無いと考え直し、写真はまたいずれ撮りに来ることにして、今回は仮踏破ということでスコアブックだけをつけることにした。

中能登町野球場

中能登町野球場

Ａ…硬式（高校以上）　Ｂ…硬式（中学以下）　Ｃ…軟式　の試合が可能

観戦した大会は40歳以上のアスリートを対象とした全国大会。

外野の芝生が青々としていたが、この大会のために整備したのかもしれない。

雨と強風の中、選手の家族も誰も来ておらず、この試合を観戦したのは私一人だった。帰り際、大会役員に呼び止められ、全国のいろいろな大会を見て歩いているんですと話すと、感心してくれたのか、それとも防寒のためタオルを巻いていた私の頭を見かねたのか大会スタッフ用の帽子をくれました。寒かったので助かった。いい思い出になった。

球場の隣では中学校の建設工事が始まっていた。いつの日か写真を撮りにまたここに来る時にはきっと完成していることだろう。

2012年9月9日に再訪し、写真を撮影した。

高校野球では、秋季大会の前に行なわれるシード決めのための新人大会で使われる。

（踏破№717　C）

七尾城山野球場

石川県七尾市
2007年7月27日
中堅120m、両翼91.5m
内野土、外野天然芝　照明有り
北信越ＢＣリーグ
富山9－8石川

2012年9月9日に再訪してみた。

ＪＲ七尾線・七尾駅からバスで行った。

中堅120m、両翼91.5m。内野土、外野天然芝。照明有り。

定礎に記された日付は1988年2月。「この野球場は競輪公益資金の補助を受けて整備しました」と記されたプレート有り。

ネット裏から内野途中まではプラ長イス9段。その先にブルペンがあり、その先に内野の観戦スペース。外野席はこの規模の球場としては珍しく芝生席ではなく、全周にわたり

七尾城山野球場

七尾城山野球場

コンクリ段々席になっている（4段）。
　収容人数は2430人。近年はBCリーグの試合のほか、工業高校大会といういうちょっと聞き慣れない大会で高校野球でも使われている。が、軟式野球での使用がほとんど。
（踏破No.550　ＡＢＣ）

根上町民野球場

石川県根上町（現在は能美市）
1998年10月3日
中堅115m、両翼91.5m
内野土、外野天然芝　照明有り
北陸大学野球
富山国際大12－1北陸大

　JR北陸本線・寺井駅から徒歩20分。
　駅周辺の道にはゴジラの看板が出ていて、さすが松井秀喜（元巨人、ヤンキースなど）の地元。
　球場前には、全国高校野球選手権大会の大会歌『栄冠は君に輝く』の歌碑が建っている。
　1983年に建設された球場。収容人数950人。
　2010年10月16日に再訪してみた。球場名表示から「町」と「民」の二文字が外され「根上野球場」となっている。しかしその横の「通商産業省所管　工業再配置促進費補助事業施設　名称　根上町民野球場」と記されたプレートはそのまま。
　球場玄関に、巨人軍時代の松井秀喜（根上町出身）の写真や、牧野直隆（元高野連会長）の「球道」と書かれた色紙が飾ってある。
　球場前の『栄冠は君に輝く』の歌碑は、根上村（当時）出身の加賀大介氏が作詞、5252通の応募の中から全国高校野球選手権大会の大会歌に選ばれたことを伝えるもの。傍らに演奏を聴くことができる装置があるが故障中で残念。
　中堅115m、両翼91.5m。内野土、外野天然芝。照明有り。
　近年は目立った試合開催は無い。駅からの途上に前回来た時は掲げら

根上町民野球場

『栄冠は君に輝く』歌碑

A…硬式（高校以上）　B…硬式（中学以下）　C…軟式　の試合が可能

れていたゴジラのイラスト入りの旗が今回は無くなっていた。駅前通りの名前が「ホームラン通り」というのだけが松井の出身地と思わせる。

(踏破№451　C)

能美市寺井野球場

石川県能美市
2011年9月18日
中堅120m、両翼95m
内野土、外野天然芝　照明無し
北陸大学野球・1部リーグ
金沢学院大7－3高岡法科大

　JR北陸本線・小舞子駅から徒歩1時間。粟生運動公園内にある。
　完成は1984年3月。
　北陸大学野球で使われるほか、高校野球では招待試合で使われる時有り。
　ネット裏席も含めて観客席は24時間出入り自由。
　外野フェンスが変わっていて、高さ50センチほどのコンクリ部分の上に150センチほどの高さの金網が載っている。普通はコンクリと金網の比率が半々くらいなのに。これは翌日訪ねた中能登球場も同じだった。石川の野球場にはこういう外野フェンスが多いのかも。
　踏破後、小舞子駅に戻ってビールを呑み、人目が無いのでこれ幸いとベンチで横になっていたら、通りかかったオジサンに「あんた寅さんみたいだな」と言われてしまった。非常に光栄です。

(踏破№716　ABC)

能美市寺井野球場

能美市寺井野球場

能美市立物見山野球場

石川県能美市
2016年4月23日
中堅120m、両翼92m
内野土、外野天然芝　照明有り
ボーイズリーグ・北陸大会
白山能美ボーイズ2－0西濃ボーイズ

（7回制）

　ＪＲ能美根上駅から循環バスで行けるが、あちこち回るので30分かかる。直線距離はそれほど遠くはない。1990年にできた球場。

　ネット裏席はプラ長イス９段。内野席はダッグアウト手前までコンクリ段々席３段。あとの内外野席は芝生席。観覧席数は300席。

　スコアボードは、時計、得点板

能美市立物見山野球場

（12回まで）、ＳＢＯ灯、ＨＥＦＣ灯、選手名（DH制非対応）。

（踏破№848　ＡＢＣ）

野々市町民野球場

石川県野々市町（現在は野々市市）
1992年９月13日
（スコアブックに規格メモ無し）
内外野土　照明有り
北陸大学野球
高岡法科大11－２富山大（８回コールドゲーム）

　当時から高校野球で使われなかったが、最近では北陸大学野球でも使用されなくなった。

　1986年完成。収容人数は2900人。

　2010年10月16日に再訪してみた。

　ＪＲ野々市駅から徒歩40分。球場正面に、1991年の国体でソフトボール成年２部の試合会場として使われた記念碑が建っている。

野々市町民野球場

　また、三塁側スタンドの外野寄りの場所に小屋が建っている。なんだろうと思って近づいてみると、室内ブルペンだった。この規模の球場で室内ブルペンがあるのは珍しい。

　ぜひ規格を確かめたかったが、規格表示のペンキが剝げていて判読できなかった（おそらく中堅120ｍ・両翼91ｍ）。

（踏破№70　Ｃ）

Ａ…硬式（高校以上）　Ｂ…硬式（中学以下）　Ｃ…軟式　の試合が可能

福井県

おおい町総合運動公園野球場

福井県おおい町
2012年6月23日
中堅122m、両翼97.5m
内野土、外野人工芝　照明有り
ＢＣリーグ
福井3－0富山

　ＪＲ小浜線・若狭本郷駅から徒歩15分。

　定礎に記された日付は1994年11月。球場周辺には体育館、役場、歩道橋とあり、すべて豪華。これも原発マネーのおかげなのだろうか。

　試合前の町長のスピーチによると、この球場はＢＣリーグ・福井ミラクルエレファンツのキャンプ地として使われている。

　球場の向きが独特で、太陽光線が守備の妨げになりそう。

　試合後、福井球団は観客を選手用バスで駅まで送ってくれた。確かに、選手はミーティングなどがあり、すぐには使わないのでバスは空いているのだ。これは嬉しいサービス。

　収容人数1000人。

（踏破№749　ＡＢＣ）

おおい町総合運動公園野球場

おおい町総合運動公園野球場

小浜勤労者体育センター野球場

福井県小浜市
2016年5月14日
中堅122m、両翼92m
内野土、外野天然芝　照明有り
ボーイズリーグ・美方レインボー大会
中学生の部
岐阜中濃ボーイズ6－5若狭ボーイズ

小浜勤労者体育センター野球場

（7回制）

　ＪＲ勢浜駅から徒歩15分。1980年完成。

　球場前に「野球場敷地造成工事」の記念碑が建っている。それによると工事は陸上自衛隊の施設隊が3カ月をかけて行ない、1979年10月に終了した。

　2018年の福井国体で軟式野球競技の会場になると書かれた大きな看板が出ていた。

　スコアボードは、時計、得点板、ＢＳＯ灯、ＨＥＦＣ灯。

　ネット裏観客席は座面が木製の長イス7段。内野席は芝生席。外野席無し。福井国体の資料によると観客席数は600席。

　外野フェンスが高さ170センチほどと低い。

　玄関ロビーにボーイズリーグ関連のトロフィー、賞状が多数展示されている。また「心が変われば行動が変わる　行動が変われば習慣が変わる　習慣が変われば人格が変わる　人格が変われば運命が変わる」という、松井秀喜選手の座右の銘として知られる言葉も掲示してあった。

（踏破№852　ＡＢＣ）

武生中央公園野球場

福井県越前市
2010年4月4日
規格表示無し
内野土、外野天然芝　照明有り
高校野球・越前市長杯争奪大会
武生東8－5福井工業高専

　すでに閉場した球場。

　ＪＲ北陸本線・武生駅から徒歩15分。

　以前は武生市営球場という名前だった。4月初めに高校野球の市内大会で使われるくらいで、他の試合での使用は聞いたことが無かった。それだけに踏破に手こずっていた。

　これは古い球場。建てられたのは1960年。石垣で造られた球場建物のあちこちはコケむしていて、さながら古戦場跡といった趣き。スコアボードも得点板を前面からＬ字釘に引っ掛ける懐かしい方式。味があって

武生中央公園野球場

武生中央公園野球場

歴史を感じるスコアボード

とてもいい。こういう球場は大好き。取り壊される前に来れてよかった。

その後、同じ市内に丹南総合公園野球場が出来たこともあり2014年10月25日、この球場の閉場式が行なわれた。

（踏破№626）

丹南総合公園野球場

福井県越前市
2014年7月20日
中堅122m、両翼100m
内野土、外野天然芝　照明有り
ルートインBCリーグ
富山17－11福井

福井鉄道・家入駅から徒歩30分。2013年オープン。

玄関ロビーに、王貞治さんによる大きな揮毫が展示されているほか、球場傍らに王さんの記念碑もある。

王さんが理事長を務める世界少年野球推進財団が主催する世界少年野球大会が2013年、福井県で開かれた縁で碑は建てられたようだ。

王貞治氏の碑

ネット裏から内野途中までは、背もたれ無しの個別イス9段。あとの内外野席は芝生席。収容人数は3500人。

新しい球場だけに、内野スタンドまでスロープで入れたり、車イス観戦席には防球ネットが完備されていたりとバリアフリー度が高い。

（踏破№804　ＡＢＣ）

丹南総合公園野球場

敦賀市営野球場

福井県敦賀市
1998年5月31日
規格表示なし
内外野土　照明有り
東日本軟式野球大会・1部
ＮＥＣ秋田6－1立山合金工業（石川）

2012年6月23日に再訪してみた。

敦賀コミュニティバス「松原町」バス停そば。ただし、バスの本数は少ない。

1967年9月10日に完工式が行なわれた。その後、1978年にナイター照

敦賀市営野球場

敦賀市営野球場

明が設置されている。

　観光名所「気比の松原」のすぐ隣にある。傍らに「福井県立敦賀高等学校跡地」という碑が立っている。高校の跡地に造られた球場。

　ネット裏席は200人ほど座れる小規模な感じ。

　内外野ともフェンスが高さ1mほどととても低い。

　規格は中継106m、両翼90m。収容人数8500人。照明は1998年の時点ではあったが、2012年の時点では撤去されていた。

　2014年8月から、使用できなくなっている。周辺の宅地化が進み、場外への飛球が近隣住宅や住民に被害を及ぼす危険があるため。市は球場閉鎖も含めて今後の対応を検討中。

（踏破№411）

敦賀総合運動公園球場

福井県敦賀市
1992年6月14日
（スコアブックに規格メモ無し）
内野土、外野天然芝　照明有り
高校野球・福井県高野連招待試合
広島商 7 - 1 大野

敦賀総合運動公園球場

　JR敦賀駅からタクシーで行った。高校野球で使われる。

　スコアボードは手書き式だが、表示部分にガラスが嵌め込まれていて、スコアボード内部側から表示板を押しつける形で表示する。そのおかげで雨でも文字がにじんだりしない。この方式は全国でもここだけかも。

　広島商業は、守っている三人の外野手が投球と同時に、打球が来ると予想される方向へいっせいに走り出すという、高校野球としては非常に細かい野球をやっていてビックリ。

　2012年6月23日に再訪してみた。

中堅122m、両翼97m。内野土、外野天然芝。照明有り。

JR敦賀駅からバス17分、「運動公園東口」下車。

スコアボードは電気式に改装されていた。

定礎に記された日付は1987年9月。すぐ隣に、高校野球の強豪として知られ、2015年春のセンバツで優勝した敦賀気比高校がある。

2016年の時点で収容人数15000人。

（踏破№58　ＡＢＣ）

福井県営球場
福井県福井市
1992年6月8日
（スコアブックに規格メモ無し）
内野土、外野天然芝　照明有り
春季高校野球・北信越大会
高岡商6－5福井商

福井県営球場

　市営球場の試合が終わって、県営球場へタクシーで移動した。

　市営球場よりもはるかに立派な球場。

　完成は1967年8月9日。1990年に大規模な改修が行なわれ現在の姿になった。

　福井の夏の高校野球・決勝戦使用球場。軟式野球の公式戦でもよく使われている。

　2016年の時点で、規格は中堅122m、両翼100m。収容人数22000人。

（踏破№57　ＡＢＣ）

福井市営野球場
福井県福井市
1992年6月8日
（スコアブックに規格メモ無し）
内野土、外野天然芝　照明無し

春季高校野球・北信越大会
高岡商7－1石川県工

　現存しない球場。JR福井駅から徒歩15分ほどのところにあった。

福井市営野球場

福井市営野球場

福井市営野球場

老朽化のため、2008年に閉場となった。

1948年開場の古い球場で、ネット裏席はコンクリの段々になっているだけのイス無し。収容人数は約10000人。

取り壊された後、2010年にも行ってみたことがある。緑地公園になっていた。駅のそばにあった球場が閉場となる例は全国で多いが、ここもその一つ。

（踏破№56）

福井フェニックススタジアム

福井県福井市
2008年8月1日
中堅122m、両翼100m
内野土、外野天然芝　照明有り
ＢＣリーグ
福井2－1石川

ＪＲ福井駅から徒歩1時間20分。
2008年6月開場。

観戦した試合では、福井の柳川洋平投手が6者連続奪三振をマーク（翌年、福岡ソフトバンクに育成選手として入団。2011年には一軍登板も果たした）。

収容人数は10000人。ＢＣリーグの試合で使われる。

硬式高校野球では、春・夏・秋の大会では使われないが春・秋に行なわれる福井市長旗大会では使用されている。

（踏破№580　ＡＢＣ）

福井フェニックススタジアム

福井フェニックススタジアム

三国運動公園野球場

福井県坂井市
2011年7月23日
中堅122m、両翼92m
内野土、外野天然芝　照明有り
ＢＣリーグ
福井4－0群馬

えちぜん鉄道・三国港駅から徒歩17分ほど。

観客席はネット裏席も長イス式。バックネット下のフェンスが曲線

三国運動公園野球場

三国運動公園野球場

状の造りで凝っている。

　外野フェンスに「やよい水産」「福井工業大学」などと広告が入っているのもこの規模の地方球場としては珍しい。

　高校野球ではめったに使われないが、2007年秋、北信越大会というセンバツ出場のかかった大きな大会で使われた。

　大学野球で来てみたものの試合開始に間に合わず踏破失敗したり、B

Cリーグで来たのに雨天中止になったりと私にとっては苦労させられた球場。

　完成は1983年8月31日。収容人数は11253人。

　珍しいところでは1992年4月25日、イースタンリーグ公式戦・ロッテ－西武が開催されている。この試合にはのちに楽天監督となる大久保博元が出場している。

（踏破№708　ＡＢＣ）

美浜町民野球場

福井県美浜町
2009年8月8日
中堅120m、両翼92m
内野土、外野天然芝　照明有り
ＢＣリーグ

石川6－0福井

　ＪＲ小浜線・美浜駅より徒歩40分。

　トイレに「掃除は美浜高校野球部員が行なっています」という貼り紙があり、野球部のオープン戦の日程

美浜町民野球場

美浜町民野球場

表も貼ってあった。地方球場と地元野球部のこうしたつながりは非常に好ましい。

ネット裏席に座っていると、ライト後方に久々子（くぐし）湖が見える。スタンドから湖が見える球場とは珍しい。

収容人数は2000人。ＢＣリーグの試合で使われている。

(踏破№588　ＡＢＣ)

若狭町上中球場

福井県若狭町
2016年5月14日
中堅112m、左翼97m、右翼90m
内外野土　照明有り
ボーイズリーグ・美方レインボー大会
中学生ジュニアの部
富山ボーイズ８－２伊勢ボーイズ（7回制）

ＪＲ上中駅から徒歩10分。

球場前に「農村運動広場　昭和五十八年度　上中町」と刻まれた石碑が建っている。これが施設のできた年だろう。施設案内図にはフィールド内に陸上競技用のトラックも書き込まれているので陸上競技場としても利用されるようだ。

あくまで野球場ではなく運動広場なので、外野フェンスが左中間からライト後方はコンクリ造りになっているがレフト後方は金網。規格もレフトライトで異なっている。

若狭町上中球場

ネット裏席はプラ長イス６段。内外野席は雑草席。長イスが数脚置いてある。ネット裏に本部席として使える施設は無く、この日はテントを立てて代用していた。

スコアボードは、得点板（10回まで）、ＳＢＯ灯、ＨＥＦＣ灯のみと簡素。

ネット裏観客席下に乾木の装飾品が置いてある。高さ２メートルほどとデカい。球場にこういう物が置いてあるのは珍しい。

少年硬式野球で使われている。

(踏破№851　ＡＢＣ)

東　海

岐阜県 >>>>>> 25球場
静岡県 >>>>>> 24球場
愛知県 >>>>>> 26球場
三重県 >>>>>> 11球場

岐阜県

安八町総合運動公園野球場

岐阜県安八町
1998年7月23日
中堅110m、両翼91m
内野土、外野天然芝　照明有り
全国高校軟式野球・岐阜大会
多治見北8－3益田南

　東海道新幹線・岐阜羽島駅からタクシーで10分。

　1990年に開設された運動公園の中にある。

　ネット裏観客席は小規模な小屋のような形。

　近年も岐阜県の高校軟式野球で使われている。

（踏破№421　Ｃ）

安八町総合運動公園野球場

安八町総合運動公園野球場

糸貫川スタジアム

岐阜県本巣市
2012年9月30日
中堅110m、両翼92m
内野土、外野天然芝　照明有り
国民体育大会・軟式野球競技
グローリー株式会社（兵庫）5－4福岡サニクリーン

　樽見鉄道・本巣駅下車。駅に無料のレンタサイクルがあったので利用した。5分で着いた。

　スコアボードは、時計、得点板（延長10回まで）、ＳＢＯ灯、ＨＥＦＣ灯、あと選手名も表示できる。

　ネット裏席から内野席途中までは長イス6段の観客席があるが、あとは観客席無しという大胆な造り。

　球場玄関に地元の野球大会の優勝旗、優勝盾、トロフィーが展示されている。あと、時期は不明だがヤクルトスワローズの選手（内藤尚行、杉浦享）が野球教室を開いた時の写真も飾ってある。

　定礎に記された日付は平成2（1990）年8月。1990年代前半、春・

糸貫川スタジアム

糸貫川スタジアム

秋の高校野球のブロック予選で使われたことがあったが、中堅110mと狭いのが理由か、その後使用されなくなっていた。踏破できなかったのを残念に思っていたが今回、国体で使用されたので助かった。

1991年8月25日には、ウエスタンリーグ公式戦・中日－近鉄が開催されたこともある。

（踏破No.769　C）

恵那市まきがね公園野球場

岐阜県恵那市
1997年10月4日
中堅110m、両翼91m
内野土、外野天然芝　照明無し
秋季高校軟式野球・岐阜大会
恵那9－6岐阜南

　JR中央本線・恵那駅からタクシーで10分ほど。丘の上にある。

　観客席は、コンクリートの段々になっているだけのイス無し。
　スコアボードの得点表示がロール式（昔の神宮球場と同じで、0、1、2……と順番に下から巻き上げ式に出てくる方式）なのが珍しかった。
　2012年、高校軟式野球で使われた。

（踏破No.363　C）

恵那市まきがね公園野球場

恵那市まきがね公園野球場

大垣市浅中公園総合グラウンド野球場

岐阜県大垣市　　　　　　1994年8月20日

中堅122m、両翼99.5m
内野土、外野天然芝　照明無し
秋季高校野球・岐阜大会　西濃地区予選
大垣日大6－0大垣西

　ＪＲ大垣駅から近鉄・養老線に乗り、大鳥羽駅下車、徒歩15分。
　1991年に建設された。

大垣市浅中公園総合グラウンド野球場

　ネット裏に観客席が無く、仕方なく三塁側ダッグアウトそばのバックネット寄りの位置で試合を観ていたら、周りはいつのまにか大垣日大高の父兄でいっぱい。いろいろ話を聞きながら観戦した。お茶をふるまわれたのが懐かしい。
　最近も春・秋の高校野球の地区予選で使われている。

（踏破№147　ＡＢＣ）

大垣市北公園野球場

岐阜県大垣市
1992年5月31日
（スコアブックに規格メモ無し）
内野土、外野天然芝　照明有り
春季高校野球・東海大会
四日市工7－5静岡商

大垣市北公園野球場

　2010年10月11日に再訪した。規格は中堅118.86m、両翼91.44m。
　左翼側観客席の後ろが、隣接する陸上競技場にくっついているのが大変珍しい。たこ焼きが2コくっついてるような感じ。球場と陸上競技場の間は通り抜けができないので、三塁側を周って球場正面に行こうとすると、えらい遠回りになってしまう。
　内野の観客席の最前列がグラウンドレベルにある（最近流行りのフィールドシート的？）のもこの規模の球場では珍しいといえる。
　高校野球、社会人野球でよく使われる。
　収容人数は8760人。

（踏破№54　ＡＢＣ）

大野町レインボースタジアム

岐阜県大野町　　　　　　　　2007年9月9日

Ａ…硬式（高校以上）　Ｂ…硬式（中学以下）　Ｃ…軟式　の試合が可能

大野町レインボースタジアム

大野町レインボースタジアム

中堅120m、両翼92m
内野土、外野天然芝　照明有り
東海地区大学野球・岐阜県リーグ
中部学院大６－２岐阜聖徳学園大

　ＪＲ岐阜駅からバスで１時間ほどかかる。せっかく行ったのに雨天中止だった時もあり、苦労させられた球場。

　球場建物が薄橙色に塗装されていてキレイ。

　2012年の岐阜国体では人気競技である硬式高校野球の会場として使われた。

　近年も高校野球でよく使われている。

　大学野球では、2014年春のシーズンでは使われたが、以降は使用頻度が減った。可児市に新しい球場ができた影響かも。

（踏破No.568　ＡＢＣ）

各務原市民球場

岐阜県各務原市
1994年５月14日
中堅122m、両翼92m
内野土、外野天然芝　照明無し
東海地区大学野球
朝日大４－２三重大

　ＪＲ蘇原駅から徒歩30分。高校野球で使われる。

　1989年にできた球場。

各務原市民球場

　収容人数は5100人。

（踏破No.118　ＡＢＣ）

金山町リバーサイド野球場

岐阜県金山町（現在は下呂市）
1997年８月17日

中堅120m、両翼90m
内外野土　照明有り

金山町リバーサイド野球場

金山町リバーサイド野球場

秋季高校野球・岐阜大会　中濃飛騨地区予選
関商工10－6 郡上北

　ＪＲ高山本線・飛騨金山駅から徒歩30分。

　この年は高校野球で使われたが、その後使われなくなった。

1994年4月開場。

　2010年代に入ってからは少年野球での使用が多い。

　名古屋外国語大学硬式野球部が、この球場で毎年夏季キャンプをしている。

（踏破№335　ＡＢＣ）

岐阜ファミリーパーク野球場

岐阜県岐阜市
1994年9月11日
中堅120m、両翼93m
内野土、外野天然芝　照明無し
秋季高校野球・岐阜大会
岐阜藍川8－7 岐阜西工

　長良川鉄道・新岐阜駅からバスで45分。

　1983年8月8日設置、収容人数6000人。

　硬式高校野球では夏の大会は使われないが、春・秋の大会ではよく使われる。

　球場からの帰り、バスを待っていたら子供が割り込み乗車したので、バスの中でその子を叱った。すると

岐阜ファミリーパーク野球場

そこへ、その子の母親が乗ってきて「席が取れたね、うっしっし」みたいな感じでニッコリと子供の隣に座った。

　私はますます頭にきて「子供に割り込みさせて席を確保するなんて！」と母親にも説教した。

　ところがバスが発車してしばらくすると、母親はシクシク……と泣

出してしまった。子供は心配そうに母親を見上げている。

なんだかこちらのほうが悪いことをしたような気になってしまった。

この球場は現在も硬式高校野球の使用が多い。この球場名を目にするたびに、あの母子のことを思い出してしまう。

2014年春、高校野球県大会の決勝戦で使われた。

（踏破№159　ＡＢＣ）

郡上市合併記念公園市民球場

岐阜県郡上市
2011年10月10日
中堅122m、両翼97.6m
内野土、外野天然芝　照明有り
秋季高校軟式野球・岐阜大会
多治見工１－０岐阜

　ＪＲ高山線の美濃太田駅で長良川鉄道に乗り換え、長良川沿いに山をトコトコ登っていき、電車に揺られること２時間。美濃白鳥という駅で降りる。そこから徒歩25分。

　2004年オープン。収容人数4500人。

　めったに使用されない球場で、踏破はなかなか困難。この年の８月７日にもウエスタンリーグで踏破しようとしたが、試合途中までは頭から水をかぶらねばいられぬほどの猛暑だったのに、突然の雷雨でノーゲームとなり踏破失敗。高地の球場の場合、山の天気の変わりやすさも大敵。

　その時、球場玄関に2006年にやはりウエスタンリーグが開催された時の写真が飾られているのを見ていたので、数年に一度しか踏破のチャンスは無いのかと思って諦めていた。でも今回、高校軟式野球の県大会で使われることがわかり早速リベンジした。

　球場玄関には他に、岐阜県高校野球の関連新聞記事や2004年に開かれた名球会イベントのサイン色紙などが展示されている。

（踏破№721　ＡＢＣ）

郡上市合併記念公園市民球場

郡上市合併記念公園市民球場

ＫＹＢスタジアム

岐阜県可児市
2015年4月4日
中堅122m、両翼99.2m
内外野人工芝　照明有り
ボーイズリーグ・岐阜県支部選手権大会
岐阜青山11－0 揖斐本巣（7回制　5回コールドゲーム）

　ＪＲ可児駅から徒歩40分。可児高校の隣にある。
　2014年4月1日オープン。収容人数は約6200人。
　玄関ロビーに日本女子ソフトボールリーグ関連の展示有り。
　スコアボードは時計、ＢＳＯ灯、ＨＥＦＣ灯以外は、大型スクリーンになっていて、そこにイニングスコア、選手名、審判名を表示する。
　ネット裏席は最大13段のプラ長イス。あとの内外野席は芝生席。
　球場に着いて客席に荷物を置き、球場をぐるりと一周して席に戻ってみると、せっかく買ってきたオニギリがカラスにやられてめちゃくちゃになっていた。こんなことは球場巡り旅26年めにして初のこと。岐阜のカラスは油断なりませんねえ。

（踏破№813　ＡＢＣ）

ＫＹＢスタジアム

ＫＹＢスタジアム

サン・スポーツランドふるかわ

岐阜県古川町（現在は飛騨市）
1996年8月9日
中堅122m、両翼93m
内外野土　照明有り
社会人野球・飛騨高山大会
三菱自動車岡崎11－6 小西酒造

　1989年開場。観客席数は300席。
　毎年8月、社会人野球のＪＡＢＡ

サン・スポーツランドふるかわ

高山市長旗争奪大会で使われる。

　外野フィールドに特殊な色の土を使っているので芝生に見えるが土のグラウンド。

　球場に一番近いのはＪＲ高山本線の杉崎という駅なのだが、球場に電話したら最寄り駅は古川駅ですと教えられてしまった。おかげでタクシー代が余分にかかってしまった。貧乏旅行派にとってこういうのが一番くやしい。

（踏破№201　ＡＢＣ）

関市民球場

岐阜県関市
1994年8月15日
中堅120m、両翼91m
内野土、外野天然芝　照明無し
秋季高校野球・岐阜大会　中濃飛騨地区予選
美濃加茂10－0八百津（5回コールドゲーム）

　ＪＲ美濃太田駅で長良川鉄道に乗り換え、関口駅下車、徒歩1時間。山の上にある。

　1977年に開設された。

　1990年代までは中日が年1回ほどウエスタンリーグで使っていたが、そのことが信じがたいほど古い球場。

　しかし最近も夏の高校野球県予選で使用されている。

（踏破№146　ＡＢＣ）

関市民球場

関市民球場

高山市中山公園野球場

岐阜県高山市
1994年8月21日
中堅120m、両翼92m
内野土、外野天然芝　照明有り
社会人野球・飛騨高山大会
北陸銀行2－1昭和コンクリート

高山市中山公園野球場

JR高山本線・高山駅からバスで行った。最寄りのバス停からも20分くらい歩いた。

1976年10月31日オープン。

毎年8月に社会人野球の大きな大会が開かれるほか、高校野球の夏の予選でも使われる。

(踏破№148　ＡＢＣ)

多治見市営球場

岐阜県多治見市
1997年8月18日
中堅122m、両翼92m
内野土、外野天然芝　照明有り
秋季高校野球・岐阜大会　東濃地区予選
中京商10－0瑞浪（5回コールドゲーム）

　1949年に完成した球場。収容人数は7000人。

　2011年9月25日に再訪してみた。外野フェンスに球場名が大書されているのが珍しい。

　球場正面のすぐ外を交通量のある道路が走っているため、球場外の防球ネットの他に、ネット裏スタンド内にも防球ネットが立っている。ネット裏上段席の観客にとっては、防球ネットの柱と、自立式バックネットの柱が二重になってしまいプレイが見づらい。

　スコアボードはパネル式だが、すべてのイニングの得点板の裏側には、あらかじめ0（ゼロ）が書かれている。そのイニングが無得点ならそのままひっくり返して掲示し、得点が入ったならゼロの上に数字板をかぶせて掲出する（普通のスコアボードはゼロの時もいちいち数字板を嵌め込んで出す）。野球の得点はゼロが一番多いわけだから、ゼロ板を嵌める手間を省けるこのアイデアはなかなかのもの。他の球場もマネしてみては？

　JR多治見駅からバスで10分。運賃は220円。

　2012年の岐阜国体で高校軟式野球の会場になった。同じ年の秋には硬式高校野球の東濃地区予選も開催された。

(踏破№336　ＡＢＣ)

多治見市営球場

多治見市営球場

垂井町朝倉運動公園球場

岐阜県垂井町
1997年8月16日
中堅110m、両翼92m
内外野土　照明有り
秋季高校野球・岐阜大会　西濃地区予選
不破10－2池田（7回コールドゲーム）

　ＪＲ東海道本線・垂井駅から徒歩30分。

　スコアブックを正確につけるためにはネット裏で観戦するほうが有利だが、ネット裏には観客席が無く、仕方がないので管理棟の2階にある本部席の横に座り込んでスコアをつけた。

　スコアブックに記入する選手名を確認するため大会本部席を訪ねたが、岐阜高野連は公式打順表を手元に置いていないことを知りビックリ。秋季大会の地区予選だからかもしれないが……。

　竣工は1979年3月。

　私が行った1997年の時点で、すでに硬式高校野球ではあまり使われなくなっていた。

　2012年の岐阜国体で軟式野球競技の会場の一つとして使われた。しかしその開催のために、球場周りに植えられていた桜が「球場の管理上問題がある」として伐採されてしまったという。地元の人々には桜の名所として親しまれていたらしい。……国体会期中、この球場で競技が行なわれたのは3日間、計6試合だけだった。

（踏破№334　C）

垂井町朝倉運動公園球場

垂井町朝倉運動公園球場

土岐市総合公園野球場

岐阜県土岐市
1994年8月13日
中堅120m、両翼93m
内野土、外野天然芝　照明無し
秋季高校野球・岐阜大会　東濃地区予選
中津川工8－1岩村（7回コールドゲーム）

　1990年完成、収容人数7000人。

　2011年9月25日に再訪してみた。

照明設備ができている。球場近くにコンビニがあるので食料の心配は不要。

　球場周辺には1990年に土岐市で開かれた第3回日本現代陶彫展に出品された作品が多数、野外展示されている。

　JR土岐市駅よりバスで21分、運賃390円。

　広島、阪神で活躍し「アニキ」「鉄人」と呼ばれた金本知憲選手がこの球場でプレーしたことがある。

土岐市総合公園野球場

（1994年5月3日、ウエスタンリーグ公式戦・中日－広島。4打数2安打1打点）

（踏破№144　ＡＢＣ）

中津川公園野球場

岐阜県中津川市
2010年8月8日
中堅122m、両翼100m
内野土、外野天然芝　照明有り
全日本大学軟式野球選手権大会
神奈川大学湘南ひらつか校舎２－１岐阜聖徳学園大（延長10回）

　JR中央本線・恵那坂本駅から徒歩50分。

　2008年3月に開場した。収容人数は約7500人。

　最近、高校、大学野球でもよく使用される新しい球場。

　「夜明け前スタジアム」という別称があり、この名が刻まれた石碑も球場前に建っている。文学作品名を冠した球場は他に松山市の「坊っちゃんスタジアム」くらいだろうか？

　しかし松山の場合、隣に「マドンナスタジアム」があることから考えて正確には作品名でなく登場人物名なのかも。

中津川公園野球場

別称を刻んだ石碑

私の隣には次の試合に出場する東京大学の選手が座っていたが、試合を待つ間、観客席で勉強していた。う〜む。さすがは東大。

　観戦した試合で、三塁走者が2－5－2－1－7－4－8という超複雑なランダウンプレーの末に刺殺されるという場面があり、試合後、恥も外聞も無く選手に送球の順番を確認させてもらったのも思い出深い。

そのチームが勝ったからよかったが、負けていたらとても話しかけたりできないので勝ってくれて本当によかった。

　2009年、2011年にＮＰＢの二軍戦が開催されているほか、2014年8月には全早慶戦（現役・ＯＢの混成チームによる試合）が行なわれた。

（踏破№663　ＡＢＣ）

中津川市苗木公園野球場

岐阜県中津川市
2010年8月8日
中堅116.0m、両翼91.0m
内外野土　照明有り
全日本大学軟式野球選手権大会
帝京大3－0大阪体育大

　ＪＲ中央本線・中津川駅からバス20分、「上並松」下車、徒歩10分。
　1988年開場。

　ネット裏観客席は長イス式で最大7段。イスが木製なのが最近では珍しい。

　スコアボードはネット裏に得点板があるだけで外野には無い。

　ほぼ草野球場だが、高校野球の春・秋の東濃地区予選でたまに使用される。

（踏破№662　ＡＢＣ）

中津川市苗木公園野球場

中津川市苗木公園野球場

長良川球場

岐阜県岐阜市
1992年5月11日

（スコアブックに規格メモ無し）
内野土、外野天然芝　照明有り

社会人野球・ベーブルース杯
関東自動車工業７－３本田技研鈴鹿

　ＪＲ岐阜駅からバスで行った。

　ぴかぴかの銀色の球場。夏の高校野球・県予選の決勝で使われる。毎年５月上旬に開かれる社会人野球・ベーブルース杯のメイン球場でもある。

　収容人数は22030人。

　1994年５月８日に行った時には、中堅122m、両翼97.6mとのメモがある。

　2011年７月24日に再訪してみた。近代的な外観のデザインにあらため

長良川球場

て感心した。

　入場ゲートを入ると、岐阜商業の投手だった松井栄造氏の銅像が建っている。昭和８年と10年のセンバツ、昭和11年の選手権を制した好投手。惜しくも戦死している。

（踏破№48　ＡＢＣ）

はしま清流スタジアム

岐阜県羽島市
2015年７月25日
中堅116m、両翼92m
内外野土　照明有り
高松宮杯全国軟式野球大会２部・東海大会
αコーポレーション10－６B.C GIFU ALLSTARS

　名古屋鉄道・不破一色駅から徒歩30分。田園地帯を歩いて行く。

　ネット裏席はプラ長イス９段。内外野席無し。

　バックスクリーンは半透明の布製。スコアボードは最近よくあるスクリーン式で、ＢＳＯ灯、ＨＥＦＣ灯も画像として表示される（従来のような、電球による専用灯は無し）。選手名、審判名は表示されない。

はしま清流スタジアム

はしま清流スタジアム

外野フェンスが高さ130センチほどと低く、観戦した試合でもエンタイトル二塁打が３本も出た。外野も土のグラウンドであることやフィールドが狭いことを考えると、今後も大きな大会ではあまり使用されないかもしれない。内野の土が白っぽく打球が見づらかったのも残念。

2012年の岐阜国体では成年男子ソフトボールのメイン会場として使われた。

（踏破№829　ＡＢＣ）

御嵩町南山公園野球場

岐阜県御嵩町
1997年３月29日
中堅105m、両翼92m
内外野土　照明有り
春季高校野球・岐阜大会　中濃飛騨地区予選

美濃加茂５－２武義

　名鉄広見線・御嵩駅から徒歩15分。1992年にできた球場。

　2014年春の高校野球でも地区予選で使われた。

（踏破№261　ＡＢＣ）

御嵩町南山公園野球場

御嵩町南山公園野球場

美濃加茂市営前平公園野球場

岐阜県美濃加茂市
1994年８月14日
中堅116m、両翼91m
内外野土　照明有り
秋季高校野球・岐阜大会　中濃飛騨地区予選
加茂１－１美濃加茂

　長良川鉄道・前平公園駅下車。
　高校野球の春と秋の地区予選で使われる。

　ネット裏席はコンクリの段々になっているだけでイス無し。お尻が痛くなる。

　この球場には苦い思い出がある。実はこの日は関市民球場に行くつもりで、山の上にある球場にやっと辿り着いたら草野球をやっていた。高校野球の試合があるのは御嵩町の南

美濃加茂市営前平公園野球場

美濃加茂市営前平公園野球場

山球場だという。

　岐阜新聞に掲載された試合日程が間違えていたか変更になっていたのだ。新聞を信用してはいけない、ということを私は野球旅を通して学んだ。そして、もう南山に行くのは間に合わないので近くにある前平球場に移動した。

　高校野球の公式戦で9回引き分け試合は珍しいが、岐阜県大会進出を賭けて争われる地区予選はリーグ戦形式で行なわれていたので引き分けもあった。

　試合後は前平公園で野宿。

　外野も土のグラウンドであることやフェンスの高さなどが条件に適さないので、高校野球の夏の予選では使われない。

（踏破No.145　ＡＢＣ）

養老町中央公園野球場

岐阜県養老町
2012年10月3日
中堅115m、両翼92m
内野土、外野天然芝　照明有り
国民体育大会・軟式野球競技
岐阜県選抜5－4セントラル硝子宇部工場（山口）（7回制　延長8回）

　養老鉄道・美濃高田駅から徒歩25分。

　1980年に開設された。

　スコアボードは得点板、ＳＢＯ灯、ＨＥＦＣ灯、審判員名。選手名は掲

養老町中央公園野球場

養老町中央公園野球場

Ａ…硬式（高校以上）　Ｂ…硬式（中学以下）　Ｃ…軟式　の試合が可能

示できないのに、審判員の名前は出せるのが珍しい。

ネット裏席はプラ長イス６段。内野席は芝生席。外野席無し。観覧席数は400席。

外野フェンスが高さ３m以上ある。

球場正面のトイレ棟、一塁側場外のミーティングルーム棟は真新しく、国体開催に備えて整備されたものと思われる。

原則として軟式野球で使われる。

レアな球場で、私はこの国体で存在を初めて知った。

（踏破No.770　Ｃ）

輪之内アポロンスタジアム

岐阜県輪之内町
1996年８月４日
中堅118.9m、両翼91.4m
内野土、外野天然芝　照明有り
ウエスタンリーグ公式戦
中日５－４阪神

輪之内アポロンスタジアム

ＪＲ大垣駅からバス。途中で乗り換えの必要有り。

乗り換えのバス停の前に小学校があったので、１時間ほど、誰もいない校庭で遊んでバスを待った。

1991年４月竣工。収容人数2000人。

硬式大学野球やウエスタンリーグでまれに使われるが日程表には「アポロン」としか記載されていないことが多く、インターネットもない時代、場所をつきとめるのに苦労した。

「アポロン」とは、ギリシャ神話の「太陽の神」から採られたネーミング。

（踏破No.200　ＡＢＣ）

静　岡　県

愛鷹広域公園野球場

静岡県沼津市
1992年10月25日
中堅122m、両翼98m
内野土、外野天然芝　照明無し
明治神宮大会・東海地区代表決定戦
豊田大谷２－１関商工

ＪＲ東海道本線・沼津駅からバスで行った。

山の上にある球場。

高校野球ではよく使われる。

愛鷹広域公園野球場

愛鷹広域公園野球場

デザインが非常にあかぬけていて未来的な感じ。

スコアボードも輪郭が楕円形とコッている。アストロ球場みたい、といっても若い人は往年の人気マンガ『アストロ球団』なんか知らないでしょうねえ。

球場の外に出ると富士山が見え、天地の雄大さを感じさせる風景が広がる。

2012年の夏の高校野球・県大会決勝戦は、この球場で行なわれた（常葉橘4－3静岡商）。

1989年完成。収容人数13300人。

(踏破No.80　ＡＢＣ)

磐田城山球場

静岡市磐田市
1994年7月23日
中堅118m、両翼92m
内野土、外野天然芝　照明有り
全国高校野球・静岡大会
掛川西3－0富士東

高校野球で使われる。

2010年10月11日に再訪した。小高い場所にあるので、ＪＲ東海道線の車内からでもニョキニョキと建っている照明塔が見える。

ＪＲ磐田駅のレンタサイクルを利用すると便利。

磐田市出身の放送作家・小林哲也さんに驚きの情報を教えてもらった。実は球場がある場所には城を建てる

磐田城山球場

磐田城山球場

計画があったらしい。「球場周りに立派な石垣があっただろ？ あれは本当はお城のためのものだったんだ」。

お城の代わりに造られた球場？とは面白そうな話だ。

調べてみると、石垣は当時のままのものではないが、間違いなく、1569年に徳川家康が建てようとした城の本丸跡に造られた球場だった。どうりで小高い場所にあるわけだ。

収容人数は12000人。

（踏破№138　ＡＢＣ）

掛川球場

静岡県掛川市
1996年7月22日
中堅120m、両翼92m
内野土、外野天然芝　照明無し
全国高校野球・静岡大会
興誠12－3周智（7回コールドゲーム）

　天竜浜名湖鉄道「いこいの森」駅下車、徒歩10分。

　1976年完成。収容人数12000人。

　観戦した試合では、のちにＮＰＢで活躍した小田智之が興誠の四番セカンドとして出場していた。

　2010年10月11日に再訪してみた。スコアボードは得点表示棟と出場選手名表示棟が別建て。

　球場外の壁面には、2003年の国体開催時に描かれた、地元小・中学生によるカラー壁画と、成年女子ソフトボールのトーナメント結果を刻印した金属プレートが掲げられている。

　他に、名球会メンバーのサイン色紙を金属板に複写したものも飾られている。全国いろんな球場に名球会の足跡があるので、その営業力にはほとほと感心させられる。さすがカネダ企画（笑）。

　高校野球やイースタンリーグで使われている。

　プロ野球一軍公式戦が開催されたことはないが、オープン戦は1978年に一度だけ行なわれていて（2月26日、中日－大洋）、中日は高木守道、

掛川球場

掛川球場

谷沢健一。大洋は斉藤明雄、松原誠ら当時の主力選手が出場している。

（踏破No.195　ＡＢＣ）

菊川運動公園野球場

静岡県菊川町（現在は菊川市）
1998年4月19日
中堅122m、両翼98m
内野土、外野天然芝　照明無し
東海地区大学野球
浜松大4－3静岡大（延長12回）

菊川運動公園野球場

　ＪＲ東海道本線・菊川駅から徒歩30分。

　私が行った時は、ネット裏に本部席用の建物はあったが観客席が無かった。

　どこで観戦しようかと困ってウロウロしていたら、いつもこのリーグ戦を観に通っているというおじさんが声をかけてくれて、「いつもそのへんの空き部屋で観せてもらってるから一緒にそこで観よう」と誘ってくれた。それで、ネット裏の建物の審判員室か用具置き場みたいな部屋で観戦できた。

　現在はネット裏に観客席が出来ている。2003年の静岡国体で軟式野球会場として使われたので、そのために整備されたようだ。

　観戦した試合は指名打者制で行われたが、静岡大は9回裏の攻撃で、登板中の投手が指名打者に代わって打席に入った。チェンジで守備に入る時に指名打者の選手を下げて投手が打順に入るケースは時々あるが、攻撃中に指名打者制をやめるケースは初めて観た。指名打者ルールのこんな使い方もあるのかとビックリ。プロではまず見られない「裏技」。

　私が行った当時は「小笠公園菊川球場」という名前で日程表に書かれていた。

（踏破No.395　ＡＢＣ）

静岡草薙球場

静岡県静岡市
1992年5月10日
（スコアブックに規格メモ無し）
内野土、外野天然芝　照明有り

春季高校野球・静岡大会
東海大工7－5浜松商
　静鉄清水線・県総合運動場駅下車。
　高校野球の夏の決勝戦開催球場。

静岡草薙球場

静岡草薙球場

社会人野球でも使用が多い。

また、秋に行なわれていたパ・リーグ東西対抗の開催地だった時期もあった。さらにさかのぼれば大洋ホエールズのキャンプ地だった頃もある。

球場前にベーブ・ルースと沢村栄治が対決する場面の銅像がある。1934年、沢村が全米チームを相手に伝説の快投を演じたのがこの球場（ベーブ・ルース、ルー・ゲーリッグらを擁する全米を相手に8イニング被安打5、自責点1で完投）。

ネット裏最上段に記者用の机とイスがあり、記者が使わない時には勝手に座って記者気分を味わえる。

1992年10月31日に行った時には中堅115m、両翼91mというメモがある。

球場が開場したのは1930年。1973年の改築で、この写真に写っている内野スタンドが完成した。

2013年に大規模改修が完了し、規格が中堅122m、両翼100m、収容人数22000人となった。

（踏破№47　ＡＢＣ）

静岡市西ヶ谷総合運動場野球場

静岡県静岡市
1997年9月20日
中堅120m、両翼94m

内外野人工芝　照明有り
高松宮杯全日本軟式野球大会・2部
ビッグウェーブ4－2クリエイト中央

静岡市西ヶ谷総合運動場野球場

静岡市西ヶ谷総合運動場野球場

ホーム

JR静岡駅からバスで行った。
1997年にできたばかりの新しく、きれいな球場だった。
高校野球で使われる。

静岡市の公式ページに、収容人数・内野席2514人、外野席3000人という記載がある。

（踏破№355　ＡＢＣ）

志太スタジアム

静岡県伊豆市
2001年8月14日
中堅122m、両翼100m
内外野人工芝　照明無し
プロ・社会人交流戦
シダックス6－6ヤクルト（二軍）

伊豆箱根鉄道駿豆線・修善寺駅からバスで行った。山の中にある。

外食産業のシダックスは、1993年から2006年まで硬式野球部を持っていた。野村克也氏を監督に招いたりキューバから選手を獲得したりと強化に熱心で、観戦するのが楽しみなチームだった。

この「志太スタジアム」は、その硬式野球部がキャンプを張ったりしていた。

観戦した試合は9回表を終わってヤクルトが5点リード。しかし9回裏、シダックスは一挙5点を返し、なおもサヨナラの大チャンス。ヤクルトはかろうじて引き分けに持ち込んだ。プロと社会人の対戦がまだ珍しかった頃で、お互いプライドをかけてぶつかりあっていて面白かった。

（踏破№495　ＡＢＣ）

志太スタジアム

志太スタジアム

島田球場

静岡県島田市
1994年4月23日
中堅120m、両翼92m

内野土、外野天然芝　照明有り
春季高校野球・静岡大会　中部地区予選
静岡6－2東海大工

JR東海道線・島田駅から徒歩15分。

1980年完成。

踏破した時の試合で、Mという好左腕投手を発見した。「左の加藤伸一」（例えが古いが……）という感じでとても気に入った。

ドラフトにはかからなかったので、学校に電話をして進路を訊ねた。学校は教えてくれなかった。

その後、静岡新聞を見ていたら「静岡市役所への就職が決まっていたが、横浜ベイスターズの入団テストを受け、打撃投手として採用された」という記事が載っていた。もちろん「成長度によっては支配下選手へ……」という含みを持った「キープ」的採用だったと思う。「オレの見る目もなかなかだわい」と私はすっかり得意になった（今にして思えば、学校が進路を教えてくれなかったのは、市役所への就職をキャンセルしたので、きっと結構モメたんだと思う）。

ところがその後、知人のベイスターズ担当記者に訊いてみたら、すっかりノーコンになってしまい、打撃投手も務まらない感じと聞いた。そしてすぐに退団してしまった。高校生の能力を見きわめるのは難しいと感じた出来事だった。

2011年8月29日に再訪してみた。規格表示が中堅118m、両翼91mに

島田球場

変わっている。改修されたのか、正確な表示に直したのかは不明。

球場玄関に特に展示物は無いが、地元で開かれる落語会やらコンサートやらのチラシが多数置いてある。地域の文化イベント情報発信地の役割を担っている。

17年前に来た時は、いったん駅の北口に出て、線路下のトンネルを通って球場へ歩いたが、今回は静岡空港開港の影響か、駅に立派な南口が出来ていて、そこから歩いた。

駅からの道の途中に「ホームラン堂」という、わらび餅などを食べられる店がある。高校野球の結果を店頭に貼り出して、球場帰りの客を呼び込む営業スタイルは17年前と同じ。こういう店が健在なのは嬉しい。

収容人数16000人。

イチロー選手が、この球場でプレーしたことがある。1998年3月19日に行なわれたプロ野球オープン戦・横浜－オリックス。三番ライトで先発し、3打数1安打1打点だった。

（踏破№112　ABC）

清水庵原球場

静岡県静岡市
2007年7月24日
中堅122m、両翼100m
内野土、外野天然芝　照明有り
全国高校野球・静岡大会
磐田東3-0伊豆中央

　JR清水駅からバス18分。運賃は250円だった。
　2005年にできた球場。
　試合中に、場内アナウンスも無く、いつの間にか三塁塁審が交代しているという非常に珍しい出来事があった。体調不良による交代だったのかも。厳密にいうと、いつから審判が交代したか、きちんとスコアカードに記録しておきたいところだが、本部席まで訊きに行くわけにもいかず断念したのが今でも悔やまれる。
　収容人数は10000人。高校、大学野球で使われている。

（踏破№549　ＡＢＣ）

清水庵原球場

清水庵原球場

新富士球場

静岡県富士市
1998年9月20日
中堅122m、両翼97.6m
内野土、外野天然芝　照明有り（内野のみ）
静岡県下都市対抗軟式野球
川根町役場3-1静岡ガスホルダース
　現存しない球場。

新富士球場

新富士球場

JR新富士駅から徒歩10分、大昭和製紙工場の敷地内（当時）にあった。

大昭和製紙硬式野球部は1996年に廃部となったが、都市対抗野球で全国優勝したことがある名門チーム。その専用球場だけに、ネット裏スタンドも大きく、往時の賑わいぶりが偲ばれた。

こういう球場に来ると、かつて会社の誇りだった野球部、喝采を送った社員たち、過ぎ去った時……つい感傷的な気持ちになってしまう。

2008年、球場跡地に富士市産業交流展示場「ふじさんめっせ」が開場した。

(踏破No.447)

裾野市運動公園野球場

静岡県裾野市
2001年4月8日
中堅122m、両翼98m
内野土、外野天然芝　照明有り
春季高校野球・静岡大会　東部地区予選
富士宮東6－3吉原商

　JR御殿場線・岩波駅から徒歩50分。

　2000年に建設された球場。

私が行った時は、まだ周辺の道路など運動公園の造成中だった。

観戦した試合では、富士宮東の打者が1イニング2三振という珍しい記録をつくった。

収容人数4710人。近年は毎年、高校野球の夏の大会で使われている。

(踏破No.485　ABC)

裾野市運動公園野球場

裾野市運動公園野球場

天竜市民球場

静岡県天竜市（現在は浜松市）
2004年8月21日
中堅120m、両翼92m
内野土、外野人工芝　照明無し

秋季高校野球・静岡大会　西部地区予選
国際開洋一10－0森（6回コールドゲーム）

　天竜浜名湖鉄道・二俣本町駅からタクシーで行った。

田舎にあるので、静岡の球場の中でも後回しになっていた。

船明ダム運動公園内にある。1993年5月13日完成。

収容人数4128人。近年は高校野球で使われなくなった。

外野は私が行った時も人工芝だったようだが、擦り減っていてとても人工芝には見えなかった。

天竜市民球場

（踏破No.508　ＡＢＣ）

東海大学松前球場

静岡県清水市（現在は静岡市）
1994年8月27日
中堅120m、両翼95m
内野土、外野天然芝　照明無し
秋季高校野球・静岡大会　中部地区予選
島田工10－8金谷

ＪＲ清水駅からバス。大学、高校野球でよく使われる。

東海大学の付属施設で、教育設備であるせいか、ネット裏観客席内に

東海大学松前球場

学習用の机が20脚ばかり据え付けてあるのがとても珍しい。

（踏破No.152　ＡＢＣ）

韮山運動公園野球場

静岡県韮山町（現在は伊豆の国市）
2001年4月7日

中堅120m、両翼100m
内野土、外野天然芝　照明無し

韮山運動公園野球場

韮山運動公園野球場

春季高校野球・静岡大会　東部地区予選
沼津学園8－2下田南南伊豆分校

　伊豆箱根鉄道駿豆線・原木駅から徒歩30分。

　1993年にできた球場。

　ネット裏の真後ろには観客席が無く、バックネットの左右に小規模な観客席がある。

　ＨＥＦＣ灯無し。

　収容人数500人。近年は高校野球で使われなくなっている。

（踏破№484　ＡＢＣ）

沼津市営野球場

静岡県沼津市
1998年9月20日
規格表示無し
内野土、外野天然芝　照明無し
静岡県下都市対抗軟式野球
リコー御殿場4－0中部電力浜松

　ＪＲ沼津駅から徒歩15分。

　1949年完成の球場。

　私が行った時は、本部席用の建物も無く簡素な球場だった。

　2015年に市のサイトを見たら、立派な本部棟を備えた写真が掲載されている。2003年の静岡国体・軟式野球競技のメイン会場として使われた時に整備されたようだ。中堅118m、両翼90m、軟式専用球場という記載もある。

（踏破№446　Ｃ）

沼津市営野球場

沼津市営野球場

浜岡総合運動場野球場

静岡県浜岡町（現在は御前崎市）
1998年3月29日
中堅118m、両翼95m
内野土、外野天然芝　照明有り
春季高校野球・静岡大会　西部地区予選
常葉学園菊川12－0磐田農（5回コールドゲーム）

　ＪＲ菊川駅からバスで30分ほど。

　1990年にできた球場。収容人数6000人。

　1991年5月6日には、イースタンリーグ公式戦・ロッテ－西武が開催

浜岡総合運動場野球場

浜岡総合運動場野球場

され、鈴木健、垣内哲也ら有名選手も出場した。

　高校野球では2012年の夏の大会で使われた。

　春・秋の高校野球の西部地区予選ではよく使われている。

　菊川駅前に、田舎ふうの蕎麦が食べられる店があり、その蕎麦の美味しさが印象に残っている。

（踏破№386　ＡＢＣ）

浜北球場

静岡県浜北市（現在は浜松市）
1994年4月10日
中堅120m、両翼91m
内野土、外野天然芝　照明無し
春季高校野球・静岡大会　西部地区予選
浜松工8－1三ケ日（7回コールドゲーム）

　遠州鉄道線・宮口駅から徒歩15分。
　ひなびた電車に揺られ、静岡の山の中へ行くのは楽しかった。
　目的駅は無人駅。本当の田舎に来た、と思わされる土地だった。

浜北球場

　1989年12月完成。収容人数5430人。
　高校野球の春・秋の西部地区予選で使われる。

（踏破№106　ＡＢＣ）

浜松球場

静岡県浜松市
1990年7月7日
（スコアブックに規格メモ無し）
内野土、外野天然芝　照明有り
パシフィックリーグ公式戦

ダイエー14－5日本ハム

　ＪＲ東海道本線・浜松駅からバス20分。
　1979年に完成。
　ホークスを追いかけて、あっちこ

っちへ旅する面白さに目覚めた頃に踏破した。

当時はネットやコンビニで前売券を買うことができず、主催のテレビ静岡に書留を送って買った。私はネット裏席の上段で観戦するのが好きなので「このへんの席を買いたいのですが」と図を書いて同封していた。当時はプロ野球の地方試合を主催する各地のテレビ局や新聞社を相手によくこういうことをしたが、どの社も親切に対応してくれて感謝している。

試合後、公式記録員席に挨拶に行ったら、近藤隆人記録員さんに「藤本博史がサイクルヒットだよ」と教えられた。慌てて自分のスコアブックを見たらその通り。のんきなスコアラーもあったものだ。

行きは各駅停車で行き、帰りは「ムーンライトながら」。この夜行電車は当日気軽に乗れる、非常に便利な電車だった。今では春夏冬だけの

浜松球場

臨時運行、それも全席指定席ですぐに売り切れてしまう超人気列車となってしまった。

その後もこの球場へは、他の試合が少ない8月中旬に、秋季高校野球・西部地区予選を観に、たびたび行った。暑かったナ〜。

1993年8月14日に再訪した際には規格をメモしており、中堅118m、両翼91m。

2004年にリニューアルされ、規格は中堅122m、両翼99.1m。収容人数は26000人。

高校、社会人野球でもよく使われる。

（踏破No.15　ＡＢＣ）

袋井市営愛野公園野球場

静岡県袋井市
1994年8月22日
中堅118m、両翼92m
内野土、外野天然芝　照明無し
秋季高校野球・静岡大会　西部地区予選
森13－5春野（8回コールドゲーム）

　ＪＲ袋井駅からバスで行った。

袋井市営愛野公園野球場

1982年完成、収容人数1200人。

ネット裏席が小規模で、スコアがつけにくい球場だった（スコアブックをつけるには、失策と進塁の因果関係を確認しやすい、ネット裏上段の席が理想的である。プロ野球の公式記録員席が上段にあるのは、そのためと思われる）。

草野球場という感じの球場だったが、最近は試合開催情報をほとんど目にしない。幻の球場となってしまったようだ。

（踏破№149　ＡＢＣ）

藤枝市民グラウンド野球場

静岡県藤枝市
1997年9月20日
規格表示無し
内外野土　照明有り
高松宮杯全日本軟式野球大会・２部
BE-BOP CLUB ２－１ＮＴＴ山梨

　ＪＲ東海道本線・藤枝駅から徒歩40分。

1966年にできた球場。収容人数800人。

藤枝市には2014年、別の場所にある総合運動公園に野球場が新設され、その公式ページには「藤枝市では初めてとなる硬式野球が可能な野球場」とある。

（踏破№354　Ｃ）

藤枝市民グラウンド野球場

藤枝市民グラウンド野球場

富士球場

静岡県富士市
1992年6月21日
（スコアブックに規格メモ無し）
内野土、外野天然芝　照明無し
都市対抗野球・二次予選　静岡大会
ヤオハンジャパン７－１関東自動車工業

富士球場

A…硬式（高校以上）　B…硬式（中学以下）　C…軟式　の試合が可能

ＪＲ富士駅からタクシーで行った。

この球場の最大の特徴は、生垣で造られた「富士球場」という巨大な球場名表示だろう。一文字４メートル四方はありそう。こんなのは全国でもここだけ。

現在でも高校野球でよく使われる。開設は1976年７月11日。規格は中堅115m、両翼91.3m。

収容人数は13400人。

（踏破№59　ＡＢＣ）

富士宮市明星山球場

静岡県富士宮市
1994年８月28日
中堅116m、両翼91m
内野土、外野天然芝　照明無し
秋季高校野球・静岡大会　東部地区予選
沼津学園１－０富士宮東（延長10回）

富士宮市明星山球場

不便な場所にあり、ＪＲ身延線・富士宮駅から往復ともタクシーを利用した。

タクシー運転手さんとの話はもっぱら、この町の高校出身の選手・広瀬哲朗（当時日本ハム）のことだった。

1980年開場の球場。収容人数1120人。

ネット裏に観客席は無いがバックネット後方に小さな丘があり、その上から観戦すると少し遠いことは遠いがネット裏席感覚になる。

ブルペンが球場外の三塁側にしかなく、両軍の投手が呉越同舟方式で練習するのも珍しい形式。

この試合で、富士宮東高の快左腕・秋山（のち関東自動車工業）を発見した。

韮山球場、裾野球場が完成した影響か、最近では高校野球で使われなくなり「幻の球場」と化していたが2013年、2014年と秋季高校野球・静岡大会の東部地区予選で使われた。

2012年に、内野の土の入れ替えや外野の芝の張り替えなどの改修工事が行なわれた。

（踏破№153　ＡＢＣ）

富士宮市物見山スポーツ広場

静岡県富士宮市
1998年９月19日

規格表示無し
内野土、外野天然芝　照明無し

静岡県下都市対抗軟式野球

ブルホークス7－0ZAP（8回コールドゲーム）

　JR身延線・富士宮駅からバスで行った。

　1995年3月に供用開始された。

　外野フェンス無し。バックスクリーン無し。観客席無し。草野球場。

　周囲に住宅や幼稚園があり、現在は軟式であっても高校生以上は試合を行なうことができないと決められ

富士宮市物見山スポーツ広場

ている。

（踏破No.445　※野球は中学生以下の軟式野球のみ利用可能）

焼津市営野球場

静岡県焼津市

1994年4月3日

中堅115m、両翼91m

内野土、外野天然芝　照明有り

春季高校野球・静岡大会　中部地区予選

静岡市商9－2榛原（8回コールドゲーム）

　高校野球でよく使われる。

　2011年8月29日に再訪してみた。JR西焼津駅から徒歩15分。規格などに変化なし。

　球場建設の経緯が書かれたプレートがあり、それによると1977（昭和52）年から5年間、法人市民税を特別に超過課税し、それによって得られた6億4千万円あまりを建設費に充てたという。野球人気が低下した現在ではとてもできない芸当かもしれない。

　完成は1977年6月。収容人数

焼津市営野球場

10000人。

　1978年3月18日、この球場で初めてプロ野球オープン戦が開催され（大洋－ロッテ）、リー兄弟や有藤通世など当時のスター選手が出場した。

　この球場で毎年5月、焼津中央高と焼津水産高の定期戦が行なわれる。開催は2016年で53回めとなる、焼津版「伝統の一戦」である。

（踏破No.103　ABC）

愛 知 県

阿久比球場

愛知県阿久比町
1992年5月4日
（スコアブックに規格メモ無し）
内野土、外野天然芝　照明無し
ウエスタンリーグ・トーナメント
オリックス14－7ダイエー

阿久比球場

　名古屋鉄道・阿久比駅からタクシーで行った。

　かつてウエスタンリーグは年に一度トーナメント戦をやっていた。一日に4チーム観られる、ファンにとってはおいしい大会。今はなくなってしまったが、ぜひ復活してほしい。

　この日はブレイク前のイチローを観ている。まだ「イチロー」ではなく「鈴木」として高卒新人ながら一番センターで先発（5月にもうレギュラーの座を獲得していたとはビックリ！）。二ゴロ失、左中間三塁打、投手内野安打、遊ゴロ、左前安打で5打数3安打、1盗塁。イチローの打席中に他の選手が盗塁を試みて刺されている。後年では考えられないことだ。私は気になった選手についてはスコアブックにメモを残しているが、この日のイチローについては記述無し。あらためて自分の目の節穴ぶりにガッカリ。ウエスタンリーグの公式記録を担当するパ・リーグ公式記録員の間では、イチローはデビューしてすぐに「すごいのが出てきた！」と話題になったという。

　2010年11月13日に再訪した。18年前に来た時は名古屋鉄道の所有物だったが、現在は阿久比町営になっている。

　三塁側スタンド外に「中日ドラゴンズ入団記念植樹　寄贈・井本直樹　平成12年12月27日」と刻まれた石碑と高さ2mほどの樹が立っている（井本投手は阿久比町出身、社会人野球を経て2001年ドラフト3位で中日入り。現役2年間で1セーブを記録）。

　1992年に来た時は、周辺は田んぼばかりの田舎という印象だったが、今回はネカフェまであってずいぶんひらけていた。

　名古屋鉄道の阿久比駅から30分近く歩いてしまったが、坂部という駅から歩けば15分ほどで着くようだ。

開場は1987年7月。1998年まで、中日二軍の本拠地だった。

2016年の時点で、規格は中堅122m、両翼98m。収容人数6000人。

(踏破№46　ＡＢＣ)

熱田神宮公園野球場

愛知県名古屋市
1992年7月25日
(スコアブックに規格メモ無し)
内野土、外野天然芝　照明無し
全国高校野球・愛知大会
杜若9－5刈谷

名古屋市営地下鉄・西高蔵駅から徒歩5分。

収容人数13000人。

外野スタンドがズラリと木陰になっている。ノンビリ観戦派にはよさそう。

1993年7月10日に行った時は中堅115.8m、両翼91.4mとメモ有り。

アマチュア野球の開催が主だが、1987年、珍しくプロ野球のオープン戦が開催された例がある。

3月11・12日の中日－ロッテ2連戦。11日は大型トレードで交換されたばかりの中日・落合博満、ロッテ・牛島和彦の直接対決が初めて実現し大いに注目された。結果は落合が中前安打を放っている。

(踏破№65　ＡＢＣ)

熱田神宮公園野球場

熱田神宮公園野球場

一宮市営球場

愛知県一宮市
1992年7月12日
(スコアブックに規格メモ無し)
内野土、外野天然芝　照明有り
全国高校野球・愛知大会
明和11－5平和

駅から野球部員を尾行すれば球場にたどり着けるということを思いついたのはこの球場に行ったときだった。

当時、愛知や大阪では春・秋はもちろん、夏の大会でも高校野球予選

で選手名簿が販売されていなかった。選手名を正確に把握するには新聞の別刷り付録として付いてくる選手名簿を入手せねばならず、東京在住者にとってはひと苦労だった。

　2011年8月29日に再訪してみた。一宮競輪場の隣にあり、ＪＲ尾張一宮駅から徒歩25分。球場外に別建ての新しいトイレがある。

　中堅118.00m、両翼91.44m。内野土、外野天然芝。スコアボードが19年前と違い、黒くて大きな電光式のものに変わっている。某大手電機メーカーの社名入り。とある球界関係者の方に聞いたが、野球場のスコアボードはメーカーにとって実にうまみのある商品で各メーカー受注に熱心だとか。

　観客席は小さめ。

　ライト側外野フェンスのすぐ外には競輪場の関係建物が建っているた

一宮市営球場

めライトスタンドは無し。

　19年前に来た時、球場の表札の「一」という文字が傾いてしまっていた。その文字がその後どうなったか気になっていたが、現在は「平島公園野球場」という看板に掛け換えられている。改称されたようだ。とはいえ新しい看板の傍らに「一宮市営球場」と書かれた看板も掲げられている。二つの名前を併用している。

　国体の準硬式野球の会場として1950年10月1日に完成。収容人数2514人。

（踏破№61　ＡＢＣ）

岡崎市民球場

愛知県岡崎市
1994年3月28日
中堅126m、両翼99.1m
内野土、外野天然芝　照明有り
社会人野球・東海地区春季大会
本田技研鈴鹿11－8新日鉄名古屋

　ＪＲ岡崎駅からバスで行った。丘の上にある。初めて行った時はバスが途中までしか通っておらず、下車

岡崎市民球場

後てくてく山登りして大変だった。

　1991年5月完成。収容人数20000

人。
　社会人野球で多用される立派な球場。高校野球でも使われる。
　中堅126メートルは、こうした一級品の球場としては日本一だが、2012年、この球場よりもはるかに広い球場に出会った。（長野県・中野市営豊田野球場の項参照）

　　　　　　（踏破№102　ＡＢＣ）

春日井市民球場

愛知県春日井市
1992年7月19日
（スコアブックに規格メモ無し）
内野土、外野天然芝　照明無し
全国高校野球・愛知大会
名古屋工12－2足助（5回コールドゲーム）

　ＪＲ中央本線・高蔵寺駅からバスで行った。
　高校野球で使われる。
　1981年に開設された。
　2016年の時点で、規格は中堅121

春日井市民球場

m、両翼97m。収容人数6000人。
　2014年10月11日、テレビ番組の企画で、明石家さんまさんと板東英二さんの草野球対決が行なわれたのはこの球場。

　　　　　　（踏破№62　ＡＢＣ）

蒲郡球場

愛知県蒲郡市
1993年5月23日
中堅119m、両翼93m
内野土、外野天然芝　照明有り

蒲郡球場

ウエスタンリーグ公式戦
中日3－2広島

　高校野球で使われる球場。たまにウエスタンリーグも開催される。

蒲郡球場

1973年7月竣工。収容人数は6700人。

2011年8月29日に再訪してみた。蒲郡から名古屋鉄道に乗り換え（運行本数が少ないので注意）6分、形原駅下車。徒歩25分。山の上にある。

中堅、両翼ともに規格に変化なし。時計台型（注・甲子園球場のように中央の大時計の部分が他より一段高くなっている型を私はこう呼んでいる）のスコアボードがクラシックな感じ。

鉄骨むき出しの照明塔も懐かしいタイプだが、内野の2基がスタンド前列に建っているので観戦の邪魔になるのはマイナスポイントだろう。

センター後方の外野席内に水飲み場有り。これはいいアイデア。

山の斜面を切り崩して造った球場らしく、裾野側の三塁側にだけ、スタンドに上がるための長い階段がある。

収容人数は6700人。

（踏破№93　ＡＢＣ）

刈谷球場

愛知県刈谷市
1994年5月28日
中堅122m、両翼95m
内野土、外野天然芝　照明有り
春季高校野球・東海大会
岐阜南8－6木本

名古屋鉄道三河線・刈谷市駅から徒歩15分。「亀城公園」の隣にある。

この年に全面改修が完了したばかりだった。

高校野球の東海大会で使われるだけあって新しく大きな球場。

収容人数は10000人。

中日が一軍のオープン戦を例年開催している。

2012年4月6日に再訪してみた。駅の高架ホームから照明塔が見え、それを目当てに歩ける。

刈谷球場

中堅122m、両翼95m。内野土、外野天然芝。照明有り。

球場正面に花壇、桜の木があり美しかった。

イチロー選手が、この球場でプレーしたことがある。1999年3月17日に行なわれたプロ野球・オープン戦、中日－オリックス。二番ライトで先発し、3打数2安打だった。

（踏破№124　ＡＢＣ）

小牧市民球場

愛知県小牧市
1992年9月12日
（スコアブックに規格メモ無し）
内野土、外野人工芝　照明有り
社会人野球日本選手権・一次予選　東海大会
ＮＴＴ東海12－9新日鉄名古屋（延長10回）

小牧市民球場

　名鉄小牧線・小牧原駅からタクシーで行った。
　1988年3月19日完成。収容人数12000人。
　1993年9月5日に観た試合で、いろんな言葉を叫びながら投げる西濃運輸の名物投手・吉井憲治が投球と同時に「三振野郎！」（「三振やろ！」か？）と叫びながら投げて、本当に三振を奪ったのが可笑しかった思い出がある。
　ちなみにこの1993年9月5日に行った時には中堅120ｍ、両翼92ｍというメモ有り。
　当時は社会人野球でもよく使われていたが、最近は目立った試合開催は高校野球くらいのようだ。
　2008年に改修され、新しい人工芝に張り換えられた。
　この球場でイチロー選手がプレーしたことがある。1992年6月14日、ウエスタンリーグ公式戦・中日－オリックス。イチローは4打数1安打1打点だった。

（踏破No.69　ＡＢＣ）

新城県営球場

愛知県新城市
2010年3月22日
中堅120ｍ、両翼92ｍ
内野土、外野天然芝　照明無し
春季高校野球・愛知大会　東三河地区予選
国府11－0豊橋商（5回コールドゲーム）

　ＪＲ飯田線・大海駅から徒歩25分。山の中腹にあり、途中160段ほどの階段を上らねばならない。これは疲れる。
　ネット裏からベンチ上まではコンクリ製の観客席があるが、あとは芝生席。
　観戦中、私の周りには次の試合に出場する小坂井高校の部員たちが大勢座っていたが、急にコールドゲームになったので慌てて準備を始めた

Ａ…硬式（高校以上）　Ｂ…硬式（中学以下）　Ｃ…軟式　の試合が可能

新城県営球場

新城県営球場

のが可笑しかった。しかも誰かがユニホームを家に忘れてきたらしく「〇〇、お前代わりに先発だぞ」などと言い合っていた。甲子園でやってるのとは違う、こんな高校野球もあるんだねえ。

現在、球場前には2009年に植えられた、中京大中京高校の夏の甲子園優勝記念の植樹がある。地元の少年野球チーム出身者がメンバーだったことが縁とか。

収容人数7000人。

（踏破No.619　ＡＢＣ）

瀬戸市民公園野球場

愛知県瀬戸市
1994年11月12日
中堅125.45m、両翼100.65m
内野土、外野天然芝　照明有り
中部日本都市対抗軟式野球大会（社会人）
東海自動車学校（岐阜）4－1燕フェニックス（新潟）

　名古屋鉄道・新瀬戸駅から徒歩30分。
　1970年10月25日にできた球場。
　収容人数は6552人。
　毎年11月、愛知県で「中部日本都市対抗軟式野球大会」が開催される。社会人の大会で、珍しい球場を使用することが多く球場巡りには有難い大会。

瀬戸市民公園野球場

　少年野球では硬式でも使われている。

（踏破No.172　ＡＢＣ）

武豊町運動公園Ａグラウンド

愛知県武豊町

1995年3月25日

規格表示無し（外野フェンス無し）
内野土、外野天然芝　照明有り
春季高校野球・愛知大会　知多地区予選
武豊6－4東海商

　名古屋鉄道・富貴駅から徒歩20分。1983年に開場した運動公園内にある。

　観戦したのは高校野球の公式戦だったが、外野フェンスが無くパイロン（工事現場などによく並べてある赤い円錐）が弧を描くように並べてあった。こんなところで公式戦をや

武豊町運動公園Aグラウンド

るなんて愛知はよほど球場難なのかと思った。

　その後、高校野球で使われなくなり最近では中学野球で使われている。

（踏破№173　C）

田原市渥美運動公園野球場

愛知県田原市
2015年8月16日
中堅122m、両翼92m
内外野土　照明有り
秋季高校野球・愛知大会　東三河地区予選
桜丘10－0蒲郡東（5回コールドゲーム）

　2012年に同じ田原市の滝頭球場に行った時、「もう渥美半島のこれより先に球場は無いだろう」と思っていたが、近年この球場が春・秋の高校野球地区予選で使われるようになり、これは行かねば、と出かけた。

　まず新豊橋から豊橋鉄道に乗り、終点の三河田原で降りる。そこからバスに乗り「保美」で乗り換え、「運動公園前」下車、徒歩5分。地図で見た時は駅から遠いので心配したが、うまいこと路線バスが出ていて助かった。

　ネット裏の中央部分は本部棟で占められていて観客席は無し。その両

田原市渥美運動公園野球場

田原市渥美運動公園野球場

脇とダッグアウトの外野寄りに2段のプラ長イス席がある。外野席は無し。

スコアボードは右中間に得点板（9回まで。パネル式）があるだけ。

これとは別に、右中間の照明塔の脚にＢＳＯ灯が取り付けられている。

「保美」バス停の近くにコンビニがあるので便利。

（踏破№833　ＡＢＣ）

田原市滝頭公園野球場

愛知県田原市
2012年11月10日
中堅110m、両翼91m
内野土、外野天然芝　照明有り
中部日本都市対抗軟式野球大会
田原町商店街ほかあいつ１－０岐阜日野自動車

豊橋鉄道・三河田原駅から徒歩30分。

竣工は1986年4月。

ネット裏席はプラ長イス2段だがイスは老朽化し、ところどころ穴ボコが空いている。内野席途中までプラ長イス最大7段。あとの内野席は芝生席で外野席は無し。（観客席は600席）

スコアボードは時計、ＢＳＯ灯、ＨＥＦＣ灯、得点板（延長13回まで）。

バックネットに柱が多く、観客の存在は意識されていない、いわゆる草野球場。

春・秋の高校野球の東三河地区予選で、まれに使われるが開催が少なくなかなか踏破できなかった。最近はこの軟式大会でよく使われている。

（踏破№779　ＡＢＣ）

田原市滝頭公園野球場

田原市滝頭公園野球場

知多市運動公園野球場

愛知県知多市
2010年11月13日
中堅111m、両翼91m

内野土、外野天然芝　照明有り
中部日本都市対抗軟式野球大会（社会人）
イスコジャパン７－２キョーセー

知多市運動公園野球場

知多市運動公園野球場

　名古屋鉄道・寺本駅から徒歩15分。工業地帯の中にある。
　1976年3月竣工。
　スコアボードの時計がデジタル式なのが珍しいが、残念ながら故障中。
　2016年の時点で収容人数2200人、軟式専用。

（踏破No.682　C）

津島市営球場

愛知県津島市
1994年7月17日
中堅120m、両翼92m
内外野土　照明無し
全国高校野球・愛知大会
科技豊田17－7起工

　名古屋鉄道・津島駅からバスで行った。
　高校野球で使われていた。

津島市営球場

1966年完成。収容人数3000人。

（踏破No.134　C）

豊田市運動公園野球場

愛知県豊田市
1993年10月31日
中堅118m、両翼94m
内野土、外野天然芝　照明有り
明治神宮大会・東海地区代表決定戦
愛工大名電7－0浜松西（7回コールドゲーム）

　名古屋鉄道・猿投駅から徒歩20分。

豊田市運動公園野球場

　高校野球で使われる。
　照明塔の形は豊田市のTを模って

A…硬式（高校以上）　B…硬式（中学以下）　C…軟式　の試合が可能

いるものと思われる。
　完成は1989年10月。収容人数7900人。

（踏破No.97　ＡＢＣ）

豊田市毘森球場

愛知県豊田市
1996年11月9日
中堅118m、両翼91m
内外野土　照明有り
中部日本都市対抗軟式野球大会（社会人）
大津市役所6－2アルプス電気
　愛知環状鉄道線・新豊田駅から徒歩15分。
　1951年6月完成の古い球場。
　収容人数は4460人。
　軟式、硬式の中学野球や社会人軟式野球で使われている。

（踏破No.251　ＢＣ）

豊田市毘森球場

豊田市毘森球場

トヨタスポーツセンター軟式野球場

愛知県豊田市
2009年8月16日
規格表示無し
内外野土　照明有り
秋季高校野球・愛知大会　西三河地区予選
科技高豊田7－4一色
　名鉄豊田線・三好ケ丘駅から徒歩20分。
　トヨタ自動車の会社施設敷地内に

トヨタスポーツセンター軟式野球場

トヨタスポーツセンター軟式野球場

ある。近くにはJリーグのチームの練習場もある。

観戦したのは硬式高校野球だったが、使用されたのは軟式球場だった。トヨタ自動車硬式野球部が使っている立派な球場が隣にあり、できればそちらを踏破したかった。

観客席はすべて芝生席で、ネット裏に立ってスコアをつけ後で浄書した。

場内アナウンスが無かったので、試合後、科技高豊田のマネージャーさんに選手名を訊いたら他校のスパイと間違われてしまった。あの時は心配させてしまってごめんなさい。

（踏破No.592　ＡＢＣ）

豊橋球場

愛知県豊橋市
1998年11月7日
中堅116m、両翼100m
内外野土　照明有り（内野のみ）
中部日本都市対抗軟式野球大会（社会人）
東芝三重2－1白樺クラブ（長野）（延長12回）

豊橋鉄道市内電車・豊橋公園前駅から徒歩10分。

1948年8月完成。収容人数15000人。

中堅と両翼の差が16mしかないというのはかなりユニーク。

学童野球やソフトボールなら3面

豊橋球場

とれるようになっていて、左右のポール際にも、ちゃんとダッグアウトが計4個造られている。こういう例は全国でも他に知らない。

この大会以外では目立った試合開催は無いようだが、軟式野球専用ではなく硬式野球も使用可能。

（踏破No.462　ＡＢＣ）

豊橋市民球場

愛知県豊橋市
1994年7月26日
中堅115m、両翼93m
内野土、外野天然芝　照明有り
全国高校野球・愛知大会
杜若8－5名古屋市工

高校野球でよく使われる。

1980年6月1日開場、収容人数15895人。

2011年8月29日に再訪してみた。

ＪＲ豊橋駅前から路面電車に乗り、終点の「運動公園前」で降りる。運

豊橋市民球場

豊橋市民球場

賃は150円だった。

17年前に来た時とは違い、球場外壁の一部が薄いグリーンで塗装されている。スタンドは大きめ。

球場玄関に貼ってあったスケジュール表によると、「横田めぐみ杯」という軟式野球の大会があるようだ。どのような関係での命名なのかわからないが、いいことだと思います。

規格は、中堅115m、両翼93m。内野土、外野天然芝。照明有り。

2014年4月27日にTBSで放送されたドラマ「ルーズヴェルト・ゲーム」の試合のシーンは、この球場で撮影された。

（踏破№141　ABC）

ナゴヤ球場

愛知県名古屋市
1992年6月7日
（スコアブックに規格メモ無し）
内野土、外野天然芝　照明有り
ウエスタンリーグ公式戦
中日7－4近鉄

JR東海道本線・尾頭橋駅から徒歩10分。

1948年12月に「中日球場」として開場。1996年のシーズン終了まで中日ドラゴンズの本拠地として使われた。収容人数は35000人だった。その後は照明塔や外野席が順次撤去され、ウエスタンリーグでしか使用されなくなった。

この球場の一番の名場面といえば、1994年のセ・リーグ公式戦最終戦同率決戦「10・8」だろう。

ナゴヤ球場

ナゴヤ球場

ナゴヤ球場

あともう一つ、巨人Ｖ９の1973年、阪神が勝てば優勝という中日戦が行なわれる最中、翌日の甲子園での対阪神最終戦に向けて移動する巨人ナインを乗せた新幹線が、球場のすぐ脇を走り抜けたシーンも有名。この場面は梶原一騎さん原作のアニメ「侍ジャイアンツ」でも描かれている。

珍しいところでは、東京・神宮球場での開催が通例となっている全日本大学野球選手権大会が開催されたことがある（1967年の第16回大会）。

1994年3月5日に行った時には、中堅119m、両翼91.5mとメモ有り。

この球場で私が一番思い出に残っているのは、ウエスタンリーグを観に行った時、雨が降りそうだったので、その前から顔見知りだった公式記録員の関口壽昭さんが「記録員席で観ていいよ」と言ってくれたことである。本物の記録員席で観戦したのは後にも先にもこの時だけ。しかも隣では関口さんがお仕事されている姿を見学できた。とてもいい思い出になっている。関口さんにはこの他にも大変お世話になっており、感謝してもしきれない。

（踏破№55　ＡＢＣ　※一般への貸し出しは行なっていない）

ナゴヤドーム

愛知県名古屋市
1997年3月26日
規格表示無し
内外野人工芝　照明有り
完成記念トーナメント
横浜6－3日本ハム

ＪＲ中央本線・大曽根駅から徒歩20分。

完成記念の12球団トーナメントを観た。オープン戦とはいえ一軍戦を一日に3試合も観たのは長い観戦歴でもこの日だけ。ゼイタクな一日だった。

横浜－日本ハム戦の9回表、代打落合と守護神・佐々木の対決が実現

ナゴヤドーム

した。開幕近しなので両者全力を出し、結果はライト前ゴロのヒット。

ナゴヤドーム

ナゴヤドーム

ナゴヤドーム

見応え満点の場面だった。
　1999年10月28日、日本シリーズ第5戦を観に行った。ダイエーが6-4で勝ち、私にとってはホークスファン歴20年目にして初の日本一だった。試合後、記者席を覗いたら、かつての南海ホークスのエース・杉浦忠さんが、ほかの記者が引き上げた後も一人残り、感慨深げにグラウンドをじっと見つめていたのが強く印象に残っている。
　公式サイトによると規格は中堅122m、両翼100m。収容人数40500人。
　　　　　　（踏破№260　ＡＢＣ）

日進総合運動公園野球場

愛知県日進市
1994年9月24日
中堅115.1m、両翼90m
内野土、外野天然芝　照明有り
愛知大学野球
名古屋商科大5－3中部大
　収容人数2000人。
　ごくまれに愛知大学野球で使われる。チャンスを逃がすことはできないと勇んで行った。
　周囲の土地よりグラウンドが低い位置にある、珍しいタイプの球場。
　　　　　　（踏破№165　ＡＢＣ）

日進総合運動公園野球場

日進総合運動公園野球場

半田球場

愛知県半田市

1994年7月10日

中堅118.83m、両翼91.40m
内外野土　照明無し
全国高校野球・愛知大会
東浦11－3一宮商（7回コールドゲーム）

　名古屋鉄道河和線・知多半田駅から徒歩15分ほど。丘の上にあるが、交通の便は良いといえる。
　開設は1961年3月31日。
　規格がセンチメートル単位まで表示されているのは珍しい。
　観客席が土手で造られている「土盛り式」。
　1975年3月22日、この球場で行なわれたオープン戦・中日－ロッテには星野仙一投手（中日）が登板、3回無失点の好投を見せた。
　2010年11月13日に再訪してみた。1994年に来た時には内外野とも土のグラウンドだったが、今回は外野に芝生が敷かれていた。
　ネット裏席はコンクリの段々にコンクリブロックが置かれ、一応イスらしい形になっている。
　三塁側ブルペンの後方に、三塁側スタンドへ上がる階段がフィールド内に出っ張る形で設置されている。これはプレーヤーにとっては大変危険と思うが……。
　球場外～スタンド、球場外～本部席への通路は階段が一切なくスロープになっていて、スロープ多用が特徴。住宅街の中に建つ、余計な装飾が無いシンプルな球場。
　収容人数4000人。
　　　　　　（踏破№129　ＡＢＣ）

半田球場

半田球場

碧南市臨海公園グランド

愛知県碧南市
2007年7月29日
中堅117m、両翼95m
内野土、外野天然芝　照明有り
リトルシニア全国選抜大会
金沢シニア9－3海老名シニア（7回制）

　名鉄三河線・碧南駅から徒歩10分。工業地帯の隣にある。
　1975年8月竣工。観客席数4098席。
　高校野球では西三河地区に属し、

碧南市臨海公園グランド

碧南市臨海公園グランド

春・秋の大会のブロック予選で使われている。

2001年、2003年には、ウエスタンリーグのトーナメント大会が開催された。

（踏破№552　ＡＢＣ）

瑞穂公園野球場

愛知県名古屋市
1992年5月2日
（スコアブックに規格メモ無し）
内外野人工芝　照明有り
愛知大学野球
愛知大2－1同朋大

　名古屋市交通局の地下鉄・瑞穂運動場西駅下車。
　1991年3月、改築によりこの姿になった。収容人数は18600人。
　夏の高校野球県大会の決勝戦使用球場。大学野球でもよく使われる。
　球場前にパン屋があり、タマゴサンドがとても美味しい。店内には西崎幸広（元日本ハム）、平井光親（元ロッテ）など愛知大学リーグ出身のプロ選手のサイン色紙が多数。
　隣にサッカー場があり、私がよく行っていた頃はサッカーブームだったので、たびたび大歓声が聞こえてきた。
　人工芝が白っぽく、打球が見えにくいのが残念。
　踏破した日の同朋大の先発投手は、のち西武、巨人で活躍した豊田清だった。全国的には無名ながら、

瑞穂公園野球場

瑞穂公園野球場

「これはひょっとして好投手なのでは?」と思っていたら、西武が3位でドラフト指名。さすが西武と思った。

その後、1992年10月3日に行ってみた時には中堅122m、両翼99.1mというメモがある。

(踏破№44　ＡＢＣ)

三　重　県

安濃球場

三重県安濃町（現在は津市）
1994年10月2日
中堅120m、両翼91m
内野土、外野天然芝　照明無し
東海地区大学野球
中京学院大5－4岐阜経済大（延長11回）

「あのう」と読む。近鉄名古屋線・津新町駅からバスで30分。そこから徒歩15分。不便な場所にあったが新しくキレイな球場だったので妙に印象に残っている。

1994年完成。収容人数は3600人。
東海地区大学野球を観に行ったが、いつものように朝早く行って待っていたら選手がやってきた。球場入り口の鍵は閉まっていて、ガチャガチャやっている。「閉まってるぞ」「おかしいな」「球場を間違えたかなあ」などと言い合っている。当時は東京六大学とか東都とか有名リーグしか観ていなかったので、こういう大学野球もあるのかととても可笑しかった。

帰りはバスを1時間以上待ったが、こういう不便な旅こそやってて楽しい。

(踏破№168　ＡＢＣ)

安濃球場

安濃球場

伊勢市営倉田山公園野球場

三重県伊勢市
1994年10月3日

中堅116.0m、両翼91.50m
内野土、外野天然芝　照明有り

社会人野球・伊勢大会
大仙5－2西濃運輸

　JR伊勢市駅からバスで行った。
　1963年にできた球場。1970年にメインスタンドが完成し、この写真に写っている姿になったと思われる。
　球場前に西村幸生（元大阪タイガース）、沢村栄治（元巨人）の胸像があった。あと、この年の都市対抗で全国優勝した本田技研鈴鹿の優勝旗もロビーに展示されていた。
　センチメートルの単位まで規格表示してあるのは珍しい。

高校、社会人野球でよく使われる。2014年に、大規模改修が終了した。
　改修前は、規格が中堅122m、両翼97.5m（この時点で、私が訪れた時よりもフィールドが拡張されていたようだ）。収容人数8200人。
　2014年の改修以降は、規格は変化なし。収容人数10122人。画像対応のフルカラーLED使用のスコアボード、内外野人工芝の最新鋭の野球場に生まれ変わった。

　　　　　　　（踏破№169　ＡＢＣ）

伊勢市営倉田山公園野球場

伊勢市営倉田山公園野球場

上野運動公園野球場

三重県伊賀市
2010年11月6日
中堅125m、両翼104m
内野土、外野天然芝　照明有り
高校野球・三重　一年生大会・全県トーナメント
津商4－3上野

　JR関西本線・伊賀上野駅から徒歩20分。
　ひょっとして日本一広い球場か？
　中堅125mは岡崎球場（愛知）に1m及ばぬとはいえ、両翼104mは岡崎の99.1mを大きく引き離している。
　1963年完成。収容人数は8000人。
　かつて上野市民球場という名前だった頃から、三重の春・秋の高校野球で使われていることは結果を伝える伊勢新聞で見て知っていた。しかし三重県高野連は大会前に詳しい日程を公にしないので踏破が遅れてい

上野運動公園野球場

上野運動公園野球場

た。

　今回は三重県高野連のホームページでこの大会があることを知り、踏破できた。

　先日観た秋季高校野球地区予選では場内アナウンス無し、スコアボードの得点表示も無しだったのに、今日は一年生大会なのにアナウンスも得点表示も有り。意外。

　外野の芝生には、サッカー用のラインが引かれたままになっていた。サッカー場兼用である。

　ネット裏に大きな本部席があり、観客席はその後ろ。観客のことを考えた造りとはいえないかも。

　レフトスタンド後方に上野城が見える眺めが面白い。

　上野運動公園は2002年のサッカーW杯で、南アフリカ代表チームのキャンプ地として使われた。公園事務所にはその記念に贈られたユニホームなどが展示されている。

　2015年に軟式野球の全国大会で使われ、2014年度に大規模な改修が行なわれた。高さ1.5mほどの外野フェンスを1m高くし、内野の土の入れ替え、ダッグアウトの全面改修など。

（踏破№681　ＡＢＣ）

尾鷲市営野球場

三重県尾鷲市
1994年9月4日
中堅115m、両翼91m
内野土、外野天然芝　照明無し
秋季高校野球・三重大会　牟婁地区リーグ
長島7－1熊野高専
　ＪＲ紀勢本線・尾鷲駅からタクシーで行った。

1987年8月18日完成。
　ネット裏に観客席が無い。観客が自由に本部席に入り込んで観戦していたので私もそうしたが、今では許されないかもしれない。
　現在でも高校野球で使われているか調べるために三重県高校野球連盟のホームページを見たが、なぜか三重高野連は詳しい試合開催情報を公

尾鷲市営野球場

尾鷲市営野球場

開していない。せめて試合日と会場くらいは載せてください。球場マニアからの切なる願いです。

　往年の名選手・別当薫さんは、尾鷲で少年時代を過ごした。球場の傍らには、別当さんの全身像と記念碑が建っている（1999年建立)。「別当薫記念碑」という碑銘は長嶋茂雄さんの筆によるものである。

（踏破№154　ＡＢＣ）

くまのスタジアム

三重県熊野市
2010年8月27日
中堅122m、両翼100m
内野土、外野天然芝　照明有り
秋季高校野球・三重大会　弁婁地区予選
尾鷲16－9木本

　ＪＲ紀勢本線・有井駅から徒歩30分。

　2002年開場。収容人数6500人。

　田園風景の中に突如出現する近代的な球場。ネット裏席の白布製の屋根がしゃれている。

　2005年7月に日米大学野球で使用され、球場マニアに名前を知られるようになった。

　球場内の展示によると、2009年春に岩手県・花巻東高校のキャンプが行なわれている。ということはのち西武の菊池雄星選手も来ていたと思われる。

　設計に工夫がみられる球場で、ネット裏から内野席の最前列の座席は、

くまのスタジアム

くまのスタジアム

その前の通路より2段高く作られている（つまり通路を人が歩いても観客の視線の邪魔にならない）。野球場をよく知っている人の設計のようだ。

球場内の展示によると、この球場では毎年6月と11月、全国の強豪高校を招いて大会が開かれていて、地元ファンは非常にゼイタクなものを観ていると思う。

踏破後、ビールを呑みたくなったが周辺にコンビニ無し。商店を探して町を歩き回り、ようやく農協のスーパーを発見。お刺身を買ってビール。美味しかった！

(踏破№666　ＡＢＣ)

津球場

三重県津市
1992年9月20日
(スコアブックに規格メモ無し)
内野土、外野天然芝　照明有り
秋季高校野球・三重大会
津工4－3津商

　ＪＲ紀勢本線・津新町駅から徒歩。

　この球場は正式名称が面白い。「津球場公園内野球場」。素直に「津球場」でいいのでは？　なんだか「バカボンのパパ」みたいなネーミングだなあ。

　2010年にスコアボードが新装された。

　近年も高校、大学野球で使われている。規格は中堅119m、両翼91m。収容人数は8420人。

　『津市史』という本に1952年完成との記述がある。

(踏破№72　ＡＢＣ)

まわりくどい？正式名称

津球場

豊里球場

三重県津市
2013年5月12日
中堅120m、両翼95m
内野土、外野天然芝　照明有り
東海地区大学野球　三重学生野球リーグ
四日市大5－3鈴鹿国際大

豊里球場

豊里球場

　ＪＲ津駅からバス、「高野尾クラブ前」下車、徒歩20分。

　開場は2002年5月。大学野球で使われる。

　ネット裏席は木製長イス3段。あとの内外野席は芝生席。ネット裏席には木製の屋根がある。

　スコアボードは時計、得点板、ＳＢＯ灯のみと簡素。ＨＥＦＣ灯は無いが、得点板のところにＨとＥの合計数は表示できる。

　外野フェンスが、センター付近は曲線で造られているがレフトとライトは直線状。

　幸福会ヤマギシ会という団体の敷地内にある。

　　　　　　（踏破No.786　ＡＢＣ）

名張市営球場

三重県名張市
2010年8月28日
中堅120m、両翼91.4m
内野土、外野天然芝　照明無し
秋季高校野球・三重大会　伊賀地区予選
白鳳8－7上野（延長10回）

　近鉄大阪線・名張駅から徒歩30分。

　1978年完成のクラシックな球場。

　同年3月23日にはオープン戦の近鉄－阪神が行なわれていて、田淵幸一、掛布雅之と二代のミスタータイガースが揃って出場している。

　ネット裏席はコンクリの段々になっているだけでイス無し（12段）。

名張市営球場

名張市営球場

あとの内外野席は土盛り式の芝生席。収容人数は10000人。

外野フェンスはコンクリブロックを五つ積んだだけで高さ1mほどと低い。案の定、観戦した試合でもエンタイトルツーベースが出た。

スコアボードも得点板とSBO灯、HEFC灯だけと簡素。ネット裏席と本部席は通路で隔てられている（私の呼び方でいうと「お濠式」）。

古き良き時代の野球場という感じ。高校野球の春・秋の伊賀地区予選や、たまに大学野球で使われる。

近くに何かの工場があり、常にドカンドカンと操業音がしている。

2013年10月2日からネーミングライツ契約により「メイハンスタジアム」という名称となっている。

（踏破№667　ＡＢＣ）

北勢中央公園野球場

三重県四日市市
1994年4月24日
中堅120m、両翼95m
内野土、外野天然芝　照明有り
東海地区大学野球
三重大4－2静岡大

初めて行った時は「三岐鉄道の大長駅で降り、30分歩いた」とメモしている（現在は「北勢中央公園口駅」と改称）。さらに「人里離れた山奥の球場」などと書いている。

1993年にできた球場。

ネット裏に観客席が無く、仕方ないのでダッグアウトの屋根によじ登り座り込んでスコアブックをつけた。

北勢中央公園野球場

選手諸君にはきっと「あの変人は何者だ!?」と思われていたことだろう。

最近でも東海地区大学野球・三重県リーグで使われている。

2013年の時点で、収容人数は2144人。ネット裏に観客席ができている。

（踏破№113　ＡＢＣ）

松阪球場

三重県松阪市
1992年5月3日
（スコアブックに規格メモ無し）

内野土、外野天然芝　照明無し
春季高校野球・三重大会
四日市工13－1神戸（5回コールドゲーム）

JR松阪駅からタクシーで行った。駅で牛肉弁当を買ったのを憶えている。
　球場建物は、角ばっていて武骨なカッコイイデザイン。
　高校野球でよく使われる。たまに大学野球も開催される。
　この日は高校野球の県大会準決勝なのに入場無料だったのでビックリ。三重県高野連は気前がいい。
　1975年8月20日完成の県営球場。

松阪球場

　規格は中堅120m、両翼92.8m。収容人数は14600人。

（踏破№45　ＡＢＣ）

四日市市霞ヶ浦第一野球場

三重県四日市市
1992年10月4日
中堅116m、両翼91.5m
内野土、外野天然芝　照明有り
秋季高校野球・三重大会
三重海星5－0日生第二

　最寄駅は近鉄名古屋線・霞ヶ浦駅だが、けっこう遠い。
　徒歩30分。工業地帯をてくてく歩いていく。
　1973年竣工。1985年の改修で、この写真の姿になったようだ。
　三重の夏の高校野球・決勝戦開催

四日市市霞ヶ浦第一野球場

球場だが、スタンドは小さい。
　収容人数10181人。高校野球熱の高い県なら、この規模では決勝戦は開催できないかも……。
　2016年4月10日、ウエスタンリーグの公式戦が開催された。

（踏破№76　ＡＢＣ）

伝説のスカウトと話した

　記録を見ると1996年6月11日のことであるが、プロ野球史に残る名スカウト・木庭教氏の話を聞く機会があった。神宮球場で全日本大学野球選手権大会を観ていたら雨が降り始め、前の方に座っていた木庭氏が私のいた屋根のある後方席へ移って来てなんと私の隣に座ったのである。

　かねがね木庭氏には話を聞いてみたいと思っていた。何しろ私の大好きな投手、金城基泰（元広島、南海など）を発掘した人である。願っても無いチャンスと私はドキドキした。

　すると、スコアをつけていた私を見て、ちっとは話せる奴と思ったのか、木庭氏の方から問わず語りに話しかけてきたではないか。

　「ええピッチャーがおらんのう」

　広島弁である。試合は11−10の大乱戦であった。

　「出場チームが多すぎるんじゃ。半分でええ。甲子園もそうじゃ。観客が減ったというとるが、レベルが低いから誰も観に行かなくなったんじゃ。もっと予選をやってベスト16くらいから甲子園でやればええんじゃ」

　まもなく70歳の老スカウトは、アマ球界のレベル低下を嘆いていた。

　「昔は高校生でも速い球を投げる子がいっぱいおったよ。140キロ以下の子なんか全部切っとった。今そんなことをしたら、一人もいなくなってしまう。我々はね、球が速いか、打球が遠くへ飛ぶかを見てますよ。素人に出来んことを見せるのがプロじゃからね」

　私は話に集中しようと思い、スコアをつけるのをやめ、指摘した。

　「木庭さんでいらっしゃいますよね」

　氏は目をぱちくりさせて、ビックリしたようだった。顔を知られていないとでも思っていたのだろうか。そしてまず、金城のことを訊いた。

　「あれはピッチャー向きの、ええ性格をしとったね。王でも長嶋でも、球が速ければ打たれんと言いおった。王にほとんど打たれんかった年もあったと思いますよ。おそらく200勝はしたじゃろう、交通事故さえ無かったらね」

　「近頃はスカウト会議でも、みんなでビデオを見て、どれにするか話し合いで決めますからね。大学出とか社会人とか、どうしても無難な結論になりますよ」

　数々の無名の逸材を発掘し、一本釣りしてきた慧眼の士は少し寂しそうだった。

　「この頃は何でもカネ、カネでね。汚いやり方ばっかりですよ。でも、そういうやり方で入った選手はまず成功せんね」

　木庭氏がもしご存命で、現在のプロ野球を見たらどう思われるだろう。そんなことを今も時々考える。

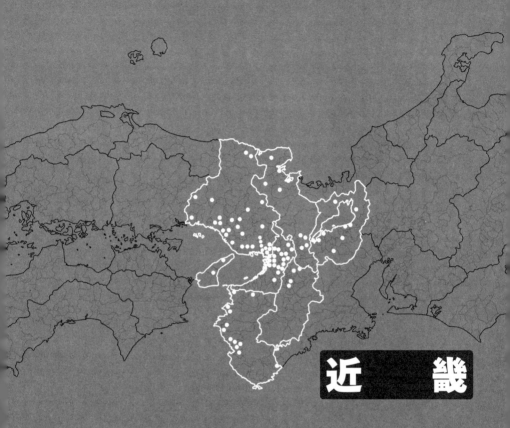

近畿

滋賀県>>>>>>>>9球場

京都府>>>>>>>>9球場

大阪府>>>>>>>19球場

兵庫県>>>>>>>32球場

奈良県>>>>>>>>4球場

和歌山県>>>>>>12球場

滋賀県

今津スタジアム

滋賀県高島市
2007年9月8日
中堅122m、両翼100m
内野土、外野天然芝　照明有り
秋季高校野球・滋賀大会
石部4－2長浜北

　この日は高槻市萩谷球場を踏破した後、大急ぎでJR近江今津駅へ移動。駅からタクシーでこの球場へ向かった。運転手さんが話好きな人で「琵琶湖は周囲何キロあるでしょう？」などとクイズを出された。面白い運転手さんだった。

　試合後、駅までのバスを待つ間、球場隣にある広場で開かれていた女子高校ソフトボールの交流戦を眺めた。どこの高校かは忘れたが、すごい毒舌の女性監督がいて、試合中ものすごい大声で選手をキツく罵倒していた。その罵倒が終わるまで審判もプレーをかけない。ソフトボールは試合進行より監督の説教が優先なのか？とびっくり。

　1999年4月竣工。

　収容人数2937人。高校、大学野球で使われているほか、社会人クラブチーム「OBC高島」の本拠地球場でもある。

　また、2011年8月30日には福岡ソフトバンクホークス三軍－近畿大学の交流戦が行なわれた（ホークスが9－0で勝利）。

（踏破№567　ＡＢＣ）

今津スタジアム

今津スタジアム

皇子山球場

滋賀県大津市
1991年11月9日
（スコアブックに規格メモ無し）
内野土、外野天然芝　照明有り
秋季高校野球・近畿大会
村野工2－0育英

ＪＲ湖西線・大津京駅から徒歩5分。
　1960年7月完成。
　高校、大学野球でよく使われる。夏の高校野球県予選の決勝戦使用球場。
　踏破した試合で、村野工の投手は安達智次郎（1992年のドラフト会議で阪神が1位指名）だった。
　2002年から4年がかりの大改装工事が行なわれ、この写真とは違う

皇子山球場

新たな姿に生まれ変わった。改装後の規格は、中堅122ｍ、両翼100ｍ。収容人数15000人。
　　　　　　（踏破№36　ＡＢＣ）

草津グリーンスタジアム
滋賀県草津市
2006年10月27日
中堅122ｍ、両翼98ｍ
内野土、外野人工芝　照明無し
びわこ杯社会人野球クラブ大会
和歌山箕島球友会11－0愛知ベースボール倶楽部（7回コールドゲーム）

　ＪＲ東海道本線・草津駅から徒歩40分。
　2000年9月完成。収容人数約1850人。軟式野球での使用が多いが、京滋大学野球のリーグ戦でも使われている。
　　　　　　（踏破№532　ＡＢＣ）

草津グリーンスタジアム

草津グリーンスタジアム

甲賀市民スタジアム
滋賀県甲賀市
2006年10月27日
中堅122ｍ、両翼100ｍ

内野土、外野人工芝　照明有り
びわこ杯社会人野球クラブ大会
大和高田クラブ4－1泉州大阪野球団

甲賀市民スタジアム

甲賀市民スタジアム

　近江鉄道・水口城南駅から徒歩15分。
　2006年4月1日開場。
　内野席は一、三塁側ともコンクリ段々席だが、なぜか三塁側にだけ、160人が座れるプラ長イス席ゾーンがある。なぜ左右非対称のこうした造りになったのか不思議。

　収容人数は約4000人。社会人野球のクラブチームの大会や高校野球の一年生大会で使われている。
　2011年7月29日、この球場で阪神タイガース（育成チーム）と甲賀健康医療専門学校の交流戦が行なわれ1000人を超す観衆が詰めかけた。
　　　　　　　　　（踏破№531　ＡＢＣ）

湖東スタジアム

滋賀県湖東町（現在は東近江市）
1992年8月9日
（スコアブックに規格メモ無し）
内野土、外野天然芝　照明有り
ウエスタンリーグ公式戦
阪神8－6オリックス

　近江鉄道・八日市駅からタクシーで行った。

　完成は1991年5月。新しい球場だった。
　入場券は座席券は売り切れで、立見席券しか買えなかった。しかしあらかじめ立見券を印刷して用意しているあたり、二軍なのに阪神の人気はスゴイ。
　春・秋の高校野球で使われる。

湖東スタジアム

湖東スタジアム

2016年の時点で、規格は中堅120m、両翼98m。

イチロー選手がこの球場でプレーしたことがある（1993年8月8日、ウエスタンリーグ公式戦・阪神－オリックス。3打数0安打。当時の登録名は鈴木）。

（踏破№68　ＡＢＣ）

長浜市浅井文化スポーツ公園野球場

滋賀県長浜市
2012年11月18日
中堅120m、両翼92m
内野土、外野天然芝　照明有り
西日本大学軟式野球選手権大会
佛教大4－0美作大

　ＪＲ虎姫駅でレンタサイクルを借りて行った。片道30分くらい。

　ネット裏は芝生席だが、コンクリ造りの本部席の屋根の上に上がって観戦することもできる。こうしたタイプの本部席の屋根上は、強度的な問題で立ち入り禁止になっているのが普通。しかしこの球場は「どうぞ上がって下さい」と言わんばかりにハシゴ段までかけてある。これはユニーク。本部席棟の両サイドにプラ長イス2段の観客席有り。あとの内外野席は芝生席。

　スコアボードはバックスクリーンと一体型で、時計、得点板、ＳＢＯ灯、ＨＥＦＣ灯のみと簡素。

　観戦したのは軟式野球だったが、球場周辺には「硬式野球の大会開催中です　飛球にご注意下さい」の看板が立っており、硬式野球でも使用されるようだ。

　高校、大学、社会人で目立った試合開催が無く、私も知らなかった球場。

　球場建物は四角い味もそっけもないデザインで、こういう球場は写真を撮るにも絵にならないので困ってしまう。

　球場の隣に、藁ぶき屋根の家屋を保存した施設がある。

（踏破№781　ＡＢＣ）

長浜市浅井文化スポーツ公園野球場

長浜市浅井文化スポーツ公園野球場

彦根球場

滋賀県彦根市
1993年9月19日
中堅122m、両翼99m
内野土、外野天然芝　照明有り
秋季高校野球・滋賀大会
東大津4－3八幡工

彦根球場

　ＪＲ彦根駅から徒歩15分。高校野球での使用が多い。私が行った時は完成したばかりで「祝・完成」の垂れ幕が下がっていた。

　県立球場。収容人数10000人。

　この日の第三試合で長浜高校の左腕、影山投手を発見した（甲西高校戦で15奪三振）。

　この投手には本当に驚いた。とにかく三振を奪りまくるのだ。近くにいた部員に、前試合での奪三振数を慌てて確かめたほどだった。右手の使い方もカッコよく、私好み。その後を注目していたら、翌夏、県大会の決勝まで進み、甲子園経験も無いのにセレクションで強豪駒沢大に入った。この時、「神宮球場ガイドブック」に「影山は駒大・太田誠監督好みの投手」との記述があり、太田さんと好みが一致とはイイ気分がした。

　しかし、影山は大学ではなかなか芽が出ず、技巧派に転向して四年生時には多少活躍したもののプロには入れず。社会人野球の日本ＩＢＭ野洲に進んだものの、いつの間にか消えてしまった。レベルを上げた中でやっていく大変さを教えてくれた投手だった。

（踏破№96　ＡＢＣ）

彦根市荒神山公園野球場

滋賀県彦根市
2012年11月18日
中堅116m、両翼91.5m
内野土、外野天然芝　照明無し
西日本大学軟式野球選手権大会
関西大7－0徳島大（8回コールドゲーム）

　ＪＲ河瀬駅から徒歩40分。

　完成は1998年。観覧席400人収容。

　ネット裏席はプラ長イス4段。あとの内外野席は芝生席。

　スコアボードは時計、得点板、ＳＢＯ灯、ＨＥＦＣ灯のみと簡素。バックスクリーンも無いが、その代わりとして？植木が密に植えてある。

　高校、大学、社会人野球で目立った試合開催が無いレアな球場。球場

彦根市荒神山公園野球場

彦根市荒神山公園野球場

巡り仲間の知人から大会開催情報をいただき、踏破することができた。

ありがとうございます。

（踏破No.780　C）

守山市民球場

滋賀県守山市
1994年8月7日
中堅120m、両翼91m
内野土、外野天然芝　照明無し
全国高校軟式野球・北近畿大会
平安6－0比叡山

守山市民球場

　ＪＲ東海道本線・守山駅から徒歩30分。
　完成は1980年8月。
　こじんまりとしているが、ちゃんと観客席などはある。収容人数5344人。
　1990年7月21日、ウエスタンリーグ公式戦・阪神－近鉄が開催された。この試合には、のちにメジャーリーグでも活躍した新庄剛志選手が代走で出場している。

　私が訪れた頃は硬式野球では使用されていなかった。
　と思っていたら、2014年にリニューアルが完了しウエスタンリーグや硬式高校野球でも使われるようになった。改修により規格は中堅123m、両翼100mになり、外野が人工芝化。スコアボードも電光化された。改修後の収容人数は約5000人。

（踏破No.143　ＡＢＣ）

京都府

あやべ球場

京都府綾部市
2007年4月8日
中堅123m、両翼101m
内野土、外野天然芝　照明無し
京滋大学野球
京都学園大1－0京都創成大

　JR舞鶴線・梅迫駅から徒歩15分。
　建物の外観はのっぺりした珍しい造り。
　2000年10月に完成した。
　収容人数5800人。高校野球で使われている。
　両翼101mは踏破球場中最大だったが、2010年、私はそれを上回る、三重県の上野運動公園野球場に出会った。
　野球を観ていると、内野のフェンス際など、自分の座っている位置から死角になってしまう部分ができてしまうことがある。そういう死角でファウルフライの落球などが起きたら、記録員はエラーか否かをどう判断するのだろうか？
　パ・リーグ記録部の関口壽昭氏に聞いたことがある。氏の答えは「自分の目で見えないことはスコアにつけないんだよ」。
　このあやべ球場での試合で、私にとっての死角でフライの落球が起きた。関口氏の教えを思い出し、エラーを記録せず。
　パ・リーグ記録部にはまた、「フェンス際のファウルフライ落球にはエラーをつけない」という内規もあるとか。

（踏破№534　ＡＢＣ）

あやべ球場

あやべ球場

宇治市太陽ケ丘球場

京都府宇治市
1992年5月24日

（スコアブックに規格メモ無し）
内野土、外野天然芝　照明無し

京滋大学野球
京都外国語大8－1京都教育大（7回コールドゲーム）

　ＪＲ奈良線・宇治駅からバスで行った。

　高校や大学野球でよく使われるので立派な球場かと思っていたが、土盛り式の球場だった（土盛り式とは、観客席が土手で造ってある球場のことで私的な用語です）。

宇治市太陽ケ丘球場

　2016年の時点で、規格は中堅122ｍ、両翼91ｍ。収容人数は8000人。

（踏破№53　ＡＢＣ）

黄檗公園野球場

京都府宇治市
2009年8月9日
規格表示無し
内野土、外野天然芝　照明無し
全日本大学軟式野球
神奈川大平塚校舎4－2東京学芸大

　京阪電鉄宇治線・黄檗駅から徒歩20分。

　1966年10月完成の古い球場。

　以前は春・秋の高校野球でも使われていたが、近年は使われなくなっていた。踏破のチャンスは無いとあきらめていたが、軟式大学野球の全国大会で使われることがわかり行ってみた。

　ネット裏に観戦スペースはあるがイス無し。

　スコアボードの審判名表示欄が、旧・広島市民球場の改装前と同じで配置図式。これは珍しい。

　ネット裏本部棟と観客席が通路で隔てられている。

　これは、本部棟の屋根に観客が載るのを防ぐため。本部棟の屋根の上が観客席になる構造だと、それなりの強度が必要になってしまう。なの

黄檗公園野球場

黄檗公園野球場

で、本部棟上やダッグアウト上に立ち入りできないような造りにしている球場は多い。

2013年秋の高校野球・一次戦で使われた。

収容人数は800人。公式サイトには球場の規格が中堅110m、両翼92mと書かれている。

（踏破No.589　ＡＢＣ）

西京極野球場

京都府京都市
1992年5月17日
（スコアブックに規格メモ無し）
内野土、外野天然芝　照明有り
春季高校野球・京都大会
桂3－2福知山

1932年に完成。

2010年5月3日に再訪してみた。ＪＲ京都駅からバスで行った。

ネーミングライツ契約により「わかさスタジアム京都」と改称されている。

ネット裏コンコースに、一枚の記念プレートが掲示されている。この球場の内野席の一部は「積水スタンド」という名前だそうで、その命名の経緯が記されている。

それによると1963（昭和38）年、第34回都市対抗野球で京都市代表の積水化学が優勝。当時の京都市長が事前の約束を守り、レフト寄りの内野席を改修、「積水スタンド」と命名した。いかにも野球と地域の関係が強かった時代らしいエピソードである。

高校、大学、社会人野球で使用される。京都の夏の高校野球・決勝戦使用球場。

2016年の時点で、規格は中堅117m、両翼100m。収容人数20000人。

（踏破No.51　ＡＢＣ）

西京極野球場

西京極野球場

西京極野球場

福知山市民運動場野球場

京都府福知山市
1997年7月16日

中堅118m、両翼91m
内野土、外野天然芝　照明無し

全国高校野球・京都大会
洛水10－3嵯峨野（8回コールドゲーム）
　ＪＲ山陰本線・福知山駅から徒歩20分。

2013年夏の高校野球で使われた。
1949年8月開場。
収容人数は1500人。
　　　　　　　（踏破№320　ＡＢＣ）

福知山市民運動場野球場

福知山市民運動場野球場

伏見桃山城運動公園野球場

京都府京都市
2010年5月3日
中堅121.9m、両翼97.5m
内野土、外野天然芝　照明無し
社会人野球クラブ選手権・一次予選京都大会
三菱自動車京都ダイヤフェニックス10－0京都グランドスラム（5回コールドゲーム）

伏見桃山城運動公園野球場

　ＪＲ奈良線・藤森駅から徒歩15分。2007年に開場した。
　観客席はネット裏に少しあるだけで、ほとんど草野球場。
　本部席として使える設備も無し。この日はテントを建てて大会本部としていた。
　また、バックスクリーンが布製なので、夕暮れになると夕陽の光線が透けてしまいプレーに支障があると大会関係者が話していた。
　右中間後方に、遊園地の施設として建築された伏見桃山城の模擬天守閣が大きく見える奇妙な眺めが面白い。
　社会人野球のクラブチームの試合や大学野球で使われる。
　　　　　　　（踏破№635　ＡＢＣ）

舞鶴球場

京都府舞鶴市
2010年7月16日
中堅120m、両翼92m
内野土、外野天然芝　照明無し
全国高校野球・京都大会
立命館8－0舞鶴高専（7回コールドゲーム）

　JR小浜線・東舞鶴駅から徒歩20分。

　正式名称は「東舞鶴公園野球場」。1976年に完成。

　防球ネットの支柱に縦書きで球場名看板が取り付けられている。球場名表示が縦書きなのは全国でも他に県営富山野球場くらいだろうか。珍しい。

　本部席や観客席はコンクリ製だが、ほとんど土盛り式で造られた球場。

　ネット裏から内野にかけての観客席はコンクリの段々にコンクリ板を載せてイスふうに造ってある。キレイな青緑色で塗られているので一見イスふうに見えるがコンクリ。

　バックスクリーンの上に、かつてスコアボードだったと思われる設備が載っている。今はのっぺらぼうに改造されている。新造の電光式スコアボードがその右側に建っている。

　収容人数6000人。高校野球でよく使われている。

（踏破№656　ＡＢＣ）

舞鶴球場

舞鶴球場

峰山球場

京都府京丹後市
2009年9月6日
中堅120m、両翼95m
内野土、外野天然芝　照明無し
秋季高校野球・京都大会　一次戦
峰山8－4網野

　旅の時はいつもネットカフェに泊まっているが、峰山周辺にはそれが無く、やむを得ず民宿に泊まった。

　JR山陰本線・竹野駅から徒歩20分ほどの民宿「園（その）」。おかみさんがとても親切だった。夜遅く竹

Ａ…硬式（高校以上）　Ｂ…硬式（中学以下）　Ｃ…軟式　の試合が可能

野に着いたのに「駅まで車で迎えに行きましょうか」と言ってくれたり、内風呂を貸してくれたり、手造りのケーキを出してくれたり、翌朝は始発電車に乗るので朝早いのに朝食を用意してくれたり、「この辺を車で案内しましょうか」とまで言ってくれた。通りすがりの素泊まり3500円の客になかなかできることではない。皆さん、民宿「園」はオススメです。

　球場は北近畿タンゴ鉄道・峰山駅より徒歩15分。

　球場正面にある石碑によると地元の高校二年生だった少年が、不慮の事故で亡くなった。彼が故郷の町に貢献したいという夢を持っていたことを、遺された作文で知った父親が1億円を寄付、それがキッカケで出来た球場とのこと。

　峰山は野村克也さんの故郷だが、野村氏関係の展示物は無し。峰山高校のセンバツ出場関連の品物が玄関ロビーに展示されている。

　ネクストバッターズサークルとは別に、両軍ダッグアウト前の外野寄りの位置にバットスイング用のサークルが描いてあるのが珍しかった。他では見かけない習慣である。

　現在（2016年）、ソフトバンクの主力バッターに成長した柳田悠岐選手が（二軍戦だが）プロ初めての本塁打を打ったのがこの球場（2011年4月24日、ウエスタンリーグ・阪神戦）。

　収容人数4700人。夏の大会以外では高校野球でも使われている。

　1996年完成。

（踏破№604　ＡＢＣ）

峰山球場

峰山球場

宮津市民球場

京都府宮津市
1997年7月16日
中堅120m、両翼92m
内野土、外野天然芝　照明無し

全国高校野球・京都大会
福知山商7－4網野
　北近畿タンゴ鉄道・宮津駅から徒歩40分。

2011年秋にも、高校野球の一次戦で使われた。

完成は1979年8月。収容人数は10500人。

（踏破№319　ＡＢＣ）

宮津市民球場

大阪府

大阪球場

大阪府大阪市
1990年7月4日
（スコアブックに規格メモ無し）
内野土、外野天然芝　照明有り
パシフィックリーグ公式戦
近鉄6-5ダイエー（延長11回）

　私の愛する南海ホークスの本拠地だった球場。

　現存していない。建物内に古書店街があったりとユニークな球場だった。

　収容人数は31379人。

　1950年に完成した時は「昭和の大阪城」と評判になったが、やがてホークスは凋落。都心にあるこの球場は再開発の標的となり「南海は札束の上で野球をやっている」などと陰口を叩かれた。

　最後にプロ野球の試合が行なわれたのは1990年。その後、球場が住宅展示場として使われていた時期にも行ってみたことがある。グラウンドを歩きながら、球場を偲んだ。

　スコアボードの書き文字も、急傾斜のスタンドも、大阪球場のすべてが好きだった。今思い返してみても南海はデザインのセンスは色々と良かったと思う。

　現在、跡地には「なんばパークス」という商業ビルが建っており、9階には日本一のペナントなど記念品が展示されている。展示品は多いとはいえないが、こういう場所を設けてくれているだけでも南海電鉄には感謝したい。

　伝説の「江夏の21球」の舞台とな

『あぶさん』でおなじみの構図

大阪球場

急傾斜の観客席

大阪球場

った球場である（1979年11月4日、プロ野球・日本シリーズ第7戦、近鉄−広島）。

（踏破№14）

大阪ドーム

大阪府大阪市
1997年10月27日
規格表示なし
内外野人工芝　照明有り
大阪国体公開競技・高校野球（硬式）
智弁和歌山10−3市立船橋

大阪ドーム

　大阪市地下鉄「大阪ドーム前　千代崎」駅下車。

　外野全周にわたって二階席がある。これは日本の野球場でも唯一ここだけだろう。

　開場は1997年3月1日。収容人数は36146人。

　2006年7月1日から、ネーミングライツ契約により「京セラドーム大阪」という名称になった。

（踏破№374　ＡＢＣ）

大阪ドーム

大阪ドーム

大阪ドーム

大阪ドーム

大阪ドーム

久宝寺緑地野球場

大阪府八尾市
2000年7月21日
中堅120.0m、両翼91.4m
内野土、外野天然芝　照明無し
全国高校野球・大阪大会
東住吉工3－2泉尾工（延長10回）

　JR関西本線・久宝寺駅から徒歩10分。

　高校野球や準硬式大学野球で使われる。

　高校野球だがスコアボードにちゃんと選手名が表示された。

　収容人数2500人。2015年の夏の高校野球・府予選では抽選の結果、大阪桐蔭－履正社という強豪校どうしの対戦が初戦（2回戦）でいきなり実現。当初、試合はこの球場で行なわれる予定だったが観客の殺到が予想されたため、舞洲ベースボールスタジアム（収容人数10000人）に急きょ変更された。

（踏破№471　ＡＢＣ）

久宝寺緑地野球場

久宝寺緑地野球場

四条畷市緑の文化園生駒ダンボールランド野球場

大阪府四条畷市
1997年10月29日
中堅115m、両翼93m
内野土、外野天然芝　照明有り
大阪国体軟式野球・成年1部壮年
静岡クラブ10－1オール大阪（7回制）

　JR片町線・四条畷駅からシャトルバスで15分。

四条畷市緑の文化園生駒ダンボールランド野球場

四条畷市緑の文化園生駒ダンボールランド野球場

A…硬式（高校以上）　B…硬式（中学以下）　C…軟式　の試合が可能

国体開催用に、仮設の観客席、スコアボードが設置されていたので普段の形状は不明。

1991年4月に開園した「緑の文化園」内にある。

「緑の文化園」には複数の野球場があるが、私が行ったのはライト後方にすぐに山が迫っているほうで現在は「清滝グラウンド」と呼ばれている。

公式サイトでは、規格は中堅115m、両翼93m（2016年確認）。

（踏破№377　ＡＢＣ　※一般への貸し出しは行なっていない）

住之江公園野球場

大阪府大阪市
1997年7月22日
中堅110m、両翼90m
内野土、外野天然芝　照明有り
全国高校野球・大阪大会
浪速5－1和泉工

南海本線・住吉大社駅から徒歩15分。

1968年にできた球場。収容人数は3211人。

球場正面は立派な建物になっているが、外野は場外からタダ観戦可能。

フィールドも狭く、こういう球場が夏の高校野球で使われるのは珍しいが、球場難といわれる大阪ゆえのことかもしれない。

近年も高校、大学野球でよく使われている。

（踏破№325　ＡＢＣ）

住之江公園野球場

住之江公園野球場

高槻市萩谷総合公園野球場

大阪府高槻市
2007年9月8日
中堅122m、両翼98m
内野土、外野天然芝　照明無し
秋季高校野球・大阪大会
上宮5－1春日丘

ＪＲ摂津富田駅からバスで行った。高槻は都会だが、球場は山の中にあ

高槻市萩谷総合公園野球場

高槻市萩谷総合公園野球場

る。

2002年11月に開場。収容人数は1330人。

大阪の高校野球は春・秋の大会だと、1、2回戦の間は場内アナウンスも無ければサイレンさえ鳴らず、ごく静かに試合が開始される。スコアをつける身にはこういうのが一番大変。

チェンジのたびに守備側選手の背番号を確認し、打者の背番号も一人一人確認しながら記録をとる。

試合後、選手の名前を確認しようと思って上宮高校の父母会の人に訊いたら、「あんたどこの学校？」と言われて教えてくれなかった。他校のスパイと間違われたのだ。高校野球は、こういう警戒過敏な父母会の人がいることがあるのがちょっとイヤ。部員に聞いたら素直に教えてくれた。

近年も高校、大学野球、ウエスタンリーグの試合が開催されている。

（踏破№566　ＡＢＣ）

龍間ぐりーんふぃーるど野球場

大阪府大東市
2008年8月3日
中堅120m、両翼96m
内外野土　照明無し
ボーイズリーグ選手権大会（中学硬式野球）
フレイムズ浜松ボーイズ11－5前橋中央ボーイズ（7回制）
ＪＲ片町線・住道駅からバスで20分、「生駒登山口西」下車、徒歩5分。

バスからの眺めはよく、バス旅としては楽しかった。山を登っていく途中、車窓から大阪の街を一望できる。

2000年11月1日に開場した。

2010年6月22日に行なわれた関西独立リーグ（2009年から2013年まで存在した独立プロリーグ）の公式戦で、観客数16人を記録した球場。両チームのスタメン人数よりも少ない。これはプロスポーツ史上世界最少か

も（コリア－紀州戦）。

　また、2007年7月5日、当時大阪桐蔭高校三年の中田翔（のち日本ハム）が、新記録といわれる高校通算87号本塁打を放ったのがこの球場。

関西独立リーグの件といい、不思議と記録に縁のある球場である。

　収容人数682人。

（踏破No.582　ＡＢＣ）

龍間ぐりーんふぃーるど野球場

龍間ぐりーんふぃーるど野球場

豊中ローズ球場

大阪府豊中市
1997年7月15日
中堅115m、両翼95m
内野土、外野天然芝　照明有り
全国高校野球・大阪大会
茨木東２－１四条畷

　阪急宝塚本線・曽根駅から徒歩15分。

　1996年10月にリニューアルオープン。収容人数は1182人。

　空港が近くにあり、発着するジャンボジェット機が大きく見えるのが面白い。外野スタンドは無し。ネット裏から内野までのスタンドの最上部のラインが直線ではなく曲線状にカーブしているのは、ひょっとしたらバラの花をイメージしているのかも。

　バラは豊中市の「市の花」であり、「ローズ球場」とはそこからの命名だろう。2010年に再訪して気づいたが球場外の三塁側にバラの花壇が設けられている。

　球場玄関を入ると「高校野球　豊

豊中ローズ球場

豊中ローズ球場

牧野直隆氏の揮毫

中に始まる」と書かれた牧野直隆（元高野連会長）氏の揮毫が飾られている。

とはいえ隣に掲示してあった解説文によると、1915年、高校野球全国大会の第1回大会が開かれた豊中球場は現在のローズ球場の北へ2.5キロ離れた場所にあったという。

近年も高校、大学野球でよく使われている。

（踏破No.318　ＡＢＣ）

富田林市立総合スポーツ公園野球場

大阪府富田林市
1997年10月28日
中堅120m、両翼95m
内野土、外野天然芝　照明有り
大阪国体公開競技・高校軟式野球
育英6－5仙台商

近鉄長野線・富田林駅からシャトルバスで25分。国体はシャトルバスの運行があって、会場への足の心配をしなくていいのでラク……と書きたいところだが、運行ダイヤが試合開始に間に合わないように組まれていることも多く、利用者第一とはいえない。運行する側の都合が優先されていて、お役所仕事の逆宣伝になってしまっているのではないだろう

富田林市立総合スポーツ公園野球場

か。

この球場は、建物が円筒型のアートな形（手塚治虫さんのマンガに出てくるような感じ）をしている。

2013年から「富田林バファローズスタジアム」という名称。

収容人数は2500人。

（踏破No.376　ＡＢＣ）

南港中央野球場

大阪府大阪市
2007年4月7日
中堅122m、両翼98m
内外野人工芝　照明有り
阪神大学野球
関西国際大8－3関西外国語大

南港中央野球場

大阪市交通局南港ポートタウン線・ポートタウン東駅から徒歩5分。

1987年竣工、1995年に改修された球場。

収容人数10000人。高校、大学野球でよく使われている。

（踏破No.533　ＡＢＣ）

南港中央野球場

日本生命球場

大阪府大阪市
1990年10月15日
（スコアブックに規格メモ無し）
内野土、外野天然芝　照明有り
関西学生野球
関西大2－1同志社大

現存しない球場。ＪＲ大阪環状線・森宮駅の近くにあり、高校、大学、社会人、プロ野球でよく使われていた。マンガ『あぶさん』にも出てくる。

収容人数は20500人。

1993年6月16日、この球場で観た都市対抗予選・大阪和歌山地区第一代表決定戦、中山製鋼14－9大阪ガス（延長15回）が、観戦歴4000試合を超える中でも私のベストゲームである。

中山製鋼　301 010 100 010 106＝14
大阪ガス　410 100 000 010 101＝9

延長に入ってから二度の同点劇。とても興奮した。

東が川崎なら、西は日生。都市対抗予選のナイターで、迫力と緊迫感に満ちた雰囲気を堪能できる大好きな球場だった。

1950年に開場、1997年12月に閉鎖された。

最後の大会は、大阪国体の硬式高校野球（公開競技）だった（優勝は徳島商業）。

ダイエーホークス敗戦後、怒った

日本生命球場

日本生命球場

ファンが選手のバスに生卵をぶつけた「生卵事件」が起きたのはこの球場（1996年5月9日）。

球場跡地には2015年4月、商業ビルがオープンした。

（踏破No.30）

寝屋川公園第一野球場

大阪府寝屋川市
1997年10月28日
中堅120m、両翼91m
内野土、外野天然芝　照明無し
大阪国体軟式野球・成年2部
三洋冷凍機大阪4－1ナガセ生化学工業（7回制）

寝屋川公園第一野球場

　ＪＲ片町線・東寝屋川駅から徒歩15分。

　1985年開場。2700人収容の観客席とスコアボードは1991年に整備された。

　2009年を最後に、夏の高校野球府大会で使われなくなった。

（踏破No.375　ＡＢＣ）

花園中央公園野球場

大阪府東大阪市
2008年8月2日
中堅120m、両翼97m
内外野天然芝　照明無し
ボーイズリーグ選手権大会（中学硬式野球）
浜寺5－1粕屋フェニックス（7回制）

　近鉄奈良線・東花園駅から徒歩15分。

　2006年4月30日完成。収容人数は1600人。

　スタンドは小さいものの、内野にも芝生が敷かれた立派な球場だった。

　近年は06ブルズ球団（独立リーグ・

花園中央公園野球場

花園中央公園野球場

434　Ａ…硬式（高校以上）　Ｂ…硬式（中学以下）　Ｃ…軟式　の試合が可能

ベースボールファーストリーグ所属)の本拠地として試合が多数開催されている。また、高校野球の試合でも使われている。

2013年6月16日、東大阪市で初となるNPBの試合としてウエスタンリーグ公式戦・オリックス－ソフトバンクが行なわれた。ウエスタンリーグの試合は2014年、2015年にも開催されている。

現在は内野フィールドには天然芝は敷かれておらず、外野部分だけとなっている。

（踏破№581　ＡＢＣ）

万博記念公園野球場

大阪府吹田市
1994年5月23日
中堅120m、両翼90m
内野土、外野天然芝　照明無し
阪神大学野球
天理大3－2桃山学院大

大阪モノレール・万博記念公園駅下車。

高校、大学野球で使用頻度の高い球場だが、観客席はネット裏含め全て芝生席。

万博記念公園野球場

ネット裏席後方にはおなじみ「太陽の塔」が見える。

収容人数7700人。

（踏破№123　ＡＢＣ）

パナソニックベースボールスタジアム

大阪府枚方市
2010年7月10日
中堅120m、両翼93m
内野土、外野天然芝　照明無し
社会人野球クラブ選手権・二次予選
西近畿代表決定戦
和歌山箕島球友会10－0神戸レールスターズ

京阪電気鉄道・枚方市駅から徒歩20分。

1977年完成。

名前こそ立派だが、ネット裏観客席も無いし、単なる松下電器野球部の練習場だった。

社会人野球の地区予選で多用されている。各チームの偵察隊はハシゴでネット裏本部席の屋根の上に上がり、そこでビデオ撮影などの作業をする。

一般客用の観客席はダッグアウト

パナソニックベースボールスタジアム

パナソニックベースボールスタジアム

脇に小規模なのがあるだけで観戦はしにくい。練習場だから仕方ないが……。

近くを交通量の多い道路が走っているので高い金網に囲まれている。

バックネットも非常に背が高い。

球場の傍らに松下電器野球部歴代全部員の氏名が書かれた掲示板がある。

（踏破№654　ＡＢＣ）

藤井寺球場

大阪府藤井寺市
1990年10月15日
（スコアブックに規格メモ無し）
内野土、外野人工芝　照明有り
パシフィックリーグ公式戦
ダイエー2－1近鉄

　現存しない球場。近鉄南大阪線・藤井寺駅の近くにあった。

　日生球場で大学野球を2試合観た後、急いで移動した。

　開場は1928（昭和3）年。古い球場。

　私が行った時は「藤井寺球場」ではなく「BUFFALOES STADIUM」という表札が出ていた。

　1993年9月26日、この球場でウエスタンリーグ公式戦・ダイエー－近鉄（ダイエーがビジターユニフォームで後攻）、近鉄－中日の変則ダブルヘッダーを観戦した。日程消化のための変則開催で、入場料は300円。300円でプロ2カード！　こういう

藤井寺球場

藤井寺球場

のを至福の一日という。

1イニング6本塁打のプロ野球記録が作られた球場（1986年8月6日、西武が近鉄戦の8回表にマーク）。

球場は2005年1月に閉鎖された。跡地には私立小学校などが建っていて、学校の正門東側には「白球の夢」という、藤井寺球場を記念するモニュメントが建てられている。

水島新司さんの『あぶさん』第18集に収められた「鬼やんま」という話は、この球場のグラウンドキーパーをゲスト主役としたエピソードである。

（踏破No.31）

舞洲ベースボールスタジアム

大阪府大阪市
2007年7月28日
中堅122.0m、両翼100.0m
内野土、外野天然芝　照明有り
全国高校野球・大阪大会
金光大阪5－4東大阪大柏原（延長14回）

JR大阪環状線・西九条駅からバス。

1996年竣工。

ネット裏席上空にアーチ状の装飾が渡っている。こうした装飾がある球場は珍しい。

上記の試合に続く第二試合に、「怪物」と騒がれていた中田翔（2008年北海道日本ハム入団）を擁する大阪桐蔭が登場したのでその試合（初芝高校戦）も観戦した。

準々決勝ということもあり大混雑になるのではと思って例によって朝一番に行ったが、行列は全くできてなくて拍子ぬけ。もしも神奈川だったら早朝から長蛇の列ができて「早く開場しろ」と殺気だった雰囲気なのに。

やはり神奈川の高校野球熱は全国でも異常なんだということがわかった。

この日、中田は背番号1、三番ライトで先発し4打数2安打。うち1本はポテンヒットで、打撃よりもラ

舞洲ベースボールスタジアム

ネット裏席上にアーチ状の装飾

イトからのバックホームで見せた強肩が強烈に印象に残っている。送球がグン、グン、グンと三段階で加速したように見えた。隣の観客も同じことを言っていたから私だけの印象ではない。

　私が長年野球を観てきた中で、このような強肩を見せたのはこの時の中田と、大学時代の二岡智宏（1999年巨人入団）、佐藤隆彦（2004年西武入団。登録名Ｇ・Ｇ佐藤）、高校時代の高谷裕亮（2007年ソフトバンク入団）。

　なお、この試合には大阪桐蔭で中田の１年後輩である浅村栄斗（2009年西武入団）も背番号14の八番セカンドとして先発、本塁打を放っている。やはり強いチームの試合は観ておくべきですね。

　収容人数は10000人。夏の高校野球府予選の決勝戦が開催されるほか大学野球でも使われている。

　2009年９月８・９日にはウエスタンリーグ公式戦・オリックス－阪神が開催されたこともある。

（踏破№551　ＡＢＣ）

守口市市民球場

大阪府守口市
2015年11月22日
中堅110m、両翼90m
内外野土（外野の一部は天然芝）　照明無し
ボーイズリーグ・全守口大会
御坊ボーイズ６－０洛南ボーイズ

　京阪電鉄・土居駅から徒歩15分。大枝公園内にある。

　収容人数1500人。完成は1968年10月。2016年６月30日で閉場した。

　非常に特徴のある球場で、まず、バックネットがバッテリー正面だけでなくダッグアウト上の内野席まで張られている。これほど幅のあるバックネットはとても珍しい。

　また、外野グラウンドは大部分が土だが、フェンス際には多少芝が敷いてある。中途半端に土と芝が分けあっている。これも他ではまず見か

守口市市民球場

守口市市民球場

Ａ…硬式（高校以上）　Ｂ…硬式（中学以下）　Ｃ…軟式　の試合が可能

けない。

　ネット裏席はプラ長イス7段。ただし破損個所が多い。ダッグアウト上はプラ長イス2段。内野席は芝生席。外野席は無し。

　スコアボードは時計、SBO灯、HEFC灯、得点板（12回まで）。

　試合前、ネット裏スタンドで球場の特徴をメモしていたら、洛南ボーイズの選手の保護者の方が話しかけてきてくれていろいろ話を聞いた。

　その方にはやはり野球好きの知人がいたが、その知人が2015年亡くなった。その知人の息子が主将として甲子園出場を果たしたのは、知人の死からわずか数カ月後のことだったという。もしも生きていたら、どんなに喜んだことか。人生の無情さを感じさせられる話だった。

（踏破№845）

八尾市立山本球場

大阪府八尾市
2016年5月21日
中堅100m、両翼90m
内野土、外野天然芝　照明無し
西日本軟式野球大会・1部
愛車道5－0南郷クラブ

　近鉄高安駅から徒歩10分。住宅街の中、敷地ギリギリいっぱいに建っている。市民には「やまきゅう」の愛称で親しまれている。

　現在の球場建物の定礎に刻まれた日付は平成3年3月。収容人数は2000人。

　防球ネットの柱が観客席内ではなく、ファウルグラウンド内に建っている。ラバーが貼ってあるとはいえ好ましい設計とはいえない。

　ライト、レフト場外にそれぞれ投球練習場有り。

　ネット裏から内野席途中まではプ

八尾市立山本球場

ラ長イス11段。あとの内外野席は無し。

　スコアボードは、得点板（10回まで）、SBO灯、HEFC灯、選手名（DH制非対応）、審判名（4人）。

　フィールドが狭いわりに、ネット裏観客席やスコアボードは大型。

　桑田真澄氏が所属していた少年硬式野球チーム「八尾フレンド」（現在の名称は大阪八尾ボーイズ）の練習球場としても使われる。

　この球場は1938年、住友関係グループ各社の社員の福利厚生施設「住友野球場」として造られた。その後

1950年に（株）近畿日本鉄道が買収しプロ球団「近鉄パールス」二軍の練習場として使われた。1956年に八尾市に移管されている。

（踏破№854　ＢＣ）

兵　庫　県

明石公園第一野球場

兵庫県明石市
1992年10月11日
中堅118m、両翼100m
内野土、外野天然芝　照明無し
秋季高校野球・兵庫大会
市立尼崎９－８洲本（延長11回）

　ＪＲ明石駅から徒歩10分。高校野球県大会の決勝戦で使われることもある。あと、高校軟式野球全国大会のメイン球場。また、消滅した関西独立リーグ・明石レッドソルジャーズの本拠地だった。
　2012年４月６日に再訪してみた。
　中堅122m、両翼100m。1992年に踏破した時よりも、中堅が広く改装されたようだ。内野土、外野天然芝。照明無し。外野観客席内に桜が植えてある。

　かつて中日ドラゴンズの春季キャンプ地だった時期があり、名作『巨人の星』にも登場している。しかし、球場建物の表示によると「昭和47年３月完成」で、『巨人の星』時代のものから改築されたようだ。
　スコアボードのカウント表示がＳＢＯでなくＢＳＯだったり、内野席へ上がる通路が階段でなくスロープになっている箇所があったりと（バリアフリー）、細々とした改装もなされている。
　2014年８月28日から31日まで、連日の一時停止試合となり、実に４日がかりの大熱戦となった第59回全国高校軟式野球・準決勝、中京－崇徳（延長50回、３－０で中京の勝ち。試合時間のべ10時間18分）が行なわ

明石公園第一野球場

明石公園第一野球場

Ａ…硬式（高校以上）　Ｂ…硬式（中学以下）　Ｃ…軟式　の試合が可能

れた球場。
　2016年の時点で、収容人数12000人。甲子園球場のグラウンド管理を手掛ける「阪神園芸」が定期的にこの球場の整備を行なっている。

（踏破№78　ＡＢＣ）

赤穂城南緑地野球場

兵庫県赤穂市
2009年8月31日
中堅120m、両翼99m
内野土、外野天然芝　照明有り
秋季高校野球・兵庫大会　西播地区予選
佐用12－10兵庫県立大付

赤穂城南緑地野球場

　ＪＲ播州赤穂駅から徒歩30分。赤穂城址の隣にある。
　観客席はネット裏5段、内野席7段と小規模。外野は芝生席。
　近年も高校野球の春・秋の西播地区予選で使われている。
　2010年11月21日、この球場でユニークな試合が行なわれた。「忠臣蔵」のふるさと赤穂市の赤穂高校と、敵役・吉良上野介の出身地、愛知県吉良町の吉良高校の両野球部の練習試合。
　試合はダブルヘッダーで行なわれ、第一試合は1－1の引き分け、第二試合は4－2で赤穂が勝った。赤穂市と吉良町は、こうしたスポーツ交流を毎年行なっている。

（踏破№602　ＡＢＣ）

あじさいスタジアム北神戸

兵庫県神戸市
2001年4月4日
中堅122.0m、両翼99.1m
内野土、外野人工芝　照明有り
ウエスタンリーグ公式戦
サーパス神戸4－4近鉄（延長10回）

　神戸電鉄三田線・岡場駅からバスで行った。
　2000年4月にできた球場。
　「あじさいスタジアム」という名称は一般公募でつけられた。ちなみに山形県の新庄市民球場も同じ愛称。
　内野席の後ろが広場状になっている。ピクニック気分で野球観戦を楽しめるようにと、こういう造りにしたらしい。
　2016年の時点で、ＮＰＢオリックス二軍の本拠地球場。
　収容人数は3000人。2014年3月に人工芝の全面改修工事を行なった。

2008年5月3日、清原和博選手（当時オリックス）がケガから復帰して、603日ぶりの実戦となるウエスタンリーグの試合に出場。その試合が行なわれたのがこの球場で、開場以来最多となる5621人の観客が詰めかけた。

（踏破№482　ＡＢＣ）

あじさいスタジアム北神戸

あじさいスタジアム北神戸

尼崎市小田南公園野球場

兵庫県尼崎市
2011年7月2日
中堅110m、両翼90m
内野土、外野天然芝　照明有り
西日本軟式野球大会・2部
ポパイ（兵庫）6－0 TEAM N'S（宮崎）

　阪神電車・大物駅から徒歩10分。阪神電車の二本の路線に挟まれた位置にあり、高架上の車内からも球場が見える。

　軟式野球専用の球場。ただし、小学生の練習なら硬式もＯＫ。

　スコアボード無し、ＳＢＯ灯もＨＥＦＣ灯も無し。夜間照明も4基式（普通は6基）。バックスクリーンも無く、その代わりに半透明の幕が張ってある。まあ草野球場といっていいだろう。

　ネット裏は観覧スペースがあるだけでイス無し。内野はダッグアウト上に長イスが数脚あるだけで、あとの内外野席は雑草席。

　仕方なくバックネット裏に立ってスコアブックをつけていたら、野良

尼崎市小田南公園野球場

尼崎市小田南公園野球場

猫がやってきて足もとでミャアミャア鳴き始めた。しばらくしたら球場管理人のおじさんが出てきて餌をあげている。猫が飼われている球場とは。なかなか素敵である。

（踏破№705　C）

尼崎市記念公園野球場

兵庫県尼崎市
1994年7月24日
中堅119m、両翼91m
内野土、外野天然芝　照明有り
全国高校野球・兵庫大会
報徳学園13－0宝塚西（6回コールドゲーム）

尼崎市記念公園野球場

　ＪＲ線沿いにあり、車窓から見える。
　2010年4月3日に再訪してみた。ネット裏席に屋根はないが、内野席は最上段に屋根がある。
　ネット裏のＳＢＯ灯は最上段にあるのが普通だが、この球場の場合、ネット裏席の最前列に置かれている。
　ＪＲ尼崎駅から徒歩15分。高校野球で使われる。
　収容人数10000人。

（踏破№139　ABC）

淡路佐野運動公園第1野球場

兵庫県淡路市
2007年7月22日
中堅122m、両翼100m
内野土、外野天然芝　照明無し
全国高校野球・兵庫大会

淡路佐野運動公園第1野球場

川西北陵2－1伊丹北

　この球場に行った時は、兵庫県の舞子から高速バスに乗った。バス乗り場からは、明石大橋をごく間近で見ることができる。でかいものを見

淡路佐野運動公園第1野球場

ると感動してしまう。自然物のでかいのを見ても感動するが、人工物でも巨大なものにはなぜか感動させられてしまう。

現在は「ボールパーク前」という最寄りのバス停があるようだが、私が行った当時は無くて、離れたバス停から歩いた。

収容人数は6000人。

この球場はネット裏スタンドの傾斜がなだらかなので、たとえ最後列に座っても、スタンド中段の通路を歩く観客に視線をさえぎられ非常に試合が見づらいという欠点がある。野球を生観戦したことが無い設計者が球場を作るとこういうことになってしまうのかも。

近年、高校野球でよく使われているほか、ウエスタンリーグの試合も開催されている。

（踏破№548　ＡＢＣ）

伊丹スポーツセンター野球場

兵庫県伊丹市
2011年7月2日
中堅115m、両翼100m
内野土、外野天然芝　照明有り
西日本軟式野球大会・2部
島根大学軟式野球部6－1伊方魂（愛媛）

ＪＲ伊丹駅からバスで行った。

高校野球で夏は使われないものの、春と秋は県大会の阪神地区予選で使われるため要踏破だったが、使用日数が少ないので長年踏破できていなかった。ようやく胸のつかえが下りた。

外野フェンスが直線状に造られている。途中2ケ所で折れて外野フィールドを囲んでいる。

スコアボードが2011年3月に改築されたばかりだった。銘板によると伊丹市に関係する野球団体やプロ野球選手の寄付によって改築費用はまかなわれた。書かれていた選手名は北川博敏（オリックス）、中島裕之（西武）、田中将大（楽天）（注・所

伊丹スポーツセンター野球場

伊丹スポーツセンター野球場

Ａ…硬式（高校以上）　Ｂ…硬式（中学以下）　Ｃ…軟式　の試合が可能

属は銘板に記されていたもの）。

スコアボードは、一人ずつだが打者名を表示できる装置も備えている。でもＢＳＯ灯が、電球と電球の間が離れすぎていてちょっと野暮ったい感じなのが惜しまれる。

球場正面には、伊丹市制50年を記念して1990年に開催された全日本実業団女子ソフトボール選手権大会の石碑がある。

収容人数1208人。

（踏破№704　ＡＢＣ）

植村直己記念スポーツ公園野球場

兵庫県豊岡市
2016年３月27日
中堅122ｍ、両翼99.3ｍ
内野土、外野天然芝　照明無し
春季高校野球・兵庫大会　但丹地区予選
篠山産10－２香住（７回コールドゲーム）

植村直己記念スポーツ公園野球場

　ＪＲ江原駅からバス12分、「植村冒険館前」下車、徒歩10分。

　ネット裏席はプラ長イス９段。ダッグアウト上はコンクリ段々席５段。あとの内外野席は芝生席。

　スコアボードは、時計、得点板（10回まで）、ＢＳＯ灯、ＨＥＦＣ灯、選手名（DH制対応）、審判名（４人）。

　玄関ロビーに王貞治さんの色紙が展示されている他、球場前には王さん来市記念の植樹（1994年に植えられた松の木。「大王松」と命名されている）もある。

　ネット裏観客席内に「トンビが狙っています！　スタンドでの食事は気をつけましょう」と掲示してある。

　この2016年春は硬式高校野球の大会で使われたが同年秋は使用されず。少年野球でよく使われている。

（踏破№847　ＡＢＣ）

小野市榊公園野球場

兵庫県小野市
1997年９月13日
中堅規格表示無し、両翼90ｍ
内野土、外野天然芝　照明有り
兵庫県都市対抗軟式野球大会
生活協同組合コープこうべ２－１豊岡こうのとりクラブ（７回制）

　神戸電鉄粟生線・樫山駅から徒歩50分。

　ネット裏に観客席はないが、内外

野席は芝生席がある。
　化学工場が近くにあり、その種の匂いが漂っている。
　この球場を管理している協会のページによると本塁－中堅間は100m。軟式野球専用とのこと。

（踏破No.351　C）

小野市榊公園野球場

加古川市野口球場

兵庫県加古川市
2009年8月26日
中堅120m、両翼97m
内野土、外野天然芝　照明無し
秋季高校野球・兵庫大会　東播地区予選
加古川西4－1県立農業

　JR東加古川駅より徒歩22分。
　2012年9月30日をもって閉鎖され、現存しない球場。
　かつて社会人野球神戸製鋼野球部の練習グラウンドだった。2002年に休部した後は加古川市の管理になり高校野球などで使われていた。
　ネット裏に、一階が本部室、二階が観客席になっている、小屋のような建物があった。観客席は50人程度が座れる広さ。もと鉄鋼会社の球場だっただけあって、この建物は鉄製。
　場内アナウンス装置など公式戦開催球場としての設備は十分整っていた。ただしHEFC灯は無かった。夜間照明は一応あったが練習が可能な程度で、ナイター開催は無理な感じ。
　球場跡地には医療機器メーカーの工場が建った。
　この球場が生んだ最強打者は和田一浩（1994年～1996年神戸製鋼に在籍）。ドラフト4位でプロ入りし西武、中日で通算2050安打を記録した。

（踏破No.595）

加古川市野口球場

加古川市野口球場

加古川市日岡山公園野球場

兵庫県加古川市
1997年9月14日
中堅120m、両翼92m
内野土、外野天然芝　照明有り
兵庫県都市対抗軟式野球大会
グローリー機器1-0富士通明石（7回制）

　JR加古川線・日岡駅から徒歩15分。

　内外野の観客席は芝生席だが、ネット裏に観客席が無いのでスコアつけには苦労させられる。

　この球場はスコアボードが特徴的で、左から三塁側チーム打順表示、SBO灯、HEFC灯、得点板、時計、審判名表示、一塁側チーム打順表示が横一列に並んだ、長さ50メートルはあろうかという超横長型。

　しかし、2014年の時点で管理者のホームページに掲載された写真を見ると、スコアボードは新しいものに造り替えられている。

（踏破No.353　C）

加古川市日岡山公園野球場

加古川市日岡山公園野球場

加西球場

兵庫県加西市
1997年11月8日
中堅122m、両翼91.5m
内野土、外野天然芝　照明有り
秋季高校軟式野球・近畿大会
平安4-1比叡山

　北条鉄道・北条線、北条町駅からタクシーで5分。

　1994年竣工。

　新しい球場だったが、ネット裏だけコンクリ造りの建物で、内外野の

加西球場

観客席は土盛り式で造られていた。

　2016年の時点で、収容人数3000人。ネーミングライツ契約により「アラジンスタジアム」という名称になっ

ている。
　近年は高校軟式野球の使用は無く、中学野球で使われている。
（踏破No.381　C）

春日スタジアム

兵庫県春日町（現在は丹波市）
1998年7月15日
中堅122m、両翼92m
内野土、外野天然芝　照明有り
全国高校野球・兵庫西大会
夢前8－5上郡
　JR福知山線・黒井駅からタクシーで15分。

収容人数4200人。
　交通の便は良いとはいえないが、高校野球で春・夏・秋とよく使われる。
　2014年5月25日、丹波市制10周年記念イベントとして、この球場でウエスタンリーグ公式戦が開催された。
（踏破No.417　ＡＢＣ）

春日スタジアム

春日スタジアム

グリーンスタジアム神戸

兵庫県神戸市
1990年8月4日
（スコアブックに規格メモ無し）
内野土、外野天然芝　照明有り

パシフィックリーグ公式戦
オリックス7－5ロッテ
　神戸市営地下鉄・総合運動公園駅からすぐ。

グリーンスタジアム神戸

内野は土のグラウンドだった

A…硬式（高校以上）　B…硬式（中学以下）　C…軟式　の試合が可能

開場は1988年。

かつてオリックスの本拠地球場であり、社会人野球・日本選手権大会の会場だった時期もあった。

私が訪れた時は内野が土のグラウンドだったが、その後、内野にも芝生が敷かれた。

収容人数は35000人。

欠点は、観客席の傾斜がなだらかすぎて、前に座っている人の頭が邪魔になり観戦しにくいこと。

2011年2月14日から4年間、ネーミングライツ契約により「ほっともっとフィールド神戸」という名称だった。

1994年10月16日の私のメモでは中堅122.0m、両翼99.1m。

(踏破№22　ABC)

グリーンスタジアム神戸サブ球場

兵庫県神戸市
1997年3月22日
中堅122.0m、両翼99.1m
内野土、外野人工芝　照明無し
ウエスタン教育リーグ
近鉄4－3オリックス

神戸市営地下鉄・総合運動公園駅から徒歩10分。

グリーンスタジアム神戸とは大きな道路を挟んだ反対側にある。スタンドは小規模。

1991年開場。

オリックス二軍のホームグラウンドだったが、その役目が北神戸あじさいスタジアムに移ってからはウエスタンリーグで使用されなくなった時期もあった。近年は、再び多くのウエスタンリーグ公式戦が開催されている。

収容人数1400人。

(踏破№258　ABC)

グリーンスタジアム神戸サブ球場

グリーンスタジアム神戸サブ球場

黒田庄ふれあいスタジアム

兵庫県西脇市

2010年4月3日

中堅116.0m、両翼96.4m
内外野土　照明有り
春季高校野球・兵庫大会　北播地区予選
小野6-3三木北

　JR加古川線・黒田庄駅から徒歩25分。2006年3月完成。新しいが小規模な球場。
　山に囲まれた球場で、一塁側後方と外野後方には川が流れている。

　試合中、選手がホームインした際に負傷し起き上がれなくなった。しばらくすると、右中間の外野フェンスの一角が開き、そこから救急車がグラウンド内に入ってきて本塁付近まで走行、倒れたままの選手を運び出すという珍しいシーンを見た。
　春と秋の高校野球・播淡地区予選で使われている。

（踏破№625　ＡＢＣ）

黒田庄ふれあいスタジアム

黒田庄ふれあいスタジアム

佐用町南光スポーツランド野球場

兵庫県佐用町
2009年7月18日
中堅122m、両翼92m
内外野土　照明有り
関西独立リーグ
紀州13-3明石

　JR播磨徳久駅から徒歩27分。

佐用町南光スポーツランド野球場

　「若あゆランド球場」とも呼ばれる。
　駅から球場まで歩く間、町の人何人かに道を訪ねたが、みなさん親切だったのが印象に残っている。中学生たちもすれ違うたびに「こんにちは」と声をかけてくる。心温まる町だった。
　球場はネット裏に観客席無し。ただしネット裏後方が土手になっていて、その上に座ればスコアつけには絶好の位置で観戦できる。とはいえネット裏本部席用の大きな建物のた

めバックネット際は死角になってしまうのが残念。

スコアボードのカウント表示は縦にＢＳＯの順。

球場隣に、町自慢の観光スポット、ひまわり畑がある。

2015年春の高校野球・西播地区予選で使われた。

現在、ベースボールファーストリーグ(プロ野球独立リーグ)に所属する姫路 Go To WORLDの本拠地球場の一つとなっている(他に姫路球場、三木総合防災公園野球場)。

（踏破№585　ＡＢＣ）

三田城山球場

兵庫県三田市
2010年4月17日
中堅120m、両翼95m
内外野人工芝　照明有り
関西独立リーグ
神戸４－３コリア

ＪＲ福知山線・三田駅から徒歩35分。

1978年にできた球場。

球場前に、長嶋茂雄さんが1983年に来市したことを記念した植樹がある。

球場正面に、市のマスコットキャラクターをあしらったマークが掲げられている。

ネット裏席はプラスチック製ザブトン席７段。あとの内野席は芝生席。外野席は無し。

関西独立リーグを観戦したが、メンバー表を2000円で売っていた。リーグ振興を考えれば、選手名などの基本的情報は観客に無料で提供すべきと思うが……。感心できず。

収容人数約1250人。高校野球で使われているほか、ベースボールファーストリーグ・兵庫ブルーサンダーズの本拠地球場となっている。

球場名は2011年度から市のキャラクター名を冠した「キッピースタジアム」、2013年度から命名権契約により「アメニスキッピースタジアム」。

（踏破№630　ＡＢＣ）

三田城山球場

三田城山球場

宍粟市メイプル・スタジアム

兵庫県宍粟市
2009年7月19日
中堅122m、両翼98m
内外野土　照明有り
関西独立リーグ
明石4-3神戸

　この球場は行くのがたいへんだった。姫路からバスに1時間乗り「山崎」下車（運賃1110円）。ここでバスを乗り換えて神姫バス「斉木口」下車（運賃890円）、徒歩10分。
　沖縄以外でバス乗り継ぎで球場踏破というのは珍しい。
　波賀総合スポーツ公園内にある。
　青森県六戸町にも「メイプルスタジアム」がある。愛称がかぶってしまっている。
　神戸9クルーズの試合を観たが、注目の女子高生投手・吉田えりは登板せず残念。
　試合後、JR姫路駅に戻り、駅から徒歩20分の銭湯「白山湯」に入った。料金は410円。とても懐かしい感じの庶民的銭湯だった。旅先で銭湯に入るのは思い出にもなるのでとても好き。
　2015年秋の高校野球・西播地区予選で使われた。

（踏破№586　ＡＢＣ）

宍粟市メイプル・スタジアム

宍粟市メイプル・スタジアム

洲本市営野球場

兵庫県洲本市
2001年4月5日
中堅115m、両翼規格表示無し
内野土、外野天然芝　照明有り
春季高校野球・兵庫大会　淡路地区予選
洲本実7-0津名

　1967年12月開場。
　現在は「洲本市市民交流センター野球場」という名称になっている。
　2012年3月に市が、この球場のネーミングライツスポンサー募集の公告を出している。それによると、中堅115m、両翼90m。収容人数4700人。関西独立リーグの神戸サンズ球

洲本市営野球場

洲本市営野球場

団(注・2013年に活動停止)の練習拠点で、公式試合を開催するとも書いてある(その後、ネーミングライツ契約は成立しなかったようだ)。

同じ淡路島に淡路佐野球場ができて以来、影が薄くなっている印象。

女子プロ野球「兵庫ディオーネ」は2015年から淡路市を本拠地としており、同年の本拠地開幕戦をこの球場で開催した(観衆約720人)。

(踏破№483　ＡＢＣ)

高砂市野球場

兵庫県高砂市
1992年8月2日
(スコアブックに規格メモ無し)
内野土、外野天然芝　照明無し
ウエスタンリーグ公式戦
中日4－3阪神

ＪＲ宝殿駅から徒歩20分。高校、社会人野球で使用される。

1972年10月9日完成。

古くて黒くて大きなスコアボードが印象的。バックスクリーンを挟んで左にメンバー表示、右に得点板という分離式。

ネット裏屋根にＳＢＯ表示灯がぶら下がっているのが珍しい。

1993年8月1日、この球場でウエスタンリーグ公式戦が行なわれている最中に、公式記録員の方が倒れ、そのまま亡くなるという出来事があった。現在残されている公式スコア

高砂市野球場

高砂市野球場

カードは、両軍マネジャーがつけていたスコアを基に復元されたもの。

2016年の時点で、規格は中堅120m、両翼91.2m。収容人数20000人。

2006年、兵庫国体・硬式高校野球競技は、この球場で行なわれ、早稲田実業が優勝。エース・斎藤佑樹投手の活躍を記念して、この球場には翌年「ハンカチ　メモリアル　スタジアム」との愛称がつけられた。

2015年まで、高校軟式野球の夏の全国大会の会場でもあったが、老朽化のため2016年の大会から使用されなくなった。

（踏破№67　ＡＢＣ）

滝野グリーンヒル球場

兵庫県滝野町（現在は加東市）
1997年9月14日
中堅120m、両翼90m
内外野土　照明無し
兵庫県都市対抗軟式野球大会
ワールドビジネス7－0川西メッツ（7回制　5回コールドゲーム）

　ＪＲ加古川線・社町駅から徒歩30分。

　1992年にできた球場。

　観客席は無く、ネット裏に置いてあった長椅子で観戦した。

　近年は目立った試合開催はない様子。

（踏破№352　Ｃ）

滝野グリーンヒル球場

津門中央公園野球場

兵庫県西宮市
2009年8月30日
中堅112m、両翼91m
内野土、外野天然芝　照明無し
秋季高校野球・兵庫大会　西阪神地区予選
仁川学院9－1県立宝塚（7回コールドゲーム）

　阪神電車・今津駅から徒歩10分。

　「津門」は「つと」と読む。

　これは古い球場だった。ネット裏に観客席が無し（ここは、以前は川崎製鉄神戸野球部の練習場で、試合開催を目的としたものではないためと思われる。川崎製鉄神戸野球部は1994年に活動休止）。

　一、三塁側にはちゃんと内野席がある。

Ａ…硬式（高校以上）　Ｂ…硬式（中学以下）　Ｃ…軟式　の試合が可能

津門中央公園野球場

津門中央公園野球場

　この球場の最大の特徴は、背が高すぎるバックネット。高さ40メートル近くはありそう。ネット裏後方にマンションがあり、そこへファウルボールが飛んで行くのを防ぐためと思われる。しかし、これほどの高さはちょっとお目にかかったことがない。

　スコアボードのカウント表示灯がSが緑、Bが黄色、Oが赤（普通はSが黄色、Bが緑）というのも珍しい。

　観戦した試合でヒットが出て、それをスコアブックに記入し、再びグラウンドに目を戻すと打者走者がいつの間にか二塁に進塁していた。これにはビックリ。盗塁か？　走塁妨害があったのか？　それとも投手がボールの交換を要求して放り出してしまった間の進塁か？　瞬間的に色々考えるがわかるはずもない。こんなことを見落としていたら球場踏破とは自分で認められない。試合後、球場から出て来たその選手をつかまえて「どうやって進塁したんですか？」と訊いた。自分の子供のような年齢の選手にこういうことを訊ねるのはとても恥ずかしいがやむを得ない。「投手にボールが戻った後（スコアラーの鉄則としてここまでは私もちゃんと見た）、二塁手と遊撃手が油断してベースを空けたので走りました」との説明だった（記録は盗塁となる）。なんと抜け目ない選手なのだと感心したが、あまりこういうスコアラー泣かせのプレーをしないでくださいね。

　近年も、高校野球の春・秋季大会の阪神地区予選で使われる。甲子園に近いので、センバツや夏の全国選手権大会開催中は出場校の練習場として使われる。

（踏破№601　ＡＢＣ）

豊岡市こうのとりスタジアム

兵庫県豊岡市
2010年7月11日

中堅120m、両翼90m
内野土、外野天然芝　照明有り

豊岡市こうのとりスタジアム

豊岡市こうのとりスタジアム

全国高校野球・兵庫大会
尼崎産3－1和田山

　前日、大阪のパナソニック球場を踏破し、この日は豊岡に狙いを定めたが豊岡周辺にはネットカフェが無い。仕方なく鳥取まで行ってネカフェに泊まり翌朝の始発電車で豊岡まで戻った。でも、交通費を考えれば豊岡の民宿にでも泊まったほうが楽で金もかからなかったかも。

　JR山陰本線・豊岡駅から球場まで徒歩25分。

　1990年にできた球場。

　山を切り開いて造った球場らしく球場建物の左半分は山の斜面に埋まったような形で造られている。こうした例は珍しい。

　帰り、事前に探しておいた京都・JR亀岡駅近くの銭湯・竹乃湯に入った。クラシックな銭湯。旅先で銭湯に入るのはとても好きで、もし球場巡りをしていなかったら全国銭湯巡りをしていたかもしれない。

　2011年にスコアボードが電光化された。

　収容人数3000人。高校野球でよく使われている。

　また、2013年から、元メジャーリーガーの野茂英雄さんが代表幹事を務める社会人野球チーム・NOMOベースボールクラブの本拠地球場となっている。

　イチロー選手がこの球場でプレーしたことがある。1993年5月8・9日、ウエスタンリーグ公式戦・阪神－オリックス2連戦。イチローは2試合合計8打数3安打1打点。本塁打も1本打っている。

（踏破№655　ＡＢＣ）

鳴尾浜臨海公園野球場

兵庫県西宮市
2009年8月30日
中堅120m、両翼91m

内野土、外野天然芝　照明有り
秋季高校野球・兵庫大会　南阪神地区予選

鳴尾浜臨海公園野球場

鳴尾浜臨海公園野球場

市立西宮5－2鳴尾

　阪神電車・武庫川団地前駅から徒歩17分。阪神鳴尾浜球場と道路を隔てて隣にある。
　1980年開設。
　防球ネットに囲まれた都会の球場。
　球場周辺には第65回全国高校野球選手権大会の出場校が自県にまつわる木を植樹した「白球の森」がある。
　高校野球の春・秋季大会の阪神地区予選で使われるが、それよりもセンバツと夏の甲子園大会開催時の出場校の練習球場として有名。

（踏破№600　ＡＢＣ）

阪急西宮球場

兵庫県西宮市
1993年4月25日
中堅119m、両翼101m
内外野人工芝　照明有り
関西学生野球
近畿大11－10京都大

　現存しない球場。阪急神戸線・西宮北口駅のすぐ前にあった。現在、跡地はショッピングセンターになっている。
　元南海ファンとしては憎っくき阪急ブレーブスの本拠地だった球場だが、私が行った時は既に球団は売却され、球場の外壁に、チームのペットマークが撤去された跡の金具が残っていただけ。寂しい思いをした。
　この日は関関戦がある日だった。早慶戦なみに満員になると噂で聞い

阪急西宮球場

阪急西宮球場

兵庫県

ていたので朝一番に行ったが、全然混んでいなくて拍子抜け。関西って意外に野球熱が低いのかなと思った。

1937年5月開場。2002年で営業を終了した。1971年7月17日、当時阪神の江夏豊投手がオールスター第1戦で9連続奪三振という空前絶後の快記録を作ったのがこの球場。

(踏破№88)

阪神甲子園球場

兵庫県西宮市
1990年8月18日
(スコアブックに規格メモ無し)
内野土、外野天然芝　照明有り
全国高校野球・全国大会
日大鶴ケ丘5－3徳島商 (延長10回)

　この球場に初めて行ったのは中学生の時だが、踏破日は条件を満たしたこの日とする。

　入場券売場の前にダンボールを敷いて野宿をしたり、球場近くの公園で野宿の最中、犬の散歩に来た近所のセレブ奥様と話をしたりと野宿の思い出が多い球場。

　完成は1924年。

　風格といい、ナイター時の芝生の夢のような美しさといい、球場周りの表示板などのデザインといい、あとB級だがグルメの面でも、日本一の球場といって異論はないだろう。

　夏の高校野球を観戦していて、スコアブックの上に鳩の糞がポトリ！なんていうこともあった。カチ割り氷が溶けた水で紙面を洗ったら、暑いのでスコアブックはすぐに乾いて助かった。

　星稜高校の松井秀喜選手が5打席連続四球で歩かされた試合も観た (1992年8月16日、明徳義塾3－2星稜)。異様なムードが忘れられない。

　昔の安っぽいネオンサインのような表札文字が好きだったが、現在は改修されてしまい残念。

阪神甲子園球場

球場名表示は改修されてしまった

2009年、正確な広さが発表され、中堅118m、両翼95m。

2016年の時点で、収容人数47508人。
（踏破№25　ＡＢＣ）

阪神甲子園球場

ネット裏の大銀傘

スコアボード改装前（1981年）

阪神鳴尾浜球場

兵庫県西宮市
2004年3月9日
中堅120m、両翼96m
内野土、外野天然芝　照明無し
ウエスタン教育リーグ
広島4－0阪神（7回制）

　1994年10月7日完成。収容人数500人。

　私は1992年に解散したバンド「チェッカーズ」のファンで、解散から10年後に活動再開したチェッカーズ楽器陣によるバンド「アブラーズ」も熱心に追いかけていた。アブラーズのライブを追いかけて札幌や仙台にも行った（アブラーズのライブは99.9パーセントが女性客なので私のようなオッサンが観るのは非常に肩身が狭いが、彼らのライブは男から観ても非常に面白いものだった）。

　この時もアブラーズのライブを追いかけて大阪に行くことになり、そのついでに球場踏破をしようと思って探したら、この球場で試合があることがわかり行ってみた。

　阪神電鉄・甲子園駅からバスに乗り、団地を通り過ぎたあたりにある。普段は練習や二軍戦に使われている。別称「Tiger Den」。

　阪神タイガースの寮「虎風荘」が隣にあり、外観だけでも見学すれば

阪神鳴尾浜球場

阪神鳴尾浜球場

兵庫県

よかったと後悔している。
　2012年9月29日、この球場で行なわれたウエスタンリーグ公式戦・阪神－オリックスが、日米で活躍した城島健司捕手の引退試合となった。

城島選手クラスのスターが、二軍の試合で引退試合をするのは珍しいケース。
　（踏破No.505　A　※一般への貸し出しは行なっていない）

姫路球場

兵庫県姫路市
1994年9月5日
中堅120m、両翼91.5m
内野土、外野天然芝　照明無し
社会人野球日本選手権・近畿地区予選
日本ＩＢＭ野洲11－6阿部企業

　前日に三重県の尾鷲球場を踏破し、姫路へ移動。
　駅前のバス停のベンチで野宿、翌朝のバスで球場へ向かった。
　完成は1959年3月。

球場建物が大きい立派な球場。高校野球で使われる。
　この日は日本生命の試合も観たが、シートノックであまりにも守備がうまいのでたまげた。
　高校、社会人野球でよく使われる。
　2012年3月から2年近くをかけて改築され、両翼100m、収容人数14000人の球場に生まれ変わった。
　　　　　（踏破No.155　ＡＢＣ）

姫路球場

姫路球場

姫路市香寺総合公園スポーツセンター野球場

兵庫県姫路市
2014年11月15日
中堅110m、両翼90m
内野土、外野天然芝　照明有り
ボーイズリーグ・姫路大会

東岡山7－2姫路Ａ（7回制）
　ＪＲ播但線・溝口駅から徒歩25分。駅からの途上にコンビニなどが無いので、食糧は事前に入手しておいたほうがよい。

1986年4月完成。山に囲まれたのどかな球場。

ネット裏からダッグアウト上までは、最大6段の長イス席。あとの内外野席は無い。スタンドの収容人数は600人。

ネット裏には、布張りの屋根がある。

スコアボードは、時計、得点板（10回まで）、ＳＢＯ灯、ＨＥＦＣ灯、選手名（磁気反転式）。

（踏破No.811　ＢＣ）

姫路市香寺総合公園スポーツセンター野球場

姫路市香寺総合公園スポーツセンター野球場

姫路市豊富球場

兵庫県姫路市
1997年7月30日
中堅120m、両翼92m
内野土、外野天然芝　照明無し
全日本少年硬式野球・中学生の部
兵庫武庫ファイターズ６－６鹿屋ビッグベアーズ（7回制　5回時間切れ引き分け）

　ＪＲ姫路駅からバスで30分「白鷺霊園前」下車、徒歩10分。「とよとみ」と読む。

　1996年完成。

　金属製バックネットの網目が縦長の長方形。普通横向きに使うネットを縦に使っている。これは珍しい。（と思っていたら、その後テレビで見かけたナゴヤドームも網目が縦長になるようにネットを使っている）

姫路市豊富球場

　近年、春・秋の高校野球西播地区予選で使われている。

　2014年11月15日に再訪してみた。ネット裏からダッグアウト手前までの観客席はプラ長イス4段。あとの内外野席は、傾斜の無い観戦スペースになっている。

　スコアボードは、時計、得点板（10回まで）、ＳＢＯ灯、ＨＥＦＣ灯のみと簡素。

　バックネットは自立式で、柱が多

いのが観戦には難点。ネット裏観客席は高い位置にあり、観戦しやすいのが救い。

山すそを削って造った球場のようで、レフト場外は土手のようになっている。この影響か、外野フェンスはレフト側だけコンクリ部分が高くなっている。

（踏破No.329　ＡＢＣ）

三木市三木山総合運動公園球場

兵庫県三木市
1997年9月13日
規格表示無し
内野土、外野天然芝　照明無し
兵庫県都市対抗軟式野球大会
三洋電機洲本3－2ＩＨＩ相生（7回制延長8回）

神戸電鉄粟生線・三木上の丸駅から徒歩25分。

1990年8月4日完成。
硬式大学野球でも使われている。
三木市の公式ページによると規格は中堅122.0m、両翼98.0m、収容人数4500人。

（踏破No.350　ＡＢＣ）

三木市三木山総合運動公園球場

三木市三木山総合運動公園球場

奈　良　県

橿原運動公園硬式野球場

奈良県橿原市
2007年9月1日
中堅122m、両翼100m
内野土、外野天然芝　照明無し
社会人野球日本選手権・一次予選　滋賀奈良地区大会

奈良産業大ＯＢクラブ11－9瀬田クラブ
近鉄南大阪線・坊城駅から徒歩10分。

観客席は全周に渡り、なだらかな傾斜の芝生席。ネット裏真後ろには本部席の小屋があり観戦しにくいの

で、小屋のすぐ隣に立ってスコアをつけた。
　社会人野球のクラブチームの大会でよく使われる。

（踏破№565　ＡＢＣ）

橿原運動公園硬式野球場

橿原運動公園硬式野球場

橿原球場

奈良県奈良市
1994年5月15日
中堅120m、両翼93m
内野土、外野天然芝　照明有り
春季高校野球・奈良大会
天理4－0智弁学園

橿原球場

　近鉄橿原線・橿原神宮前駅の近く。県立球場。
　この地に以前からあった球場が改築され、現在の球場建物は1984年に建設された。
　夏の高校野球・奈良県大会の決勝戦開催球場。
　観戦したのは春季大会の決勝戦。観客席のイスが木製だったのが印象に残っている。
　2010年に改修され、外野が人工芝になった。
　また、同年からネーミングライツ契約により「佐藤薬品スタジアム」という名称になっている。
　収容人数9347人。

（踏破№119　ＡＢＣ）

奈良市鴻ノ池球場

奈良県奈良市
1993年4月18日
中堅120m、両翼91m
内野土、外野天然芝　照明有り
春季高校野球・奈良大会
奈良商3－1二階堂

近鉄奈良駅からタクシーで行った。高校野球でよく使われる球場。

この球場で、奈良商業の田中という好投手を発見した。密かに注目していたら、その後、社会人野球の田村コピーに進んだので「やっぱり」と思ったが、残念、すぐに退部してしまった。

竣工は1955年4月15日。1983年3月30日改装。収容人数は23250人。

奈良市鴻ノ池球場

（踏破№87　ＡＢＣ）

大和郡山市営球場

奈良県大和郡山市
1997年7月30日
中堅118m、両翼92m
内野土、外野天然芝　照明有り
奈良県中学校野球大会
片塩中学7－0光陽中学（7回制　6回コールドゲーム）

　近鉄橿原線・近鉄郡山駅からバスで15分。

　1984年7月開場。収容人数8310人。

　ネット裏席の大きな屋根が特徴。

　光陽中学には女子選手がいて、6回表、代打で出場しサードゴロに倒れた。中学野球を観ていると、たまにこうした微笑ましいシーンに出会う。

　近年も硬式高校野球でよく使われる。

（踏破№330　ＡＢＣ）

大和郡山市営球場

大和郡山市営球場

和 歌 山 県

有田市民球場

和歌山県有田市
1998年9月23日
中堅122m、両翼98m
内野土、外野天然芝　照明無し
秋季高校野球・和歌山大会
耐久5－1粉河

　JR紀勢本線・箕島駅から徒歩50分。
　1995年に完成。収容人数6322人。
　球場デザインがコロシアム風でカッコイイ。
　でも私が行った日は台風が通過した直後で、球場の各所が破損していた。岬の突端近くにあるので海風の影響を受けやすいようだ。
　2003年8月に、ウエスタンリーグのチームと関西の社会人野球チームが出場した交流トーナメント大会の会場として使われた。
　2007年11月1日より10年間、ネーミングライツ契約により「マツゲン有田球場」という名称になっている。
　2011年4月、リニューアル工事が終了し外野が人工芝となった。

　　　　　　　（踏破№448　ABC）

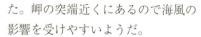

有田市民球場

有田市民球場

上富田スポーツセンター野球場

和歌山県上富田町
2010年9月12日
中堅122m、両翼98m
内野土、外野天然芝　照明無し
関西独立リーグ
紀州5－4神戸

　JR紀勢本線・朝来駅から徒歩45分。山のほぼ頂にある。
　駅からの途上では、紀伊半島西岸の美しい海を一望することができる。
　2002年3月竣工。収容人数3200人。
　山の斜面を削って作った球場のようだ。
　毎年、阪神タイガースを招いてウ

エスタンリーグ公式戦を開催しているが、2014年、2015年は2015年の和歌山国体の準備のため開催されなかった。

近年、春・秋の高校野球でよく使われている。

（踏破№672　ＡＢＣ）

上富田スポーツセンター野球場

上富田スポーツセンター野球場

貴志川スポーツ公園野球場

和歌山県紀の川市
2010年9月11日
中堅120m、両翼92m
内野土、外野天然芝　照明無し
関西独立リーグ
明石7－2韓国

　和歌山電鉄・貴志駅から徒歩30分。
　貴志駅は猫が駅長を務めており、車内が猫関連の装飾でいっぱいの「猫トレイン」も走っている。猫好きの皆さんでとても賑わっていて、地方鉄道の経営戦略大成功を目の当たりにしてビックリ。
　ネット裏席は長イス式で3段だけ、内野席も5段だけとスタンドは小規模。
　関西独立リーグの試合を観戦したが、観客はざっと数えて30人。山奥にある球場なので、サビシイ応援団の音がこだまするのがよけいサビシさをあおっていた。猫を監督にすればもっと客が入るかも（冗談です）。
　高校野球で使われない球場。関西独立リーグ（2009年から2013年まで

貴志川スポーツ公園野球場

貴志川スポーツ公園野球場

リーグ戦を開催）に所属していた紀州レンジャーズが試合を開催していた。

（踏破№671　ＡＢＣ）

紀三井寺野球場

和歌山県和歌山市
1992年11月15日
中堅120m、両翼93m
内野土、外野天然芝　照明無し
秋季高校野球・近畿大会
東山5－3南部

　ＪＲ和歌山駅からバス。和歌山県の夏の高校野球・決勝戦開催球場。現在も高校野球でよく使われている。
　1965年開場。
　1980年代は、年に一度程度、南海ホークスが公式戦を開催していた。
　観戦した試合で、東山高校の先発は、のちメジャーリーグで活躍する岡島秀樹投手だった。
　2011年から2012年にかけて、大規模な改装が行なわれた。
　2016年の時点で、規格は中堅120m、両翼98m。照明有り。収容人数13200人。

（踏破№82　ＡＢＣ）

紀三井寺野球場

紀三井寺野球場

御坊総合運動公園野球場

和歌山県御坊市
2010年4月18日
中堅120m、両翼92m
内野土、外野天然芝　照明無し
関西独立リーグ
紀州3－3明石

　ＪＲ紀勢本線・御坊駅からバス15分「南塩屋」下車、そこから徒歩15分。
　恐竜がグラウンドを見降ろしているユニークな球場。
　恐竜の正体は、子供用の遊具の滑り台。レフト外野席後方に児童公園があり、恐竜をリアルに模った滑り台が球場を睥睨している。
　1989年に開場。2015年の和歌山国体・軟式野球の会場として使われた。

外野席後方の公園の「恐竜」

御坊総合運動公園野球場

御坊総合運動公園野球場

2013年に芝生の一部張り替えやラバーフェンスの補修などの改修工事が行なわれた。

収容人数2220人。

（踏破№631　ＡＢＣ）

新宮市くろしおスタジアム

和歌山県新宮市
2009年7月20日
中堅122m、両翼98m
内野土、外野天然芝　照明無し
関西独立リーグ
大阪5－2紀州

　ＪＲ紀勢本線・紀伊佐野駅から徒歩10分。
　2003年完成。
　緑の山や、川に囲まれた自然豊かな球場。
　ネット裏の本部席が邪魔になり、真後ろからは観戦できない。真後ろにこだわる人は困るかも。

　スタンドは小規模で、外野スタンドは無し。ほぼ草野球場といえるが意外にも、2004年8月7日、ウエスタンリーグのダイエー－広島が開催されている。この試合の広島の先発投手は前年抑えの切り札として一軍で活躍しながら不調のため二軍落ちしていた永川勝浩だった。
　2015年には硬式高校野球の秋季県大会で使用され、続いて和歌山国体の軟式高校野球で使われるなど大きな大会の開催が相次いだ。
　収容人数1414人。

（踏破№587　ＡＢＣ）

新宮市くろしおスタジアム

新宮市くろしおスタジアム

Ａ…硬式（高校以上）　Ｂ…硬式（中学以下）　Ｃ…軟式　の試合が可能

田辺市立市民球場

和歌山県田辺市
1996年10月5日
中堅120m、両翼91m
内野土、外野天然芝　照明無し
秋季高校野球・和歌山大会
智弁和歌山9－0田辺工（7回コールドゲーム）

　現存しない球場。JR芳養駅から徒歩20分ほどのところにあった。

1970年開場。収容人数約4000人。高校野球でよく使われていた。

　完成後40年を経て、老朽化のため2011年度限りで解体され、跡地には弓道場ができた。

　水島新司さんのマンガ『あぶさん』にちょこっと登場している。

（踏破№243）

田辺市立市民球場

田辺市立市民球場

田辺スポーツパーク野球場

和歌山県田辺市
2016年5月15日
中堅122m、両翼100m
内野土、外野人工芝　照明有り
春季高校野球・和歌山大会
有田中央5－4日高中津

　JR芳養駅から徒歩30分。山の上にある。途中、芳養漁港を一望できるポイントがありこれは絶景だった。

　非常にスタイリッシュな外観の新しい球場。美術館のよう。入場口周辺がガラス張りになっていて内部を見通せるという他に例を見ない斬新な構造。

田辺スポーツパーク野球場

　2015年完成の最新鋭の球場。外野の人工芝の下から熱中症対策のミストを噴霧できる装置が整備されている。

　収容人数は5000人。

ネット裏からダッグアウト上まではプラザブ席6段。そのあとの内野席はプラ長イス5段。あとの内外野席は芝生席。ブルペンは内野席内に食い込む形で造られている。

スコアボードは、得点板（10回まで）、BSO灯、HEFC灯、選手名（DH制対応）、審判名（4人）。

ダッグアウト前の外野寄りに、二つめのネクストバッターズサークルがある。次々打者が入っていた。これは他県では見かけない習慣。

2015年和歌山国体の軟式野球競技の会場として使われた。

（踏破№853　ＡＢＣ）

なぎの里球場

和歌山県吉備町（現在は有田川町）
1994年9月18日
中堅121m、両翼93m
内野土、外野天然芝　照明無し
秋季高校野球・和歌山大会
県立和歌山商6－2日高中津

　ＪＲ湯浅駅から徒歩25分。古い街並みを抜けて歩いていく。

　1980年3月完成。

　最近では高校野球で使用されなくなった。

　2015年の和歌山国体の軟式野球競技の会場の一つ。

　収容人数約2000人。

　球場の所在地は有田川町（2005年12月までは吉備町）であるが所有・管轄は隣の湯浅町が行なっている。球場傍らには湯浅町が1980年に建てた完成記念碑がある。

（踏破№163　ＡＢＣ）

なぎの里球場

なぎの里球場

南山スポーツ公園野球場

和歌山県日高川町
2015年12月5日
中堅120m、両翼90m

内外野土　照明有り（小規模）
ボーイズリーグ・和歌山岩出大会
湯浅ボーイズ11－0四条畷ボーイズ

A…硬式（高校以上）　B…硬式（中学以下）　C…軟式　の試合が可能

（7回制　5回コールドゲーム）

　ＪＲ和佐駅から徒歩30分。1983年3月完成。

　ネット裏はコンクリの観戦スペースがあるだけ。ダッグアウト上は個別イス2段。あとの内野席は観戦スペースで芝生無し。外野席無し。

　スコアボードは、得点板（14回まで。パネル式）、ＳＢＯ灯、ＨＥＦＣ灯。

　硬式高校野球で使われたことがあるので気になっていた球場。田辺市民球場が解体のため2011年秋を最後に硬式高校野球で使われなくなっ

南山スポーツ公園野球場

た後、その代替えとして2012年の春季大会と新人大会で使用された。その後使われないのは外野も土のグラウンドであること、観客席が十分でないことが理由かもしれない。

　　　　　　（踏破№846　ＡＢＣ）

みなべ町千里ケ丘球場

和歌山県みなべ町
2012年9月22日
中堅122m、両翼92m
内野土、外野天然芝　照明無し
秋季高校野球・和歌山大会
市立和歌山2－1田辺

　ＪＲ紀勢本線・岩代駅から徒歩20分。小さい山を一つ越えるので歩くと疲れるが、途中の、海を一望できる景色はとてもよい眺め。ネット裏席からも海を眺められる小高い場所にある。周りにはヤシの木が並び、南国ムード。

　ライトポールの外に「1981年竣工」と刻まれた石碑があるが、球場好きの私もこの球場の存在は知らなかった。おそらく、閉場となった田辺市立市民球場の代わりとして2012

みなべ町千里ケ丘球場

みなべ町千里ケ丘球場

年秋から高校野球県予選で使われるようになったと思われる。

スコアボードは得点板とＳＢＯ灯、ＨＥＦＣ灯のみと簡素。バックスクリーンも無く、並木と布を張って代用。ネット裏席から内野席途中まではコンクリ段々にプラ長イスのプラ部分が置いてあるだけ。あとの内野席は雑草席。外野席は無し。トイレも少なく、大きな大会の開催は無理かも。

周りに、サブグラウンド（ただし荒れている）、屋根付き練習場があり、アマチュアチームのキャンプ地として使えそう。

観戦中、隣に市立和歌山高校の三年生の方が座っていたので選手の名前を教えてもらいながらスコアをつけた。その方は夏まで野球部だったそうで、来年から東京の大学の野球部で頑張ると話してくれた。部員が180人もいるけど負けずにやるつもり、と。心に喝を入れられたような気がした。こういう、若い気概に触れることができるのも野球観戦の大きな魅力。

2015年の和歌山国体に備え、平成25（2013）年度に大規模な改修工事が行なわれたので、球場の現在の姿はここに書いたものとは違っているかもしれない。この工事により、客席は2倍の600席に増やされた。

（踏破№767　ＡＢＣ）

龍神グリーングラウンド

和歌山県田辺市
2012年4月28日
中堅120m、両翼102m
内外野土　照明有り（小規模）
春季高校野球・和歌山大会
耐久9－8箕島（延長10回）

ＪＲ紀伊田辺駅から龍神バスで1時間。「保の平」下車、徒歩20分。山の上にある。

ネット裏観客席は、芝生の斜面になっているだけ。バックスクリーン無し。スコアボードはネット裏斜面

龍神グリーングラウンド

龍神グリーングラウンド

の中段にあり、ＢＳＯは片面に色が塗られた木製の円板を手で半転させる方式。このスコアボードは南部高校龍神分校の野球部副部長や部員たちが手造りし、2010年に設置されたもの。

　本来、グラウンドは四角い形をしており「野球場」とはいえないかもしれない。センターからライトにかけて仮設のフェンスを立て、扇形のフィールドにして使用していた。とはいえ仮設フェンスの外側には雑草が生えていて、最近は野球場としての使用が固定化しているようだ。

　ライト側のポールは仮設フェンスから10メートルほど離れて立てられている。本来ポールが立つはずのフェンス際は、元のグラウンドのかなり内側なので、そこにはポールを立てられなかったようだ。ポールを巻くような大きな打球が飛んだら審判は判定が難しいかもしれない。

　1997年12月に完成。

　近年、春・秋の高校野球で使われている。

（踏破№732　ＡＢＣ）

初めての北海道遠征時の日記

●1996年9月10日　火曜日
　飛行機からの眺めに感心しながら千歳につく　空港から札幌までバス　札幌に着いて円山に向かう安全策もあったが思いきって砂川に向かう　ギリギリで試合開始に間に合いラッキー　円山などmajorな球場は後回しでよいのだ　ゲーム後釧路にTEL　試合明日に順延になったという　幸運なことに釧路市民球場を踏破できるチャンスが生まれた　夜行の北見行きの切符を釧路行きに変更する　砂川から札幌に向かう車内でBeer。札幌にて5h汽車待ち。
　ラーメン横丁へ行く　「満龍」と「ひぐま」にてみそラーメン　時計台改修中でがっかり　大通公園で焼きとうもろこし食う

●9月11日　水曜日
　釧路は大学受験時以来　今日中に滝川に入ろうと思っていたがあまりに汽車が少ないので急きょ夜行に乗ることを決め札幌まで特急おおぞらを買う　その後球場へ　バス終点を降り湿原を横切って近道をして球場に着いたが靴が泥だらけになる　観戦は1試合で切り上げ駅に13時戻る　ノサップ岬へ行ってみることにする　バスを乗り継ぎ16時半ごろ着く　カニ丼を食べたが卵でとじてあるものでガッカリ　他の店で花咲ガニを食い直す　￥2100　店の人も親切　おいしかった　ノサップ→根室のバスは乗客俺一人だった。
　21時の汽車に乗り朝8時の滝川着まで汽車旅である……

●9月12日　木曜日
　滝川と旭川二つの球場を踏破する　旭川はなぜかやたらと古本屋の多い街　買いすぎて東京に小包で送る　札幌にて「夕霧旅館」泊￥3900

●9月13日　金曜日
　余市球場での観戦を1試合で切り上げ観光へ　余市にてニッカ工場を見学　続いて小樽へ行き天狗山のロープウェイに乗る　確かに眺めはよかった　続いて銭函駅に行ってみる　映画『駅 STATION』で印象的なオープニングが撮られていた場所　映画からもう15年　健さんがシブくキメていた時の印象は最早ない
　駅前によさそうな飲み屋があったので入ってみる　カルビ焼とホルモン焼を頼んだらボリュームがかなりあってビックリ。札幌に戻り夜行にて稚内へ移動

●9月14日　土曜日
　車中蒸し暑くて参った　車中にて日の出を見る　モヤの向うの美しい太陽　稚内大沼球場で1試合観て宗谷岬行きのバスに間に合った　日本最北端の地に行く。バスの時間の都合でこの場所には30分しかいられなかった　稚内に戻りノシャップ岬を見物　日没がウリというだけあってキレイな夕陽だった　今日は日の出と日の入りを両方見たことになる　明日は岩見沢にて観戦の予定だが天気悪そうで心配　これから夜行にて道央に戻る

中　　国

鳥取県》》》》》12球場
島根県》》》》》》9球場
岡山県》》》》》22球場
広島県》》》》》18球場
山口県》》》》》11球場

鳥取県

岩美町野球場

鳥取県岩美町
2011年8月27日
中堅120m、両翼92m
内野土、外野天然芝　照明有り
鳥取クラウン・ボーイズ大会
姫路ボーイズ10－3大阪摂津ボーイズ
（7回制　6回コールドゲーム）
　JR山陰本線・岩美駅より徒歩20分。
　完成は1997年3月。
　高校野球の春・秋の県大会で時々使われる。
　ネット裏観客席は長イス7段。内野席は芝生席。外野席は無し。
（踏破№712　ＡＢＣ）

岩美町野球場

岩美町野球場

倉吉市営野球場

鳥取県倉吉市
1994年10月10日
中堅120m、両翼92m
内野土、外野天然芝　照明有り
秋季高校野球・鳥取大会
鳥取西8－1米子工（8回コールドゲーム）
　昔の甲子園のようなラッキーゾーンがある珍しい球場。
　スタンドへの入り口は一塁側のトンネル型通路1カ所のみ。多くの観客が入った場合、出入りがとても混雑しそう。
　2011年9月24日に再訪してみた。バックネット部分のフェンスが曲線状に造ってある凝った造り。しかし、バックネット前に6本もの柱が立っているのでプレーが見やすいとはいえない。
　今回は外野のラッキーゾーンをよく観察してみた。ラッキーゾーン内にブルペンがある。これも昔の甲子園と同じ。外野の照明塔やバックスクリーンまでがラッキーゾーン内に建っている。これは非常に珍しい。

倉吉市営野球場

倉吉市営野球場

　もしもラッキーゾーンが無かったら、どのくらいの広さなのかを目測すると中堅124m、両翼98mといったところか。

　ともあれ、甲子園からラッキーゾーンが消え西宮球場も無くなった今となっては、日本唯一のラッキーゾーン有り球場かもしれない。

　ところが調べてみると意外な経緯がわかった。バックスクリーンや照明塔が元々の外野フェンス内に建てられているのは、フェンス外が砂防指定地とされていて工作物を建てられないので、1976年の改装時にやむを得ずフェンス内に建て、その内側に新たにフェンスを造り、元のフェンスとの間をラッキーゾーンにしたためという。ラッキーゾーンは仕方なしに生まれたものだったのだ。

　ＪＲ倉吉駅から徒歩40分ほど。

　竣工は1964年。1984年4月に改修工事が完了した。収容人数10000人。

　1993年8月18・19日、ウエスタンリーグ公式戦・オリックス－広島2連戦が開催され、イチロー（当時の登録名は鈴木）が2試合ともホームランを打っている。

　　　　　　　（踏破№171　ＡＢＣ）

琴浦町赤碕野球場

鳥取県琴浦町
2015年11月21日
中堅120m、両翼92m
内野土、外野天然芝　照明有り
ボーイズリーグ・春季全国大会　山陰支部予選
浜田ボーイズ6－0岩美ボーイズ

　ＪＲ山陰本線・赤碕駅から徒歩40分。

　定礎に刻まれた日付は平成4（注・1992）年12月。

　1990年代は高校野球の春・秋の大会でよく使われていたが、近年は使用されなくなっている。今回、ボーイズリーグの大会に使われていることに気づき行ってみた。

　ネット裏観客席はプラ長イス7段。内野席はダッグアウト上までコンク

琴浦町赤碕野球場

琴浦町赤碕野球場

リ段々席7段。あとの内外野席は芝生席。

　スコアボードは、時計、ＢＳＯ灯、ＨＥＦＣ灯、得点板（10回まで）。

　球場玄関に、小林繁さん（元巨人〜阪神。故人）のカッコいい写真が飾ってある。阪神のユニフォーム姿。小林氏は当時の赤碕町港町の出身であるという。郷土の先輩選手にこう

した敬意を表するのはとてもいいことと思う。

　1994年5月29日、この球場で招待高校野球が開催されている。招かれたのは大阪のＰＬ学園。米子東には12-3で勝ち、赤碕とは2-2で引き分けた。

（踏破№844　ＡＢＣ）

西伯カントリーパーク野球場

鳥取県南部町
2011年9月23日
中堅120m、両翼92m
内野土、外野天然芝　照明有り
秋季高校野球・鳥取大会
倉吉総合産8-1鳥取湖陵（8回コールドゲーム）

　米子駅から日ノ丸バス「上長田・大木屋線」に乗り35分、「賀祥」下車、そこから徒歩12分。バス運賃は590円だった。

　竣工は1987年3月。

　山奥にあるのどかな球場。高校野球の中国地区大会でも使用されるの

西伯カントリーパーク野球場

西伯カントリーパーク野球場

Ａ…硬式（高校以上）　Ｂ…硬式（中学以下）　Ｃ…軟式　の試合が可能

で立派なのかと思っていたが、内野スタンドは小規模で、外野席は無し。

鳥取砂丘の砂でも多めに使っているのか、内野の土が黄白い。観客からすると打球が見えにくかった。

収容人数1440人。

（踏破No.718　ＡＢＣ）

境港市営竜ケ山球場

鳥取県境港市
2011年11月5日
中堅120m、両翼97m
内野土、外野天然芝　照明有り
西日本軟式野球選手権大会
日亜鋼業（兵庫）２－１セントラル硝子宇部工場（山口）（延長10回）

　以前、米子市営湊山球場を高校野球で踏破した日、この境港でも試合があり踏破のチャンスだった。しかし、湊山は３試合開催、境港は２試合だったので、その頃は少しでも多くの試合を観たかったため湊山を選択してしまった。だが、球場巡りの鉄則は「辺ぴな球場から先に行け」である。

　その原則からすれば当然、境港へ行くべきだったし、その後、境港は高校野球で使われなくなり、踏破のチャンスはもはや無いものと、あの時の選択をとても後悔していた。

　しかし今回、軟式野球の大会で使われることがわかり、今度は何が何でも仕留めようと１球場踏破のためにわざわざ鳥取まで足を運んだ。実に17年ぶりのリベンジである。

　米子に着くと強い雨が降っていた。でも試合は行なわれるという確信があった。なぜなら西日本大会という遠来のチームも出場する大会だから。雨で順延すると選手の宿泊費もかさむし、選手が月曜日仕事を休まねばならなくなってしまう。だから社会人軟式野球の場合、強雨でも試合が強行されることが多いのだ。

　ＪＲ境線・中浜駅から徒歩30分。ネット裏建物はコンクリ製だが、あとの内外野スタンドは土盛り式。

境港市営竜ケ山球場

境港市営竜ケ山球場

観客席は、内野席途中までコンクリの段々になっているがイス無し。あとの内外野席は芝生席。

スコアボードはバックスクリーン上にあり背が高い。

ネット裏席の後方には自衛隊のレーダー基地や、松江市と境港市を結ぶ大きな橋が見え景色が面白い。

完成は1970年9月。1984年3月に管理棟ができた。

収容人数4830人。

（踏破№725　Ｃ）

関金野球場

鳥取県倉吉市
2012年4月30日
中堅120m、両翼92m
内野土、外野天然芝　照明有り
春季高校野球・鳥取大会
鳥取城北10－0米子西（8回コールドゲーム）

ＪＲ倉吉駅からバス40分。「関金温泉」下車、徒歩25分。山の上にある。

ネット裏席は長イス7段（収容人数674人）、あとの内外野席は芝生席だがライト側には席が無い。

球場建物の正面に、樹木のシルエットをかたどった装飾が入っている。

社会人野球・クラブチームの試合で使われることが多い。

竣工は1993年7月。

（踏破№734　ＡＢＣ）

関金野球場

関金野球場

鳥取市営美保球場

鳥取県鳥取市
2011年8月27日
中堅120m、両翼92m
内野土、外野天然芝　照明有り
鳥取クラウン・ボーイズ大会

岡山ドラゴンズボーイズ11－10大阪東淀川ボーイズ（7回制　規定により時間切れ6回コールドゲーム）

ＪＲ鳥取駅より徒歩20分。

完成は1982年7月。

鳥取市営美保球場

鳥取市営美保球場

春・秋の高校野球でたまに使われる。

球場玄関に入ると、この球場でホームランを打った選手の一覧表が掲げられている。私が知っている選手はいなかった。

球場のすぐ隣に民家があるが、防球ネットはちょっと貧弱な感じで心配。

ＳＢＯ灯は、Ｓが緑灯でＢが黄灯。普通は逆。Ｏは赤灯で、これは他球場と同じ。

スコアボードの大時計は壊れているのか針が取り外されている。

収容人数5635人。

(踏破№711　ＡＢＣ)

布勢総合運動公園野球場

鳥取県鳥取市
2000年7月19日
中堅120m、両翼92m
内野土、外野天然芝　照明有り
全国高校野球・鳥取大会
鳥取西12－5米子工業高専（8回コールドゲーム）

　ＪＲ鳥取駅からバスで行った。

竣工は1984年5月。県立球場。

2011年8月27日に再訪してみた。ネーミングライツ契約により「コカ・コーラウエストスポーツパーク野球場」と改称されている。

かつて鳥取の高校野球の決勝戦にも使われたことがある球場だが、常設の放送席は無し。スコアボードに

布勢総合運動公園野球場

布勢総合運動公園野球場

一行だけ文字列を表示できる電光装置がある。

収容人数は約11000人。

(踏破No.469　ＡＢＣ)

伯耆町総合スポーツ公園野球場

鳥取県伯耆町
2011年9月24日
中堅118m、両翼92m
内野土、外野天然芝　照明有り
秋季高校野球・鳥取大会
鳥取商3－0鳥取工

　ＪＲ岸本駅から徒歩1時間。名峰・大山(だいせん)のふもとにある。町の名前は「ほうきちょう」と読む。

　大山を遠くに眺めながら、駅から歩く。ゆるやかだが長い坂を登り続けねばならないので意外に疲れる。でも大山の偉容はさすがに素晴らしく、思わず「おお～」と声をあげてしまう。大山を見れただけでも「来てよかった」と思える球場。

　西伯球場と並び、近年、鳥取の高校野球で使用頻度の高い球場だが、ネット裏スタンドは5～6段の長イス席のみと小さく、内野席は芝生席のみ。外野席は傾斜がきつく雑草だらけなので実質無しという感じ。小さな球場。収容人数300人。

　ネット裏に大きな得点表示板があるのがこの規模の球場としては珍しい。対照的に、外野にある得点板は鉄パイプで支えている簡素なもの。

　内野グラウンドは黒土なのでボールの行方は見やすい。

　看板によると、開場は1995年。
　近年も高校、大学野球で使われている。

(踏破No.719　ＡＢＣ)

伯耆町総合スポーツ公園野球場

バックネット裏にスコアボード有

湯梨浜町東郷運動公園野球場

鳥取県湯梨浜町
2012年4月29日

中堅120m、両翼92m
内外野天然芝　照明有り

湯梨浜町東郷運動公園野球場

湯梨浜町東郷運動公園野球場

春季高校野球・鳥取大会
倉吉総合産9－0鳥取東（8回コールドゲーム）

　ＪＲ山陰本線・松崎駅から徒歩1時間。

　ネット裏席は長イス7段、内野席芝生席、外野席無し。

　ファウルグラウンドにまで、キレイな芝生が敷かれている。カープの本拠地・マツダスタジアムと同じ業者が手掛けた芝生らしい。

　開場は1996年5月。メインスタンドは686席ある。

（踏破№733　ＡＢＣ）

米子市営湊山球場

鳥取県鳥取市
1994年5月2日
中堅119m、両翼92m
内野土、外野天然芝　照明無し
春季高校野球・鳥取大会
八頭13－4鳥取商（8回コールドゲーム）

　ＪＲ鳥取駅から徒歩15分と便利な場所にある古い球場。

米子市営湊山球場

　夜行バスで行ったが、近くの席の女性に「カバみたいなイビキがうるさい」と叱られてしまった。「イビキがうるさい」だけならまだしも、「カバみたいな」とは屈辱。その時はアタマにきたが、今思い返すとなんだか笑ってしまう。

　球場はいわゆる「土盛り型」。観客席が土手で造られている。

　鳥取砂丘の砂を多く使っているのか、内野の土が白っぽくて打球の行方が見にくい。

　隣に交通量の多い道路があり、観戦試合中、ファウルボールが車のフロントガラスを直撃する事故が発生した。そうしたこともあってか、最

近は硬式高校野球では使われていない。

1964年、当時、岡山・倉敷商業三年の星野仙一投手が東中国大会・決勝戦で敗れ、甲子園出場の夢が絶たれたのが、この球場。

2011年9月23日に再訪してみた。17年前に来た時はネット裏席後方に建物があったが、今回は無くなっている。

鳥取の古い球場によくある、スタンド下のトンネルをくぐって場内に入る形式。でもトンネルの天井は低い。

外野席後方に大きなカエデの木がズラリと並んでいるのもこの球場の特徴。

防球ネットは外に道路がある三塁側にだけ設置されている。でも高さが無いので硬式野球の開催は無理だろう。

歴史を感じさせるスコアボードには、古い球場の場合ＨＥＦＣ灯の傍らによく書いてある「只今」の文字があるが、肝心のＨＥＦＣ灯のランプが無し。故障して撤去されたのだろう。

ネット裏含めてスタンドは土盛り式。観客席に椅子は無く、コンクリ製の敷石を使って段々が造られているだけ。敷石の隙間からは雑草が伸び放題。映画などで昔の野球場の様

米子市営湊山球場

子を撮影したい時にはロケ地にぴったりかもしれない。

駅に近いだけあって周囲には近代的なマンションや病院が立ち並んでいるのに、この球場だけが時間の流れに取り残されたように存在している。この日は女の子も参加している学童野球のチームが元気に練習していた。こういう球場がいつまでもこのままであることを願っている。

1981年までは高校野球・中国地区大会という大きな大会でもよく使用されていた。

竣工は1953年3月。1981年3月に改修工事が完了した。

収容人数は13000人。

2014年夏も、高校軟式野球の県大会で使われた。

市には、この球場がある米子城周辺を整備する計画があるようで、球場がいつまで存続できるかはわからない状況。

（踏破№116　ＢＣ）

米子市民球場

鳥取県米子市
1998年7月21日
中堅120m、両翼92m
内野土、外野天然芝　照明有り
全国高校野球・鳥取大会
由良育英7－6鳥取工（延長10回）

　2011年9月23日に再訪してみた。「米子市民球場」という表札の他に「どらドラパーク米子」という表示も併設してある。米子市はどら焼き発祥の地としてアピールしており、それに関連したネーミングなのだろう。

　定礎に記された日付は1990年5月。夏の高校野球県大会決勝で使用されることもある球場だが、常設の放送ブースは無い。

　玄関ロビーには、子供たちが水鳥と戯れている姿を描いた大きなレリーフが飾られているが他に展示物は無い。

　球場前には2005年にここをメイン会場に開催された軟式野球の全国大会の組み合わせボードが残されたままになっている。

　米子の隣駅「東山公園駅」から徒歩5分。球場パンフレットによると収容人数は16000人の大きな球場。ネット裏席は背もたれつきの個別イスだが、前後の間隔が狭いのが残念。

（踏破№419　ＡＢＣ）

米子市民球場

米子市民球場

島根県

出雲ドーム

島根県出雲市
2011年8月28日
中堅110m、両翼90m
内外野人工芝　照明有り
ボーイズリーグ・若武者大会
出雲雲太ボーイズ8－1大山サクラボーイズ（7回制）

　ＪＲ出雲市駅からバス20分、「小

山保育園前」下車。

球場パンフレットによると「日本最大級の木造建築」で1992年完成、2000年に人工芝化された。収容人員は2500人。トイレの洗浄水は屋根に溜まった雨水を使っているとか。さすがは屋根付き球場。ネット裏に観客席無し。

開場してすぐの1992年6月に硬式高校野球の中国地区大会で使用されたが、その後は目立った試合開催が無く踏破をあきらめていた。でも今回、ボーイズリーグのローカル大会で使われていることを思い出し、日程を調べて行ってみた。

マウンド周辺の土の部分が他の人工芝球場と違って小さい。投手が踏み出す最低限の広さしかない。

あと、二塁ベース周辺の土の部分は正方形型なのだが、向きがヘン。野球場をよく知らない人が造ったのかも？

ブルペンが無いので、両軍の先発投手は試合前、マウンドで交代で投球練習を行なっていた。

バックネットは天井からナイロン網がぶら下がっているだけで基礎部分無し。バックスクリーンも布製だった。

球場傍らに、和田毅（福岡ソフトバンクホークスなど）杯少年野球大会の記念植樹がある。

これにて札幌、大館、西武、東京、ナゴヤ、大阪、出雲、福岡の国内8ドーム球場の踏破完了。

大相撲の巡業、吹奏楽のイベントなどでも使われる。

（踏破№713　ＡＢＣ）

出雲ドーム

出雲ドーム

出雲ドーム

いわみスタジアム

島根県邑南町
2012年5月26日
中堅122m、両翼98m
内野土、外野天然芝　照明有り
高校野球・島根　石見地区大会

益田翔陽5－2矢上

広島駅から高速バスと邑南町営バスを乗り継いで行った。「矢神駅」というバス停から徒歩40分。試合開催が少ないうえ、公共交通利用派に

とっては、ちょっと苦労させられる場所にあり、なかなか踏破できなかった。

収容人数は7000人。

球場正面に、1996年、名球会がここを訪れた記念の手形プレートが12選手ぶん展示してある（金田正一さんの手は、さすがに大きい）。

ウエスタンリーグも開催される球場だが、ネット裏席は5段しかなく小規模。

高校野球でもなかなか使われないレアな存在。

広島やニューヨーク・ヤンキースで活躍した黒田博樹投手が登板したことがある球場。1998年5月23日、ウエスタンリーグ公式戦・広島－阪神。黒田投手は6回を投げ自責点4で敗戦投手になっている。

（踏破№742　ＡＢＣ）

いわみスタジアム

いわみスタジアム

大田市民球場

島根県大田市
2012年5月27日
中堅116.3m、両翼91.4m
内野土、外野天然芝　照明有り
高校野球・島根　石見地区大会
邇摩7－2江津工

ＪＲ大田市駅から徒歩30分。

元々の地形を利用したものだろうが、周囲の土地よりもフィールドが低い位置にあり、珍しいタイプの球場。

内野席の外野寄りや外野席には樹木が植えられていて、そこでの観戦

大田市民球場

大田市民球場

は想定されていない感じ。
　観客席は、固定席だけで3200席。
　球場開きが行なわれたのは、1958年11月9日。阪急－広島のダブルヘッダー（オープン戦）が開催された。その後1982年7月5日にナイター施設が完成している。

（踏破№744　ＡＢＣ）

隠岐の島町運動公園野球場

島根県隠岐の島町
2014年5月31日
規格表示無し
内外野土　照明有り
島根県高校総合体育大会・軟式野球
隠岐島前11－1大社高佐田分校（6回コールドゲーム）

　西郷港から徒歩20分。丘の上にある。
　バックスクリーン無し、スコアボード無し（得点板がネット裏に有り）。ＳＢＯ灯は仮設式。ＨＥＦＣ灯無し。
　ネット裏に観客席は無く、内野席は一部がコンクリ段々のイス無しで5段。あとの内外野席は芝生席。
　800球場めを印象深い場所で飾りたかったので行ってみたが、フィールドを金網で囲んだだけの、まあ草野球場といってよい感じ。
　しかし、観戦した試合で、投手が二塁ベースに入った中堅手に送球して走者けん制アウト、という珍しいプレーを見ることができたので思い出ができた。近くで観戦していた野球部員たちは、このプレーを「忍者」と呼称していた。
　私も今回初めて存在を知った球場で、開会式でのスピーチによると、この大会も10年ぶりの開催だそうで、踏破困難球場といえるだろう。

（踏破№800　Ｃ）

隠岐の島町運動公園野球場

隠岐の島町運動公園野球場

江津市民球場

島根県江津市　　　　　　　　2012年5月27日

Ａ…硬式（高校以上）　Ｂ…硬式（中学以下）　Ｃ…軟式　の試合が可能

江津市民球場

改装前のスコアボード

中堅120m、両翼91m
内野土、外野天然芝　照明有り
国体軟式野球・島根予選
川本ベースボールクラブ8－1島根整肢学園（7回コールドゲーム）

　JR江津駅から徒歩30分。
　ネット裏本部席はコンクリの建物だが、あとの内外野は土盛り式。
　昭和55（1980）年度に建設された。収容人数は6800人。

　球場事務所に、有名野球人たちのサイン色紙が飾ってある。元広島の古葉さん、大野さん、長内さん（1984年に来訪したらしい）、愛媛県・済美高校の上甲監督など。
　2013年4月、県内初のフルカラーLED使用の電光式スコアボードが新設された。

（踏破№743　ABC）

浜田市野球場

島根県浜田市
2000年7月20日
中堅120m、両翼90m
内野土、外野天然芝　照明有り
全国高校野球・島根大会
開星7－0浜田商（8回コールドゲーム）

　JR山陰本線沿いにあり、車窓から見える。
　1981年に完成。
　2012年5月27日に再訪してみた。JR浜田駅から徒歩10分。規格に変化なし。

浜田市野球場

浜田市野球場

スコアボードの得点板が延長16回まで表示できるのが最近では珍しい。

収容人数は4000人。

（踏破No.470　ＡＢＣ）

浜山球場

島根県出雲市
2009年9月11日
中堅120m、両翼91m
内野土、外野天然芝　照明有り
秋季高校野球・島根大会　一次予選
大社10－0浜田水産（5回コールドゲーム）

　ＪＲ出雲市駅からバスで15分。
1974年にできた県立球場。
　ネット裏観客席は14段しかなく、

夏の高校野球・県大会決勝戦使用球場としては小規模な印象。外野全周が緑に囲まれ、眺めはよい。
　スタンド下のトイレは男女共用。バックネットも古いので近い将来改修が必要になるかも。
　球場全体は石造りで雰囲気はいい感じ。
　収容人数は12000人。

（踏破No.605　ＡＢＣ）

浜山球場

浜山球場

益田市民球場

島根県益田市
2015年9月11日
中堅120m、両翼90m
内野土、外野天然芝　照明無し
秋季高校野球・島根大会
益田翔陽1－0情報科学

　ＪＲ益田駅から徒歩30分。2009年に、球場まで行きながら試合が雨で中止になり踏破に失敗したことがあ

り、6年ぶりのリベンジとなった。その時と同じ道を歩いてみたが、何となく憶えていて懐かしかった。
　硬式高校野球では、秋季大会の一次大会でのみ使われる。年に三日だけ。試合開催情報が掴みにくく、踏破のチャンスが少ないといえる。
　珍しい構造をしている。もともと斜面だったところを掘り下げて造っ

Ａ…硬式（高校以上）　Ｂ…硬式（中学以下）　Ｃ…軟式　の試合が可能

益田市民球場

益田市民球場

たらしく、球場建物の右半分は地中に埋もれる形になっている。

ネット裏席は、背もたれ無しのプラスチック製イス席で最大12段。最後列は車イス用の観戦スペースになっている。そしてここへは、一塁側場外からスロープで入れる。建物の右半分が地中に埋もれている構造をうまく利用している。

内野席はプラ長イス8段。外野席は芝生席。

スコアボードは、時計、得点板（13回まで。パネル式）、選手名（DH制非対応）、審判名（4人）、BSO灯、HEFC灯。

バックネットは下半分が金網、上半分がナイロン網だが、その繋ぎ目が太い束となって左右に横切っていて観戦者の視線の妨げになってしまっている。これはマイナスポイントだろう。

（踏破№838　ＡＢＣ）

松江市営野球場

島根県松江市
1998年7月22日
中堅120m、両翼92m
内野土、外野天然芝　照明有り
全国高校野球・島根大会

三刀屋9－4松江農林
　ＪＲ山陰本線・乃木駅から徒歩30分。
　1978年9月1日竣工。収容人数15000人。

松江市営野球場

松江市営野球場

2011年8月28日に再訪してみた。ネット裏は個別イスだが、あとの内野席はコンクリブロックでイスらしく造ってあるだけ。高校野球で多用される球場のわりには残念。

高知の春野球場と同じく、球場外から橋を渡って球場二階コンコースのスタンド入り口へ向かう方式。

（踏破№420　ＡＢＣ）

岡　山　県

井原運動公園野球場

岡山県井原市
2009年8月29日
中堅120ｍ、両翼90ｍ
内野土、外野天然芝　照明有り
秋季高校野球・岡山大会　西部地区予選
倉敷南2－0高梁日新

　井原鉄道・井原駅から徒歩5分。
　スタンドの椅子が石造りなのが珍しい。球場建物も石垣ふうに造られていて、古く味のある球場。タイプとしては長崎県の島原市営球場に似ている。開場は1976年7月。
　球場正面に興讓館高校の2008年センバツ出場の記念碑がある。
　試合後、当時福山に住んでいたブログフレンドのるんさんに連絡をとり、食事をごちそうになったのもいい思い出。私のほうが年上なんですが。恐縮です。九州遠征の帰途だったので服が汚れていたのに、そこはツッコまずに対応してくれて、るんさんは優しい方です。
　2009年11月から2010年3月までリニューアル工事が行なわれ、コンクリートのフェンスにラバーが張られたほか、内野の土の入れ替え、外野の芝生の張り替えなどが行なわれた。
　収容人数約3600人。高校野球の春・秋の西部地区予選で使われている。
　2016年は硬式・軟式ともに高校野球で使用されなかった。

（踏破№599　ＡＢＣ）

井原運動公園野球場

井原運動公園野球場

Ａ…硬式（高校以上）　Ｂ…硬式（中学以下）　Ｃ…軟式　の試合が可能

岡山県野球場

岡山県岡山市
1993年11月8日
中堅122m、両翼91m
内野土、外野天然芝　照明有り
秋季高校野球・中国大会
岡山理大付7－0広陵

　JR岡山駅から徒歩20分。
　1951年完成。収容人数は約13199人。
　高校野球でよく使われる。
　2011年4月2日に再訪してみた。規格などに変化無し。
　昭和時代に建てられた病院のような白い球場建物が面白い。鉄骨むき出しの照明塔もレトロな感じ。
　外野スタンド外に、四角いお濠がめぐらせてあるのも珍しい。
　球場の向かいに、美味しいお好み焼き屋さんがあった。
（踏破№98　ＡＢＣ）

岡山県野球場

岡山県野球場

邑久スポーツ公園野球場

岡山県邑久町（現在は瀬戸内市）
1998年8月30日
中堅120m、両翼90m
内外野土　照明有り
秋季高校野球・岡山大会　東部地区予選

金川8－6－宮
　JR赤穂線・邑久駅から徒歩40分。
　1993年完成。
　スコアボード、バックスクリーンが無い簡素な球場。

邑久スポーツ公園野球場

邑久スポーツ公園野球場

2011年4月2日に再訪してみた。相変わらずスコアボード、バックスクリーンともに無し。ネット裏席はコンクリの段々になっているだけでイス無し、3段だけ。内外野席は芝生席。

外野フェンスが高さ1メートルほ どと非常に低いのが特徴。いくらなんでもこりゃ低すぎ。エンタイトル二塁打が続出してしまうかも。

近年も春と秋の硬式高校野球・東部地区予選で使われている。

（踏破No.439　ＡＢＣ）

落合総合公園野球場

岡山県落合町（現在は真庭市）
1997年7月23日
中堅115m、両翼90m
内外野土　照明有り
全国高校軟式野球・岡山大会
高松農7－1井原

　ＪＲ姫新線・美作落合駅から徒歩30分。
　1982年完成。
　内野は黒い土、外野には白い土を使っているので、一見、外野は枯れた芝生に見える。

ネット裏席には天井のようにネットが張ってあるので、ファウルボールを恐れずに安心して観戦できる。

近年は中学野球で軟式、硬式ともに使われている。夜間照明は軟式野球用。

（踏破No.326　ＡＢＣ）

落合総合公園野球場

落合総合公園野球場

笠岡どんぐり球場

岡山県笠岡市
2010年9月20日
中堅121m、両翼92m
内野土、外野天然芝　照明無し
秋季高校野球・岡山大会　西部地区予選
倉敷9－2玉島商（7回コールドゲーム）

　井原鉄道・早雲の里　荏原駅から徒歩1時間。駅前の山を迂回し、次の

Ａ…硬式（高校以上）　Ｂ…硬式（中学以下）　Ｃ…軟式　の試合が可能

笠岡どんぐり球場

笠岡どんぐり球場

山の上に球場があるので時間がかかる。

ネット裏に小規模なスタンドがある。屋根付き。

ネット裏席に「当球場はドクターヘリの離着陸指定場所の為、離着陸の際は利用を中断していただくことになります」との表示有り。

岡山の春・秋季高校野球の地区予選で使われるが、場内アナウンス無し、スコアボードの得点表示無し、ＳＢＯ灯も使用されずなのでスコアブックをつけるのがとても大変。

ネット裏観客席は286席。

（踏破№675　ＡＢＣ）

勝山球場

岡山県真庭市
2010年8月29日
中堅115m、両翼90m
内野土、外野天然芝　照明有り
秋季高校野球・岡山大会　西部地区予選
作陽10－0津山工（6回コールドゲーム）

ＪＲ姫新線・中国勝山駅から徒歩40分。

山の上にあるので駅から歩くと最後の階段が心臓破りになる。途中の山道でハンターの発砲音が聞こえるのも怖い。

球場前の碑によると2005年の国体を機に整備された球場で、最近の球場らしくスコアボードのカウント表示がＳＢＯではなくＢＳＯの順番になっている。

ネット裏席はプラ長イス5段だが、

勝山球場

一塁側内野席の日よけ屋根

岡山県　495

内野席は木製の長イスが並べてある珍しい形式。一塁側内野席にだけ、藤棚ふうの日よけ屋根がある。

春・秋季高校野球の北部地区予選で使われている。

（踏破№668　ＡＢＣ）

久世宮芝公園野球場

岡山県久世町（現在は真庭市）
1997年7月23日
中堅105m、左翼98m、右翼97m
内外野土　照明有り
全国高校軟式野球・岡山大会
五島14－1明誠学院（5回コールドゲーム）

久世宮芝公園野球場

ＪＲ姫新線・久世駅から徒歩25分。1958年に完成。

左翼と右翼で広さが異なる珍しい球場。中堅と両翼の差が10m以下というのも珍しい変わり種。とはいえほとんど草野球場的な感じだが……。

一塁側のフェンスが可動式で、それを開放すればフィールドゲームのグラウンドとしても使えるようになっている。

内野は黒土、外野には白土を使っているので、一見すると外野は枯れた芝生に見える。

2010年5月4日に再訪してみた。可動式だった一塁側フェンスは固定式に改修されており、規格も両翼98mに変わっている（中堅105mは変わらず）。

レフト側のファウルグラウンドが狭く、ライト側は広いのが特徴。一塁側フェンスが可動式だった名残りだろう。

三塁側にのみ、簡単な観客席有り。

久世町が消滅した現在の正式名称は「宮芝グラウンド」。

ソフトボールやサッカーでも使うことができる多目的グラウンドとなっている。

（踏破№327　Ｃ）

久世宮芝公園野球場

倉敷市営球場

岡山県倉敷市

1997年7月20日

中堅121m、両翼93m
内野土、外野天然芝　照明有り
全国高校野球・岡山大会
岡山理大付９－２岡山操山（７回コールドゲーム）

　水島臨海鉄道・球場前駅から徒歩5分。

　倉敷市教育委員会の年表によると1992年4月に落成・開場。

　収容人数は10550人。

　2011年4月3日に再訪してみた。全周コンクリ造りの近代的な球場。隣に、陸上競技場を挟んでサブ球場（内外野土、規格表示無し、本部席有り、照明有り）がある。

（踏破№324　ＡＢＣ）

倉敷市営球場

倉敷市営球場

倉敷市玉島の森野球場

岡山県倉敷市
1998年8月29日
中堅120m、両翼91m
内野土、外野天然芝　照明無し
秋季高校野球・岡山大会　西部地区予選
琴浦３－２水島工

　1981年10月完成。
　2011年4月3日に再訪してみた。
　埋め立て地にある公園。
　観客席はすべて芝生席。ただしネット裏、内野席、外野席に数脚ずつ長イスが置かれている。福田公園球場に造りがよく似ている。
　レフト後方に発電所の煙突が大きく見える。

　ＪＲ新倉敷駅下車、バス11分「養父（やふ）」下車、徒歩17分。
　収容人数は10000人。
　近年は軟式、準硬式野球の使用がある。

（踏破№438　ＡＢＣ）

倉敷市玉島の森野球場

倉敷市中山公園野球場

岡山県倉敷市
2009年9月19日
中堅124m、両翼90m
内野土、外野天然芝　照明有り
秋季高校野球・岡山大会　西部地区予選
倉敷南3－2おかやま山陽

　JR上の町駅より徒歩20分。丘の上にある。

　中堅と両翼で34mも差があるアンバランスな規格が面白い。

　スタンド観客席の収容人数は1500人。

　ネット裏スタンドはコンクリートの段になっているだけだが、緑と赤に塗り分けられているのが珍しい。バックネットに柱が多く、観戦しづらいのが難点。

　近年も春・秋の高校野球・西部地区予選で使われている。

（踏破№606　ＡＢＣ）

倉敷市中山公園野球場

倉敷市中山公園野球場

倉敷市福田公園野球場

岡山県倉敷市
2011年4月3日
中堅120m、両翼95m
内野土、外野天然芝　照明有り
春季高校野球・岡山大会　西部地区予選
高梁12－11玉島商

　JR倉敷駅から水島臨海鉄道に乗り、水島駅で下車。東へ一本道を35分ほど歩いた突き当たりにある。道が単調なぶん、遠く感じた。

　全周土盛り式の観客席で、内外野席全て、なだらかな傾斜の芝生席。

　ネット裏席中央は本部席が占めていて、真後ろでの観戦はできない。観客のことは考慮されていない、草野球場といってもいいかも。

　スコアボードはバックスクリーンと一体型だが、得点板しかなかったようだ。その得点表示部分さえも、今は板で覆われていて使用されていない。大時計だけが動いていて正確な時刻を指している。ＳＢＯ灯無し、ＨＥＦＣ灯無し。

　岡山の春・秋の高校野球地区予選

倉敷市福田公園野球場

倉敷市福田公園野球場

は場内アナウンス無し、スコアボードも使用されないので、スコアをつけながら観戦していると他の観客たちが代わる代わる「今、何回？」「どっちが勝ってんの？」などと訊きに来るので困ってしまう。

試合は玉島商が９回、３点リードを守れず逆転サヨナラ負け。試合後ベンチ裏で投手が号泣していた。「泣くな、お前はセンスあるぞ」と声をかけたかったが、勇気が無くてできず。

収容人数10000人。

（踏破№686　ＡＢＣ）

倉敷マスカットスタジアム

岡山県倉敷市
1997年４月23日
中堅120.0m、両翼99.5m
内野土、外野天然芝　照明有り
社会人野球・岡山大会
三菱自動車水島９－５ＮＴＴ東北
　ＪＲ山陽本線・中庄駅から徒歩10分。
　竣工は1995年。

ＮＰＢ球団のフランチャイズとしても通用するような立派な球場で、岡山県の夏の高校野球決勝戦で使われる。

収容人数は約30500人。

この日は、私の球場巡り旅史上、最も長距離のハシゴ踏破となった日だった。山口県の萩市民球場を踏破した後、長距離バスで瀬戸内海側に

倉敷マスカットスタジアム

倉敷マスカットスタジアム

倉敷マスカットスタジアム

出て、新幹線で新倉敷へ。山陽本線で中庄駅に行き、タクシー3分で球場へ。社会人野球の第三試合開始に間に合った。

（踏破№271　ＡＢＣ）

倉敷マスカット補助野球場
岡山県倉敷市
2012年10月21日
中堅122.0m、両翼99.5m
内野土、外野天然芝　照明有り
中国地区大学野球・4部リーグ
鳥取大7－0広島国際大呉キャンパス
（7回コールドゲーム）

　ＪＲ山陽本線・中庄駅から徒歩15分。

　1995年竣工。

　隣にあるマスカットスタジアムが立派なので見劣りはするが、標準レベルの球場。

　ネット裏席は長イス席6段。あとの内外野席は芝生席。収容人数は1400人。

　スコアボードは大型で、時計、得点板（延長10回まで）、ＢＳＯ灯、ＨＥＦＣ灯、選手名、審判員名も表示できる。ナイター照明は軟式野球用で、硬式には対応していない。

　外野の芝生が、人工芝？と思ってしまうくらいキレイ。

　高校、大学野球でよく使われる球場で、内野部分が黒土なのでプレーも見やすい。

（踏破№775　ＡＢＣ）

倉敷マスカット補助野球場

倉敷マスカット補助野球場

勝北球場
岡山県津山市
2016年7月23日
中堅120m、両翼92m
内野土、外野天然芝　照明無し

ヤングリーグ選手権大会
府中広島2000　7－6大阪球道（7回制）

　津山バスセンターからバス24分、「茶屋林」下車、徒歩30分。勝北は

「しょうぼく」と読む。

　2005年の岡山国体で軟式野球競技の会場として使われた。

　ネット裏席はプラ長イス5段で屋根有り。内野席はダッグアウト上まではコンクリ段々席4段。あとの内外野席は芝生席。

　スコアボードは、時計、得点板（13回まで。パネル式）、ＢＳＯ灯、ＨＥＦＣ灯、選手名（DH制非対応）、審判名（4人）。

　バックネット前にも天然芝が敷いてある。

勝北球場

　1991年8月31日に球場開きが行なわれた。津山高、津山北高、津山商高、作陽高の県北4校による大会が開かれている。

（踏破№866　ＡＢＣ）

瀬戸町総合運動公園野球場

岡山県瀬戸町
2011年4月2日
中堅120m、両翼91m
内野土、外野天然芝　照明有り
春季高校野球・岡山大会　東部地区予選
岡山城東1－0岡山大安寺

　ＪＲ山陽本線瀬戸駅～万富駅間の南東側に照明塔が見えるので、以前から気になっていた。

　万富駅から徒歩25分。

　球場周りに桜が植えてあるが、まだ咲いていない時期だったので残念。

　場内アナウンスの設備が無い。これではなかなか大きな試合では使われないかも。

　硬式高校野球では春と秋の大会の東部地区予選でしか使われないため踏破日が限定される。

　キリンビール工場が近くにあり、帰りは工場見学しようかとも思った

瀬戸町総合運動公園野球場

瀬戸町総合運動公園野球場

が時間が無くてできず。ビール好きとしては残念。

収容人数4000人。

（踏破No.685　ＡＢＣ）

総社市スポーツセンター野球場

岡山県総社市
2014年11月16日
中堅119m、両翼90m
内野土、外野天然芝　照明有り
西日本軟式野球選手権大会
オール和歌山１－０岡山市役所

　ＪＲ総社駅から徒歩25分。
　1971年３月に設置された。2005年にリニューアルされている。
　ネット裏席から内野席途中までは最大６段の個別イス。あとの内外野席は芝生席。
　スコアボードは時計、ＢＳＯ灯、ＨＥＦＣ灯、得点板（10回まで）。パネル式表示の選手名掲示板は、両チームのラインナップが上下二段に並ぶ形式で、打順ランプは共用。つまり甲子園と同じ方式。
　地形との関係と思うが、ライト側外野席のみ傾斜が急。
　1971年３月６日に、大洋－近鉄のオープン戦がコケラ落としとして行なわれた。大洋が７－４で勝ち。総社市の隣、高梁市出身の大洋のエース・平松政次が先発し勝ち投手になっただけでなく、自ら本塁打を放つ大活躍を見せた。

（踏破No.812　Ｃ）

総社市スポーツセンター野球場

総社市スポーツセンター野球場

玉野市民総合運動公園野球場

岡山県玉野市
2009年９月５日
中堅120m、両翼92m
内野土、外野天然芝　照明無し
秋季高校野球・岡山大会　西部地区予選
玉野光南１－０倉敷

　ＪＲ宇野線・宇野駅からバスで行った。
　山の上にある。「玉原球場」という別名もある。

玉野市民総合運動公園野球場

玉野市民総合運動公園野球場

1983年1月に完成。

収容人数1550人。近年も、春と秋の高校野球・西部地区予選でよく使われている。

ウエスタンリーグ公式戦が開催されたこともある。1999年8月21・22日、阪神－中日2連戦。中日の荒木雅博、井端弘和、森野将彦ら、のちに一軍の主力となる選手が出場している。

（踏破№603　ＡＢＣ）

津山市営球場

岡山県津山市
1994年7月25日
規格表示無し
内野土、外野天然芝　照明無し
全国高校野球・岡山大会
玉野光南8－7東岡山工（延長13回）

前日に兵庫県の尼崎市記念公園野球場を踏破し、次は徳島へ行こうといったん瀬戸内海を渡ったが、高松で天気予報を聞いたら翌日は雨というので急きょ岡山へ戻り、山奥の津山へ行くことにした。

津山駅前で蚊に悩まされながら野宿。バスで球場へ向かった。

入場口は外野席後方に一つだけという珍しい構造。

ネット裏本部室とネット裏席が通

津山市営球場

路によって隔てられている、私の用語で言う「お濠式」。

高校野球で使われる。

竣工は1970年で、完成記念試合として3月28日に阪急－巨人のオープン戦が開催され、25000人が入場した。この試合で長嶋は5打数1安打0打点。王は4打数1安打2打点（三塁打1本）の活躍だった。1973年3月24日にも同じカードのオープン戦が行なわれ、長嶋は出場せず。

王は4打数1安打0打点という記録が残っている。

2016年の時点で、規格は中堅120m、両翼91m。収容人数26800人。

(踏破№140　ＡＢＣ)

なりわ運動公園野球場

岡山県高梁市
2015年9月13日
中堅120m、両翼90m
内野土、外野天然芝　照明有り
秋季高校野球・岡山大会　西部地区予選
倉敷商9－2総社南（7回コールドゲーム）

　ＪＲ備中高梁駅からバス20分（運賃450円）、「神社前」下車。そこから山登りになり、徒歩20分で球場。山の中腹にある。

　定礎に記された日付は1994年3月。

　硬式高校野球では、春と秋の地区予選で毎年使われている。が、使用日数が少ないのでなかなか踏破できなかった。

　球場の向きが通常と異なり、太陽光線が守備の妨げになる。

　ネット裏席はプラ製背もたれ無しイス7段。内野席は芝生席。外野席はレフト側に芝生席があるが、ライト側は観客席無し。

　スコアボードは、時計、得点板（12回まで。パネル式）、選手名（DH制対応）、審判名（4人）、ＢＳＯ灯、ＨＥＦＣ灯。

　外野スタンド内に「成羽でキラリ　さわやかプレー」とのフレーズが掲示されている。

　完成から間もない1994年5月21・22日、1995年5月20日に、阪神がウエスタンリーグ公式戦を主催した。

　センター後方に見える山の濃緑の美しさが印象に残っている。行き帰りのバスの車窓から見えた成羽川の流れもキラキラと美しかった。

　岡山の高校野球の春・秋季大会の地区予選はリーグ戦形式で行なわれるため試合数・使用球場数が多く、球場マニアにとっては有難いが、場内アナウンスがされないのが玉にキ

なりわ運動公園野球場

なりわ運動公園野球場

ズ。アナウンス無しは大阪の高校野球も同じ。高校生の部活動なので観客サービスが考慮されないのは仕方ないが、他の都道府県同様、ご配慮いただければ嬉しいのだが。

倉敷商の野球部員たちの態度を見ていたら、非常に礼儀正しく感心。あれなら子供を預けたいと思う親は多いはず。

（踏破№841　ＡＢＣ）

真庭やまびこスタジアム

岡山県真庭市
2010年5月4日
中堅122m、両翼100m
内外野人工芝　照明無し
中国地区準硬式大学野球・1部リーグ
広島大2－1下関市立大

　ＪＲ姫新線・久世駅から徒歩30分。山あいにあり、「やまびこ」の名にふさわしい。
　2005年2月落成。
　ネット裏のＳＢＯ灯がＬＥＤ電球使用だった。このタイプは初めて見た。今後はこの方式が主流になっていくのだろうか。
　広島修道大準硬式野球部部員たちが着ているオリジナルＴシャツの背中に書かれた文が面白かった。「なんでこんなに好きなんだろう／淡い初恋に似ている／好きです…野球♥」。
　高校軟式野球や準硬式大学野球で使われている。
　収容人数6200人。

（踏破№636　Ｃ）

真庭やまびこスタジアム

真庭やまびこスタジアム

美咲町エイコンスタジアム

岡山県美咲町
2011年7月3日
中堅120m、両翼95m
内野土、外野天然芝　照明無し

都市対抗野球・一次予選　岡山鳥取島根大会
倉敷ピーチジャックス6－0鳥取キタロウズ

「エイコン」とは、ACORN、どんぐりのこと。

この球場は夏の高校野球予選でも使われるので、なんとしても踏破せねばならなかったが後回しになっていた。なにしろ中国山脈のど真ん中、公共交通利用派の私にとってはとにかく不便な場所にある。

最寄駅はＪＲ姫新線の美作大崎駅だが、そこから球場まで徒歩２時間以上かかる。

前日尼崎から移動してきて東津山のホテルに泊まり、始発電車で美作大崎へ。朝５時50分ごろから歩き始め、宮山という山を越え、８時前にやっと球場に着いたがリュックを背負っていた背中は汗でぐっしょり。早朝の歩きなので酷暑を避けられたのは幸いだったが……。

スコアボードはパソコンの画面をそのまま映し出すことが可能な最新型だが、内野観客席はコンクリの段々になっているだけでイス無し。

公式記録席、放送席がグラウンドから遠い位置にあるので、主審が選手交代などを記録員やアナウンス嬢に告げる場合、大声で伝達しなければならない。これはスコアブックをつける観客には有難いが、やはり設備の不備といえるだろう。

新しい球場ではあるが、このように交通の便がよくなく設備も優れているとは言い難い球場が、なぜ夏の高校野球で使われるのかは謎。

本数はごく少ないものの、球場近くから津山駅までバスの便がある。帰りはそれに乗った。球場の隣に豪華な図書館があるので、そこでバス待ちの時間をつぶすことができる。

1999年度に完成、収容人数は2000人。

（踏破№706　ＡＢＣ）

美咲町エイコンスタジアム

美咲町エイコンスタジアム

美作市営野球場

岡山県美作市
2016年７月24日

規格表示無し
内野土、外野天然芝　照明無し

ヤングリーグ選手権大会
兵庫伊丹12－7下関マリナーズ（7回制）
　JR林野駅から徒歩35分。
　観客席はネット裏からダッグアウト上までコンクリ段々席6段。あとの内外野席は芝生席。
　スコアボードは、得点板（10回まで。パネル式）、BSO灯、HEFC灯、時計。
　2015年、硬式高校野球の一年生大会で使用された。
　2008年にNHK総合テレビで放映されたドラマ『バッテリー』でロケ

美作市営野球場

に使われている。
　岡山県のサイトによると規格は中堅110m、両翼91m。
　（踏破№867　BC　ただし高校生以下の硬式野球なら可能。大学生以上は不可）

広 島 県

尾道市しまなみ球場

広島県尾道市
2008年7月18日
中堅120m、両翼96m
内野土、外野天然芝　照明有り
全国高校野球・広島大会
尾道7－6如水館
　JR山陽本線・尾道駅から徒歩70分。山の上にあるので疲れる。

　開門前に着いて入場券売場で待っていると、他の観客が「早く切符を売れ」と大会役員と口論を始めた。殺気立った雰囲気。全国周っているが、高校野球でここまでアツくなるのは広島と神奈川くらいか。
　観戦した試合は、如水館が9回表4点をあげ6－6と奇跡の同点劇。

尾道市しまなみ球場

尾道市しまなみ球場

しかしその裏、尾道がサヨナラ勝ち。無名校が強豪校を倒す番狂わせを堪能した。野球はこういう展開が一番面白い。

この日は信じられないほど暑かった。洗面所でいくら水をかぶってもすぐにカラカラに乾いてしまう。球場からの帰りには熱中症で倒れそうになった。何とかＪＲ新尾道駅にたどり着き、売店のビールをがぶ飲み。やはりビールは極限まで暑さをガマンした後が強烈に美味しい。

2002年6月に完成。甲子園球場と同じ形状のフィールドを意図して造られた球場。以来、ＮＰＢの試合も多数開催されている。

2013年夏の高校野球県予選では、決勝戦が開催された。瀬戸内高校と新庄高校が対戦、延長15回・０－０の引き分け再試合となった（7月28日。再試合は30日、１－０で瀬戸内が勝利）。

収容人数16000人。高校野球でよく使われている。

（踏破№575　ＡＢＣ）

呉市営二河球場

広島県呉市
1994年2月28日
中堅122m、両翼97.5m
内野土、外野天然芝　照明有り
日韓親善野球
サンバンウル６－５広島県社会人選抜

ＪＲ呉駅から徒歩25分。

1951年10月27日完成の球場。1992年に改修され、私が訪れたのはその後だった。収容人数は15000人。

かつて南海ホークスのキャンプ地として長く使用された球場で、水島新司『あぶさん』にも登場している。しかし、私が訪ねた時にはスコアボードが電化されるなどマンガとはだいぶ趣を変えていた。

韓国プロ球団と広島の社会人選抜

呉市営二河球場

の対戦を観た。まだ社会人とプロチームの対戦が物珍しかった頃だった。

広島チームのみ金属バット使用。スコアブックを見ると、のちホークスで活躍した星野順治投手（当時はＮＫＫに在籍）が登板している。

夏の高校野球県予選でも使用される。

（踏破№99　ＡＢＣ）

呉市虹村公園野球場

広島県呉市
2012年8月26日
規格表示無し
内外野土　照明無し
秋季高校野球・広島大会　呉地区予選
呉宮原12－6安芸南

　ＪＲ新広駅から徒歩15分。
　完成は2001年3月20日。
　近年、春・秋の高校野球の呉地区予選で使われるようになり、気になっていた。
　行ってみたら、普段は市立呉高校野球部の練習場として使われているグラウンドだった。ダッグアウトは無く、テントを張りパイプイスを並べて代用していた。
　ネット裏には保護者会が寄贈したという観覧席（屋根付き、土足禁止。100人ほど座れる）があり、本部席として使える小屋も別にある。
　練習グラウンドなので仕方ないが、グラウンドの向きが通常と異なり、野手が飛球を捕る際、太陽光線が妨げになってしまう。
　スコアボードはレフトポールの左にあり、得点板とＢＳＯ灯のみ。

（踏破№761　ＡＢＣ）

呉市虹村公園野球場

呉市虹村公園野球場

上下運動公園野球場

広島県府中市
2012年8月25日
中堅120m、両翼92m
内野土、外野天然芝　照明有り
秋季高校野球・広島大会　北部地区予選
三次青陵7－0向原（7回コールドゲーム）

　ＪＲ福塩線・上下駅から徒歩20分。
　春と秋の高校野球・北部地区予選で使われるので、以前から気になっていた。2014年の春季大会では県大会でも使用された。
　ネット裏席は最大10段の長イス。あとの内外野席は芝生席。収容人数2000人。
　福山から電車でトコトコと中国山脈を登っていった上にある。球場の

上下運動公園野球場

上下運動公園野球場

照明塔には「マムシ注意」の張り紙があった。

上下は中国山脈のてっぺんにあたる地で、降った雨がここで(地図上の上下に)別れて瀬戸内海と日本海に流れていくことからついた地名といわれている。

2001年8月26日、ウエスタンリーグの広島−近鉄が開催された。

(踏破№760　ＡＢＣ)

千代田総合野球場

広島県北広島町
2010年3月21日
中堅120m、両翼96m
内野土、外野天然芝　照明有り
春季高校野球・広島大会　北部地区予選
庄原実10−0千代田(5回コールドゲーム)

広島バスセンターから高速バスに乗り、千代田インターチェンジで下車。運賃1270円。そこから徒歩30分。

2003年9月完成。

中国山脈のてっぺんにある。ネット裏観客席無し。すべての観客席は土盛り式。

この日は風が強く、山の上にあるこの球場は吹きざらしになりとても寒かった。観戦した試合が1時間4分で終わってくれて助かった。

帰り、広島駅の売店で棒状のさつま揚げを買って、それをアテにビール。美味しかった。

球場がある公園のサイトでは、この球場について「甲子園球場とほぼ

千代田総合野球場

千代田総合野球場

Ａ…硬式(高校以上)　Ｂ…硬式(中学以下)　Ｃ…軟式　の試合が可能

同じ大きさです」と書かれている。
　また、施工業者のサイトによると、2012年に工事を行ない、スコアボードのボールカウント表示がSBOかららBSOになった。
　春と秋の高校野球・北部地区予選で、まれに使われる。

（踏破No.618　ABC）

東城中央公園野球場

広島県東城町（現在は庄原市）
1996年10月13日
中堅120m、両翼91m
内野土、外野天然芝　照明有り
広島国体公開競技・高校軟式野球
作新学院2－1広島学院

　JR芸備線・東城駅からタクシーで行った。
　1986年3月完成。
　バックスクリーンが無く、代わりに並木が植えてあった。

　当時はまだこうした簡素な球場を見たことが無かったのでビックリした。
　その後、軟式高校野球の県大会や中国大会が開催されている。
　東京から行く途中、JR新見駅で汽車待ちの時間があったので改札を出て歩いてみたら、実に古風な街並みでとても魅力的だった。

（踏破No.247　ABC）

東城中央公園野球場

東城中央公園野球場

豊平どんぐりスタジアム

広島県北広島町
2012年8月19日
中堅120m、両翼91m
内野土、外野天然芝　照明無し
ウエスタンリーグ
広島4－0阪神

　広島バスセンターからバス50分、「竜頭山登山口」下車、徒歩10分。
　1997年開場。
　広島カープが年に一度、二軍戦を開催するが、そのほかの試合開催は聞いたことがない。

豊平どんぐりスタジアム

豊平どんぐりスタジアム

　ネット裏席はプラ長イス12段、内外野席は芝生席。

　スコアボードに「心ひとつに　日本！」とスローガンが入っている。

　山を切り崩して造られた球場で、左中間後方は山肌がむき出しになっている。

　球場正面に、野球の動きを模った大きなレリーフのほか、1997年から2009年まで広島市民球場で「ボール犬」として活躍したミッキー君を追悼するモニュメントがある。

（踏破№759　ＡＢＣ）

東広島運動公園野球場

広島県東広島市
2009年7月12日
中堅122m、両翼100m
内野土、外野天然芝　照明有り
全国高校野球・広島大会
賀茂9－0沼南（7回コールドゲーム）

　ＪＲ西条駅からバスで17分。

　2007年5月19日竣工、収容人数3800人。

　通称「アクアスタジアム」。

　スタンドがグラウンドより高い位置にあるので角度があって、とてもスコアがつけやすい。

　2007年、2009年、2010年には、地元の社会人野球チーム・伯和ビクトリーズ－広島東洋カープの交流戦が開催された。

（踏破№584　ＡＢＣ）

東広島運動公園野球場

東広島運動公園野球場

Ａ…硬式（高校以上）　Ｂ…硬式（中学以下）　Ｃ…軟式　の試合が可能

東広島市御建公園野球場

広島県東広島市
1994年10月9日
中堅117.5m、両翼86.3m
内野土、外野天然芝　照明無し
秋季高校野球・広島大会
広島工4－3崇徳

　JR西条駅のそば。「みたてこうえん」と読む。東広島市アクアスタジアムが出来たせいか、最近は高校野球で使われなくなった。
　高校野球の公式戦が行なわれる球場で両翼が90m以下というのは珍しい。狭いのも使用されなくなった理由かもしれない。
　私が行った日は広島商業が出場する日だったせいか、スタンドはほぼ満員。周囲の観客が「この監督はこのカウントでよくエンドランをかけるんだよな……」などと言葉を交わしていた。広島の観客のマニアックさに驚いた。

（踏破№170　ABC）

東広島市御建公園野球場

東広島市御建公園野球場

広島県総合グランド野球場

広島県広島市
1997年7月20日
中堅113m、両翼92m
内野土、外野天然芝　照明無し

全国高校野球・広島大会
広島電機大付13－0神辺工（7回コールドゲーム）

　1987年、それまでの球場が全面改

広島県総合グランド野球場

広島県総合グランド野球場

築されて、この姿になった。

2012年5月25日に再訪してみた。JR広島駅から、西飛行場行きバスで「総合グランド入口」下車。

中堅113m、両翼92mは15年前と同じ。ネーミングライツ契約により「コカ・コーラ・ウエスト球場」という名称になっている。

内野スタンド4250名、外野スタンド9000名という定員表示がある。ネット裏席には長イスがあるが、内野席はコンクリの段々のみ。外野席は前列はコンクリ段々だが後方席は芝生。

スコアボードは以前は選手名を表示できたようだが、私が再訪した時点ではその部分が板で覆われ使用できなくなっている。

球場正面の他、外野席入り口にもチケット売り場有り。

（踏破№323　ＡＢＣ）

広島市民球場

広島県広島市
1994年5月16日
中堅115.8m、両翼91.4m
内野土、外野天然芝　照明有り
社会人野球・広島大会
三菱重工三原10－1田村コピー（7回コールドゲーム）

現存しない球場。

JR広島駅から市電に乗り、原爆ドームの向かいにあった。

1957年にできた球場。

広島カープの本拠地球場であり、夏の高校野球の決勝戦開催球場でもあった。

私が行った時は、すでにスコアボードが電化された後だった。なんとか昔のやつをカメラに収めたかった。審判員名の表示が配置図式なのが珍しいタイプだった。

水島新司さんのマンガ『野球狂の詩・水原勇気編』に登場している。ウエスタンリーグの試合のシーンまである。もう存在しない球場が賑わう姿を手軽に見られるので水島マン

広島市民球場

広島市民球場

広島市民球場

広島市民球場

広島市民球場

ガは有難い。
　2010年8月いっぱいで閉場され、52年の歴史に幕を下ろした。
　2012年5月、高速バスの窓から見たら、解体されて更地になっていた。

今後は公園になるらしい。外野観客席の一部がそのまま残されていて、公園の一角に保存されるという。

（踏破No.120）

福山市民球場

広島県福山市
1996年10月14日
中堅120m、両翼90m
内野土、外野天然芝　照明有り
広島国体・軟式野球　成年1部一般
岐阜2－1奈良（延長12回）

　JR福山駅からバスで行った。
　1974年完成。収容人数は15299人。

　ホームベースの形を模ったような照明ライトの枠の形がユニーク。
　2010年6月7日、この球場で行なわれたNPB交流戦・広島－オリックスで、オリックスがプロ野球記録の10者連続安打を記録した。

（踏破No.248　ABC）

福山市民球場

福山市民球場

マツダスタジアム

広島県広島市　　　　　　　　2009年7月11日

マツダスタジアム

マツダスタジアム

規格表示無し
内外野天然芝　照明有り
全国高校野球・広島大会
盈進３－０広島新庄

　ＪＲ広島駅から徒歩15分。
　球場に掲げられた名称は「Mazda zoom-zoomスタジアム広島」。今後はこの球場が「広島市民球場」と呼ばれるらしく、2009年の全国高校野球広島大会パンフレットにおいては、かつての広島市民球場は「旧・広島市民球場」と表記されていた。
　2009年３月28日竣工。収容人数33000人。
　Koboスタ宮城（仙台宮城球場）と同様、メジャーリーグのスタジアムを意識したおしゃれな球場。しかも自然芝だし。私の中の「好ましい球場ランキング」では、甲子園に次ぐ第二位にランクインした。
　たまたま観戦した広島新庄高校にはプロ注目の好投手・六信慎吾（のち法政大～西濃運輸）がいた。
　球場の公式サイトによると、本塁－左翼間は101ｍだが、本塁－右翼間は100ｍ。この規模の球場で、左右で規格が異なるのは日本では珍しい。本塁－中堅間は122ｍ。
　　　　　　（踏破№583　ＡＢＣ）

マツダスタジアム

マツダスタジアム

マツダスタジアム

三原市民球場
広島県三原市　　　　　　　1992年11月１日

中堅120m、両翼93m
内野土、外野天然芝　照明有り
秋季高校野球・中国大会
津山工９－４邇摩

　ＪＲ三原駅からバスで20分くらい。

　資料によると、私が訪れた日がオープン当日だった。

　コケラ落とし記念に開催された大会で行った。

収容人数は6600人。

高校野球でよく使われる。

　2014年、ラバーフェンスの張り替えとスコアボード電光化の改修が行なわれ、そのＰＲのためか同年５月18日、ウエスタンリーグ公式戦がこの球場で初めて開催された。

（踏破№81　ＡＢＣ）

三原市民球場

三原市民球場

みよし運動公園野球場

広島県三次市
2014年６月１日
中堅122m、両翼100m
内外野人工芝　照明有り
春季高校野球・中国大会
広陵（広島）７－３関西（岡山）

　ＪＲ三次駅からバスで10分。

愛称は「三次きんさいスタジアム」。

　2009年にできた新しい球場で、正面に完成記念の植樹がある。2009年６月17日には完成記念として広島－楽天の交流戦が開催された。市内でＮＰＢ公式戦が行なわれたのは52年ぶり。

みよし運動公園野球場

岩本義行氏の記念碑

みよし運動公園野球場

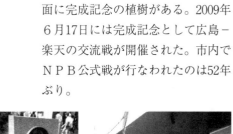

また、球場正面に地元出身の大選手、岩本義行氏の記念碑が建っている。
　ネット裏席は個別イスで最大17段。内野席はプラザブ。外野席は芝生席。
　収容人数約16000人。
　ネット裏席後方のスペースには木製のイスや机が置かれ、バルコニー席ふうになっていてしゃれた感じ。
　スコアボードは時計、得点板（10回まで）、ＢＳＯ灯、ＨＥＦＣ灯、選手名、スピードガン。審判員名は表示できないが、この日は大きな大会ということもあり仮設の表示板により掲示していた。
　バルコニー席もそうだが、ネット裏の回廊に屋根があったり、内野席

みよし運動公園野球場

がファウルグラウンドにせり出していたりと、新しいイメージの野球場を作りだそうとする意欲が強く感じられる。
　もともとの地形の影響かもしれないが、周りの土地よりもグラウンドが低い位置にある「掘り下げ型」の球場。

（踏破№801　ＡＢＣ）

三次市営球場

広島県三次市
1997年7月19日
中堅115m、両翼91.5m
内野土、外野天然芝　照明無し
全国高校野球・広島大会
三次28－2音戸（7回コールドゲーム）

　2014年6月1日に再訪してみた。
　ＪＲ西三次駅から徒歩1時間。
　規格などは変化無し。展示物無し。
　ファウルグラウンドにはバックネット前にも芝生が敷いてあるのが特徴。
　また、この規模の球場には珍しく、

三次市営球場

外野フェンスに広告が入っている（「カープソース」と「ミヨシ電子」）。
　ネット裏席はコンクリ段々席6段。内野席は最大6段で後方4段がプラ長イス席、前方の2段はコンクリ段々のみ。外野席は雑草席。
　スコアボードは得点板(12回まで)、

ＳＢＯ灯、ＨＥＦＣ灯のみと簡素。

得点板の表示方法が珍しいやり方で、白いマグネットシート片を組み合わせて、人力でデジタルふうの数字を形作り、鉄製ボードに貼り付けて表示する。なので、たとえば「１」は簡単だが「２」や「６」だと作業時間がやや必要になってしまう。この方式は他では見たことがない。

球場の傍らに「市営球場移設記念碑」が建っている。それによると、最初、球場は馬洗川河川敷に1951年に完成、1954年には三次市営球場と改称されセ・リーグの公認球場になった。河川敷の球場がプロ公認を受けるとは、まさに隔世の感がある。

その後、1972年の大災害で、川の堤防が整備されることになり球場の移転が決定。1979年３月、現在の場所に完成したとのこと。総事業費は２億７千万円。

もう一つ、三次野球協会会長を務めた高野義彦氏の功績を称える石碑もある。

三次市発行のパンフレットによると収容人員は内野席977人、外野席3160人。

近年は社会人軟式野球の公式戦が開催されている。

（踏破№322　ＡＢＣ）

三次市カーター記念球場

広島県三次市
2012年９月29日
中堅120m、両翼91m
内野土、外野天然芝　照明有り
中国地区大学野球・３部リーグ
岡山県立大６－１尾道市立大

　ＪＲ福塩線・甲奴駅から徒歩15分。完成は1992年３月。

スコアボードは時計、得点板、ＳＢＯ灯、ＨＥＦＣ灯のみと簡素。

ネット裏席はコンクリ段々のイス無しで最大８段。内野席途中までコンクリ段々２段。あとの内外野席は芝生席。

本部席棟もあるにはあるが小規模。バックスクリーンが幅10mほどと小

三次市カーター記念球場

簡素なスコアボード

さい。

　バックネットに柱が多く、観戦しづらい。

　球場名の「カーター」とは、元アメリカ大統領ジミー・カーターにちなんだもの。甲奴町のお寺にあった梵鐘が戦後「ヒロシマの鐘」としてアメリカ・アトランタ市に展示されている。そのことが縁となり1990年、カーター氏が甲奴町を訪れた。

　中国地区大学野球は、目立った試合開催が無い球場で試合をやるので球場マニアは要チェックなリーグ。

　三次市発行のパンフレットによると収容人員は約800人。

（踏破№768　ＡＢＣ）

みろくの里球場

広島県福山市
1994年6月19日
中堅規格表示無し、両翼93m
内野土、外野天然芝　照明無し
ウエスタンリーグ公式戦
広島3－2近鉄

みろくの里球場

　ＪＲ福山駅からバスで行った。

　かつては「神勝寺球場」という名前で、広島カープ二軍がウエスタンリーグの試合で使っていた。ウエスタンリーグトーナメント大会の舞台だった時期もある。

　私が行った時はネット裏に観客席がなかった。

　現在は「ツネイシスタジアム」と改称され大幅に改装、社会人野球の試合が開催されている。

（踏破№126　ＡＢＣ　※一般への貸し出しは行なっていない）

山　口　県

宇部市野球場

山口県宇部市
1998年5月30日
中堅122m、両翼100m
内野土、外野天然芝　照明有り
春季高校野球・中国大会

下関中央工6－0境

　ＪＲ宇部線・草江駅から徒歩20分。1998年4月にできた球場。

　2011年4月1日から、ネーミングライツ契約により「ユーピーアール

宇部市野球場

宇部市野球場

スタジアム」という名称になっている。

収容人数は立ち見含めて13000人。

グラウンドは甲子園球場と同じ土を使っている。

2011年4月12日、巨人がフランチャイズ制施行後初めて、地方球場で開幕戦を主催したのがこの球場である。(本来は3月25日に東京ドームでの開幕戦が予定されていたが3月11日の東日本大震災のため開幕延期、球場変更)

近年も高校、大学野球で使われている。

（踏破№410　ＡＢＣ）

小野田市野球場

山口県小野田市（現在は山陽小野田市）
1997年5月25日
中堅119m、両翼92m
内野土、外野天然芝　照明無し
高校野球・山口　会長旗大会・山宇萩地区予選
宇部7－4小野田工（延長11回）

　ＪＲ小野田線・南中川駅から徒歩15分。

　1964年2月完成。収容人数は12000人。

　春・夏・秋の高校野球では使われないものの、夏の大会の前哨戦的な意味合いの、この「会長旗大会」では使われていた（「会長旗大会」は

小野田市野球場

2009年で廃止）。

　観戦した試合で珍しいことに、打順間違い事件が起きた（打順を飛ばして次の打者が犠飛を打ったが、相手チームのアピールにより無効となった）。

　入場料は500円だった。

　それにしても前日に新潟県十日町の球場を踏破して、この日は山口県。

試合開催の情報が得にくかった時代とはいえ、当時の旅を振り返ると非常に不経済なことをしていて苦笑してしまう。

(踏破No.289　ＡＢＣ)

西京スタジアム

山口県山口市
1996年10月7日
中堅122m、両翼92m
内野土、外野天然芝　照明有り
秋季高校野球・山口大会
宇部工2－0南陽工

　1995年5月開場。新しい球場だった。収容人数は15000人。

高校野球でよく使われる球場。ＮＰＢの試合も開催される。

最寄駅はＪＲ山口線・宮野駅。

試合後、ＪＲ山口線で津和野に向かい見物した。雨の中、しっとりとした風情を楽しみ、スコアブックに記念スタンプを捺した。

(踏破No.245　ＡＢＣ)

西京スタジアム

西京スタジアム

下関球場

山口県下関市
1997年5月25日
中堅122m、両翼100m

内野土、外野天然芝　照明有り
高校野球・山口　会長旗大会・下関地区予選

下関球場

下関球場

Ａ…硬式（高校以上）　Ｂ…硬式（中学以下）　Ｃ…軟式　の試合が可能

下関中央工6－2豊北

　ＪＲ山陽本線・新下関駅からタクシーで行った。

　1988年7月に完成した。収容人数は25000人。

　高校野球でよく使われる球場。ライト後方に海と島が見える景色のよい球場とスコアブックにメモしている。

　日本プロ野球史上、中断の無かった試合としては最長となる試合時間6時間19分の試合があったのはこの球場（1996年9月8日、ヤクルト6－5横浜。延長14回）。

（踏破№290　ＡＢＣ）

徳山市野球場

山口県徳山市（現在は周南市）
1994年6月20日
中堅120m、両翼95m
内野土、外野天然芝　照明有り
都市対抗野球・二次予選　中国大会
三菱自動車水島11－5ＮＴＴ中国

　ＪＲ山陽本線・櫛ケ浜駅から徒歩15分。

　1971年6月にできた球場。

　社会人野球に徳山大会という大会があり、そのメイン球場として使われている。

　高校野球で使われることも多い。

　2010年9月19日に再訪してみた。球場名が「周南市野球場」に変わっている。

　照明塔の形が個性的。一本柱の上に載っている光源部分がタテ長の長方形（普通は横長の長方形）。

　2008年に開催された、全日本クラブ野球選手権大会のメイン球場として使われた。優勝したのは萩本欽一

徳山市野球場

監督率いる茨城ゴールデンゴールズで、優勝までの4試合全てをこの球場で戦った。

　2011年に大規模改修が終了し、規格が中堅122m、両翼100mに拡張された。スコアボードもフルカラーＬＥＤ使用、大画面に動画映像も出せる最新型になった。スピードガンも備えている。

　収容人数15000人。

　2013年から、地元出身の名投手の名を冠した「津田恒美メモリアルスタジアム」という愛称がついている。津田さんは南陽工高時代、この球場で行なわれた夏の県予選において、完全試合を達成している（1977年7

月21日、熊毛北戦)。球場には津田さん関連の展示もあるそうで、ぜひまた訪れてみたい。

広島市民球場のブルペンに設置され、カープ投手陣を励ましている「津田プレート」のレプリカも展示されている。

(踏破No.127　ＡＢＣ)

萩市民球場

山口県萩市
1997年4月23日
中堅119m、両翼91m
内野土、外野天然芝　照明無し
春季高校軟式野球・山口大会　萩地区予選
萩8－1萩商(7回コールドゲーム)

現存しない球場。
球場ができたのは1956年7月。
萩市の中心部、萩美術館・浦上記念館の隣の、現在は中央公園になっている場所にあった。
2004年度から解体された。
この球場では、プロ野球公式戦が一試合だけ開催されている。
完成翌年の1957年4月23日、広島－巨人戦。川上哲治、別所毅彦ら伝説の選手が出場している。

(踏破No.270)

萩市民球場

萩市民球場

萩スタジアム

山口県萩市
2010年9月18日
中堅122m、両翼100m
内野土、外野天然芝　照明有り
秋季高校野球・山口大会
宇部工7－5山口

ＪＲ山陰本線・萩駅から徒歩40分。「萩ウェルネスパーク」内にある。
1998年6月に完成した。
デザイン的にとても凝っている。球場の壁には萩の花のマークが入っていて、ネット裏席の布製の屋根の形もおしゃれ。
ネット裏席最前列の中央部に、木

萩スタジアム

萩スタジアム

が植えられている四角いゾーンがある。ところがこの一角は四方が壁で囲まれていて、上から覗き込まないと植木を見ることができない。なぜこのようなものができたのだろうか？

　球場管理人のおじさんに訊いて、その理由がわかった。

　実は、球場が出来たばかりの頃はグラウンドに面した側には壁が無く、グラウンド側から植木が見えたとい

う。ところが選手から「打球が見えづらい」と苦情が続出したので、グラウンド側にも新たに壁を造り植木を見えなくしたとか。

　バックネット中央に木を植えるというアイデアは他に例を見ないが、プレーの支障となるのでアイデア倒れになってしまったのである。

　収容人数15000人。高校、大学野球で使われる。

(踏破№673　ＡＢＣ)

広島東洋カープ由宇練習場

山口県岩国市
1997年3月23日
中堅122m、両翼100m
内野土、外野天然芝　照明無し
ウエスタン教育リーグ

広島6－4ダイエー

　ＪＲ由宇駅からタクシーで行った。パ・リーグ公式記録員の関口壽昭さんから「由宇に行くときは事前にバスの時刻を調べて行ったほうがいい

広島東洋カープ由宇練習場

広島東洋カープ由宇練習場

よ。本数が少ないから」とアドバイスされていたのに怠ったので、高いタクシー代を払うはめになってしまった。こういうミスは何年たっても忘れられない。帰りはバスに乗れた。

1993年3月完成。収容人数は約3000人。

NPB広島二軍の本拠地球場で、ウエスタンリーグでよく使われている。

ホームチームの広島が三塁側ダッグアウトを使用する。ネット裏に観客席が無く、三塁側のベンチサイドで観戦したので、とてもスコアをつけづらかった。

（踏破No.259　A　※一般への貸し出しは行なっていない）

防府スポーツセンター野球場

山口県防府市
2010年9月19日
中堅120m、両翼92m
内野土、外野天然芝　照明無し
秋季高校野球・山口大会
岩国商4－3高川学園

JR山陽本線・防府駅からバスで行った。

1975年10月完成。収容人数11000人。

さほど大きな球場ではないが、球場建物内に常設の食堂がある。この規模の球場としては珍しい。メニューは「あげたこ320円」「アメリカンドッグ250円」など。

ダッグアウト脇から外野のポールまでの内野フェンスが曲線状に造られている。これも手間のかかる造りで珍しい。

硬式高校野球で、たまに使われる。

1976年3月16日、オープン戦の巨人－近鉄がここで行なわれている。残念ながら王は出場せず、張本がホームランを放っている。

翌1977年3月12日にはオープン戦・ヤクルト－日本ハムが行なわれ、大杉、若松、有藤、リーらが出場した。

（踏破No.674　ABC）

防府スポーツセンター野球場

防府スポーツセンター野球場

美祢市民球場

山口県美祢市
2011年10月9日
中堅122m、両翼98m
内野土、外野天然芝　照明有り
中国六大学野球
福山大4－3吉備国際大

　高校や社会人野球ではまず使用されないが、中国地区大学野球では時折使われるので以前から要踏破だったが後回しになっていた。
　東京から行くにはとても大変な場所にある。
　山陽新幹線の厚狭駅からローカル線の厚狭線に乗り換える。この厚狭線がクセ者で、運行本数がまことに少ない。その日の朝イチの新幹線で東京を発っても第三試合開始までに美祢球場にはたどり着けない。そのくらいの難物である。
　今回は前日に広島まで行ってネカフェに泊まり、翌日の始発電車で美祢を目指すことにした。それでも第一試合開始には間に合わない。
　球場はJR美祢駅から徒歩50分。途中、かつては郵便局だった古い木造建築や「勤王の女丈夫・一国オトク生誕の地」という白木の記念碑が建っていたりして歴史を感じさせる町。歩くのはなかなか面白い。
　定礎に記された日付は1994年3月。球場の外壁に「ヤベオオツノジカ」と、何かの花の2メートル四方の巨大レリーフが3枚飾られている。
　スコアボードは守備位置を漢字で表示する方式。これは最近では珍しい。
　この日の第三試合も観たが、そこでビッグプレーが飛び出した。東亜大学の一塁走者が次打者のシングルヒットで一気にホームインしたのである。
　1987年の日本シリーズで、西武の辻が巨人中堅手クロマティの緩慢な返球の隙を衝き、やはり単打で一塁から生還したことがあったが、あの伝説の走塁の再現。私の3000試合を超えるナマ観戦歴でも、このプレーを見たのは初めて。遠くまで来た甲

美祢市民球場

美祢市民球場

斐があった。
収容人数約5500人。高校軟式野球の大会でよく使われる。

（踏破No.720　ＡＢＣ）

柳井市民球場

山口県柳井市
1994年4月25日
中堅122m、両翼98m
内野土、外野天然芝　照明無し
春季高校野球・山口大会　岩柳地区予選
岩国7－2光
　ＪＲ山陽本線・柳井駅から徒歩20分。

　1990年11月完成。収容人数は8000人。
　山口県の高校野球の決勝戦が行なわれることもある立派な球場。
　2009年11月から、ネーミングライツ契約により「ビジコム柳井スタジアム」という名称となっている。

（踏破No.114　ＡＢＣ）

柳井市民球場

柳井市民球場

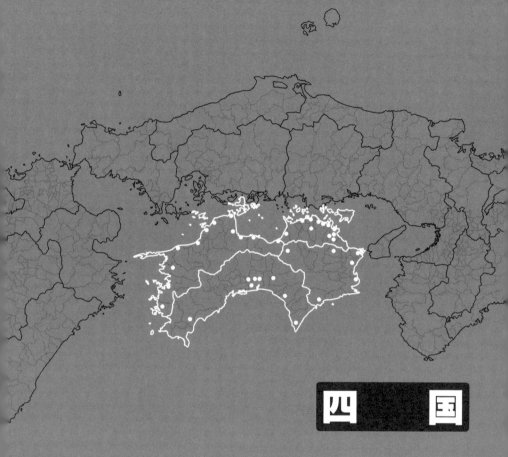

四　国

徳島県 >>>>>>>> 6球場
香川県 >>>>>>> 11球場
愛媛県 >>>>>>> 12球場
高知県 >>>>>>>> 8球場

徳島県

アグリあなんスタジアム

徳島県阿南市
2010年5月30日
中堅122m、両翼100m
内野土、外野天然芝　照明有り
四国九州アイランドリーグ
徳島5－3香川

　JR牟岐線・桑野駅から徒歩30分。

　掘り下げ式の、オシャレなデザインの球場。

　球場名表示のロゴも凝っている。田舎の球場でここまでポップなロゴはそうそう無い。

　2007年5月に開場した。

　ネット裏席は4段だけだが個別イス。屋根があり、その支柱が木製なのが新しい球場にしては珍しい。

　収容人数約5000人。

　四国独立プロリーグや高校、社会人野球で使われている。

　2013年5月5日、福岡ソフトバンクホークス三軍が、この球場で四国独立リーグ徳島と対戦した。

（踏破№646　ＡＢＣ）

ポップな球場名ロゴ

アグリあなんスタジアム

ネット裏屋根の支柱は木製

阿波球場

徳島県阿波町（現在は阿波市）
1997年11月16日
中堅120m、両翼92m
内外野土　照明有り

阿波球場

ライト観客席にあたる場所は墓地になっている

徳島県中学新人軟式野球大会
富田中学9－0穴吹中学（7回制）
　JR徳島線・阿波山川駅から徒歩45分。
　2010年6月5日に再訪してみた。規格などに変化無し。
　ライトスタンドにあたる場所が墓地になっている。打球が飛びこんだら危険かも。
　ネット裏には長イス4段の小規模な観客席（屋根付き）有り。あと、一塁側にだけ芝生の観戦スペースがある。
　軟式野球専用。

（踏破№384　C）

海陽町蛇王球場

徳島県海陽町
2010年6月6日
中堅120m、左・右中間110m、両翼95m
内野土、外野天然芝　照明無し
高校野球・徳島　南部地区大会
富岡西2－1小松島（延長12回）

　ざおう球場、と読む。JR牟岐線・浅川駅から徒歩30分。
　海のほうへ歩き、丘をひとつ越えるとある。
　ネット裏席は長イス7段。一部に屋根がある。あとの内外野席は芝生席。
　1993（平成5）年の国体を機に新設された球場と記された記念碑が傍らに建っている。
　スコアボードの得点表示は一見電光式に見えるがパネル式。
　大学野球で使われる。

（踏破№648　ABC）

海陽町蛇王球場

海陽町蛇王球場

蔵本公園野球場

徳島県徳島市
1997年11月15日
中堅116m、左・右中間110m、両翼91m
内野土、外野天然芝　照明有り
徳島県中学新人軟式野球大会
阿南中学5－0鴨島一中（7回制）

巨大な球場建物

蔵本公園野球場

　ＪＲ徳島線・蔵本駅から徒歩10分。2010年5月30日に再訪してみた。球場建物が大きい。

　それもそのはず、球場建物の中にバレーボールやバスケットボールができるコートがあるのだ。運動公園の中心的建物を兼ねているため、こうした施設があるものと思われる。

　あと、照明塔は4基だが、内野塔が内野スタンドの中に立っているのも珍しい。内野スタンド最後列に座ってしまうと照明塔が観戦の邪魔になる。

　また、ネット裏席に天井のように防球ネットが張ってあるのも珍しいといえるだろう。

　夏の高校野球でも2009年までは使われていたが、2010年からは全試合鳴門球場での開催となり、ちょっと影が薄くなっているかも。

　この球場は旧43連隊練兵場跡に造られたもので1952年7月完成。収容人数は15976人。

　ネーミングライツ契約により、現在「ＪＡバンク徳島スタジアム」という名称。

（踏破№383　ＡＢＣ）

鳴門総合運動公園野球場

徳島県鳴門市
1996年10月6日

中堅120m、両翼92m
内野土、外野天然芝　照明有り

鳴門総合運動公園野球場

鳴門総合運動公園野球場

秋季高校野球・徳島大会
川島16－1勝浦（7回コールドゲーム）

　前日に和歌山県の田辺市民球場を踏破し、南海フェリーで徳島に渡った。南海ホークスファンとしては嬉しい経験だった。このように、交通手段を考えるのも野球旅の大きな愉しみ。

　ＪＲ鳴門線・鳴門駅から徒歩20分。1973年12月完成。

　球場周りに立つヤシの木が印象に残っている。

　高校野球でよく使われる。

　2005年7月に改修が終わり、現在の規格は中堅122m、両翼99.1m。収容人数20000人。

　2017年5月11日まで、ネーミングライツ契約により「オロナミンＣ球場」という名称。

（踏破№244　ＡＢＣ）

吉野川運動公園野球場

徳島県三好市
2010年6月5日
中堅120m、両翼90m
内野土、外野天然芝　照明有り（内野のみ）

高校野球・徳島　西部地区大会
阿波15－0美馬商（7回コールドゲーム）

　ＪＲ阿波池田駅から徒歩35分。途中「あの」池田高校を発見、見学させてもらおうかとも思ったが、飛び込みで見学なんて無理だろうからあきらめた。

　正式名称は上記の通りだが、球場の傍らには「池田球場」という大きな看板が出ている。

　1975年完成。

　河川敷にある球場で、珍しいことにネット裏スタンドとバックネットの間に、車が通れるような道が横切っている。

　推測するに、スタンドは土手の斜面を利用して後から造られたもので、道のほうはその前からあったものではないだろうか？

　また、球場上空を徳島自動車道の橋が横切っている。道とか橋とか、

吉野川運動公園野球場

スタンドとグラウンドの間に道がある

あまり球場では見かけないものが目に入ってくる珍しい球場。

この試合、私のスコアブックでは15－0だが、翌日の新聞には16－0と記載されていた。試合中のスコアボードも、試合後に本部席で覗き込んだ公式記録でも16－0だった。

いくら私がぼんやりスコアラーでも、入った点数はさすがに間違えない自信がある。大会本部は公式スコアをつけていなかったので点数を数え間違えてしまったのだろう。

帰りは球場近くの「板野」というバス停から駅までバスに乗れた。

2013年5月6日、福岡ソフトバンクホークス三軍が、この球場で四国独立リーグ徳島と対戦した。

（踏破No.647　ＡＢＣ）

香川県

綾川町ふれあい運動公園野球場

香川県綾川町
2011年4月17日
中堅120m、両翼92m
内野土、外野天然芝　照明有り
国体軟式野球・香川予選
四国電力2－1飛鳥クラブ

ことでんの陶（すえ）駅から徒歩1時間ほど。

ネット裏真後ろは本部席の建物があるだけで観客席無し。

その両脇の内野席には座席があって屋根もある。でも自立式バックネットの柱と屋根の柱が重なるので観客としてはプレイが見づらい。

球場の向きが普通と異なるため、太陽光線がプレーの妨げとなる。観戦試合でもそれが原因と思われる落球が発生した。

球場上空が高松空港への着陸コースになっていて旅客機が大きく見える。

かつては硬式大学野球で使われたことがある。

開設は1988年。

（踏破No.691　Ｃ）

綾川町ふれあい運動公園野球場

綾川町ふれあい運動公園野球場

香川県営野球場

香川県高松市
1992年7月20日
(スコアブックに規格メモ無し)
内野土、外野天然芝　照明無し
全国高校野球・香川大会
善通寺1-8-4高松高専

　ＪＲ高松駅からバスで行った。
　収容人数22000人。
　香川の夏の高校野球の決勝戦開催球場。社会人野球や独立リーグでも時々使用される。
　建物にオレンジのラインが入っていて、オシャレなデザイン。
　さすがはうどんの本場、ネット裏の売店でうどんを食べられる。揚げ玉入れ放題のシステムを体験したのは初めてで、味ともども感動。当時は今と違って、東京には讃岐うどんを手軽に味わえる店が無かったし。
　開設は1982年。中堅122m、両翼96m。
　2016年現在、ネーミングライツ契約により「レグザムスタジアム」という名称。

（踏破№63　ＡＢＣ）

香川県営野球場

香川県営野球場

香川県営第2野球場

香川県高松市
1998年10月4日

中堅120m、両翼92m
内野土、外野天然芝　照明無し

香川県営第2野球場

香川県営第2野球場

秋季高校野球・香川大会
飯山11－0高瀬（7回コールドゲーム）
　ＪＲ高松駅からバスで行った。香川県営野球場のすぐ隣にある。
　春・秋の高校野球、大学野球でよく使われる。
　収容人数は内野席に400人。
　開設は1984年。
（踏破№453　ＡＢＣ）

観音寺市総合運動公園野球場

香川県観音寺市
2007年7月21日
中堅120m、両翼91m
内野土、外野天然芝　照明無し
四国アイランドリーグ
香川11－0高知

　ＪＲ予讃線・観音寺駅から徒歩50分。

　前日は石川県金沢市で野球を観て、青春18きっぷと夜行バスで香川県松山市まで移動。この日は松山坊っちゃんスタジアムに行く予定だったが、松山に着いて愛媛新聞を買ったら、この試合があるというので急きょこちらにした。使用頻度が低い球場を優先するのが私の旅のルールである。

　観音寺駅にはレンタサイクルがあり、ぜひ利用したかったが返却が17時までなので断念。13時開始の試合が長引いたら間に合わない。球場まで50分てくてく歩いた。

　独立リーグの試合を初めて観た。その後北信越のＢＣリーグや関西独立リーグも観ているが、入場料を取って見せるだけの野球をしているか？という点では正直首をかしげたくなる部分もある。

　この日、兵庫県の東加古川でネットカフェに初めて泊まってみた。あまりの安さにビックリ。これ以降、私の旅の宿泊はやむを得ない場合を除きホテルではなくネカフェとなった。

　スタンド席は1260席。近年も四国独立リーグの試合で使われている。
　開設は1973年。
（踏破№547　ＡＢＣ）

観音寺市総合運動公園野球場

観音寺市総合運動公園野球場

坂出番の洲球場

香川県坂出市
2011年4月16日
内野120m、両翼90m
内野土、外野天然芝　照明有り
四国地区準硬式大学野球・2部リーグ
香川大18－9香川大医学部（7回コールドゲーム）

　以前は硬式大学野球でも使われていたが、その後使われなくなり踏破の機会を見つけられなかった。岡山からバスで瀬戸大橋を渡ると、四国に入ってすぐに左下に見えるので気になっていた。

　ネット裏から内野までは土盛り式のスタンドで芝生席。外野は芝生の観戦スペースがあるだけ。

　外野席部分には桜が植えてあって眺めが良い。

　トイレが本部席内に無いらしく、観戦した試合の5回終了の整備中に審判員が球場周辺の木陰で用を足していた。

　こうした、観客席や本部室設備の未整備のために大きな試合で使われなくなったのかもしれない。

　開設は1977年。

　近年は、まれに硬式大学野球で使われる。

（踏破№689　ＡＢＣ）

外野席の桜が盛りだった

ネット裏席も芝生席

さぬき市長尾総合公園野球場

香川県さぬき市
2015年9月12日
中堅120m、両翼92m
内野土、外野天然芝　照明有り
香川県軟式野球選手権大会
ナベプロセス2－1谷口建設興業

　ことでん長尾線・長尾駅から徒歩

さぬき市長尾総合公園野球場

35分。亀鶴公園の隣にある。

　県の軟式野球連盟の大会でよく使われている。

　ネット裏席はプラ長イス3段で屋根有り。しかしバックネットに太い柱が多いのが残念。内野席は芝生席。外野席は無し。

　スコアボードは、時計、得点板（13回まで）、ＳＢＯ灯、ＨＥＦＣ灯。選手名、審判名は表示できない。

さぬき市長尾総合公園野球場

簡素な球場。

（踏破№839　Ｃ）

さぬき市みろく球場

香川県さぬき市
2012年4月7日
中堅120m、両翼92m
内外野土　照明有り
四国地区大学野球・2部リーグ
徳島大12－0徳島文理大（7回コールドゲーム）

　ＪＲ高松駅から大川バスで53分、「みろく公園前」下車、徒歩15分。

　四国地区大学野球リーグで徳島の大学がよく使用するので徳島の球場と思い込んでいた。

　ネット裏に4段の長イス席があるだけで内野席は芝生席、外野席は無し。フェンスにラバーも張っていない。

　バス停から歩く途中に讃岐うどん屋さんが2軒あり、本場の味を楽しめる。

　開設は1987年。

　この球場は「みろく自然公園」内にある。この公園名は、園内の池の底から弥勒菩薩石像が出土したことに由来する。

（踏破№727　ＡＢＣ）

さぬき市みろく球場

さぬき市みろく球場

四国コカ・コーラボトリングスタジアム丸亀

香川県丸亀市
2015年9月12日
中堅122m、両翼100m
内野土、外野天然芝　照明有り
秋季高校野球・香川大会
高松北5－0高松桜井

　JR讃岐塩屋駅から徒歩30分。2015年3月にオープンした新しい球場。3月3日のプロ野球オープン戦・阪神－ソフトバンクがコケラ落としの一戦となった。

　観客席のイスはすべて濃緑色で、コンクリートのライトグレーとの対比が美しい。

　ネット裏から内野席途中まで最大21段のプラ個別イスで、上段には屋根がある。あとの内野席はプラスチック製イス。外野席は芝生席。収容人数は10000人。

　他の球場に見られない特徴として一塁側の内野席と外野席との間に「ピクニックデッキ」というスペースがある。ここはテーブルとイス数脚が据え付けになっていて、バーベキューを愉しむこともできる。三塁側には人工芝敷きのスペースがあり子供が遊ぶことができる。バーベキューをしながら野球観戦、これは従来には見られなかった発想で、未来の野球場像を想像させてくれる。

　スコアボードは、時計、BSO灯、HEFC灯は常設。あとは大型スクリーンになっている。試合中は、そのスクリーン部分に得点板、選手名、審判名、スピードガンが表示される。

　内野の土が黒土で、ボールが見やすい。

　最近流行りの「フィールドシート」（内野席の最前列をファウルグラウンドにせり出すように造る）がこの球場にもあり、ネット裏席からポール際が見えづらいという欠点が生まれている。しかし高さが無いので、ネットフェンス越しに辛うじてポール際の様子を見ることはできる。

　いろいろな点で、最新鋭のセンスを感じさせてくれる球場。

（踏破№840　ABC）

四国コカ・コーラBS丸亀

四国コカ・コーラBS丸亀

四国コカ・コーラBS丸亀

志度町総合運動公園野球場

香川県志度町（現在はさぬき市）
1998年10月4日
中堅121m、両翼91m
内野土、外野天然芝　照明有り
秋季高校野球・香川大会
高松ー7－0津田（7回コールドゲーム）

　2011年4月17日に再訪してみた。
　JR志度駅から徒歩30分ほど。
　球場正面に、1993年に開催された東四国国体・高校硬式野球開催の記念碑が建っている。出場選手としてのちメジャーリーガーの川上憲伸（徳島商）、高橋尚成（修徳）らの名が見える。
　ネット裏スタンドは3段しかないのに、内野スタンドは15段ほどあって大きい。そのアンバランスさが珍しい。外野は芝生席だが、右翼席には桜が多数植えてありシーズンには絶好のお花見ポイントになりそう。一塁側スタンド後方に見える瀬戸内海の眺めもいい。
　また、駅からの途上に「味園（みその）」という焼肉店がある。店の外観は古い感じで、生レバー、ホルモンともに肉の切り方は武骨な感じなのだがとても美味しかった。ビール大ビン3本も呑んでしまった。志度球場に行ったらぜひ「味園」がオススメ。
　近年も高校、大学野球や四国独立プロリーグの試合などでよく使われる。
　1984年に完成した球場で、収容人数は5000人。

（踏破No.452　ＡＢＣ）

志度町総合運動公園野球場

志度町総合運動公園野球場

津田総合公園野球場

香川県津田町（現在はさぬき市）
1997年10月5日
中堅120m、両翼92m
内野土、外野天然芝　照明有り
秋季高校野球・香川大会
高松桜井6－4石田

　JR高徳線・讃岐津田駅下車、徒歩40分。丘の上にある。

Ａ…硬式（高校以上）　Ｂ…硬式（中学以下）　Ｃ…軟式　の試合が可能

津田総合公園野球場

津田総合公園野球場

近年も大学野球で使われている。
2009年5月22日からネーミングライツ契約により「アークバリアベースボールパーク津田」という名称になっていた。

収容人数は1200人。

県のサイトによると開設は1991年。

（踏破No.364　ＡＢＣ）

牟礼中央公園野球場

香川県高松市
2011年4月16日
規格表示無し
内野土、外野天然芝　照明有り
国体軟式野球・香川予選
メディア・ハウス1－0末森歯科クラブ（7回制）

　ＪＲ高徳線・讃岐牟礼駅近くの丘の上の住宅街の中にある。

　駅から徒歩10分程度。駅からの途上に、瀬戸内海を見渡すことができるポイントがあり、その眺めは実に素晴らしかった。

　球場はネット裏に小さなスタンドがあるだけでほぼ草野球場。社会人軟式野球を観たが、真剣な試合ぶりに感心。

　試合前に本部席を訪ね選手名を訊いた際、親切に対応してくださった香川県軟式野球連盟の方にも感謝しています。

　県のサイトによると開設は1979年。規格は中堅109m、両翼89m。

（踏破No.690　Ｃ）

牟礼中央公園野球場

牟礼中央公園野球場

愛媛県

愛南町南レク城辺公園野球場

愛媛県愛南町
2010年7月17日
中堅117m、両翼93m
内野土、外野天然芝　照明有り
四国九州アイランドリーグ
高知6-2愛媛

　大阪から夜行バスで宇和島バスセンターに入り、さらにバスで城辺バスセンターへ。そこから徒歩20分で球場に着いた。小高い丘の上にある。
　1981年に開設された球場。収容人数2500人。
　ネット裏観客席は13段あるがコンクリの段々になっているだけでイス無し。でもキレイなライトグレーに塗装されている。内外野は芝生席。
　スコアボードは得点板・時計・SBO灯・HEFC灯のみの簡素な造り。
　ブルペンが一・三塁ベースのほぼ真横にあり、かなりダッグアウトに近いのが特徴。
　試合開催を聞いたことが無い初耳の球場だったが、独立リーグが使用してくれたおかげで踏破できた。

（踏破№657　ＡＢＣ）

愛南町南レク城辺公園野球場

愛南町南レク城辺公園野球場

今治市営球場

愛媛県今治市
2000年7月18日
中堅115.82m、左・右中間109.73m、両翼91.44m
内野土、外野天然芝　照明無し
全国高校野球・愛媛大会
今治東8-0八幡浜工（7回コールドゲーム）

　ＪＲ今治駅からバスで行った。1953年開設。収容人数13500人。
　私の背が高いせいかもしれないが他の球場に比べてネット裏席の屋根が低いような気がした。あと、規格表示がセンチメートルまで表示、左

・右中間にも規格表示されているのはともに珍しい。

2017年の愛媛国体で軟式野球競技の会場として予定されていて、2014年から改修工事が行なわれた。

（踏破№467　ＡＢＣ）

今治市営球場

今治市営球場

伊予市民球場

愛媛県伊予市
2012年4月8日
中堅規格表示無し、両翼95m
内野土、外野天然芝　照明有り
四国地区大学野球・1部リーグ
松山大7－0鳴門教育大（7回コールドゲーム）

　ＪＲ予讃線・向井原駅から徒歩30分。

　ネット裏席はプラ長イス3段で屋根有り、内野席はプラ長イス4段、外野席は芝生席。ネット裏に常設の本部席無し。草野球場といっていいだろう。

　連盟やチームの旗を掲げるポールが、センターではなく、レフト側ポールの左にあるのが珍しい。

　高校野球では使用されないが、大学野球や独立リーグの試合は開催される。

　市のサイトによると、規格は中堅115m、両翼95m。開場は1995年10月2日で収容人数は2000人。

　照明塔は2000年3月に竣工した。「しおさい公園」内にある球場。

（踏破№728　ＡＢＣ）

伊予市民球場

伊予市民球場

宇和球場

愛媛県宇和町（現在は西予市）
1998年8月26日
中堅122m、両翼92m
内外野土　照明無し
高校野球・愛媛　南予地区新人大会
帝京五6－1三瓶

　JR予讃線・卯之町駅から徒歩20分。

　大部分が土盛り式の古い球場。1965年完成。

　24時間出入り可能な球場で、前の晩に着いて内野席で野宿していたら真夜中に若い人たちがグラウンドに入って花火を楽しんでいた。

　三瓶高校には、のちロッテに入団した塀内久雄がいた。

　2013年の南予地区新人大会で使われた。

　1968年3月16日には、プロ野球のオープン戦・広島－東映が開催されている。広島はこの年から大活躍する外木場が完投勝利。衣笠も二塁打2本と活躍。東映では大杉がホームラン含む3安打。張本も2安打している。

　近年、南予地区の高校野球大会は宇和島丸山球場か大洲球場が使われることが多く、四国独立プロリーグも2012年を最後にここを使っていない。どうも宇和球場は影が薄くなってきたと思っていたら、2014年度から全面改築に入っていた。

　2年かけて新球場を造るそうで、2017年の愛媛国体では成年女子ソフトボールの会場になる。

（踏破No.437）

宇和球場

宇和球場

宇和島市営丸山球場

愛媛県宇和島市
1998年8月25日
中堅120m、両翼91m
内野土、外野天然芝　照明無し

高校野球・愛媛　南予地区新人大会
帝京五9－8野村

　JR予讃線・宇和島駅から徒歩15分。

1974年にできた球場。収容人数は3000人。

観戦したのは秋季大会の前に開かれている、シード校を決めるための大会だった。

「山」の字型のスコアボードが特徴的で面白い。

この日、愛媛県で観戦したことにより「47都道府県すべてで観戦」を達成した。個人的には感慨あり。

その後、改修されて2010年にリニューアルオープンした。現在の姿はこの写真とは大きく異なっている。

2015年夏の高校野球県大会で使われたほか、四国の独立プロリーグの試合も開催されている。

（踏破№436　ＡＢＣ）

宇和島市営丸山球場

宇和島市営丸山球場

西条市ひうち球場

愛媛県西条市
2010年7月18日
中堅120m、両翼92m
内野土、外野天然芝　照明有り
全国高校野球・愛媛大会
済美8－1新居浜東（7回コールドゲーム）

ＪＲ予讃線・伊予西条駅から徒歩40分。海沿いの工場地帯に建っている。

昭和60（1985）年度に完成した球場。

ネット裏観客席は個別イスでスタンドが大きい。内野席のイスはプラスチック製のザブトン型。外野は芝

西条市ひうち球場

西条市ひうち球場

生席。

　スコアボードは得点のみ電光式で守備位置と選手名はパネル式。守備位置が漢字表示なのが珍しい。

　西条の街を歩いたが、住宅街に水路が走っている。この水が透き通っていて、とてもキレイだった。美しい水の街。この球場で高校野球の大会がある時は、地元の湧き水が玄関に置かれて球児たちにふるまわれ好評という。

　2008年7月6日、この球場で巨人二軍と四国独立リーグ・愛媛球団との交流戦が行なわれた。

　収容人数10840人。高校野球でよく使われている。

（踏破№658　ＡＢＣ）

東予運動公園野球場

愛媛県西条市
2007年8月11日
中堅122m、両翼97.6m
内野土、外野天然芝　照明有り
四国アイランドリーグ
愛媛4－2香川

　ＪＲ予讃線・伊予三芳駅から徒歩20分。

　1995年開設。

　観戦した試合では、松坂恭平（元西武などの松坂大輔の弟）が決勝打を放ちヒーローインタビューも受けた。高校時代の試合も観たし（東京・江戸川区球場の項参照）、私とは縁のある選手だった。

　この試合はナイターだった。私はいつも観客席の最後列で観戦するが、この球場では照明の明るさがそこまでは及ばず暗いので、やむを得ずグラウンドに近い最前列に座りスコアをつけた。

　帰り、田んぼの中の道を駅まで歩いたが、街路灯も無くてとても怖かったのを憶えている。

　収容人数5000人。近年は四国独立リーグの試合のほか、高校、大学野球でもまれに使われる。

（踏破№557　ＡＢＣ）

東予運動公園野球場

東予運動公園野球場

新居浜市営野球場

愛媛県新居浜市
2000年7月18日
中堅118m、両翼91m
内野土、外野天然芝　照明有り
全国高校野球・愛媛大会
今治北5－4西条（延長12回）

　JR予讃線・新居浜駅からバスで行った。

　1985年開設。収容人数は8500人。

　ネット裏席を覆う大きな屋根が特徴。

　高校野球や四国独立プロリーグで使われる。

　プロ野球公式戦が開催されたことは無し。オープン戦は1986年3月21日、ヤクルト－南海が行なわれた。

　また、イチロー選手がこの球場でプレーしたことがある。

　1993年7月24・25日、ウエスタンリーグ公式戦・オリックス－阪神2連戦。イチローは2試合で計9打数4安打2打点。25日は一試合2本塁打の活躍だった。

（踏破No.468　ABC）

新居浜市営野球場

新居浜市営野球場

浜公園川之江野球場

愛媛県四国中央市
2010年7月18日
中堅120m、両翼92m
内野土、外野天然芝　照明無し
四国九州アイランドリーグ
愛媛7－5長崎

　西条球場で高校野球1試合観て急いで西条駅に戻り、特急列車で川之江駅に移動。駅から徒歩15分で球場に着いた。

　1992年10月にオープン。

　港湾地帯にあり、ネット裏後方に美しい瀬戸内海を眺めることができる。

　ネット裏観客席のイスはプラ製ザブトン。ダッグアウト上の内野席は長イス式。

　あとの内外野席が変わっていて、芝生がトラ刈りにされて長イスふうになっている。この方式は他に例を

浜公園川之江野球場

内野座席はトラ刈りの芝生

見ない。

　球場外壁には三本の縦線の装飾が入っている。たぶん「川之江」の「川」の字をアレンジしたものだろう。

　近年高校野球の大会で使われなくなり踏破が難しかったが、四国独立リーグのおかげで踏破できた。

　収容人数8000人。

　1999年7月18日にはウエスタンリーグ公式戦・オリックス－中日が開催されている（オ8－7中）。

（踏破№659　ＡＢＣ）

坊っちゃんスタジアム

愛媛県松山市
2007年8月11日
規格表示無し
内野土、外野天然芝　照明有り
高校野球・愛媛　中予地区新人大会
松山工7－6松山南（延長10回）

坊っちゃんスタジアム

　ＪＲ松山駅の隣駅・市坪駅の前にそびえる球場。定礎に記された日付は2000年3月。

　水島新司さんのマンガ『ドカベンスーパースターズ編』においては架空のＮＰＢ球団「四国アイアンドッグス」の本拠地となっている。

　球場前に、多くの野球用語を邦訳した俳人・正岡子規の歌碑がある。球場内にも高校野球の資料館があるので野球ファンならぜひ訪れたいところ。

　2005年、ヤクルトの古田敦也がプロ通算2000本安打をここで達成した。

　実は、踏破認定試合では延長10回表、平凡なフライを右翼手と二塁手が激突して落球するプレーがあり、どちらのエラーとしたらいいか判然とせず、完璧にスコアをつけたとは言い難い（それで2010年に再訪して踏破をやり直した）。現在は野球規則が改正され、ボールに触ったかど

坊っちゃんスタジアム

ネット裏のSBO灯

坊っちゃんスタジアム

うかに関係なく、落球に関して実質的な責任がある選手にエラーがつけられることになった。公式記録員にとってはラクになったといえる。

収容人数30000人。高校、大学、社会人、ＮＰＢ、四国独立リーグと幅広く使われている。資料によると規格は中堅122m、両翼99.1m。

（踏破№555　ＡＢＣ）

マドンナスタジアム

愛媛県松山市
2007年8月11日
規格表示無し
内野土、外野人工芝　照明有り
高校野球・愛媛　中予地区新人大会
済美10－1小田（7回コールドゲーム）

　坊っちゃんスタジアムに隣接している。こうしたネーミングセンスは全国でも他に例が無い。とてもシャレてると思う。

　あくまで坊っちゃんスタジアムのサブ球場という位置づけなのか、観客席の規模は小規模。しかしフィールドの規格は坊っちゃんスタジアムと同一で中堅122m、両翼99.1m（球場がある松山中央公園のサイトより）。

　坊っちゃんスタジアムで観た試合が延長戦の3時間ゲームだったのにマドンナスタジアムの第二試合開始に間に合った。マウンド後ろの散水装置のフタが故障で閉まらず、開始が延びていたおかげ。この日はさら

マドンナスタジアム

マドンナスタジアム

に東予球場へハシゴができた。一日3球場踏破は私の野球旅で唯一のケース。

2012年4月8日に再訪してみた。内野土、外野人工芝。照明有り。定礎に記された日付は2002年12月。

ネット裏席は9段のプラザブ。内野席は3段のプラザブ。外野席は芝生席。

内外野のフェンスに広告は入っているし、スコアボードは選手名、審判名も出せる大型。サブ球場ではあるが、そこいらのローカル球場そこのけの立派さ。

収容人数2000人。高校野球でも使われている。

（踏破№556　ＡＢＣ）

八幡浜・大洲地区運動公園野球場

愛媛県大洲市
2007年8月12日
規格表示無し
内野土、外野天然芝　照明無し
高校野球・愛媛　南予地区新人大会
八幡浜工8－6津島

JR予讃線・伊予平野駅から徒歩20分。山の上にあり、暑い中の山登りでとても疲れた。

観戦したのは、秋季大会のシード権をかけた大会。津島高校は部員わずか9人だったが健闘した。

球場は1974年に完成。その後2007年に改修工事が行なわれた。ネット裏観客席が改築され、収容人数が1500人となった。

近年、高校野球でよく使われているほか四国独立リーグの試合も開催されている。

（踏破№558　ＡＢＣ）

八幡浜・大洲地区運動公園野球場

八幡浜・大洲地区運動公園野球場

高 知 県

安芸市営球場

高知県安芸市
1997年2月23日
中堅118m、両翼92m
内野土、外野天然芝　照明無し
阪神タイガースキャンプ・紅白戦
紅組4－3白組（6回制）

　1965年完成。収容人数3500人。

　阪神タイガースのキャンプ地として知られる球場だが、当時は試合開催が少なくなかなか踏破できなかった。そこで仕方なく、キャンプの紅白戦を観て踏破することにし、12時間かけて夜行バスで高知入りした。

　しかし紅白戦には、当時の吉田義男監督の関係か、フランスからの野球留学生が代走として出場し、ユニフォームには背番号無し。正確な選手名を確認できず、厳しく見ればスコア不備で踏破失敗ということになるが、「まあいいや」ということで踏破扱いとした。

　のちに四国アイランドリーグで使用されたりしているので、踏破のチャンスはあるようだ。

（踏破№254　ＡＢＣ）

安芸市営球場

安芸市営球場

いの町野球場

高知県いの町
2012年10月20日
中堅119m、両翼90m
内野土、外野天然芝　照明有り
日本スポーツマスターズ・軟式野球競技
堀自動車40（岐阜）4－0秋山工業壮年（愛媛）

　高知市・はりまや橋近くの「境町」からバス45分、「天王ニュータウン」下車、徒歩5分。

　地形をうまく利用して造られた球場で、もともとの斜面に観客席を造り、その下にフィールドを造ったようだ。

いの町野球場

いの町野球場

　一部屋根有りのネット裏席はプラ長イス7段。あとの内外野席は無し。
　バックネットに柱が多く、観戦はしづらい感じ。
　外野席後方に何かの工場があり、操業音が絶えず聞こえている。
　硬式野球では目立った試合開催を聞かないレアな球場。

（踏破№774　ＡＢＣ）

高知市東部野球場

高知県高知市
2011年8月26日
中堅120m、両翼94m
内野土、外野天然芝　照明無し
高知県選抜高校野球大会
高知海洋7－6岡豊

　「はりまや橋」よりバスで16分、「東部球場前」下車。
　運賃390円。
　竣工は1990年7月。
　かつて福岡ダイエーホークスのキャンプ地だった球場で『あぶさん』にも登場している。球場前にはホークス優勝記念の植樹がある。
　外野の芝生が美しい。まるで人工芝のよう。延岡西階球場を思い出す。
　観客席の構造が独特。階段から観客席に上がると、まず最上段まで登らないと好きな場所へ行けないようになっている。
　おまけに、トイレが男性用は一塁側、女性用は三塁側にしか無いので間違えると面倒なことになる。これはちょっと感心しない造り。
　一、三塁側両方の内野芝生席内に用途不明の小屋が建っている。
　スコアボード下のバックスクリーンの左右に、二枚のバックスクリーンがあるのも特徴。
　球場外の防球ネットが二重になっている。どちらかを後から建てたというわけでもなさそう。なぜこんなことになったのか？
　観戦したのは秋季大会前のプレシーズンマッチ的な大会だったが、入場料をとられた。でもメンバー表も

高知市東部野球場

高知市東部野球場

配布しているし、スコアボードに選手名も出ていた。高知県高野連の熱心な運営は素晴らしい。

1990年9月1日に開場した。収容人数は8200人。

2014年にオリックスの春季二次キャンプで使われたほか、高校、大学、社会人、NPBの試合で使用されている。

（踏破№710　ABC）

高知市野球場

高知県高知市
1992年2月29日
（スコアブックに規格メモ無し）
内野土、外野天然芝　照明無し
プロ野球・オープン戦
近鉄6－2ダイエー

　JR高知駅から徒歩で行った。

　夏の高校野球・高知県予選の決勝戦使用球場であり、ダイエーホークスのキャンプ地だった時期もある。

　踏破した1992年は私の野球狂最高潮の頃で、シーズン開幕を待ち切れず飛行機で高知まで観戦に行った。飛行機で野球を観に行ったのは初めてだった。

　高知城の天守閣に登ったり、坂本龍馬の資料館を観たり、猪なべを食べたり。路面電車には淡々と冗談ばかりアナウンスしている車掌さんがいたり、高知は楽しかった。鉄板焼きを肴に呑める、ステキな飲み屋も発見。しかしその後、高知に行くたびにその店を探すのだがどうしても見つからない。残念無念。

　2011年8月25日に再訪してみた。中堅121m、両翼96m。収容人数6000と表示がある。

　球場正面の、幅20m近くはあろうかという大階段が特徴。こうした構

高知市野球場

造の球場は他にないと思う。
　バックスクリーンも幅が広く、50m以上はありそう。これも他に見たことがない。
　ナイター照明設備の新設工事中だった。2012年に開催された日本スポーツマスターズ大会に備えての改装と思われる。

（踏破№37　ＡＢＣ）

四万十スタジアム
高知県四万十市
2011年8月6日
中堅122m、両翼98m
内野土、外野天然芝　照明無し
四国アイランドリーグplus
愛媛5－0高知

　東京・新宿から夜行バスで高知に入り、ＪＲ土讃線で窪川まで。そこから土佐くろしお鉄道に乗り換え中村駅で下車。徒歩50分で球場到着。
　2001年3月完成。
　球場玄関に、世界ソフトボール大会で活躍した地元出身の男子選手のサイン入りユニホームが展示されている。あと、1977年のセンバツでベンチ入り12人で準優勝、『二十四の瞳』といわれた大旋風を巻き起こした中村高校関連の新聞記事も飾られていた（なお、2014年9月15日、この球場で四国独立リーグ高知ファイティングドッグス－ソフトバンク三軍の交流戦が行なわれている）。
　ネット裏席に屋根があり、陽ざしを避けられ助かった。
　収容人数は1480人。
　帰り、駅でビールを呑んでから土佐くろしお鉄道に乗ったら、車内にトイレが無く悶絶。左党の方は気をつけましょう。
　夜は高知から夜行バスで名古屋へ移動し、翌日は岐阜の郡上市民球場へ。ウエスタンリーグの中日－広島。いったんは試合が始まったが、突然の雷雨でノーゲーム。踏破失敗となってしまった。
　しかしこの時、2カ月前に大分県

四万十スタジアム

四万十スタジアム

で出会った広島二軍ファンの男性二人組と再会。大分で会って岐阜でまた会うなんて、とお互い笑い合った。

（踏破№709　ＡＢＣ）

土佐山田スタジアム

高知県香美市
2012年10月20日
中堅122m、両翼99m
内外野人工芝　照明無し
日本スポーツマスターズ・軟式野球競技
安城仔馬（愛知）１－０六花亭こんこ（北海道）

　ＪＲ土讃線・土佐山田駅から徒歩15分。

　竣工は2002年５月26日。県内初の人工芝球場。

　ネット裏席は個別イス９段の屋根有り。内野席は個別イス５段。外野席は芝生席。収容人数2900人。

　スコアボードは時計、得点板（延長10回まで）、ＢＳＯ灯、ＨＥＦＣ灯、選手名も出せる。

　市のサイトでは「砂入り人工芝なので、サッカーやホッケーなどにも利用できる」となっているが、人工芝は白っぽく、野球の場合、打球が見えにくいのが難点。

　球場前には土佐山田町とラーゴ市（アメリカ・フロリダ州）の姉妹都市提携記念の植樹がある。

　高校、大学、社会人野球では目立った試合開催を聞かないが、独立プロ野球の四国アイランドリーグで使われる。

　この球場には苦い思い出があり、一度、日程表を見間違えて試合の無い日に行ってしまったことがある。夜行バスで片道12時間以上かけての壮烈な空振り。土佐山田の町でうどんを食べて帰ってきた。往復の旅費３万円。高価なうどんだった。

　この球場、建物正面の窓の形を見ていると、なんとなく『となりのトトロ』を想起してしまうのは私だけだろうか？

（踏破№773　Ｃ）

トトロに見えてくる

土佐山田スタジアム

春野球場

高知県高知市
1996年11月24日
中堅120m、両翼91m
内野土、外野天然芝　照明無し
秋季高校野球・四国大会
徳島商5－0三本松

　高知市の中心・はりまや橋からバスで行った。

　完成は昭和54（1979）年度。

　かつて西武ライオンズのキャンプ地だった。

　どうせヒマなので、と帰りは高知駅まで2時間歩いた。山を二つ越えた。駅で呑んだビールの美味さが忘れられない。

　観戦した試合の、徳島商の投手はのち中日～メジャーリーグで活躍した川上憲伸だった。

　当時、秋の高校野球四国大会は11月末に開催されていた。他にめぼしい試合が無い時期なので、全国の高校野球好きが集結する大会だった。その後、11月中旬に開催される明治神宮大会が秋の日本一決定戦の意味合いを持つ大会に移行したのを機会に、秋季四国大会の時期も繰り上げられてしまった。

　2011年8月25日に再訪してみた。「南はりまや橋」バス停から乗車し「春野運動公園前」まで。運賃580円。

　中堅122m、両翼100mに改装されている。案内看板に「新世紀を迎え改装されました」とあり、2001年前後に拡張されたようだ。外野フェンスの高さも2.4mから3.7mになった。

　内野スタンドの大きさや放送用ブースが常設されていることから判断して、ここが高知のメイン球場になっていいかもしれないが、ちょっと交通が不便かも。

　球場正面は球場前の道よりもだいぶ低くなっている。そのため、道から観客席まで渡れる橋が渡されている。観客はその橋を渡って観客席へ出入りする珍しい形式。

　改装後の時点で、収容人数16000人。

（踏破№253　ＡＢＣ）

春野球場

春野球場

Ａ…硬式（高校以上）　Ｂ…硬式（中学以下）　Ｃ…軟式　の試合が可能

室戸マリン球場

高知県室戸市
2010年5月29日
中堅122m、両翼100m
内野土、外野天然芝　照明無し
四国九州アイランドリーグ・ＪＦＢＬ交流戦
高知８－４大阪

　初耳の球場。独立リーグは知られざる球場をいろいろ使ってくれるので球場行脚人にはありがたい。

　高知県の室戸市は、調べてみると東京からなら高知周りよりも徳島周りのほうが行きやすいようなので、そのルートで行った。

　徳島からＪＲ牟岐線で南下し、海部で阿佐海岸鉄道に乗り換え。終着駅の甲浦まで行き、そこから高知東部バスで室戸を目指した。

　バスからの眺めが素晴らしかった。海岸線のギリギリまで山地がせまり、山と海との境目を走る道を、バスは高速で飛ばしていく。ドデカイ山とドデカイ海。天気がいいので山の緑と海と空の青も鮮やか。甲浦～室戸間のバスからの眺めは好天ならば一見の価値ありと思う。

　「室戸高校前」でバスを降り、15分ほど山を登ると球場。名前は「マリン球場」だが山の中にある。正式名称は「高知県立室戸広域公園野球場」。

　屋根付きのブルペンや室内練習場、サブグラウンドもあって周辺施設は充実している。阪神タイガース二軍のキャンプ地だった時期もある。

　ネット裏スタンドは大きいが、本来内野席がある場所には大きな室内ブルペンがあり、いわゆる内野席は無し。

　夜は徳島のネットカフェに泊まったが、前夜も見かけた外国人の青年がまたいた。青年は四国の寺巡りのガイドブックを持っている。俺より日本文化を愛しているヤツだなと感心してしまった。

　収容人数は9112人。2001年完成。

　　　　　（踏破№645　ＡＢＣ）

室戸マリン球場

室戸マリン球場

川崎オヤジのネタ大全集

　1990年代、アマチュア野球を観ていると、川崎球場や時たま神宮にも、我々ネット裏仲間が密かに「川崎オヤジ」と呼ぶ名物おじさんが現われた。彼のヤジは名人芸といえ、野球観戦をより楽しくしてくれた。彼の持ちネタをいくつか再録しておこう。

　その①　「○○（選手名）ーっ、がんばれーっ。○○ーっ、かっとばせーっ。何度も言うようだけど、いい声だなァ」

　川崎オヤジの「つかみ」といえる定番ギャグ。間が絶妙。

　その②　例えば、社会人野球の東芝の応援席にいる時。相手チームがピンチになり、マウンドに守備側の選手たちが集まり相談していると……「何をムダな相談してるんだ！　え？　冷蔵庫はどこの冷蔵庫がいいかって？　そんなもん東芝に決まってるじゃないか！」

　これで東芝応援席はワッとくるわけである。川崎オヤジには贔屓チームは特にないようで、このネタは応援するチームの業種によって臨機応変に変更されていた。日通なら引越し、日産なら自動車という具合。

　その③　ピッチャーが打たれると……「おいピッチャー！　今の球を打たれて、頭が痛いだろう！　頭が痛いだろう！　そんな時は、ノーシン」

　その④　「油断するな！　油断するなよ！　英語でいうと、オイルショック」

　よくもこんなくだらねえネタを思いつくもんだ。

　その⑤　セーフ・アウトの判定できわどいのがあると……「何だ今のは！　今のセーフ、いんちきセーフ！　今のセーフ、いんちきセーフ！　消費税値上げ反対」

　このネタも、たいていウケる。

　その⑥　相手チームの応援席が盛り上がっていると、川崎オヤジは憤然と叫ぶ。

　「何をワーワー騒いでるんだ！　ご近所の迷惑を考えろ！　だいいち野球は、静かに見るもんだ」

　当人が一番騒いでる、パラドックスネタ。

　その⑦　平凡なショートゴロの時は、「惜しいぞバッター！　今のはショートがいなければヒットだ！」

　このネタはあんまりウケてなかったな。

　その⑧　川崎オヤジはノロノロした試合進行を嫌う。監督の抗議や守備側の打ち合わせで試合が中断すると、「早くやれーっ。早くやれーっ。オレは忙しいんだよ！」

　このネタはよくウケていた。

　その⑨　川崎オヤジは打撃フォームの乱れについても手厳しい。打者がへっぴり腰のスイングをすると……「何だ今のスイング！　ご隠居さんの、ハエ叩き！」

　2000年、川崎球場が無くなり川崎オヤジを見かけることもなくなった。

　オヤジは今も元気だろうか。時々懐かしく思い出す。

九州・沖縄

福岡県 »»»»» 17球場
佐賀県 »»»»» 11球場
長崎県 »»»»»» 8球場
熊本県 »»»»»» 6球場
大分県 »»»»» 14球場
宮崎県 »»»»» 19球場
鹿児島県 »»»»»» 8球場
沖縄県 »»»»» 13球場

福　岡　県

大牟田市延命球場

福岡県大牟田市
2001年3月28日
中堅規格表示無し、両翼95m
内野土、外野天然芝　照明無し
春季高校野球・福岡南部大会
小郡7－2朝羽

　ＪＲ大牟田駅から徒歩20分。

　私が行った時には「祝　延命球場改修記念」という表示がスコアボード下に大きく出ていた。

　この規模の地方球場には珍しく、場内に広告が出ている。

　市のサイトでは1957年12月15日に開場となっているが、パ・リーグの公式記録集では1951年から1953年までにもこの球場で計5試合が行なわれたと記載有り。

　収容人数6102人。高校野球でよく使われている。

　大牟田市の公式サイトによると、中堅は120m。

（踏破№479　ＡＢＣ）

大牟田市延命球場

大牟田市延命球場

小郡市野球場

福岡県小郡市
2001年3月27日
中堅122m、両翼98m
内野土、外野天然芝　照明有り

小郡市野球場

小郡市野球場

春季高校野球・福岡南部大会
武蔵台16－0八女農（5回コールドゲーム）
　西鉄天神大牟田線・大保駅から徒歩15分。
　1994年11月完成。

近年も高校野球やウエスタンリーグの試合が開催されている。
　収容人数約13000人。
　　　　　　　（踏破№477　ＡＢＣ）

春日公園野球場

福岡県春日市
1997年11月2日
中堅116m、両翼93m
内野土、外野天然芝　照明有り
九州六大学準硬式野球
福岡教育大5－0九州大
　ＪＲ鹿児島本線・春日駅から徒歩5分。
　県営球場。
　1981年4月に開設された公園内にある。

春日公園野球場

近年も高校、大学野球で使われている。
　収容人数10000人。
　　　　　　　（踏破№379　ＡＢＣ）

雁の巣球場

福岡県福岡市
2013年4月21日
中堅122m、両翼98m
内野土、外野天然芝　照明無し
ＮＰＢ・四国ＩＬ交流試合

愛媛4－1ソフトバンク三軍
　ＮＰＢ福岡ソフトバンク二軍の本拠地球場で、ウエスタンリーグが開催される。ウエスタンリーグは入場無料で、早く行かないと満席になっ

雁の巣球場

雁の巣球場

てしまうそうだが、この日はホークス三軍と独立リーグとの交流戦だったせいか込んでいなかった。

　福岡市中心部からバスで35分くらい。

　1991年に完成した。

　ネット裏席から内野席途中までは個別イス4段。あとの内外野席は芝生席。

　スコアボードは時計、得点板、ＳＢＯ灯、ＨＥＦＣ灯。選手名、審判員名、前試合結果（3試合ぶん）も表示できる。

　内外野のフェンスが高さ4mほどと高いのも特徴。

ホークスが大阪から福岡に移転した際、二軍のグラウンドを探す上で雁の巣が問題とされたのは、風の強さだった。海の上に伸びた半島にあるので、ここには強風が吹いていることが多い。野球の練習に強風が妨げとなるのはいうまでもない。私が訪れた日も強い風が吹いていた。

　収容人数約3500人。

　ホークス二軍は2016年から、本拠地を福岡県筑後市に移転した。2016年もウエスタンリーグ公式戦がこの球場で行なわれたが、有料試合として開催された。

（踏破№785　ＡＢＣ）

北九州市大谷球場

福岡県北九州市
2009年9月21日
中堅122m、両翼102m
内野土、外野天然芝　照明無し
秋季高校野球・福岡北部大会
育徳館4-3西田川

　ＪＲ鹿児島本線・スペースワールド駅から徒歩15分。外野後方に大きな山があり、その斜面に家が建ち並んでいるジオラマのような眺めが面白い。

　かつては新日鉄八幡野球部の専用球場で、球場の入場門には「OTANI PLAY GROUND YAWATA IRON WORKS」と刻まれた古びた表札が残っているほか、スコアボードにも

古い表札が残っていた

北九州市大谷球場

Ａ…硬式（高校以上）　Ｂ…硬式（中学以下）　Ｃ…軟式　の試合が可能

新日鉄のマークが入っている。

スタンドはコンクリの段々になっているだけでイス無し。しかし古くて味があり、好みの球場。

高校野球や社会人野球でよく使われる。

両翼102mという広さも特徴。

1928年にオープン。たいへん古い。収容人数5000人。

かつてはプロ野球の一軍公式戦も開催された。最後の開催は1955年。パ・リーグが2試合を行なった。

（踏破№609　ＡＢＣ）

北九州市民球場

福岡県北九州市
1998年10月31日
中堅119m、両翼92m
内野土、外野天然芝　照明有り
秋季高校野球・九州大会
戸畑7－2沖縄水産

北九州モノレール・香春口三萩野駅から徒歩10分。

沖縄水産の監督は、名将として知られた栽弘義さん。観戦できてよかった。

水島新司さんの『球道くん』に小倉イーグルスという架空の球団が出てくるが、その本拠地としてこの球場もマンガに登場している。

球場のサイトによると1957年完成。

当時の名称は小倉球場。

1981年4月22日、巨人の原辰徳選手が新人でサヨナラホームランを打った球場。新人によるサヨナラ本塁打は球団史上初だった。

1988年、ホークスの福岡移転決定を受け大改修工事を行ない、翌年、現在の名称に変わった。

収容人数は20000人。ＮＰＢや高校野球の試合がよく行なわれている。

フィールドが狭く、外野フェンスも高さ3.2mと低いため「本塁打が出やすい球場」といわれていたが2014年から外野フェンスの高さが5.2mと高くなった。

（踏破№458　ＡＢＣ）

北九州市民球場

北九州市民球場

久留米市野球場

福岡県久留米市
1998年10月12日
中堅122m、両翼98m
内野土、外野天然芝　照明有り
高松宮杯全日本軟式野球大会・2部
佐川急便北陸支社19-5村田商店クラブ

　西鉄天神大牟田線・櫛原駅から徒歩15分。

　私が行った日は雨が降っていて、田んぼのようなグラウンド状態での泥んこ試合だった。

　竣工1975年3月。

　2011年に改修され、市のサイトで写真を見るとファウルグラウンドに人工芝が敷かれている。

　収容人数15000人。

　高校野球でよく使われる。

　プロ野球の公式戦で使われたことは無し。

　1975年3月12・13日、完成記念のオープン戦が開催されている。阪神の田淵幸一がホームランを打っている。

（踏破№456　ＡＢＣ）

久留米市野球場

久留米市野球場

田川市民球場

福岡県田川市
2006年5月14日
中堅117m、両翼93m
内野土、外野天然芝　照明有り
九州地区大学野球選手権大会
長崎大6-5南九州大（延長10回）

　ＪＲ田川後藤寺駅から徒歩20分。

　1968年に建てられた古い球場。

　ネット裏から内野席までの観客席は、見た目は長イスっぽく造ってあるがコンクリ製なのでお尻が痛くなる。

　観戦した試合では、長崎大が指名打者制度のルールに違反した交代を行なったが4人の審判が誰も違反に気づかず、そのまま終了した。全国大会につながる公式予選なのに、地方ではこういうことがあるのかととてもびっくりした（長崎大は5回裏、それまでピッチャーだった選手がラ

田川市民球場

田川市民球場

イトに入った。この時点で指名代打【ＤＨ】は消滅する。〈野球規則６・10（ｂ）の（８）〉しかしその後も指名代打の選手が打席に入った）。

　試合後、同じ大会で使われていて、しかも使用頻度が低い猪位金球場にハシゴしようとも考えたが、タクシーで3000円くらいかかるというので

怖じ気づき、ハシゴ先を筑豊球場にした。筑豊球場は現在も踏破のチャンスが多いので、今思えば猪位金球場に行っておけばよかったと後悔している。

　収容人数1500人。

　　　　　（踏破№525　ＡＢＣ）

筑豊緑地野球場

福岡県飯塚市
2006年５月14日
中堅116ｍ、両翼91ｍ
内外野人工芝　照明有り
九州地区大学野球選手権大会
鹿屋体育大12－６熊本大

　田川市民球場からハシゴした。田川市民球場から後藤寺バスセンターまで歩き、そこからバスで行った。

　2000年３月完成。

　外野スタンドに庭石のような大きな石が置かれている。

　最近はグラウンドが広い球場が流行りだが、ここは新しい球場のわりには中堅、両翼ともに狭い。

　高校、大学野球での使用頻度が高

筑豊緑地野球場

外野スタンドに大きな石

福岡県　565

く、ウエスタンリーグでも使われる。収容人数2970人。

(踏破No.526　ＡＢＣ)

中間市営球場

福岡県中間市
2009年9月20日
中堅120m、両翼92m
内野土、外野天然芝　照明有り
秋季高校野球・福岡北部大会
豊国学園12－3八幡南

JR筑豊本線・筑前垣生駅より徒歩15分。

1978年完成。

球場外に更衣室や事務室がある小屋が建っていて、観客はその小屋をくぐり抜けてスタンドへ入る珍しい形式。

丘の斜面を利用してネット裏観客席を造った影響だろうが、球場の向きが他の球場と異なる。このためデーゲームの場合、太陽光線が守備側にとって妨げとなってしまう。観戦した試合でも太陽安打が2本、出てしまった。

収容人数4500人。高校野球でよく使われている。

(踏破No.607　ＡＢＣ)

中間市営球場

中間市営球場

桧原運動公園野球場

福岡県福岡市
2001年3月27日
中堅122m、両翼98m
内野土、外野天然芝　照明有り
春季高校野球・福岡南部大会
東和大東和7－5筑紫丘

天神バスセンターからバスで行っ

桧原運動公園野球場

た。

　2000年にできた球場。

　球場建物がエメラルドブルーで塗られている。

　近年も高校、大学野球でよく使われている。

　収容人数は2315人。

　　　　　（踏破№478　ＡＢＣ）

桧原運動公園野球場

福岡市汐井公園野球場

福岡県福岡市
2009年9月21日
中堅113m、両翼91m
内野土、外野天然芝　照明有り
秋季高校軟式野球・福岡大会
朝倉東4-2福岡大大濠

　ＪＲ鹿児島本線・箱崎駅より徒歩17分。埠頭にあり、周囲を高速道路や倉庫に囲まれている。

　内野席は小さく、外野席は無し。グラウンドも狭いので、春・夏・秋の硬式高校野球では近年あまり使われなくなってきている（2012年の春が最後）。

　収容人数は約2800人。

　　　　　（踏破№608　ＡＢＣ）

福岡市汐井公園野球場

福岡市汐井公園野球場

福岡ドーム

福岡県福岡市
1998年4月7日
規格表示無し
内外野人工芝　照明有り
パシフィックリーグ公式戦

ダイエー6-3西武

　ＪＲ博多駅からバス。

　1993年4月開場。

　「平成の福岡城」といわれる豪華な球場。ホークスが福岡の人々に愛

されていることも感じた。南海ファンとしては、金持ちに嫁いでいった昔の恋人が幸せに暮らしているのを見たような気分。

大学野球で使われることもある。2012年までは夏の高校野球で使われたこともあった。

2016年の時点で、中堅122m、両翼100m。収容人数は38500人。

福岡ドーム

（踏破No.390　ＡＢＣ）

平和台野球場

福岡県福岡市
1990年８月５日
（スコアブックに規格メモ無し）
内外野人工芝　照明有り
パシフィックリーグ公式戦
日本ハム４－０ダイエー

　すでに取り壊されている。

　1949年12月に開場、1992年のシーズンまでプロ野球の公式戦で使われた。

　前日に神戸でナイターを観た後、姫路駅前で野宿。翌朝始発に乗り、ずーっと各駅停車で博多に入った。

　せっかく応援に行ったのに、ダイエーは２安打完封負けした。

　しかしこの日は観客100万人突破の日で、熨斗袋に入った100円玉が観客全員に配られた。さすがダイエーはシブチン南海とはやることが違うとビックリ。それに、入場料を100円割り引くのと、100円玉の入った小袋を配るのとではファンの喜び方・受け取り方が全然違う。ダイエーなかなかやるなという感じ。

　私の隣の席にはダイエーの湯上谷選手のファンという若い女性が一人で来ていて、途中からよく話をしながら観戦した。試合が終わり、湯上

平和台野球場

平和台野球場

谷の出待ちをするというその女性とはそこで別れたが、野球場で女性と出会うことはそうないので、今になってもときどき思い出す。

1987年12月28日、球場の改修工事中に、飛鳥・平安時代の外交施設の遺構が発掘された。

（踏破No.23）

的場池球場

福岡県北九州市
2010年3月26日
中堅115m、両翼91m
内外野土　照明有り
春季高校野球・福岡北部大会
北筑6−0希望が丘

　筑豊電気鉄道・永犬丸駅より徒歩20分。

　1982年度に建築された。

　こじんまりした球場だが、いちおうコロシアム型の外観。スコアボードやフェンスは青の塗装で統一されていておしゃれ。

　ネット裏からダッグアウト上まではコンクリ製のスタンドだが、イスは無く段々になっているだけ。

　九州の高校野球部員は非常にしつけがよく、私のような部外者にも全員が帽子を取って挨拶してくる。50人くらいに延々と、順番に挨拶されると、まったく恐縮してしまう。

　収容人数6000人。高校野球でよく使われている。

　1993年4月11日にはウエスタンリーグ公式戦・ダイエー−阪神が開催され、阪神・亀山努、ダイエー・広永益隆ら有名選手が出場した。

（踏破No.620　ＡＢＣ）

的場池球場

的場池球場

桃園球場

福岡県北九州市
2010年3月27日
中堅125m、両翼100m
内外野土　照明無し
春季高校野球・福岡北部大会
門司学園10−0高稜（6回コールドゲーム）

桃園球場

桃園球場

　ＪＲ鹿児島本線・八幡駅から徒歩30分。

　この地に球場ができたのは1948年。現在の球場は1978年度に改築されたもののようだ。

　球場建物の外観はどことなく今は無き平和台球場に似ている。

　スコアボードがいい感じに古びている。

　収容人数10500人。高校野球で使われる。

（踏破№621　ＡＢＣ）

八女市立山球場

福岡県八女市
2010年３月30日
規格表示無し
内野土、外野天然芝　照明有り
春季高校軟式野球・福岡大会
大和青藍４－２筑陽学園

　ＪＲ鹿児島本線・羽犬塚駅からバスで行った。

　1983年７月24日完成。

　こじんまりとしているが、グラウンド周りに桜が植えられた素敵な球場。訪れたタイミングがよかったので美しさを満喫できた。

　ネット裏に５段の観客席があるが、内外野席は無い。外野フェンスはコンクリブロック製。まあ、草野球場か。

　近年は目立った試合開催は無い。

（踏破№624　ＡＢＣ）

球場周りに桜がある

八女市立山球場

佐 賀 県

有田赤坂球場

佐賀県有田町
2015年6月7日
中堅115m、両翼92m
内野土、外野天然芝　照明有り
ボートピアみやき杯社会人軟式野球大会・西部地区予選
クレーバーズ9－2マスカッツ（7回制6回コールドゲーム）

　JR有田駅から徒歩20分。

　行きはタクシーに乗った。地元の野球事情に詳しい運転手さんの話では、この球場で昭和40年代？に巨人－広島のオープン戦が開催されたことがあるという。長嶋茂雄さんが出場し、衣笠祥雄さんがホームランを打ったとの話だった。球場近くの理髪店で長嶋さんが散髪したことまで教えてくれた。

　確認しようと帰京してから当時の佐賀新聞をあたった。試合が行なわれたのは1975年3月6日で、長嶋さんの引退後。運転手さんのカン違いのようだ。この時が有田町で初めてのプロ野球開催で、カードは巨人戦ではなく太平洋－広島。たしかに衣笠が本塁打を打っている。記事には「この球場は昨年（注・1974年）8月完成、総工費1億9千万円」とあり、「両翼92m、中堅115mという立派なもの。」という記述が時代を感じさせる。ちなみにこの太平洋－広島は観衆5700人、近所の焼き物工場では半ドンや振り替え休日にして観戦を後押しするところもあったそうで、陶器の街・有田は大いに盛り上がったようだ。

　それから40年が経過し、球場は軟式専用となり、外壁のあちこちに補修必要な箇所が多数マーキングされていた。

　ネット裏からダッグアウト上までプラ長イス12段。あとの内外野席は芝生席。

　スコアボードは電光デジタル時計、

有田赤坂球場

有田赤坂球場

電光得点板（9回まで）、ＢＳＯ灯、ＨＥＦＣ灯。

（踏破№825　Ｃ）

伊万里市国見台野球場

佐賀県伊万里市
2015年6月7日
中堅120m、両翼100m
内野土、外野天然芝　照明有り（4基式）
伊万里市中学生野球大会
南波多中学4－0伊万里中学（7回制）

　ＪＲ伊万里駅から徒歩15分。

　ネット裏からダッグアウト上まで、コンクリ段々席10段（ただしネット裏席中央上段部分のみプラスチック製のイスが設置されている）。あとの内外野席は芝生席。ネット裏席上段には屋根有り。

　スコアボードは時計、得点板（10回まで）、打順ランプ、ＳＢＯ灯、ＨＥＦＣ灯。

　球場の玄関ロビーには伊万里商業出身の元プロ野球選手・迎祐一郎（オリックス〜広島）の現役時代のユニフォームが展示してある。他に地元の高校が甲子園に出場した時の記念プレートも有り。

　玄関前のモニュメントによると、竣工は1994年9月。電源立地促進対策交付金施設という表示もある。

（踏破№824　ＡＢＣ）

伊万里市国見台野球場

伊万里市国見台野球場

嬉野市みゆき球場

佐賀県嬉野市
2009年8月28日
中堅125m、両翼100m
内野土、外野天然芝　照明無し
全日本大学準硬式野球選手権大会
岡山大16－10北海道大

　ＪＲ佐世保線・武雄温泉駅よりバス30分「公会堂前」下車、徒歩30分。

　平成4（1992）年度にオープン。ネット裏観客席に屋根がある球場は多いが、この球場はバックスクリーンとスコアボードにも屋根がかけ

嬉野市みゆき球場

スコアボードの屋根

られている。これは大変に珍しい。太陽光線でスコアボードが見えにくいのを防ぐため？　それとも降雨による老朽化を少しでも遅らせるため？　謎である。

　収容人数は15000人。ソフトバンクの本多雄一選手が、毎年この球場で自主トレをしている。本多選手の母親が嬉野市出身ということが縁で始めたそうで、市の観光大使にも就任している。

　2005年5月15日、この球場で開催されたウエスタンリーグ公式戦・ソフトバンク－阪神には、のちにメジャーリーグで活躍する川﨑宗則選手が出場。3打数0安打だった。

(踏破No.598　ABC)

鹿島市民球場

佐賀県鹿島市
2009年8月27日
中堅122m、両翼98m
内野土、外野天然芝　照明有り
全日本大学準硬式野球選手権大会
岡山大9－1松山大

　JR肥前鹿島駅から、両親の母校である鹿島高校の裏を通って歩いて行った。徒歩33分。蟻尾山公園内にある。山を切り開いて造られた球場。完成は2001年。

　ネット裏観客席後ろの壁の最上部に瓦が載せられている。野球場と瓦の組み合わせは、他では見かけない

鹿島市民球場

鹿島市民球場

ので珍しい。しかし、瓦が特に鹿島市の特産品というわけではないようだ。

　バックスクリーンが無く、植え込みで代用していた。

　収容人数約9940人。高校野球の春・夏・秋の大会では使われないが秋季大会前の、シード決めのための新人大会では使用されている。

　2014年1月には、日本ハムの稲葉篤紀、西武の鬼崎裕司ら5選手がこの球場で自主トレを行なった。

　　　　　（踏破№596　ＡＢＣ）

唐津市野球場

佐賀県唐津市
2010年3月28日
中堅120m、両翼91m
内野土、外野天然芝　照明有り
春季高校野球・佐賀大会
多久7－3唐津東

　ＪＲ筑肥線・和多田駅から徒歩30分。

　1974年9月22日開場。

　球場玄関に、唐津出身の名選手、木塚忠助と藤井将雄（ともに元ホークス）のレリーフがある。

　藤井は現役中に若くして亡くなったが、ホークスファンの私にとって1999年の優勝に貢献してくれた忘れ難い投手である。

　収容人数約10000人。高校野球で使われる。

　　　　　（踏破№622　ＡＢＣ）

唐津市野球場

藤井、木塚両選手のレリーフ

玄海町野球場

佐賀県玄海町
2015年6月6日
中堅115m、両翼91m
内野土、外野天然芝　照明有り

佐賀県西北部地区高校野球大会
唐津西7－5小城

　唐津バスセンターからバス33分（運賃790円）、「唐津青翔高校前」下

車、徒歩3分。高校の隣にある。

　ネット裏は最大5段のプラ長イス席。内野席は観戦スペース有り。一塁側は芝生が敷かれているが、三塁側は芝生無し。外野席は芝生席。

　スコアボードは時計、ＳＢＯ灯、ＨＥＦＣ灯、得点板（12回まで）と簡素。

　周辺に商店が無いので食料は持参した方がよいだろう。

　球場玄関ロビーに展示物無し。玄関前に「平成3年度　電源立地促進対策交付金施設」と記された石碑がある。それによると「この施設は、（中略）九州電力（株）玄海原子力発電所三・四号機の増設に係る電源立地促進対策交付金の交付を受けて建設したものである　平成4年3月」とのこと。工期は平成3年8月22日から平成4年3月20日、総事業費は三億四千万円。

（踏破№823　ＡＢＣ）

玄海町野球場

玄海町野球場

佐賀球場

佐賀県佐賀市
1998年11月1日
中堅113m、両翼93m
内野土、外野天然芝　照明無し
西日本軟式野球選手権大会

ダイクレ9－1日清紡徳島
　現存しない球場。
　佐賀市本庄町にあったが、現在跡地には佐賀女子高校が建っている。
　1959年3月7日開場。2004年11月

佐賀球場

佐賀球場

いっぱいで閉場となった。
　かつて夏の高校野球県大会はすべての試合をここで行なっていた。
（踏破№459）

佐賀市立野球場

佐賀県佐賀市
1998年11月1日
中堅120m、両翼93m
内野土、外野天然芝　照明無し
西日本軟式野球選手権大会
トキハ4－1積水ハウス

　JR佐賀駅からバス。
　通称「佐賀ブルースタジアム」。新しい球場だった。

佐賀市立野球場

内野席2400人収容。
高校野球でよく使われる。
（踏破№460　ＡＢＣ）

佐賀みどりの森球場

佐賀県佐賀市
2009年8月27日
中堅122m、両翼99.1m
内野土、外野天然芝　照明有り
全日本大学準硬式野球選手権大会
明治大4－0北海道教育大学釧路校

　JR久保田駅からタクシーで5分。
　球場に表示された正式名称は「佐賀県立森林公園野球場」。田んぼの中に建っている新しい球場で、夏の高校野球県大会決勝戦で使われる。
　観戦した試合で明治大学は最終回、速球投手を登板させ、北海道教育大の先頭打者は三振。続いて女子選手が代打に登場。快速球を遊ゴロ。「男が三振した球をよくぞ打った」とさかんな拍手を浴びた。
　ネット裏席に大きな屋根があり、ポール際まで長イス席がある雰囲気が埼玉県営大宮球場に似ている。

佐賀みどりの森球場

佐賀みどりの森球場

Ａ…硬式（高校以上）　Ｂ…硬式（中学以下）　Ｃ…軟式　の試合が可能

1999年4月17日にコケラ落としとして広島－横浜が開催された。

収容人数は約16532人。

（踏破№597　ＡＢＣ）

鳥栖市民球場
佐賀県鳥栖市
1997年11月1日
中堅122ｍ、両翼92ｍ
内野土、外野天然芝　照明有り
九州六大学準硬式野球
福岡教育大４－１九州大

鳥栖市民球場

　ＪＲ鳥栖駅からタクシーで５分ほど。長崎本線沿いにある。
　1980年４月落成。
　スコアボードのカウント表示灯が上からＢＳＯの順番に並んでいた。1997年当時としては珍しいことだった。
　近年も高校、大学、大学準硬式野球の試合で使われている。
　2016年の時点で鳥栖市のホームページでは、収容人数5300人とあ

るのはいいとして、規格が中堅120ｍ、両翼95ｍとなっている。グラウンドが狭くなるように改修することは、まず無いと思うのだが……。
　鳥栖市出身で、1987年、広島東洋カープに入団して活躍、市の野球の発展にも貢献した緒方孝市さんの功績を称える顕彰板が球場玄関に掲げられている（2010年設置）。

（踏破№378　ＡＢＣ）

三田川町中央公園野球場
佐賀県三田川町（現在は吉野ケ里町）
1998年11月２日

中堅120ｍ、両翼90ｍ
内野土、外野天然芝　照明有り

三田川町中央公園野球場

三田川町中央公園野球場

西日本軟式野球選手権大会
大阪市信用金庫5－1佐藤薬品工業
　ＪＲ長崎本線・吉野ケ里公園駅から徒歩15分。

1993年3月完成。
軟式野球でよく使われている。
　　　　　　　（踏破№461　Ｃ）

長崎県

諫早球場

長崎県諫早市
1997年9月28日
中堅120m、両翼92m
内野土、外野天然芝　照明無し
秋季高校野球・長崎大会　中地区予選
長崎日大5－1島原中央
　ＪＲ諫早駅から徒歩15分。
　1952年完成の古い球場。
　高校野球でよく使われる。
　この写真では、球場建物の壁面が

諫早球場

白色だが、ネットでは濃緑で塗られた姿の写真を見かける。塗装され直したようだ。
　　　　　　　（踏破№360　ＡＢＣ）

佐世保市吉井野球場

長崎県佐世保市
2013年6月30日
中堅110m、両翼90m
内野土、外野天然芝　照明無し
西日本軟式野球大会・2部

PHOENIX（山口）6－1野球屋吉井クラブ（長崎）
　松浦鉄道・吉井駅から徒歩15分。
　ネット裏に観客席無し。一塁側にだけ仮設の観客席があった。ネット

佐世保市吉井野球場

佐世保市吉井野球場

裏に立ってスコアブックをつけた。
　得点板はネット裏一塁寄りにあり。ＢＳＯ灯は外野にあったが、仮設かもしれない。ＨＥＦＣ灯は無し。
　基本的には草野球場で、2014年の国体開催のために設備を仮設したという感じ。
　国体関連の資料には「観客席数100（固定席）」という記載がある。

（踏破№792　Ｃ）

佐世保野球場
長崎県佐世保市
2001年3月29日
中堅120ｍ、両翼93ｍ
内野土、外野天然芝　照明有り
春季高校野球・長崎大会
佐世保工7－1西陵

　ＪＲ佐世保駅からバスで行った。
　1979年3月に完成した球場。
　私が行った時は、あいにく改装中で球場建物が工事作業用の足場で覆われていて建物の形を確認できなかった。もう一度行かねばならない。
　2011年4月1日から「総合グラウンド野球場」と改称された。
　2013年には電光スコアボードが完成、地元出身の城島健司選手（元ダイエー、マリナーズなど）の打撃時のシルエットが描かれている。城島選手からの寄付金が工事費の一部として遣われたという。
　収容人数12000人。近年も高校野球でよく使われている。

（踏破№481　ＡＢＣ）

佐世保野球場

佐世保野球場

島原市営球場
長崎県島原市
2007年7月8日
規格表示無し
内野土、外野天然芝　照明無し
全国高校野球・長崎大会
北松西8－5大村

　島原鉄道・島鉄本社前駅から徒歩30分。

島原市営球場

諫早から島原鉄道に乗った。電車は時計回りに半島の海沿いを走っていく。「車窓から眺める海」が大好きな私にとってはツボにはまる景色だった。

1952年、島原半島唯一の本格的球場として開場された。収容人数は10000人。

高校野球でもよく使われていたが、なんといっても西鉄ライオンズのキャンプ地として有名。

球場前に「西鉄ライオンズキャンプ地」の記念碑が建っている。

1954年から1978年まで、キャンプ地として断続的に使用されていた。記念碑は2002年に建てられた。

スタンドも石垣のような感じで造られていて、さながら古戦場を思わせる、趣きのある球場。

2014年10月から翌年3月まで、主に内野部分の改修が行なわれた。

西日本鉄道公式サイトの「思い出の球場」というページによると、規格は中堅120m、両翼90m。

（踏破No.542　ＡＢＣ）

キャンプ記念碑

長崎県営野球場

長崎県長崎市
1997年9月28日
規格表示無し
内外野人工芝　照明有り
秋季高校野球・長崎大会　長崎地区予選

長崎西10－3海星

長崎電鉄・大橋駅下車。通称「ビッグＮスタジアム」。収容人数25000人という大きな球場。

開場は1997年で、2000年にはＮＰ

長崎県営野球場

長崎県営野球場

長崎県営野球場

長崎県営野球場　　　長崎県営野球場

Bのオールスター戦が開催された。

　近年も高校野球や社会人野球の大きな大会で使われている。

　公式サイトによると、規格は中堅122.0m、両翼99.1m。

（踏破№361　ＡＢＣ）

長崎市かきどまり野球場

長崎県長崎市
2013年４月20日
中堅122m、両翼100m
内野土、外野天然芝　照明無し
九州地区大学野球　福岡・長崎予選
近畿大産業理工学部10－０福岡歯科大
（５回コールドゲーム）

　正式名称は「長崎市営総合運動公園野球場」。

　ＪＲ長崎駅からバス30分、「長崎市営総合運動公園前」下車。

　1998年４月１日にオープンした。

　ネット裏席から内野席途中までは長イス13段。あとの内外野席は芝生席。収容人数は8000人。

　ネット裏席には屋根がある。

　スコアボードは時計、得点板、ＳＢＯ灯、ＨＥＦＣ灯。選手名、審判員名も表示できる。

　玄関には、三菱重工長崎野球部が全国大会に出場した時の記念写真などが展示されている。

　高校、大学、社会人野球でよく使われるので気になっていた球場。

　この運動公園は、柿泊遺跡のあった場所に造られたもので、１万２千年前から６千年前ごろにかけて集落があった(旧石器時代から縄文時代)。管理棟にはよくできた石器や矢じりなどが展示されていて興味深い。

（踏破№784　ＡＢＣ）

長崎市かきどまり野球場　　　長崎市かきどまり野球場

平戸市営生月野球場

長崎県平戸市
2013年6月29日
中堅114m、左翼91m、右翼規格表示無し
内野土、外野天然芝　照明有り
西日本軟式野球大会・2部
岩田屋（愛媛）8－1海自大村（長崎）
（8回コールドゲーム）

平戸市営生月野球場

平戸市営生月野球場

　生月島は、平戸島のさらに先っちょにある島。これは行くのが大変だった。佐世保からバス1時間半で平戸桟橋、そこでバスを乗り換えて30分、「生月病院前」下車。徒歩25分。天気がよかったせいもあるが、平戸大橋、生月大橋を渡る時の眺めは最高だった。

　バスの運転手さんが、生月島はとても風が強い島であることや、生月大橋ができる前は、新聞が船で運ばれてくるので昼頃に配達されたなどと教えてくれた。こういう話を聞くのも旅の大きな愉しみ。

　高台にある球場。ネット裏席はプラ長イス5段。内野席は芝生席、外野席無し。

　スコアボードは得点板とBSO灯、HEFC灯のみと簡素。

　旗の掲揚台が外野でなくネット裏席最上段にあるのが珍しい。

　ライト後方に海が見えて眺めがよい。

　球場の向きが通常と異なり、飛球の捕球の時は太陽光線が邪魔になる。

　目立った試合開催は聞いたことがなく、草野球場という感じ。2014年の長崎国体の軟式野球競技で使われ、私が観戦したのはそのリハーサル大会。

　国体関連の資料には「観客席数200（固定席）」という記載がある。

　試合後、平戸島に戻り、高倉健さんの映画『あなたへ』のロケ地として使われた薄香の港に行ってみた。

　小さなかわいい入り江の港町だった。しかし映画と違って、食べ物やビールを売っている店が無く困った。生月島への連絡船が出ていたのがこの港だったという。

（踏破No.790　C）

平戸市総合運動公園ライフカントリー赤坂野球場

長崎県平戸市
2013年6月30日
中堅120m、両翼92m
内野土、外野天然芝　照明有り
西日本軟式野球大会・2部
ＪＡ宮崎共済連５－１高知市消防局

　前日、平戸市の民宿に泊まり、歩いて球場まで行った。

　ネット裏席から内野席はポール際までイス席12段。ネット裏席中央のみ個別イスで、あとの内野席はプラ長イス。外野席は芝生席。

　スコアボードはバックスクリーンと一体型で、時計、得点板、ＢＳＯ灯、ＨＥＦＣ灯。選手名も表示できる。

　山の斜面を切り崩して造った球場のようで、地形の関係なのかレフトポール際だけ、外野フェンスが高さ5メートルほど（ライトからレフト後方までは高さ3メートルほど）。

　2008年から2010年まで活動した独立プロ野球チーム「長崎セインツ」が主催試合を開催していた。

　長崎国体の関連資料には「観客席数4000（固定席）」という記載がある。

（踏破№791　ＡＢＣ）

平戸市総合運動公園ライフカントリー赤坂野球場

平戸市総合運動公園ライフカントリー赤坂野球場

熊本県

上村総合運動公園野球場

熊本県上村（現在はあさぎり町）
1998年5月23日
中堅115m、両翼91m
内野土、外野天然芝　照明無し
西日本軟式野球大会・2部
石井町役場（徳島）６－２０Ｂ小城ク

上村総合運動公園野球場

ラブ（佐賀）

くまがわ鉄道湯前線・あさぎり駅（当時は免田駅という名称だった）から徒歩40分。

外野は仮設フェンス、スコアボード、ＳＢＯ灯も仮設だった。

ＨＥＦＣ灯は無し。翌年の熊本国体・軟式野球開催用に草野球場を臨時改装したものだった。

上村総合運動公園野球場

（踏破№407　ＡＢＣ）

熊本市水前寺野球場

熊本県熊本市
2015年5月16日
中堅110m、両翼90m
内野土、外野天然芝　照明有り
西日本軟式野球大会・1部
愛車道（山口）1－0都城はまゆうクラブ（宮崎）

熊本市電・「国府」電停下車、徒歩15分。

ネット裏から内野途中までプラ長イス9段。あとの内野席はコンクリ段席5段。外野席は無し。収容人数は3000人。

外野フェンスは、レフト・ライト後方は直線状。

スコアボードは時計、得点板（10回まで）、選手名（DH制非対応）、審判名（4人）、ＢＳＯ灯、ＨＥＦＣ灯。

玄関ロビーに、球場の沿革が紹介してあった。それによると1928年、観客席完備の球場として改修され、中学野球のメッカとなった。いったんは1971年に多目的球場に改修されたが、1989年、専用の野球場として全面改築された。この時、玄関ロビーに川上哲治さんの展示コーナーが造られた。

熊本市水前寺野球場

熊本市水前寺野球場

この展示コーナーは、川上さん実使用のユニフォームやグラウンドコートが展示してあり見ごたえがある。でも展示物がケース内でホコリをかぶっていたのが残念。貴重な品物だけに、もっと大事に扱ってあげてほしい。

（踏破№817　C）

錦町球場

熊本県錦町
1998年5月24日
規格表示なし
内野土、外野天然芝　照明有り
西日本軟式野球大会・2部
土佐マエダ産業マリナーズ（高知）10－1JA宮崎中央南

錦町球場

　くまがわ鉄道湯前線・一武駅から徒歩30分。
　外野は仮設フェンス。スコアボード、SBO灯も仮設。HEFC灯無し。草野球場を翌年の熊本国体・軟式野球開催用に臨時改装したものだった。
　現在は「錦町国体記念球場」という名称になっている。

（踏破№408　C　※硬式は禁止ではないが、広さ不足とのこと）

藤崎台県営野球場

熊本県熊本市
2001年3月28日
中堅122m、両翼99m
内野土、外野天然芝　照明有り
春季高校野球・熊本大会

鹿本14－4八代農（6回コールドゲーム）
　JR熊本駅から徒歩30分。
　熊本の高校野球の決勝戦が行なわれる球場。
　球場建物がシルバーの金属板で覆

藤崎台県営野球場

藤崎台県営野球場

われていて未来的なイメージ。

熊本で国体が行なわれた1960年に完成、1996年にメインスタンドの改修を行なった。

2016年の時点で、管理団体のサイトによると中堅121.9m、両翼99.1m。収容人数は約24000人。

1982年4月20日、星野仙一投手(中日)は、この球場で行なわれた巨人戦で逆転サヨナラ負けを喫し、引退を決意したそうだ。

また、1987年6月11日、この球場で行なわれた巨人-中日戦で、クロマティ(巨人)が宮下(中日)を殴打する大乱闘が発生した。

1980年11月16日、この球場で行なわれた巨人-阪神のオープン戦で、王貞治選手が現役時代最後となるホームランを打っている。

巨人軍がらみのエピソードが多い球場。

(踏破No.480　ＡＢＣ)

八代運動公園野球場

熊本県八代市
1998年10月10日
中堅122m、両翼97.6m
内野土、外野天然芝　照明有り
秋季高校軟式野球・熊本大会
開新3-1河浦

ＪＲ八代駅からバスで行った。八代港の近くにある県営球場。

1992年に完成、当時は県南地区で唯一の硬式野球場だった。

収容人数はおよそ10000人。

近年も高校野球でよく使われているほか、ウエスタンリーグも開催されている。

イチロー選手も、この球場でプレーしたことがある。まだ登録名が「鈴木」だった1994年3月20日、オープン戦のオリックス-ダイエー。三番ライトで先発し、4打数0安打の記録が残っている。ちなみに八代高校出身のダイエー秋山幸二はこの試合3打数ノーヒットだった。

(踏破No.454　ＡＢＣ)

八代運動公園野球場

八代運動公園野球場

Ａ…硬式(高校以上)　Ｂ…硬式(中学以下)　Ｃ…軟式　の試合が可能

八代市民球場

熊本県八代市
2015年5月16日
中堅116m、両翼90m
内野土、外野天然芝　照明無し
西日本軟式野球大会・1部
大山町体協名和(鳥取) 7－3 Fo style (熊本)

　JR八代駅から徒歩50分。
　ネット裏から内野途中までプラ長イス9段。あとの内外野席は芝生席。
　スコアボードは長方形の上に台形が載った「茨城型」。時計、得点板(12回まで)、SBO灯、HEFC灯。
　住宅街の中にあり、防球ネットがとてもしっかりしている。
　同じ八代市でも県営球場のほうは大きな大会でよく使われるが、この市民球場はなかなか使われず踏破難度の高い球場といえるだろう。
　設置されたのは1985年4月1日。収容人数4000人。

（踏破№818　C）

八代市民球場

八代市民球場

大　分　県

宇佐市平成の森公園野球場

大分県宇佐市
2013年4月13日
中堅120m、両翼95m
内野土、外野天然芝　照明有り(小規模)
ボーイズリーグ・大分大会
宮崎くしま3－0東筑（7回制）

　JR宇佐駅からバス（運行本数少ない）、「法鏡寺」でバスを乗り換え「上副」下車、徒歩20分。
　球場建物が左右非対称の凝った造り。
　ネット裏席は個別イス8段。内野席途中までは長イス8段。固定観覧席は867席。その先の内野席は芝生席。外野席は無し。ネット裏席には屋根有り。
　スコアボードは時計、得点板、SBO灯、HEFC灯、打順ランプ。

選手名は表示できない。

硬式高校野球の大分県選手権（春季大会の後に行なわれる大会）で使われるので、要踏破だった。

それまでの球場が改修され、2008年8月に現在の姿になった。

（踏破№782　C　※特例として硬式高校野球を開催することがある）

宇佐市平成の森公園野球場

宇佐市平成の森公園野球場

臼杵市民球場

大分県臼杵市
2009年9月23日
中堅122m、両翼98m
内野土、外野天然芝　照明有り
秋季高校野球・大分大会
中津工・東9－5中津北（延長11回）

　JR日豊本線・熊崎駅より徒歩15分。丘の上にある。

　ネット裏席には波打った形の凝ったデザインの屋根がある。

　1996年開場と、比較的新しい。

　部員が少ない高校は他の学校と連合チームとして大会に出場する。この試合は連合チームが延長戦の末、満塁サヨナラホームランで勝利という劇的な試合だった。

　収容人数7400人。高校野球でよく使われている。

　2010年7月18日にはウエスタンリーグ公式戦・ソフトバンク－阪神が行なわれたが雨でノーゲームとなった。

（踏破№612　ＡＢＣ）

臼杵市民球場

臼杵市民球場

緒方やまびこスタジアム

大分県豊後大野市
2013年10月27日
中堅122m、両翼98m
内野土、外野天然芝　照明有り
リトルシニア九州連盟・秋季大会（中学硬式野球）
神村学園9－1福岡広川（7回制　6回コールドゲーム）

　JR緒方駅から徒歩25分。コンビニも無い、のどかな田舎町をノンビリ歩いた。

　高校野球では春・夏・秋の大会では使われないが、県選手権大会では時々使用される。その他は軟式野球、リトルシニアで使われることが多い。

　ネット裏席はプラ長イス7段で屋根有り。内野席は途中まで最大5段のプラ長イス。あとの内外野席は芝生席。

　スコアボードはバックスクリーンと一体型で、時計、得点板、SBO灯、HEFC灯のみ。

（踏破№797　ABC）

緒方やまびこスタジアム

緒方やまびこスタジアム

春日浦野球場

大分県大分市
1997年9月27日
中堅112m、両翼94m

内野土、外野天然芝　照明無し
秋季高校野球・大分大会
大分舞鶴16－1別府青山（5回コールド

春日浦野球場

バックネットの支柱が傾斜式だった

ゲーム）

現存しない。大分県大分市王子北町5-9にあった県立球場。

2011年10月23日に跡地に行ってみた。スーパーマーケット、ホームセンター、スポーツクラブなどが建ち並んでいる。大分駅に近い一等地なので、こうなるのも時代の流れだろう。

感心したのは、スーパーの一角に春日浦球場を偲ぶ展示室が設けられていること。野球好きの社長さんの発案らしい。素晴らしい。

そこで見た紹介文によると、1948年の完成時のサイズは中堅105m、両翼88m。1980年、開場した新大分球場に主役の座を譲り、2004（平成16）年度末をもって閉場した。

展示室には大分出身のプロ野球選手らの写真が多数飾られ、彼らが春日浦球場の想い出を語ったコメントも添えられている。

心のこもった展示室である。春日浦は幸せな球場だ。

（踏破No.359）

国東野球場

大分県国東市
2012年4月15日
中堅115m、両翼91m
内野土、外野天然芝　照明有り
高校野球・大分県選手権　別杵支部予選
杵築9-2別府商（8回コールドゲーム）

　JR杵築駅からバス65分、「田深」下車、徒歩40分。

　ネット裏席は最大6段のコンクリ段々でイス無し。あとの内外野席は芝生席。鉄骨ヤグラ型の古いタイプの照明塔が6基。

　スコアボードは得点板、打順ランプ、SBO灯、HE灯（FC灯は無し。珍しい）のみ。

　三塁側内野席や外野席内に木が植えてある。

　バックスクリーン裏に、第63回国体開催記念の植樹有り。

　春・夏・秋の大会とも高校野球で

国東野球場

国東野球場

使われない、レアな球場。

　2011年7月、夏の高校野球・大分大会開会式から帰る途中のバスの事故で、森高校野球部の重光監督が亡くなった。2012年3月、5つの高校の野球部がこの球場に集まり追悼試合が行なわれた。

（踏破№730　ＡＢＣ）

佐伯球場

大分県佐伯市
2013年4月14日
中堅122m、両翼98m
内野土、外野天然芝　照明無し
高校野球・大分県選手権　県南・豊肥支部予選
三重総合10－3佐伯鶴岡（8回コールドゲーム）

　ＪＲ佐伯駅から徒歩1時間半。

　駅から遠いので期待していなかったが、意外にも大きなスタンドを持つ立派な球場だった。

　内野スタンドの方がネット裏スタンドよりも背が高く、球場外から見ると「正面入り口はどこだ？」と戸惑ってしまう。

　この背の高い内野スタンドはそれぞれ「レフトウイング」「ライトウイング」という名前が付いている。

　佐伯市は鶴になじみの深い土地なので、この名称は鶴の翼をイメージしているのかもしれない。そう思えばネット裏の屋根もなんとなく鶴が羽根を拡げた姿に見えてくる。

　スコアボードも大型で、時計、得点板、ＳＢＯ灯、ＨＥＦＣ灯、前試合結果（2試合ぶん）、選手名、審判員名を表示できる。

　ネット裏席（屋根有り）は個別イス、内野席は長イス、外野席は芝生席。

　ウエスタンリーグや高校野球でも使われる。

　1992年開場。収容人数15000人。

　2012年9月2日、ウエスタンリーグ公式戦・ソフトバンク－オリックスが行なわれた。

（踏破№783　ＡＢＣ）

佐伯球場

佐伯球場

新大分球場

大分県大分市
2011年6月4日
中堅120m、両翼91m
内野土、外野天然芝　照明有り
ウエスタンリーグ公式戦
ソフトバンク7－0広島

　JR大分駅よりバスで15分。

　大分の夏の高校野球決勝使用球場。春日浦球場跡地にあった展示によると開場は1980年。

　ネット裏スタンドは25段もあり個別イス。常設の放送室も4室ある。スコアボードは柱の上に載っている「高床式」。

　HEFC灯が独特で、3文字分の電光文字表示装置があり、それぞれ「H」「E」「Fc」と表示できる。あと、傍らに「只今ノハ」と書かれている。これも最近では珍しい。

　収容人数は15500人。

　NPBや高校野球で使われる。

　1995年3月3日には王貞治新監督のダイエーと長嶋巨人のオープン戦が行なわれ、記念すべき「史上初のON対決」の舞台となった。

　また、2005年には楽天－巨人のオープン戦が行なわれ、この試合は新球団・楽天の初の対外試合だった。話題の試合に縁のある球場。

　ネーミングライツ契約により2012年6月から「別大興産スタジアム」という名前がついている。

　2012年に大規模改修工事が行なわれ、スコアボードがLEDを用いた全面フルカラー式に一新された。

（踏破№696　ABC）

新大分球場

改装前のスコアボード

だいぎんスタジアム

大分県大分市
2011年10月23日
中堅122m、両翼98m
内野土、外野天然芝　照明有り

秋季高校軟式野球・九州大会
文徳（熊本）10－0奈留（長崎）（5回コールドゲーム）

　「大分スポーツ公園」内にある。

一時はネーミングライツ契約により「ストーク球場」と呼ばれていた。山の上にある真新しい球場だが、各大会での使用頻度はまだ低い。

豪華なブルペンが特徴。フィールド外にあり、投捕部分屋根付き、投捕間にはキレイに芝も張ってある。

大分バス「公園西インター入口」というバス停から近い。

収容人数2500人。2004年開場。

高校野球は軟式の大会で使用されている。

（踏破№724　Ｃ）

だいぎんスタジアム

だいぎんスタジアム

竹田市民球場

大分県竹田市
2011年4月10日
中堅122m、両翼98m
内野土、外野天然芝　照明無し
高校野球・大分県選手権　県南・豊肥支部予選
竹田8－7佐伯鶴岡

　ＪＲ豊肥本線・豊後竹田駅から徒歩25分ほど。

　球場の傍らに「西南戦争激戦の地」という白木の記念碑が建っている。多くの兵士の血が流された場所なのだろう。

　そんな歴史もあるものの、竹田の街は盆地の中にあり、駅前を川が流れている、小さな箱庭のようなかわいい町だった。

　球場は平成12（2000）年度完成。収容人数は2464人。

（踏破№688　ＡＢＣ）

竹田市民球場

竹田市民球場

津久見市民球場

大分県津久見市
2010年3月29日
中堅120m、両翼92m
内野土、外野天然芝　照明有り
春季高校野球・大分大会
宇佐4－3大分西

　JR日豊本線・津久見駅から徒歩50分。

　1987年開場。

　随所にデザイン上の工夫が感じられる球場。上空から眺めれば円形となる球場全体のフォルムやブルペンの配置、カマボコを並べたようなダッグアウトの屋根などは西武球場、ポール際だけが高くなっている外野フェンスは後楽園球場を参考にしたものではないだろうか。この球場の設計者はかなり球場建築を研究した

人のように思う。

　ただし、場内放送のスピーカーが外野にあるだけ？のせいかアナウンスが聞き取りにくい。これは大きな欠点。

　外野後方に、山腹を二両編成で走っていく日豊本線の電車が見える。鉄道模型のような眺めが面白い。

　球場近くに、春と夏の甲子園を制した名将・小嶋仁八郎氏（元津久見高校野球部監督）の胸像有り。

小嶋仁八郎氏の像

　収容人数10000人。

　プロ野球公式戦の開催は無いが、1990年3月20日に行なわれたオープン戦・広島－中日には落合博満選手が出場。3打数2安打の成績を残している。

（踏破No.623　ＡＢＣ）

津久見市民球場

中津球場

大分県中津市
2012年4月14日
中堅120m、両翼90m
内野土、外野天然芝　照明有り

高校野球・大分県選手権　県北・久大支部予選
中津東7－0中津南（7回コールドゲーム）

　JR中津駅から大交北部バスで12

分、「風の丘斎場」下車。

　近年は、夏はおろか春・秋の高校野球でも使用されず、4月、8月と年2回行なわれる「県選手権大会」の県北地区予選でしか使われない。

　内野席の後方には桜並木があり、花盛りの時期はさぞや美しいのでは。

　ネット裏席はイスが無く、コンクリの段々になっているだけ。

あとの内外野席は土盛り式の芝生席。

　スコアボードも得点板とSBO灯だけと質素。バックネットも柱が多く観戦の妨げになる。

　古き良き時代の趣きを残す球場。

　完成は1980年10月。収容人数は約5000人。

（踏破No.729　C）

中津球場

中津球場

日田市平野球場

大分県日田市
2011年4月9日
中堅120m、両翼92m
内野土、外野天然芝　照明無し
高校野球・大分県選手権　久大支部予選
日田4－2森

　JR久大本線・日田駅からタクシーで15分ほど。

　大分県の高校野球は春・夏・秋の大会とは別に、年に二度「県選手権」という大会をやっていて、その地区予選で使われる球場。

　観客席はネット裏から内野途中まではコンクリの段々になっているだ

日田市平野球場

日田市平野球場

けでイス無し。あとの内野と外野は芝生席。

外野の芝生ははげちょろけだった。

球場正面が駐車場になっているためか、バックネットを後から継ぎ足して高くしたような形跡がある。金網ネットの上方にナイロンネットが継ぎ足されている。しかしそれも空しく、観戦した試合でも硬式ボールがぽんぽんネット裏場外に飛び出していた。

球場近くに家畜小屋でもあるのか周辺には匂いが漂っているが、すぐに慣れて気にならなくなる。

試合後はうまい具合に駅までバスに乗れた。

JR日田駅に戻り、駅のお好み焼き屋さんで買った「いかモダン焼き」600円をアテにビール。とても美味しかった。前年、この駅で電車待ちした時に同じものを食い、美味しかった記憶があり愉しみにしていた。

この日観戦した森高校野球部は、この3カ月後、夏の大会の開会式からの帰り、部員らが乗ったマイクロバスが交通事故を起こし、監督が亡くなり部員ら6人が重軽傷を負うという悲劇に見舞われた。ニュースで知った時は驚き、人生のあっけなさを思い知らされた。

(踏破No.687　ＡＢＣ)

別府球場

大分県別府市
1997年9月27日
中堅120.0m、両翼91.0m
内野土、外野天然芝　照明無し
秋季高校野球・大分大会
杵築13－2羽室台（6回コールドゲーム）

現存しない球場。

私が訪れた時点で、老朽化していた。

収容人数約10000人。

ネット裏の本部席建物が巨大すぎて、その後ろの観客席からは試合を観ることができない変な球場。

かつて巨人のキャンプ地だった時

別府球場

別府球場

代もある。

2011年10月22日に跡地を訪れてみた。駅から歩いてみた。

朝6時半なのに銭湯が開いている。さすがは湯の町。

球場は跡形も無く、大きな体育館（べっぷアリーナ）が建っていた。傍らに「旧別府球場の思い出」という黒石の小さな記念碑が建っている。

それによると、旧別府球場は1931年に開場。建設現場から掘り出された自然石で造られた観客席など、当時としては最先端の設備を備えた球場だった。

1949年に都市対抗を制した星野組や、1956年に別府緑丘高から西鉄入りした稲尾和久投手もこの球場で練習を積んだとか。

2001年、体育館建設のため解体。70年の歴史に幕を下ろした。

なお、新しい別府市民球場内の稲尾和久記念館に、この旧別府球場の昔の写真も飾られていた。それを見ると、以前はネット裏の巨大な本部棟は無かったようだ。

おそらく、多くの観客が来るような試合が行なわれない時代になってから、観客の存在を意識しない、あのような大きな建物が設置されたのだろう。

（踏破№358）

別府市民球場

大分県別府市
2011年10月22日
中堅122m、両翼100m
内野土、外野天然芝　照明無し
リトルシニア九州連盟・秋季大会
熊本大津シニア2－1大分東シニア（7回制）

別府駅からバス、「是定」下車、徒歩10分。

愛称「稲尾記念球場」。その名の通り、球場内の一室が別府出身の往年の名投手・稲尾和久さんの記念展示に充てられている。等身大の銅像、選手時代のユニホーム、トロフィー

別府市民球場

別府市民球場

や表彰額、ペナントのレプリカなど充実の展示内容。球場正面には投球フォームの大きな連続写真も。稲尾ファンなら必見だろう。

球場建物は左右非対称の凝った造り。稲尾氏は設計監修に携わり、「フィールドは甲子園球場と同じ形にしよう」という案が実現されたという。また、内野の土も茶灰色で心なしか甲子園に似ている。

球場玄関には、ここでキャンプを張ったらしい韓国の高麗大学、斗山ベアーズのユニホームやバットなども展示。

高台にあるので、ネット裏席後方からは別府湾の素晴らしい眺めを一望できる。

球場前と、外野席バックスクリーン脇には稲尾氏の功績を称える植樹がある。稲尾氏はいつまでも別府球児を見守っている。

開場は2007年。収容人数6000人。高校野球の県選手権の地区予選や大学野球で、たまに使われる。

なお、隣に「実相寺球場」という円谷プロファンならぜひとも踏破したい？小さな野球場がある。中堅115m、両翼92mのかわいらしい球場。円谷プロで多くの傑作を撮った実相寺昭雄監督のルーツは大分である。

（踏破№723　ＡＢＣ）

宮　崎　県

綾町錦原運動公園野球場

宮崎県綾町
2012年5月20日
中堅120m、両翼92m
内野土、外野天然芝　照明有り
ボーイズリーグ・ホークスカップ宮崎

予選
宮崎中央3－2宮崎西部（7回制）

宮交バス・綾待合所から徒歩20分。球場外周は石垣造り。ネット裏から外野まで、観客席はすべて芝生席。

綾町錦原運動公園野球場

綾町錦原運動公園野球場

プロ野球二軍の秋の教育リーグ、フェニックスリーグでまれに使われるが小規模な球場。

ライト後方に、トタン造りの別建てブルペンがある。

社会人野球の東京ガスが春季キャンプをしたことがある。

最近はフェニックスリーグの開催球場から外れてしまった。

（踏破№741　ＡＢＣ）

お倉ケ浜総合公園野球場

宮崎県日向市
2010年10月10日
中堅120m、両翼93m
内野土、外野天然芝　照明有り
みやざきフェニックスリーグ（プロ野球教育リーグ）
日本ハム４－３斗山（韓国プロ野球）

ＪＲ日豊本線・財光寺駅から徒歩20分。

完成は1979年。

ネット裏中央最前列には本部棟があり、そこでは一般客は観戦できない。その両サイドに小規模な観客席がある。

ネット裏席には布製の屋根があり、座席は木製の長イス。席数は1100席。その他に芝生席（収容3900人）がある。

バックスクリーンがとても背が高いのが特徴。

かつて近鉄のキャンプ地だった。スタンドは小規模だが、周辺に多目的グラウンドや人工芝敷きの室内練習場がありキャンプ地としての設備は申し分ない。

この日の試合前セレモニーで日向市長が若い選手たちを相手に「かつて野茂選手もこの球場で技を磨きました」とスピーチしたが、キャンプ地だったことは今も地元の誇りなのだろう。

近鉄がキャンプ撤退した後も、茨城ゴールデンゴールズ、韓国プロ野球チームなどがキャンプ地として利用。

2014年１月には、福岡ソフトバン

お倉ケ浜総合公園野球場

お倉ケ浜総合公園野球場

クの内川聖一選手らが自主トレで使用した。

(踏破No.679　ＡＢＣ)

川南運動公園野球場

宮崎県川南町
2012年5月19日
中堅115m、両翼92m
内野土、外野天然芝　照明有り
宮崎県中学生選抜軟式野球大会
日之影中学3－1油津中学（7回制）

　ＪＲ川南駅から徒歩40分。丘の上にある。
　完成は1976年8月。
　ネット裏席は、4段のコンクリ段々になっているだけでイス無し。
　ネット裏真後ろの部分は本部席が占めていて、そこでの観戦はできない。あとの内外野席は土盛りの芝生席。
　センター後方にあるのとは別に、三塁側内野スタンドにも得点表示板があるのが珍しい。観戦した試合では両方が使用されていた。
　九州地区大学野球の宮崎県リーグは、すべての日程をこの球場で行なっているが、球場の規模としては草野球場といっていいだろう。

(踏破No.739　ＡＢＣ)

川南運動公園野球場

三塁側内野席にスコアボード

清武町野球場

宮崎県清武町（現在は宮崎市）
2009年9月22日
中堅規格表示無し、両翼100m
内野土、外野天然芝　照明無し
秋季高校野球・宮崎大会
宮崎海洋9－0都城高専

　ＪＲ日豊本線・清武駅より徒歩40分。丘の上にある。
　ネット裏席の後方に芝生のスペースがあるのが珍しい。
　球場周辺には室内練習場や屋根付きの大型ブルペンがあり、アマチュアチームのキャンプなら十分な設備と思われる。

宮崎市は2013年度から、ＮＰＢ一軍キャンプの誘致を目指し、この球場の整備を開始。スタンドや管理棟などの改修を行ない、そのかいあって2015年のオリックス一軍キャンプ地として使われることが決まった。

　2014年2月には、地元出身の儒学者・安井息軒（1799−1876）にちなんだ「SOKKENスタジアム」という愛称も決定した。

　2016年の時点で、収容人数5500人。公園の公式サイトには規格が中堅122m、両翼100mという記載がある。

（踏破No.611　ＡＢＣ）

清武町野球場

清武町野球場

串間市営球場

宮崎県串間市
2015年10月24日
中堅122m、両翼100m
内野土、外野天然芝　照明無し
西日本軟式野球大会・2部　宮崎予選
MONKEYS 8−1 本管（7回制　5回コールドゲーム）

　1977年10月完成。
　1979年から中日ドラゴンズのキャンプ地として使われていたので、ぜひ踏破したい球場だった。しかし中日が撤退してからはなかなか試合開催情報がつかみにくくなっていた。

　2004年に宮崎県でプロ野球秋季教育リーグが行なわれるようになってからは、毎年少しではあるが使われていた。それでチャンスを狙っていたが、なかなかタイミングが合わず。

串間市営球場

串間市営球場

近年は教育リーグの開催が無くなり、踏破困難だなと思っていたが今回、宮崎県予選ではあるが社会人軟式野球で使われることがわかり行くことができた。

勿体森総合運動公園内にある。ＪＲ串間駅から徒歩20分。途上にコンビニ有り。

ネット裏席はプラ長イス７段。内野席途中まで最大５段のプラ長イス。あとの内外野席は芝生席。スタンド席の収容人数は1000人。こうした観客席規模の小さい球場でプロ一軍のキャンプが行なわれていたのも時代を感じさせられる。

バックネット前からダッグアウト前まで人工芝が敷いてある。

外野フェンスに「歓迎　スポーツ合宿・大会　串間市」と書かれている。この球場はプロチームのキャンプ地だっただけあって人工芝の室内練習場やブルペン棟など周辺施設が充実しており、近年ではアマチュアチームのキャンプによく使われている。三塁側場外にその記念植樹があり、それによると使用チームはＪＲ東海や広島経済大、中京大など。

スコアボードは得点板（12回まで。パネル式）、ＳＢＯ灯、ＨＥＦＣ灯、選手名（パネル式）。バックスクリーンの上に造られていて背が高いのが特徴。

（踏破№842　ＡＢＣ）

小林総合運動公園野球場

宮崎県小林市
2015年10月25日
中堅122ｍ、両翼99ｍ
内野土、外野天然芝　照明無し
西日本軟式野球・１部　宮崎予選
マーライオン12－１ランディ（５回コールドゲーム）

供用開始は1999年６月。収容人数は5000人。

硬式高校野球でも一年生大会では使われる。

ＪＲ小林駅から徒歩45分。山の上

小林総合運動公園野球場

小林総合運動公園野球場

にある。

ネット裏席から内野席途中までは最大9段のプラ長イス。あとの内外野席は芝生席。ネット裏席の一部に屋根がある。

スコアボードは柱の上に載っている「高床式」。時計、得点板（10回まで）、選手名（DH制対応）、BSO灯、HEFC灯。

外野の芝が、よく手入れされている。

球場建物は、玄関が若干一塁側に寄っている左右非対称の凝った建築である。

ネット裏席への上がり口が、三塁側は階段だが一塁側はスロープ式。

高台にあるので、観客席からえびの高原を一望できる。とても眺めがよい。

（踏破№843　ＡＢＣ）

西都原運動公園野球場

宮崎県西都市
2011年10月16日
中堅規格表示無し、両翼95m
内野土、外野天然芝　照明有り
みやざきフェニックスリーグ
ヤクルト1－0斗山（韓国プロ野球）

ＪＲ南宮崎駅前「宮交シティ」からバスで1時間、「西都バスセンター」下車、徒歩30分。

1977年3月31日完成。

観客席が小さいが（席数300席）、ヤクルトのキャンプ地なので有名な球場。バックネットの上部とレフトスタンドに「歓迎・東京ヤクルトスワローズ」という常設の看板が掲げられている。

球場隣には大きなクラブハウスが建設中。他に人工芝の室内練習場やアップ用グラウンドとして使える陸上競技場もあり、プロ球団のキャンプを手放したくない町側の涙ぐましい努力を感じさせられる。

内野観客席に食い込む形で設けられているブルペンもこの球場の特徴。こういうブルペンの場合、普通はファウルグラウンドとの間にフェンス

西都原運動公園野球場

ブルペンとフィールドの間にフェンスが無い

があるものだが、ここの場合それが無くグラウンドとブルペンの境界が明確にされていない。インプレイのボールがブルペンに入りこんでしまったらボールデッドにする等の特別なグラウンドルールがあるかもしれない。

　二軍教育リーグを観たが、韓国プロ野球のチームも参戦している。韓国のチームの場合、翌年の新人も秋の時点ですでにチームに合流している。しかし、彼らの背番号はフェニックスリーグのパンフレット印刷時には未決定のため掲載されていない。

　スコアブックに記入するため、彼らの背番号をマネジャーさんに尋ねたら実に誠実に対応してくれた。一発で斗山ベアーズのファンになった。頑張って下さい！

　観光協会のサイトによると規格は中堅120m、両翼95m。

(踏破No.722　ＡＢＣ)

佐土原町営久峰野球場

宮崎県佐土原町（現在は宮崎市）
1998年10月11日
中堅122m、両翼100m
内野土、外野天然芝　照明有り
九州地区大学野球
宮崎産業経営大４－０西日本工業大

　ＪＲ日豊本線・佐土原駅から徒歩20分。

　2010年10月８日再訪してみた。レフト後方に太平洋を望むことができる眺めのよい球場。ファウルグラウンドが広い。また内野は黒土使用でプレーが見やすいのも特徴。外野フェンスは低く、高さ1.5mほど。

　オリックスと楽天の選手による合同自主トレが行なわれたらしく球場ロビーにサイン色紙が展示されている。他に佐土原高校の2004年全国高校野球選手権大会出場記念のお皿も。

佐土原町営久峰野球場

　1998年に刊行された雑誌『報知高校野球』12月増刊号に掲載された松坂大輔（横浜高～西武～レッドソックスなど）の高校時代全登板記録によると、1998年５月23日、当時三年生の松坂は招待試合でこの球場に登場、高鍋高校を相手に完投勝利を記録している。この時が、この球場のコケラ落としだった。

　近年も高校野球で使われている。
　2009年からは、プロ野球の秋季教育リーグでも毎年使用されている。
　スタンド席の席数は1000席。

(踏破No.455　ＡＢＣ)

サンマリンスタジアム宮崎

宮崎県宮崎市
2013年10月28日
中堅122m、両翼100m
内外野天然芝　照明有り
みやざきフェニックスリーグ
中日6-2楽天

　JR日南線・運動公園駅から徒歩で行った。

　夏の高校野球・宮崎県予選の決勝戦開催球場。

　定礎に記された建設年は2001年。新しく、とてもデラックスな球場。ファウルグラウンドまで芝生が敷かれているのもリッチな感じ。内野席もポール際まで二階席がある。

　ネット裏席には一応屋根はあるが、小さいので雨を防げるのは一部だけ。

　スコアボードは電光式で、時計、得点板、ＳＢＯ灯、ＨＥＦＣ灯、選手名、打者の打率・本塁打・打点を表示できる。スピードガンも有り。審判名表示欄はないが、電光スクリーンがあるので、そこに表示して代用している。

　この日はフェニックスリーグの最終日だったせいかもしれないが、試合開始が当初の発表より30分も繰り上げられた。観戦に行かれる方は要注意。

　収容人数30000人。

(踏破№798　ＡＢＣ)

サンマリンスタジアム宮崎

サンマリンスタジアム宮崎

サンマリンスタジアム宮崎

高鍋町営野球場

宮崎県高鍋町
2013年10月26日
中堅120m、両翼100m
内野土、外野天然芝　照明有り(小規模)
西日本軟式野球大会・1部　宮崎予選
都城はまゆうクラブ7-3児湯ROOKIES (7回制)

　JR高鍋駅から徒歩。高鍋高校のすぐ隣にある。普段は高鍋高校野球部の練習場として使われている。

　高鍋高校の甲子園初出場を記念して1955年に完成した球場だが、現地には昭和52(1977)年竣工と表示有り。これは管理棟が出来た年かも。

高鍋町営野球場

高鍋町営野球場

フィールドの面積や方角は甲子園球場と同じに造られている。

ネット裏席はプラ長イス8段。内野席途中までプラ長イスで最大6段。あとの内外野席は芝生席。収容人数は3000人。

スコアボードは得点板、SBO灯、HEFC灯、打順ランプのみと簡素。

球場正面に、高鍋高校野球部元監督の平原美夫氏の胸像が立っている（1987年建立）。日本じゅうで最後まで甲子園大会未出場だった都道府県は宮崎で、平原氏率いる高鍋高校が1954年夏、県勢初出場を果たした。

もう一つ、1979年の国体で高校硬式野球が開催された記念碑もある。牛島・香川のバッテリーで人気沸騰中の浪商（大阪）も出場。小さな町は沸きに沸いたことだろう。

春・夏・秋の高校野球では使用されないが、地元の小規模な高校野球大会では使われる。日程表が玄関に貼ってあった。

（踏破№796　ＡＢＣ）

高鍋町小丸河畔野球場

宮崎県高鍋町
2012年5月19日
規格表示無し
内野土、外野天然芝　照明有り

宮崎県中学生選抜軟式野球大会
恒富中学3－0都於郡中学（7回制）
　ＪＲ高鍋駅から徒歩30分。小丸川を渡り川下に向かうとある。

高鍋町小丸河畔野球場

高鍋町小丸河畔野球場

Ａ…硬式（高校以上）　Ｂ…硬式（中学以下）　Ｃ…軟式　の試合が可能

1978年3月完成。1982年に4基のナイター照明が設置された。

本部席用の建物こそあるものの、草野球場で、ネット裏観客席無し、バックスクリーン無し（代わりに濃緑樹が並べて植えてある）。内野席は芝生席だが、外野席は無し。

ＳＢＯ灯、ＨＥＦＣ灯無し。場内アナウンス用設備無し。三塁側ベンチ横に得点板は有り。

外野フェンスが高さ1ｍほどと低いのも特徴。

収容人数2000人。

高鍋町のサイトによると、規格は中堅120ｍ、両翼92ｍ。

（踏破No.740　ＡＢＣ）

都農町藤見公園野球場

宮崎県都農町
2013年10月26日
中堅113ｍ、両翼95ｍ
内野土、外野天然芝　照明有り
西日本軟式野球大会・1部　宮崎予選
ファイターズ7－0キングストン（7回制　6回コールドゲーム）

ＪＲ都農駅から徒歩40分。

ネット裏席はコンクリ段々のイス無し3段。内外野席は無し。

スコアボードは得点板のみがネット裏にあり、ＳＢＯ灯やＨＥＦＣ灯は無い。以上からわかるように、草野球場。外野フェンスは高さ1ｍほどしか無い。

バックネット前のファウルグラウンドにも天然芝が敷いてあるのが草野球場にしてはリッチ。

球場正面に、地元のチームが2008年に早起き野球県大会で優勝した記念碑が建っている。

昭和52（1977）年度に開設された球場。

（踏破No.795　Ｃ）

都農町藤見公園野球場

都農町藤見公園野球場

南郷スタジアム

宮崎県日南市

2012年10月13日

南郷スタジアム

南郷スタジアム

中堅122m、両翼100m
内野土、外野天然芝　照明無し
みやざきフェニックスリーグ
西武2−0オリックス

　JR日南線・南郷駅から徒歩20分。丘の上にある。

　2003年供用開始。

　2004年から西武ライオンズの春季キャンプ地として使われているので駅から道案内板がずっと立っており迷わず歩くことができる。

　周辺にはサブグラウンドや室内練習場があり、球場正面には「レオ桜」と命名されたライオンズ優勝記念の桜が植えられている。

　収容人数は約10000人。ネット裏席はプラスチック製ザブトンイスで13段。内野席はプラ長イス、外野席は芝生席。レフトポール際の外野席に大きな植込みがあり、そこでは観戦できない。

　高校、大学、社会人野球では試合開催を聞いたことがない。

　2013年に公開された映画『あさひるばん』で野球シーンのロケに使われた。

　2011年のフェニックスリーグでもこの球場まで行ったが、雨で中止。仕方なくJR南郷駅に戻り、待合室で本を読んで電車を待っていたら、駅員さんが若い女性客に説明しているのが聞こえてきた。「雨が強くなったら電車は運休になるかもしれないから、今のうちにバスで……」これは大変だと私も大慌てでバスに乗ることにした。尾行されてると誤解されたらマズイのでその女性に声をかけ「私も宮崎まで戻るんです。しばらく後をついて行きますがご心配なく」と告げた。途中の油津でバスの乗り換えがあり、バスを降りた女性が傘をさすのに手間取っているので傘をさしかけてあげた。それがキッカケで話しが始まった。女性はなんと某球団の選手の知り合いで、わざわざ神戸から飛行機で応援に来たのだとか。夕方の飛行機で帰るという。

　とても素直で可愛らしい女性で、内心「ううむ、やはり若い野球選手

の周りにはこういう女性がいるものなのか……」と妙に感心。

付きまとわれてると思われたらアレなのでバスでは離れて座り、うどんの「重乃井」に行くため私は途中で下車。降りるとき「お気をつけて」と声はかけたが……。

その後、うどんを食べながら考えた。あの女性は飛行機の時間まで退屈しているかもしれない。この店に誘ってあげるべきだったか……。でも例によって私は髭ぼうぼう、髪はボサボサ、服装もヨレヨレ、若い女性を食事に誘うなんてとてもとても。

女性が応援に来たという選手はその後、一軍で活躍するようになった。それを目にするたびに、女性のことを思い出す。

(踏破№771　ＡＢＣ)

日南市天福球場

宮崎県日南市
2012年10月14日
中堅122m、両翼99m
内野土、外野天然芝　照明無し
みやざきフェニックスリーグ
楽天６－５広島

　ＪＲ日南線・油津駅から徒歩10分。1962年８月25日完成。

　私が訪れた時は球場建物が薄橙色、柱部分は緑や赤に塗装されていて、カラフルな外観。ウキウキ気分にさせてくれる。

　1963年から、広島東洋カープのキャンプ地として使われている。屋内ブルペン、サブ内野グラウンド、室内練習場を備え、球場前には2008年に建立されたカープの立派な記念碑も有り。

　ネット裏席の前方は最大７段の個別イス、上段２段はプラスチック製のザブトン型イス。内野席はプラザブ13段。そのあと三塁側には石造りの観客席があるが一塁側には無し。外野席は芝生席。メインスタンドの収容人数は2000人。

　ネット裏席には屋根があり、常設

日南市天福球場

日南市天福球場

の放送ブースも有り。

　スコアボードは時計、得点板（延長12回まで）、ＳＢＯ灯、ＨＥＦＣ灯、打順ランプ有り。選手名、審判員名は掲示できない。

　大学、社会人野球では目立った試合開催を聞かない球場。高校野球では、春と夏の大会の間に開かれるＮＨＫ杯という大会で時々使われる。

　2014年の広島の秋季キャンプで、球場横の家の飼い猫が連日球場に現われ、丸っこい姿と人なつこい性格で選手やスタッフ、ファンに癒しを与え「カープ猫」として話題になった。

（踏破№772　ＡＢＣ）

日南総合運動公園東光寺野球場

宮崎県日南市
1997年３月２日
中堅120m、両翼92m
内野土、外野天然芝　照明無し
プロ野球・オープン戦
広島６－５近鉄
　通称「日南東光寺球場」。
　1984年９月７日完成。
　収容人数は5500人。
　2010年10月９日に再訪してみた。
　ＪＲ日南駅から徒歩30分。
　ネット裏から内野席はコンクリの段々になっているだけ。外野は芝生席。隣に室内練習場が有る。
　広島東洋カープ二軍のキャンプ地として使われている。

（踏破№256　ＡＢＣ）

日南総合運動公園東光寺野球場

日南総合運動公園東光寺野球場

延岡西階野球場

宮崎県延岡市
2006年５月20日
中堅120m、両翼98m
内野土、外野天然芝　照明有り
高校野球・宮崎県選手権　県北地区予選
日向７－０延岡（７回コールドゲーム）
　ＪＲ日豊本線・延岡駅からバスで

延岡西階野球場

延岡西階野球場

行った。

　1965年8月に完成した球場で、翌年、翌々年の春には巨人キャンプに使われた。

　いい感じに古びた球場だった。九州では春・夏・秋だけでなく他にもNHK杯とか県選手権とかの高校野球大会が開催されているのがうらやましい。

　2010年10月10日に再訪した。

　球場玄関に、トヨタ自動車野球部から寄贈されたトンボ（グラウンド整備に使う道具）が展示してある。赤と白の二本。TとMを組み合わせたトヨタ野球部のマーク付き。おそらくキャンプ地として使用された際に贈られたものと思われる。

　照明塔は4基。コンクリ製の客席は老朽化し波打っている。しかし外野の芝生の美しさは特筆もの。一見して人工芝と思ってしまい、運動公園事務所に行って「いつから人工芝になったんですか？」と訊いてしまった。答えは「人工芝ではありません」。驚いて球場に戻ってよくよく見てみると確かに天然芝。あまりにもキメ細かく絨毯のような完璧な芝生なので人工芝に見えてしまったのだ。「日本一芝生が美しい球場」の称号を贈りたい。

　近年も高校野球で使われている。

　スタンド席の席数は5800席。

　　　　　（踏破№527　ABC）

都城市営野球場

宮崎県都城市
1997年3月1日
中堅122m、両翼99m
内野土、外野天然芝　照明有り
プロ野球・オープン戦
広島4－2ヤクルト

　球場に着いたら、東京での観戦仲間が二人も来ていた。

　みんな東京で野球が始まるのを待ちきれなかったのだ。「お互い好きですねえ」と笑いあった。

　2010年10月8日に再訪してみた。

都城市営野球場

都城市営野球場

定礎に記された日付は1994年2月。ダッグアウト内のイスが長イスではなく個別イスなのが珍しい。プロ野球だと数が足りないかもしれない。

13年前に来た時はあった、照明塔が無くなっている。老朽化により撤去されたようだ。

スタンド下、正面玄関左のスペースに、小さいけど京都・龍安寺のような石庭がある。設計者が風流な人なのかもしれない。

13年前と同じく、球場から駅まで歩いてみた。前来た時にも立ち寄った古書店がまだ営業していたのが嬉しかった。

スタンド席の席数は4300席。

（踏破№255　ＡＢＣ）

宮崎市アイビースタジアム

宮崎県宮崎市
2006年5月21日
中堅122m、両翼100m
内野土、外野天然芝　照明有り
高校野球・宮崎県選手権　県央地区予選
妻8－6高鍋

　ＪＲ南宮崎駅近くの「宮交シティ」からバス。最寄りの「有田」というバス停からの道はわかりにくい。

建設を担当した会社のサイトには「2003年竣工」とある。

収容人数11000人。高校野球やＮＰＢ秋の教育リーグ「フェニックスリーグ」でよく使われる。福岡ソフトバンクホークスのキャンプ地としても知られている。

試合後、宮崎の街に戻り、釜揚げうどんの有名店「重乃井」に行ってみた。ここは長嶋さん王さんも宮崎キャンプの際必ず訪れていたという名店。

宮崎市アイビースタジアム

住宅街の中にあり、木造のクラシックな建物。店内にはこの店を訪れた有名人たちの写真がいっぱい。

長嶋さんが食べるような高価なものを注文してやろうと意気込んでいたが、釜揚げうどん大盛り700円、普通盛り600円、稲荷寿司・魚寿司・ちらし寿司が200円と格安。大盛りうどんと魚寿司、ちらし寿司を食べた。

このうどんは『新・巨人の星』にも出てくるので、ぜひ行ってみたかった店。夢がかなった。一応、午後8時まで営業だが、私が行った午後6時頃には品切れとなり閉店してしまった。行く人は早い時間に行ったほうがいいかも。

(踏破No.528　ＡＢＣ)

うどん「重乃井」

宮崎市ひむかスタジアム

宮崎県宮崎市
2009年9月22日
中堅122m、両翼92m
内野土、外野天然芝　照明無し
秋季高校野球・宮崎大会
都城工8－1門川（7回コールドゲーム）

ＪＲ日南線・運動公園駅より徒歩15分。外野後方に美しい山並みが見え景色がよい。

1974年4月に開場。当時の名称は「宮崎市営野球場」。2004年4月に現在の名前に改称された。

ネット裏席には天井のようにネットが張ってあり、ファウルボールを恐れずに観戦できる。

以前は巨人のキャンプ使用球場だった。マンガ『巨人の星』にもたびたび登場している。

『新・巨人の星』にも、こんな場面がある。この球場で巨人キャンプを取材中の記者団が、吹き渡る二月の寒風に首をすくめ次のような会話を交わす。

記者Ａ「ウー　さぶ～！」

宮崎市ひむかスタジアム

宮崎市ひむかスタジアム

記者B「寒いはずだよ　昔　この宮崎市営球場は宮崎名物の切り干しダイコンの大乾燥場だったとかでつまり海からの風と山からの風の溜まり場なんだ……」

原作者・梶原一騎先生の豊富な取材量を物語るセリフである。

ネット裏中央後方の席の上には鉄製のパイプが渡っており、気をつけないと頭をぶつけるので注意。おそらく、かつて巨人のキャンプ地だったので、その周辺は記者席で布製の屋根があったと思われる。鉄パイプはその名残りだろう。

巨人キャンプ地時代はスポーツニュースにもこの球場はよく映し出されていたが、私が訪ねた時にはスコアボードが改装され形が変わってしまっていた。昔のものを見ておきたかった。

収容人数15000人。高校野球で使われている。

（踏破№610　ＡＢＣ）

鹿　児　島　県

伊集院総合運動公園野球場

鹿児島県日置市
2014年8月3日
中堅120m、両翼95m
内野土、外野天然芝　照明有り
社会人野球クラブ選手権・九州予選
八代レッドスター硬式野球クラブ11－4
福岡ベースボールクラブ（8回コールドゲーム）

ＪＲ鹿児島本線・伊集院駅から徒歩30分。

1989年3月完成。収容人数約5000人。

球場玄関のプレートには「雇用・能力開発機構委託　伊集院勤労者体育施設野球場」と記されていて、これが正式名称と思われる。

玄関ロビーには古葉竹識氏、山本浩二氏始め、広島カープ選手の色紙

伊集院総合運動公園野球場

クラシックなスコアボード

Ａ…硬式（高校以上）　Ｂ…硬式（中学以下）　Ｃ…軟式　の試合が可能

が展示されている。

ネット裏席は長イス10段で、内外野席は芝生席。

スコアボードは、時計、得点板（12回まで）、ＳＢＯ灯、ＨＥＦＣ灯、選手名（パネル式）。

場外に別建てブルペンやサブグラウンドがある。

内外野のフェンスは青で塗られている。さらにバックスクリーンまで青で塗装されているのは珍しい（たいていは濃緑か黒）。

（踏破№806　ＡＢＣ）

鹿屋運動公園市営野球場

鹿児島県鹿屋市
2016年8月21日
中堅120m、両翼98m
内野土、外野天然芝　照明無し
ヤングリーグ鹿児島大会
鹿屋ビッグベアーズ6－3大野城ガッツ（7回制）

鹿屋運動公園市営野球場

球場周辺には鉄道が無く、バス利用で行った。最寄りのバス停は「航空隊前」。通称「西原球場」。1966年完成。

ネット裏席はコンクリ段々席4段で屋根有り。柱が多いので観戦しづらいのが残念。あとの内外野席は芝生席。

スコアボードは得点板（10回まで。ただし電球式なので視認性がよくない）、ＳＢＯ灯、ＨＥＦＣ灯のみと簡素。

球場に展示物無し。

硬式高校野球では、春・夏・秋の大会では使われないが大隅地区高校体育大会で使用される。また11月に大隅リーグというローカルリーグ戦も行なわれる。

球場から歩いて15分ほどの場所に特攻隊の方々の慰霊塔が建っている。有り難く自由な生き方をさせてもらっている人間として祈りを捧げさせていただいた。

（踏破№872　ＡＢＣ）

鴨池市民球場

鹿児島県鹿児島市
1998年3月31日
中堅120m、両翼93m
内野土、外野天然芝　照明無し
春季高校野球・鹿児島大会
伊集院9－2鹿児島情報（7回コールド

ゲーム）

鹿児島市電・「鴨池」電停から徒歩3分。

全面改築工事が1989年7月5日に完成し、この写真に写っている姿になった。収容人数は7000人。

この日は県立鴨池と鴨池市民のハシゴ踏破に成功したが、台風が来るというので、せっかく鹿児島まで来たのに試合後特急と新幹線と船で兵庫県・淡路島まで逃げて、翌日洲本市営野球場を踏破しようとしたが結局中止という苦い思い出がある。

2010年10月8日に再訪してみた。球場正面に「野球」の名付け親であり殿堂入りもしている教育家・中馬庚の胸像がある。

曲線を多用した凝った建築。

高校野球でよく使われている。

（踏破№388　ＡＢＣ）

鴨池市民球場

鴨池市民球場

鴨池野球場

鹿児島県鹿児島市
1998年3月31日
中堅122m、両翼98m
内野土、外野天然芝　照明有り
春季高校野球・鹿児島大会
鹿児島城西6－1末吉

鹿児島市電・「鴨池」電停から徒歩15分。県立球場。

鹿児島県は球場踏破が最も難航している県。遠いこともあるが、県営と市営以外の球場の試合日程をなかなかつかめないのが悩み。

鴨池野球場

鴨池野球場

2010年10月8日に再訪してみた。一・三塁の内野スタンドが大きく外に張り出して造られていて、昔の後楽園球場のジャンボスタンドを思い起こさせる。

　内野席に上がれるエレベーターがあり、これは地方球場としてはかなり珍しい。また、長年ロッテがキャンプ地としていたからだと思うが、球場周りには別建てで室内ブルペンや室内練習場がある。

　外野スタンドの下がカヌー置き場になっているのも、他の球場では見たことが無い光景。

　完成は1970年12月。建設費用は2億6千万円、収容人数は21000人。

（踏破№387　ＡＢＣ）

薩摩川内市御陵下公園野球場

鹿児島県薩摩川内市
2015年5月17日
中堅121ｍ、両翼規格不明（表示判読できず）
内外野土　照明有り（小規模）
全日本少年軟式野球大会・鹿児島大会
育英館中学3－0伊敷中学（7回制）

　肥薩摩おれんじ鉄道・上川内駅から徒歩10分。

　ネット裏に観客席無し。関係者が使う小屋があるだけ。

　内外野席は土盛り式の芝生席。内外野のフェンスは高さ1ｍほど。グラウンドは外野も土だし、まあ草野球といってよいだろう。

　スコアボードは一塁側ダッグアウトの右に得点板があるだけ。

　ネットはバックネットにしか使われておらず、それ以外のフェンスにはネット無し。これは山形県の寒河江公園野球場と同じ特徴。

　中堅の規格は121ｍと表示されており、その横に消えかけてはいるが360Ｆと記されている。両翼の規格表示も消えかけていて読みづらいが93ｍのような？？？

（踏破№820　ＡＢＣ）

薩摩川内市御陵下公園野球場

バックネット以外はネット無し

薩摩川内市総合運動公園野球場

鹿児島県薩摩川内市
2015年5月17日
中堅122m、両翼97.5m
内野土、外野天然芝　照明無し
全日本少年軟式野球大会・鹿児島大会
金久中学2－0米ノ津中学（7回制）

　JR上川内駅から徒歩40分。山の上にあるので疲れる。緑の山に囲まれ眺めがよい。

　山の斜面を活かして観客席が造られていて、美しい姿をしている。ネット裏から内野途中までは最大15段のプラ長イス。あとの内外野席は芝生席。

　スコアボードは時計、得点板（10回まで）、ＢＳＯ灯、ＨＥＦＣ灯、選手名、審判名、スピードガン。

　選手の出入り口がネット裏席最前列中央に1カ所しかなく、両チームの選手が呉越同舟で出入りする。

（踏破№819　ＡＢＣ）

薩摩川内市総合運動公園野球場

薩摩川内市総合運動公園野球場

志布志市有明野球場

鹿児島県志布志市
2016年8月20日
中堅120m、両翼93m
内野土、外野天然芝　照明無し
ヤングリーグ鹿児島大会
オール阿久根7－0大隅ボーイズ（7回制　5回コールドゲーム）

　「志布志」からバスで21分、「体育館前」下車、徒歩10分。運行本数が非常に少ないので要注意。

　球場には「有明町野球場」という

志布志市有明野球場

表示が残っている（有明町は2006年に他町と合併し消滅）。

　ネット裏席はプラ長イス4段で屋根有り。あとの内外野席は芝生席。

　スコアボードは時計、得点板（10

回まで。パネル式)、ＳＢＯ灯、ＨＥＦＣ灯。

別建てブルペン有り（2015年設置）。

硬式高校野球では、春・夏・秋の大会では使われないが大隅地区高校体育大会で使用される。また11月に大隅リーグというローカルリーグ戦も行なわれる。

（踏破№871　ＡＢＣ）

湯之元球場

鹿児島県日置市
2014年8月3日
中堅118m、両翼92m
内野土、外野天然芝　照明無し
社会人野球クラブ選手権・九州予選
ビッグ開発ベースボールクラブ2－1北九州市民硬式野球クラブ

ＪＲ鹿児島本線・湯之元駅から徒歩20分。

1958年12月1日完成。収容人数15000人。

ネット裏席はプラ長イス5段。内野席はコンクリ段々席だが、一塁側が15段、三塁側は11段と異なっている。外野席は無し。

かつてはプロ野球チームのキャンプ地として使われていただけに、別建てのブルペンやサブグラウンドなど施設は揃っている。

（踏破№805　ＡＢＣ）

湯之元球場

湯之元球場

沖　縄　県

石川野球場

沖縄県石川市（現在はうるま市）
1997年10月13日
中堅120m、両翼92m
内野土、外野天然芝　照明有り
プロ野球・ハイサイリーグ
広島9－3ヤクルト

那覇バスターミナルよりバスで2時間。同じバスに乗っていたおばさ

んが、ずっと民謡を歌っていて沖縄らしい感じがした。

「雇用促進事業団委託　勤労者体育センター　石川野球場」が正式名称。収容人数は4006人。

ハイサイリーグとはプロ野球二軍の教育リーグ。日本や韓国のプロ球団のファームが集結して行なわれていた（その後、開催地が宮崎に移り、名称もフェニックスリーグとなった）。

レフト側外野フェンスの後はすぐ海。日本一「海に近い球場」だろう。

かつて中日ドラゴンズがキャンプ地としていたが、2016年の時点では韓国プロ野球・ＬＧツインズの春季キャンプ地となっている。

完成は1985年3月。同年6月、金田正一さんを招きオープニングセレモニーが行なわれた。

（踏破№368　ＡＢＣ）

石川野球場

石川野球場

糸満市西崎球場

沖縄県糸満市
1997年10月12日
中堅122.0m、両翼97.6m
内野土、外野天然芝　照明有り
秋季軟式野球中央大会・Ａ級の部
スポーツショップユアーズ6－4中山ファイターズ

那覇バスターミナルからバスで30分、「阿波根（あはごん）」下車、徒歩20分。

かつて阪急ブレーブスのキャンプ地だった。

市のページによると完成は1983年度、ナイター照明完成は1994年度。

収容人数12000人。

2011年までは高校野球の夏の大会でも使われていた。

（踏破№366　ＡＢＣ）

糸満市西崎球場

浦添市民球場

沖縄県浦添市
1997年10月19日
中堅122m、両翼98m
内野土、外野天然芝　照明無し
プロ野球・ハイサイリーグ
オリックス4－3中日

　那覇バスターミナルからバスで40分、「仲間」下車、徒歩10分。
　1996年3月完成。
　1997年の沖縄遠征で訪ねた球場の中では、もっとも立派で新しい球場だった。
　スコアボードは横長で西武球場ふう（注・2013年にスコアボードが電光掲示式に変わった）。
　ヤクルトが一軍キャンプで使っている。
　2014年は、社会人野球・都市対抗九州二次予選でも使われた。
　収容人員は14499人。
　　　　　　　（踏破№373　ＡＢＣ）

浦添市民球場

浦添市民球場

奥武山球場

沖縄県那覇市
1997年10月12日
中堅122m、両翼97.5m
内野土、外野天然芝　照明無し
秋季高校野球・沖縄大会

沖縄水産4－0沖縄尚学

　那覇バスターミナルからバスで10分、「公園前」下車、徒歩3分。
　1960年に完成した球場。収容人数20000人。

奥武山球場

奥武山球場

沖縄セルラースタジアム那覇

沖縄県の夏の高校野球の決勝戦開催球場だったが、2007年限りで閉場となり取り壊された。

改築され「沖縄セルラースタジアム那覇」として生まれ変わった球場へ2012年10月29日に行った。玄関脇には「沖縄市営奥武山野球場」という名称も掲示されている。

ゆいレール・奥武山公園駅下車。中堅は規格表示無し（公式サイトによると122m）、両翼100m。内野土、外野天然芝。照明有り。

観客席も、ネット裏席の屋根も大型のデラックスな球場。

玄関にあった表示によると開場は2010年、30000人収容。

球場玄関には、旧球場から新球場への改築の様子を紹介する写真や沖縄高校野球の有名選手のサインボールなど貴重な展示物多数。沖縄野球資料館も併設されていて一見の値打ちあり。

（踏破No.367　ＡＢＣ）

沖縄市野球場

沖縄県沖縄市
1997年10月17日
中堅118m、両翼96m
内野土、外野天然芝　照明無し
プロ野球・ハイサイリーグ
広島15－9オリックス

那覇バスターミナルからバスで1時間、「園田」下車、徒歩10分。

1965年3月完成。収容人数15000人。

1997年の時点では珍しいことだったが、スコアボードのＳＢＯ表示がＢＳＯの順番だった。アメリカ式。これはかつて沖縄がアメリカ統治下にあったことと何か関係があるのだろうか？

もう一つ、そのＢＳＯ灯の近くに「只今ノハ」と書いてあった。ＨＥＦＣ灯の傍らに「只今ノハ」と書いてあるのは古い球場によく見られる特徴だが、カウント表示灯の横にも書いてあるのは他では見たことがない。

球場の前に食堂があり試合後入っ

沖縄市野球場

沖縄市野球場

てみた。沖縄そばと「じゅーしぃ」のセットを注文。沖縄そばは美味しかったが、味付きごはんである「じゅーしぃ」は味が独特すぎて食べられず残してしまった。

　沖縄料理との残念な出合いとなった私だが、後年、東京・高田馬場の沖縄料理店「次郎亭」が大のお気に入りとなった（ここの料理は、どれを食べても本当に美味しい。ぜひ皆様にもオススメ）。その「次郎亭」で「じゅーしぃ」を食べてみたら美味しいのなんの。私の味の好みが変わったせいだろうか？

　2006年の夏の高校野球県大会では決勝戦で使われた。

　2012年2月18日、建て替えに伴う取り壊しを前に「沖縄市野球場さよなら記念野球大会」が行なわれた。この写真の球場は現存しない。

（踏破№371　ＡＢＣ）

金武町ベースボールスタジアム

沖縄県金武町
2012年10月27日
中堅122m、両翼100m
内野土、外野天然芝　照明無し
天皇賜杯・全日本軟式野球大会
宮城第一信金４－３中越ロジスティクス（富山）

　那覇バスターミナルからバス90分、「銀原」下車、徒歩15分。

　10月だがセミが鳴いていて、鳴き声も本土とは種類が違う。

　球場パンフレットによると落成は2011年12月。真新しい球場で、周りの舗道などの整備はこれからという感じだった。

　ネット裏席は個別イス９段。内野席は途中まで長イス９段。あとの内外野席は芝生席。ネット裏席と内野席で約2000人収容。

　内野の黒土は甲子園球場と同じ配合、外野の芝も同じ種類だとか。

　スコアボードは時計、得点板（延長12回まで）、ＢＳＯ灯、ＨＥＦＣ灯、打順ランプ。選手名、審判員名

金武町ベースボールスタジアム

金武町ベースボールスタジアム

は表示できない。

　海が近いせいか、球場に着いた時、観客席のイスが砂でザラザラだった。

　2013年、ＮＰＢの東北楽天や韓国プロ野球のチームがキャンプ地として使った。

　朝、路線バスに乗り込み、座って目を閉じると、運転手さんが「お兄さんどこまで乗るの？　着いたら起こしてあげるから寝ていいよ」。全国のバスに乗っているが、運転手さんがこんなに親切なのは沖縄だけ。ますます沖縄ファンになった。

（踏破№776　ＡＢＣ）

宜野座村営野球場

沖縄県宜野座村
2012年10月27日
中堅122m、両翼98m
内野土、外野天然芝　照明有り
天皇賜杯・全日本軟式野球大会
（株）キャプティ（東京）６－０北陸ガス（新潟）

　金武町スタジアムを踏破した後、路線バスで移動、「宜野座高校前」から徒歩で行った。

　1995年７月30日完成。

　ネット裏席から内野席途中まではプラ長イス10段。ネット裏席中央上段には木製長イス２段の観客席があり、ここにだけは屋根がある。あとの内外野席は芝生席。収容人数は4000人。

　スコアボードは、時計、得点板、ＳＢＯ灯、ＨＥＦＣ灯。選手名、審判員名も表示できる。それらが横に並んだ「西武球場タイプ」である。

　阪神が2003年から春季キャンプを行なっている。傍らの建物に金本知憲、城島健司、藤川球児らの手形パネルが展示されていた。

　運動公園入り口には、虎の像と「めんそーれタイガース」というメッセージが掲げられていて、村のキャンプ誘致への情熱が感じられる。

　2013年に、スコアボードがＬＥＤ電光化された。

（踏破№777　ＡＢＣ）

宜野座村営野球場

宜野座村営野球場

宜野湾市立野球場

沖縄県宜野湾市
1997年10月15日
中堅120m、両翼95m
内野土、外野天然芝　照明有り
プロ野球・ハイサイリーグ
横浜4－2中日

宜野湾市立野球場

　那覇バスターミナルからバスで35分。
　2016年の時点で、横浜DeNAのキャンプ地となっている。
　市の公式ページによると、完成は1987年3月。観客席数は11800。
　2016年夏の高校野球県大会でも使われた。
　私のメモと、市の公式ページでは中堅120m、両翼95mだが、球場がある海浜公園のページには中堅122m、両翼100m、収容人数10800人と書かれていて、改修されたのかも。
　2010年2月には、南米チリで発生した巨大地震による津波警報を受けてプロ野球のオープン戦が中止になったことがある。
　沿岸部にある球場らしいエピソードである。

（踏破No.370　ABC）

具志川市野球場

沖縄県具志川市（現在はうるま市）
1997年10月11日
中堅120m、両翼97m
内野土、外野天然芝　照明有り
秋季軟式野球中央大会・壮年の部
自治労石垣2－0スカイホーム

　那覇バスターミナルからバスで2時間かかった。
　1984年にできた球場。収容人数4300人。
　内野の土がやや赤いのが珍しい。
　壮年の部（40歳以上の選手が出場）の野球を観たのはこの時が初め

具志川市野球場

て。スコアブックに記入するため、大会本部席に選手の名前を聞きにいったら連盟の方が親切に教えてくださったのが記憶に残っている。壮年の部の試合でスコアをつける観客が珍しいからだろう。
　2016年の時点で、韓国プロ野球・

SKワイバーンズの春季キャンプ地となっている。

1996年にはプロ野球の秋季教育リーグ「ハイサイリーグ」でも使われた。

この1997年が私にとって初めての沖縄旅行だった。もっと、のどかな島かと想像していたが那覇はすっかり都会なので認識をあらためた。ステーキを食べたり、尊敬する金城哲夫さん（『ウルトラマン』作者）のお墓参りをしたりと楽しかった。

（踏破№365　ＡＢＣ）

北谷公園野球場

沖縄県北谷町
1997年10月14日
中堅122m、両翼98m
内野土、外野天然芝　照明無し
プロ野球・ハイサイリーグ
中日6－4ヤクルト

那覇バスターミナルからバスで1時間。

1994年12月1日供用開始。

中日のキャンプ使用球場として知られている。

球場からの帰り、球場近くの安波公園でお祭りをしていたので、焼きトウモロコシを食べた。北海道でも沖縄でも焼きトウモロコシは美味い。

2007年から2010年まで、夏の高校野球県大会の決勝戦で使われた。

2016年の時点で、北谷地域振興センターのサイトには収容人数約11000人と記載されている。

同じページには両翼100mと書いてある。私が訪れた後に改修されたのだろうか。

（踏破№369　ＡＢＣ）

北谷公園野球場

北谷公園野球場

名護球場

沖縄県名護市
1997年10月18日
中堅118m、両翼97m
内野土、外野天然芝　照明無し

名護球場

名護球場

プロ野球・ハイサイリーグ
ヤクルト6－3日本ハム

　那覇バスターミナルからバスで1時間半。
　収容人数は4000人。
　1977年に完成した球場で、その翌春、プロ野球の日本ハムが投手陣のキャンプ地として使った。現在花盛りとなったプロ野球・沖縄キャンプの、これが先駆けである。
　現在も日本ハムがキャンプ地として使っており、オープン戦も主催している。
　水戸市民球場と似た感じの外観。
　私が行った時はナイター照明を建設工事中だった。
　球場に早く着いたので、球場のすぐ外にあるビーチで水遊び。
　コバルトブルーの、信じられないほど美しい海だった。沖縄の海は地球の宝ということがよくわかった。
　2014年は、社会人野球の沖縄電力がオープン戦で使用した。

（踏破No.372　ＡＢＣ）

南城市営新開球場

沖縄県南城市
2015年6月27日
中堅120m、両翼92m
内野土、外野天然芝　照明有り（小規模）

沖縄野球連盟・那覇支部夏季大会　Ｃ級の部
ＪＡおきなわ10－0沖縄ガス（7回制4回コールドゲーム）

南城市営新開球場

南城市営新開球場

那覇バスターミナルからバスで35分（運賃580円）、「新開」下車。徒歩10分。

以前沖縄へ来た時、新原ビーチまでバスに乗ったが、その車窓からスコアボードがわずかに見えたのを見つけた。後で地図で調べたらここに球場があることがわかった。自分の目で発見した球場だけに、ぜひ踏破したいものと願っていたが、この時の沖縄旅行中に試合があることがわかり行くことができた。

高校野球などでは使われないレアな球場。完成は1986年5月25日。

「簡易保険　郵便貯金　積立金融資施設／佐敷町　佐敷郵便局」という表示があった。佐敷町は2006年に他村と合併し南城市となっている。金城哲夫の戯曲に「佐敷のあばれん坊」というのがあり、その舞台を訪れることができたのもファンとして嬉しかった。

ネット裏席はコンクリ段々席9段。内外野席は雑草席。内外野席には、横方向に枝を広げる木が多数植えてあり日陰はたっぷりある。でもハブも怖いし、そこで観戦する人はいないだろう。

スコアボードは得点板（9回まで）、選手名、審判名（4人）、ＳＢＯ灯、ＨＥＦＣ灯、前試合結果（3試合ぶん）。

球場玄関ロビーに展示物無し。球場二階の外壁に、投手と打者のシルエットを象った装飾が入っている。

内野の土にアンツーカーを使っているらしく、赤い。これは栃木県の宇都宮市宮原野球場と同じ。

（踏破No.826　ＡＢＣ）

読谷平和の森球場

沖縄県読谷村
2012年10月28日
中堅120m、両翼95m

内野土、外野天然芝　照明有り（小規模）
ボーイズリーグ沖縄県支部・一年生大会
読谷6－3浦添Ａ（7回制）

読谷平和の森球場

読谷平和の森球場

那覇バスターミナルから50分、「伊良皆」下車、徒歩40分。球場のすぐそばで不発弾の調査が行なわれていて「オキナワ」を強く意識させられた。

完成は1987年5月。米軍基地の飛行場内に造られた、珍しい建設経緯をもつ球場。

ネット裏席から内野席途中までにかけて二階席があり、地方球場としては珍しい構造。ネット裏席はプラ長イス2段。二階席は6段で、中央だけプラ長イスがあり、その両サイドはコンクリ段々のみでイス無し。あとの内外野席は雑草席。

スコアボードは打順10番打者まで表示できる。よくある「ＤＨ制対応」ではなく、ちゃんと打順番号が10番まで書いてある。これは非常に珍しい。草野球利用の為だろうか？

あと珍しいのは、球場建物内の観客席後ろが健康づくりのためのウォーキングコースになっていること。コースは球場外から球場建物内を通り、また球場外へとつながっている。球場建物内がこうした形で利用されているのは他では見かけたことがない。

球場建物の外観はコンクリの格子状になっていて、とても沖縄っぽい造りで好感（この穴あきコンクリブロックは「花ブロック」といい、戦後、沖縄で考案された建材。風通しや、目隠しなどの防犯性が特長）。

福岡ダイエーが一年だけキャンプで使った。その後、中日もキャンプで使用し、山本昌、森野将彦らの記念サインボールが展示されている。沖縄国体のソフトボール競技会場になった時の記念写真も有り。

内野フェンスの金網が倒れている箇所があり、整備が十分とはいえない。球場の向きも通常と異なり、飛球の捕球には太陽光線が妨げとなってしまう。

2014年1月、改修工事が終了した。内野の土が赤土から黒土に入れ替えられ外野の芝生も張り替えられた。

収容人数5800人。高校野球の新人大会や大学野球で使われている。

（踏破№778　ＡＢＣ）

行きたい球場、行きたかった球場

　行きたい球場はまだまだあり、それらは発見のたびに「要踏破球場リスト」に書き加える。そして踏破するごとにそこから削除する一瞬が、球場巡り人の至福のひと時である。

　北海道ではまず**士別**の球場。硬式高校野球の公式戦で使われる重要な球場。**留辺蘂**、**苫小牧清水**などでは硬式大学野球が開催されている。**幕別**、**紋別**、**江差**、**別海**、**富良野**では日本ハムが北海道に移転してからイースタンリーグ公式戦が行なわれた。**名寄**にも立派な球場がある。**室蘭中島**は軟式高校野球で近年使われた。**札幌スタジアム**は廃部となった社会人野球・サンワード貿易の本拠地だった球場。軟式野球で使われる**北広島**球場もある。**根室**市営球場は、おそらく日本最東端球場なのでぜひ行きたい。

　青森では**むつ**の球場が、震災後グラウンドの土から放射性セシウムが検出された問題により試合開催が無く踏破できていなかったが使用再開されたので踏破したい。**尾上**、**楽天イーグルスボールパーク三沢**は間違えて試合が無い日に球場まで行ってしまったことがある。**三戸**は2014年に硬式大学野球で使われた。一戸、二戸、六戸、七戸、八戸、九戸は行っているので、三戸、五戸もぜひにと願っている（ちなみに四戸という自治体は存在しない）。

　岩手は、現地まで行きながら試合が既に始まっていて踏破に失敗した**普代**。これは2016年の国体で使われたがチャンスを逃がしてしまった。**大槌**、**釜石**は震災以降なかなか機会に恵まれず。**平泉長島**は近年リトルシニアや中学軟式野球で使われた例がある。

　秋田では硬式高校の公式戦で使われる**太田**が未踏破。他に硬式高校リーグで使用例がある**元木山**。秋田新幹線の車窓から見える**生保内**。それと**東由利**、**稲川**、**大仙市営八乙女**は中学軟式野球で狙っている。

　宮城では**一迫**が2014年秋、硬式高校野球の公式戦で使用。**東松島市鷹来**、**七ヶ浜**はリトルシニアの大会で名前を知った。

　山形では、**山形市**で新球場建設計画がある。**米沢西部**も軟式野球になるだろうが行きたい球場。

　福島では、**あぶくま**球場が2012年秋、硬式高校野球で使われた。**大熊町**の球場は以前軟式高校野球で使わ

れていた。

茨城は軟式中学野球で使われる**吉沼**。

栃木は現時点で未踏破球場の情報が無いが探索中。

群馬も情報探索中。

埼玉は**和光**の球場が中学軟式野球で使われるようだ。あと女子硬式高校野球の選抜大会で使われる**加須**。

千葉はボーイズリーグの大会で使われることがある**長柄町**。それと**浦安**に立派なのができる。

東京は定時制通信制軟式高校野球の全国大会で**葛飾**の球場が使われる。

神奈川は情報探索中。

山梨は**南部町**で硬式大学野球が行なわれたことがある。**上野原**は2016年社会人軟式野球で使用有り。

長野は社会人軟式野球の大会で使われる**岡谷**に行きたい。

新潟ではリトルシニアの大会で**白根**、**新井**が使われたことがある。

富山は情報探索中。

石川は**輪島**、**内灘**。改築された**小松末広**。

福井では、現地まで行きながら雨で中止のため未踏破となった**鯖江**。

岐阜は2015年秋の硬式高校野球で**美濃**、**下呂**が使われた。他に**上石津**がボーイズリーグの使用有り。

静岡は**藤枝**に硬式野球ができる球場が造られた。

愛知では、硬式高校野球の公式戦でまれに使われる**稲沢**が未踏破。

三重では、2015年、社会人軟式野球の大会で使われた**亀山**、**鈴鹿**。ただし観客席などの設備がいま一つのようだ。

滋賀は**守山**が改築されたので行く必要あり。

京都は情報探索中。

大阪は硬式高校野球で使われることもある**河南**。一度行ったが雨でノーゲームになり未踏破のままである。あと、**堺市**で新球場プランが進行している。**枚方**の新しい球場も気になる。

兵庫では2014年秋に軟式高校野球で使われた**姫路中島**。他に**三田駒ケ谷**、**三木防災**という球場もあるようだ。

奈良も情報探索中。

和歌山は2015年の国体の軟式高校野球で使われた**串本**にぜひ行きたい。

鳥取では**用瀬**が硬式大学野球でまれに使われるが現地まで行きながら雨のため涙を飲んだ球場だ。**八東**は2016年夏、軟式高校野球で使われた。

島根は硬式高校野球で**川本**の球場を使うことがあり要注意。また、**安来**にも「あらえっさ球場」という立派な球場がある。愛称の命名者は仰

行きたい球場、行きたかった球場　631

木彬氏（元近鉄、オリックス監督）。**平田**は、以前硬式高校野球やウエスタンリーグで使われたことがあり重要な球場。

岡山は、**新見**、**高梁**に未踏破球場があるが試合開催情報が摑みにくく手を焼いている。

広島は毎年ウエスタンリーグが開催される**佐伯**という球場がある。

山口では、ずっと前に硬式大学野球で**豊北**という球場を使っていたが、最近は目立った試合開催が無く未踏破。硬式高校野球で使われていた**新南陽**も行かねばならない。

徳島は情報探索中。

香川も今のところ未踏破が無いか情報探索中。

愛媛はかつて高校野球で使われた**西予野村**が長年の課題だが、交通も不便で難航中。**いきなスポレク**は独立リーグや軟式野球で使用有り。**宇和**の球場も改築終了後に行かねば。

高知ではかつて近鉄のキャンプ地だった**宿毛**。独立リーグで使われたのを逃がし猛烈に後悔中。**大方**は南海がキャンプで使っていた球場だ。独立リーグしかチャンスはなさそう。

福岡は**光陵グリーン**が夏の硬式高校野球でも使われているのに未踏破のまま。**豊前**は硬式高校野球の試合がまれに開催される。**猪位金**は硬式大学野球で使われ、球場まで行ったが雨に泣かされた。

福岡西部球場は軟式野球で使われる。あと、**筑後**にホークスの新しいファーム球場ができ2016年から使われている。**福岡工大**の球場も立派なので見逃せない。

佐賀では軟式野球で**白岩**がある。

長崎では**対馬**でプロ一軍のオープン戦が行なわれたことがあり、離島好きとしてもぜひ行きたい。

熊本では硬式社会人野球での使用が多い**山鹿**。**天草**はウエスタンリーグの開催実績有り。**合志**には少年硬式野球で使われる球場がある。

大分は**玖珠**に新しい球場ができている。**大野**は硬式高校野球、硬式少年野球で使われることがある。**庄内**も硬式少年野球。あと、**中津**に新しい球場がある。

宮崎は、ウエスタンリーグで使われたことがある**えびの**。秋の教育リーグで使われる**アイビー球場サブ**。近鉄二軍がキャンプで使っていた**日向大王谷**。他に**門川**がある。2015年秋に硬式大学野球で使われた**高城**も要踏破。

鹿児島では硬式高校野球で使われる**姶良**。ウエスタンリーグで使われたことがある**出水**、**垂水**。2015年には硬式大学野球が**国分**で開催された。

かつて硬式大学野球で使われたことがある**阿久根**も要踏破。ほかに**指宿**にロッテがキャンプで使っていた球場がある。

沖縄ではプロのキャンプ地として使われる**くにがみ**、**久米島**、**嘉手納**、**恩納**。かつての沖縄市野球場が改築された**コザ**も行っておきたい。

踏破できないまま取り壊され、行ってみたかった球場も多い。わが愛する南海ホークスの二軍グラウンドだった中モズ球場はマンガ『あぶさん』でよく目にしておりぜひ行っておきたかった。南海が身売りした後も少年野球で使われていたからチャンスはあったのに。

松山城近くにあった松山市営球場も2003年まで存在したので行くチャンスはじゅうぶんあった。

埼玉県の大宮県営球場は長嶋さんが高校時代に本塁打を打ち、『ドカベン』にもたっぷり登場している改築前の球場に行きたかったが、私が野球旅を始めた1990年にはすでに改築工事に突入していた。残念。

東京・南千住にあった東京スタジアムは「光の球場」と呼ばれ、オリオンズの本拠地だった伝説の球場だが1972年限りで閉鎖されている。その姿は映画『闇を裂く一発』（1968年・大映）や、テレビ映画『帰ってきたウルトラマン』（1971〜1972・ＴＢＳ－円谷プロ）で見ることができる。

伊東スタジアムは1979年に長嶋巨人の秋季キャンプで使われ、その練習の厳しさは「伝説の伊東キャンプ」として今も語られている。

球場は2004年に閉鎖されたが、2009年7月にＴＢＳテレビで放送された『ライバル伝説…光と影』という番組内で、かつて強烈なライバルだった江川卓と西本聖（ともに元巨人）が再会する場面のロケ地として使用され、2009年時点の姿が映された。施設は完全に撤去され、ただの草原になっていた。番組では伊東キャンプの映像も流され、当時の伊東スタジアムの姿を観ることができた。小ぶりではあるがちゃんとスタンドもあり、外野フェンスには広告も入っている立派な球場であった。

あとがき

　この本は野球についての本ではあるが、かなり風変わりなものであろう。語り継がれる名選手・名勝負、あるいはドラフト候補の話はほとんど出てこない。一般の野球ファンが見向きもしない中学や軟式の大会を追いかけて未知の野球場目当てに全国行脚している。旅先で出会った人に「こんな旅をしています」と自己紹介すると皆さん「それは面白そうですね」と言っては下さるが、なぜ自分がこのような「特異な野球ファン」になったか不思議である。水島新司さんの漫画に出てくる精密な球場描写の影響が大きいかもしれない。

　今も続けておられるかはわからないが、脚本家の倉本聰さんは北海道の古い鉄道駅の写真を撮って周っているという。駅が改築されると、どこも同じような駅舎に建て替えられてしまうのを残念に感じ、古い駅舎の個性的な姿を残しておこうとの思いからだそうである。
　幸いにして野球場の場合、改築されても画一的なデザインになってしまうことはないが、私の場合、やはり改築前の古くはあるが味のある姿に魅力を感じてしまう。古き良き昭和の雰囲気が好きなのである。そうした球場に出会えることを願って旅を続けてきた。
　しかし、「日本中の球場すべてに行ってみたい」という私の願いはかないそうにない。球場はあまりに多く、新しいのもどんどんできる。残っている球場は遠隔地にあり、試合情報も摑みにくいものが多い。カネもだが、時間が足りない。人生は短かすぎる。
　果たせずに終わりそうな「全球場踏破の夢」を、わが息子・銀次郎が引き継いでくれることを密かに期待している。親子二代でこの夢を達成できたらこれ以上の喜びはない。全国の野球関係者の皆様、私か息子が球場を訪れたら、よろしくお願いいたします。
　そして、独身時代と変わらぬ勝手気ままな一人旅を許してくれている妻にも感謝している。

　脚本家の山田太一さんが『月日の残像』（新潮社、2013年）という著書にこんなエピソードを書いている。
　ある日、山田さんのところに一冊の本が送られてきた。羊崎文移という人が書いたその本の頁をめくりな

がら、山田さんは呆然としたという。

その本には、1960年代、382回にわたって放映されたテレビドラマ『七人の刑事』の各回の題名と放送日、脚本家と演出家、出演者の名前とあらすじがえんえんと記されていた。それも判明した分だけで、出演者名やあらすじは抜けている回もあるという。

かつての人気番組のものとはいえ、無機質にも思えるデータの連続。いったい、この本を読む人がいるのだろうかと山田さんは思ったという。しかしそれから、「じわりと思いがけず感動のようなものが湧くのを感じた。これは羊崎さんという人の詩なのだ、と。大げさなようだが、これは限られた人だけが享受できる詩なのだ、と。」と山田さんは書いている。

この球場巡りの記録も、私の詩、といえばいえるかもしれない。「これはこの斉藤という男の詩なんだな」と思って読んでいただければ幸いです。

この本の本文締め切り後も私の旅は続いている。踏破した球場は、
埼玉・岩槻城址公園野球場
神奈川・関東学院大学ギオンパーク野球場
福岡・福津市みずがめの郷野球場
佐賀・小城市ムツゴロウ公園野球場
沖縄・石垣市中央運動公園野球場
沖縄・石垣市中央運動公園第2野球場
沖縄・沖縄電力八重山野球場
沖縄・宮古島市営球場
沖縄・宮古島市民球場

このうち石垣市中央運動公園は日本最西端、沖縄電力八重山は最南端の野球場ではないかと思っている。

この本の原稿作成は予定より大幅に遅れたが、待って下さった現代書館の菊地泰博様に心からお礼を申し上げます。組版の黒澤務様にも大変なご面倒をおかけしてしまいました。ありがとうございました。

そして、私を励まし続けて下さった上原正三先生。本当に根気よく、怠惰な私を見棄てずに、あの手この手で奮起させて下さいました。沖縄戦末期の知事・島田叡氏のこんな言葉も教えてくれてゲキを飛ばしてくださいました。「男はアホになれ、アホになれたら一人前だ」

この本は上原先生なくして完成することは無かったでしょう。まことにありがとうございました。

人 名 索 引

あ

愛甲　猛　265
青木宣親　63
青田　昇　258
明石家さんま　336、390
秋山幸二　586
浅村栄斗　438
安達智次郎　415
阿波野秀幸　243
荒木大輔　304
荒木雅博　503
有藤通世　386、526
石井琢朗　190、191
石川真良　107、108
石川雅規　82、259
イチロー　269、290、319、
　377、387、391、392、417、
　456、477、547、586
糸井嘉男　23
伊藤智仁　335
稲尾和久　597、598
稲葉篤紀　305、574
井端弘和　503
井本直樹　387
岩本義行　517、518
上田佳範　305
上野由岐子　70
牛島和彦　388、606
内川聖一　600
江上光治　162
江川　卓　236、331
江夏　豊　251、426、458
王　貞治　146、181、195、
　249、341、349、445、503、
　504、526、586、592、612
大久保博元　296、353
大下　弘　298
大杉勝男　177、526、544
大谷翔平　74
太田　誠　418
大野　豊　489

岡崎　郁　23
岡島秀樹　72、467
岡田幸文　189
緒方孝市　577
緒方耕一　297
長内　孝　489
小関竜也　192
小田智之　373
落合博満　388、400、594
鬼崎裕司　574
小野　仁　90、91
香川伸行　606
垣内哲也　382
掛布雅之　409

か

景浦安武　317
加藤伸一　377
金城基泰　412
金田正一　487、620
金本知憲　154、259、366、
　624
上地雄輔　276
亀井義行　41
亀山　努　569
川相昌弘　23
川上憲伸　540、556
川上哲治　126、176、258、
　316、524、584、585
川崎オヤジ　558
川﨑宗則　573
菊池雄星　407
北川将敏　444
木田優夫　129、336
木塚忠助　574
木庭　教　192、412
衣笠祥雄　329、544、571
清原和博　442
清宮幸太郎　262、304
久慈次郎　39
栗原健太　137

黒田博樹　487
クロマティ　527、586
桑田真澄　282、439
小嶋仁八郎　594
古葉竹識　489、614
小林　至　216
小林　繁　478
近藤隆人　383
今野隆裕　223

さ

斉藤明雄　374
斎藤春香　56
斎藤佑樹　25、454
栽　弘義　563
坂本勇人　41
佐々木主浩　400
佐藤隆彦　438
沢村栄治　137、375、405
塩見貴洋　52
篠塚和典　335
下柳　剛　206
新庄剛志　155、419
ジャイアント馬場　313
上甲正典　489
城島健司　460、579、624、
ジョー・トーリ　149
杉浦　忠　175、182、401
杉浦　享　356
鈴木　健　382
鈴木駿也　137
鈴木尚広　153
スタルヒン　20、21、137
砂押邦信　175、182
関口壽昭　152、313、400、
　420、525
外木場義郎　544

た

髙木守道　373
髙橋尚成　540

高橋慶彦	329	
高谷裕亮	188、438	
田沢芳夫	137	
田中将大	444	
谷繁元信	265	
田淵幸一	261、409、564	
ダルビッシュ有	46	
千葉　功	268、269	
辻　発彦	527	
津田恒実	523、524	
寺原隼人	128	
デストラーデ	333	
豊田　清	403	

············な············

内藤尚行	356	
中島裕之	444	
中田　翔	44、431、437、438	
中畑　清	149	
永川勝浩	468	
長嶋一茂	269	
長嶋茂雄	146、175、182、195、206、229、249、250、261、407、451、503、571、592、612、613	
二岡智宏	438	
西崎幸広	403	
西村幸生	405	
野田浩司	235	
野間口貴彦	177	
野村克也	249、376、425	
野村弘樹	297	
野茂英雄	319、456、599	

············は············

萩本欽一	85、169、171、184、285、308、523	
初芝　清	81、265	
濱野太郎	270	
原　辰徳	563	
張本　勲	146、177、181、526、544	
板東英二	390	

平井光親	403	
平原美夫	606	
平松政次	502	
広瀬哲朗	33、385	
広永益隆	569	
フェルナンデス	158	
藤井将雄	574	
藤川球児	624	
藤本英雄	46	
藤本博史	383	
古田敦也	305、548	
堀内恒雄	544	
ベーブ・ルース	368、375	
別所毅彦	258、524	
別当　薫	407	
ペドラザ	158	
星野順治	508	
星野仙一	402、484、586	
本多雄一	573	

············ま············

牧野直隆	344、431、432	
松井栄造	368	
松井秀喜	26、28、33、41、93、231、292、338、344、345、348、458	
松坂大輔	54、246、276、546、604	
松中信彦	229	
松原　誠	374	
松本哲也	177	
真中　満	194	
水野雄仁	154、162、243	
皆川睦雄	135、142、143	
宮下昌己	586	
宮本和知	33	
迎祐一郎	572	
六信慎吾	516	
村田真一	23	
村田兆治	139、268	
元木大介	52、60、243	
森野将彦	503、629	
森福允彦	249	

············や············

八木智哉	280	
谷沢健一	374	
柳川洋平	352	
柳田悠岐	425	
山崎武司	116	
山田真介	97	
山田久志	98	
山本浩二	614	
山本　昌	629	
湯上谷宏	568	
陽　岱鋼	23	
吉井憲治	249、252、301、392	
吉田えり	452	
吉田義男	551	
吉村禎章	30	

············ら············

ルー・ゲーリッグ	375	
レオン・リー	386	
レロン・リー	386、526	
呂　明賜	52、81	
ローズ（ロバート・ローズ）		
	333	

············わ············

若松　勉	177、526	
涌井秀章	274	
渡辺智男	296	
和田一浩	446	
和田　毅	486	

年・地区別　踏破球場数

	北海道	北東北	南東北	北関東	南関東	北信越	東海	近畿	中国	四国	九州沖縄	年別計
1990年	0	0	2	2	21	0	1	5	0	0	1	32
1991年	0	0	0	2	0	1	0	1	0	0	0	4
1992年	0	0	1	5	9	7	14	6	1	2	0	45
1993年	0	0	1	0	9	0	2	3	1	0	0	16
1994年	0	0	1	10	17	6	25	6	9	0	0	74
1995年	0	0	0	0	2	0	1	0	0	0	0	3
1996年	10	16	17	6	14	5	4	1	3	2	0	78
1997年	3	19	16	15	8	15	8	16	10	4	17	131
1998年	2	13	9	9	5	10	7	2	5	4	12	78
1999年	0	0	0	0	2	0	0	0	0	0	0	2
2000年	0	2	0	0	0	3	0	1	2	2	0	10
2001年	4	0	3	1	2	1	3	2	0	0	5	21
2002年	2	0	1	0	0	0	0	0	0	0	0	3
2003年	0	0	1	0	3	0	0	0	0	0	0	4
2004年	0	0	5	0	2	1	1	1	0	0	0	10
2005年	1	3	2	1	1	1	0	0	0	0	0	9
2006年	0	0	0	1	2	0	0	2	0	0	3	8
2007年	0	4	4	1	6	6	3	7	0	5	1	37
2008年	0	4	3	1	1	3	0	2	1	0	0	15
2009年	0	3	1	0	0	6	1	9	6	0	10	36
2010年	0	14	5	3	4	5	7	9	6	7	6	66
2011年	0	6	2	2	3	6	2	2	10	5	6	44
2012年	7	4	3	1	2	7	3	4	10	4	10	55
2013年	0	2	0	0	1	2	1	0	0	0	11	17
2014年	0	1	0	3	1	3	0	1	3	0	2	14
2015年	0	4	1	4	2	3	3	2	3	2	10	34
2016年	8	2	1	2	4	7	0	3	2	0	2	31
地区計	37	97	79	69	121	98	86	85	72	37	96	877

※2016年は9月25日までを算入

斉藤振一郎（さいとう・しんいちろう）

1965年茨城県日立市生まれ。日本大学芸術学部卒。卒業後、放送作家となり、担当番組は『とくダネ！』『プロ野球ニュース』（フジテレビ）、『5時ＳＡＴマガジン』（中京テレビ）、『ショウアップナイター』（ニッポン放送）など。1990年、放送ライターとして活動する傍ら野球場巡り全国行脚を開始。北は稚内から南は石垣島まで、八丈島や隠岐の島など離島の球場も含め2016年までに885球場を踏破し現在も1000球場を目指し奮闘中。自他ともに認める筋金入りの野球狂で年間観戦数最多は366試合。通算観戦数は4000試合を超えた。2009年刊行の『上原正三シナリオ選集』（現代書館）に企画及び共同編集者として参加した。

全国野球場巡り──877カ所訪問観戦記
2017年3月15日　第1版第1刷発行

著　　者　斉　藤　振　一　郎
発　行　者　菊　地　泰　博
組　　版　デザイン・編集室エディット
印　　刷　平　河　工　業　社（本　文）
　　　　　東　光　印　刷　所（カバー）
製　　本　越　後　堂　製　本
装　　幀　伊　藤　滋　章

発行所　株式会社 現代書館
〒102-0072　東京都千代田区飯田橋3-2-5
電話 03(3221)1321　FAX 03(3262)5906
振替 00120-3-83725　http://www.gendaishokan.co.jp/

©2017 SAITO Shinichiro
Printed in Japan ISBN 978-4-7684-5800-6
定価はカバーに表示してあります。落丁本・乱丁本はお取り替えいたします。

本書の一部あるいは全部を無断で利用（コピー等）することは、著作権法上の例外を除き禁じられています。但し、視覚障害その他の理由で活字のままでこの本を利用できない人のために、営利を目的とする場合を除き「録音図書」「点字図書」「拡大写本」の製作を認めます。その際は事前に当社までご連絡ください。また、活字のままで利用できない方でテキストデータをご希望の方はお名前・ご住所・お電話番号をご明記の上、左下の請求券を当社までお送りください。

現代書館

プロ野球・燃焼の瞬間
澤宮 優 著
宮田征典・大友工・藤尾茂

日本が貧しかった戦後に人びとの夢と憧れを集めたプロ野球。巨人で活躍した名選手たちにインタビューし、自らの生きざまを込めた熱いプレーから人間像に迫る感動のスポーツノンフィクション。宮田征典、大友工、藤尾茂らの証言を収録。
2000円＋税

後楽園球場のサムライたち
澤宮 優 著
沢村栄治から城之内邦雄まで

戦前の伝説の大選手からV9時代の名選手までを貴重なインタビュー証言をもとに描くスポーツノンフィクション。勝利のため己れを犠牲にまでして栄光をめざした男たちの熱い魂が蘇る。沢村栄治から千葉茂・城之内邦雄まで網羅した。
2000円＋税

打撃投手
澤宮 優 著

誇り高いプロの投手の一球にこんなにも熱い生き様がこもっていたのだ。けして表舞台に立つことのない裏方、打撃投手だけが知っている裏舞台の男たちの必死の挑戦を探り、そこに秘められたもう一つのプロの魂を語る。日経・毎日書評絶賛。
2000円＋税

炭鉱町に咲いた原貢野球
澤宮 優 著
三池工業高校・甲子園優勝までの軌跡

1965年、夏の甲子園大会で福岡県代表の三池工業高校が初出場・初優勝した。炭鉱閉山前の激しい労働争議の中で、町を甦らせた高校球児たちのひたむきな生き方とその後の人生を追った感動のドキュメンタリー。原辰徳氏絶賛推薦。
2000円＋税

ダメージ
堀 治喜 著
復活に賭けたプロ野球トレーナーの闘い

白球への夢が生還を可能にした。プロ野球選手の思いがけない病気や一瞬のケガ。選手生命を断たれる者、再起して記録を残す者。選手と共にダメージの克服に励むトレーナー。表舞台に上がることのないトレーナーと選手の復活の物語。
2000円＋税

スポーツ中継
梅田明宏 著
知られざるテレビマンたちの矜持

スポーツ中継番組制作の裏話を草創期から活躍したディレクター、プロデューサーたちに取材。当時の苦労や想いを綴ったスポーツ番組史。日本テレビに的を絞り、プロ野球・サッカー、箱根駅伝、世界陸上の中継の舞台裏の人間ドラマを活写する。
2000円＋税

阪神タイガース 松木一等兵の沖縄捕虜記
松木謙治郎 著

脂肪過多を名目に召集を免れていたタイガース監督の松木謙治郎は根回しに失敗しついに北支へ。四百里の行軍を遂げ内地帰還も束の間、着岸したのは激戦をひかえる沖縄だった。ユーモラスな筆致に命の危うさと儚さがにじむ傑作。張本勲氏推薦！
1800円＋税

定価は二〇一七年三月一日現在のものです。